A CONSTITUIÇÃO TRAÍDA

Da abertura democrática ao golpe e à prisão de Lula

copyright Hedra
edição brasileira© Hedra 2019
organização© Cleonildo Cruz e Liana Cirne

primeira edição Primeira edição

edição Jorge Sallum
coedição Felipe Musetti
assistência editorial Luca Jinkings e Paulo Henrique Pompermaier
capa Ronaldo Alves

ISBN 978-85-7715-598-9

Grafia atualizada segundo o Acordo Ortográfico da Língua Portuguesa de 1990, em vigor no Brasil desde 2009.

EDITORA HEDRA LTDA.
R. Fradique Coutinho, 1139 (subsolo)
05416–011, São Paulo–SP, Brasil
Telefone/Fax +55 11 3097 8304

editora@hedra.com.br
www.hedra.com.br

Foi feito o depósito legal.

A CONSTITUIÇÃO TRAÍDA

Da abertura democrática ao golpe e à prisão de Lula

Cleonildo Cruz e Liana Cirne (*organização*)

1ª edição

hedra

São Paulo_2019

Cleonildo Cruz é historiador, cineasta e doutorando em Epistemologia e História da Ciência pela Universidad Nacional Tres de Febrero, Buenos Aires – Argentina. Filmografia: *Replicar dos Sinos (expulsão do Pe. Vito Miracapillo do Brasil)*, 2005; *Pernambuco: o golpe: 1964-1979*, 2008; *Caixa de Pandora*, 2010; *Haiti, 12 de janeiro*, 2012; *Constituinte 1987-1988*; *Operação Condor, verdade inconclusa*, 2015/16; e *Olhares Anistia*, 2017. Publicou também o livro *Constituinte 1987-1998*, pela editora da CFOAB (Conselho Federal da Ordem dos Advogados do Brasil).

Liana Cirne é advogada. Doutora em Direito Público, mestra em Instituições Jurídicas-Políticas e professora da Faculdade de Direito da UFPE (Universidade Federal de Pernambuco). Mãe e feminista. É colunista da Revista Fórum e do Jornal GGN.

A Constituição traída: Da abertura democrática ao golpe e à prisão de Lula, sob meticulosa organização de Cleonildo Cruz e Liana Cirne, é um profundo e multifacetado exercício de reflexão sobre a República que se forma sob a égide da Constituição de 1988, em seus avanços, mas também em suas carências e reminiscências do autoritarismo que levaram ao atual estado de crise democrática. São reunidas formas e conteúdos literários dos mais diversos, que possibilitam uma abordagem ampla e completa do tema: três dos mais marcantes discursos políticos desde a redemocratização; uma série de ensaios de juristas, economistas, dentre outros; e diversas entrevistas com personagens ativos no processo político da Constituinte e do cenário político brasileiro.

Sumário

Prefácio

Paulo Pimenta[1]

Trinta anos após a Constituição mais avançada que o Brasil construiu – e, ainda assim, bem aquém do que pretendia e merecia o povo brasileiro no processo constituinte – ao longo de quase dois séculos enquanto nação independente, vivemos um cenário muito semelhante ao da Velha República.

A consolidação da modernidade civilizatória esperada para o século XXI foi freada e revertida bruscamente por um novo pacto das elites, fenômeno que já vivenciamos algumas vezes na nossa história. Voltamos a ser governados, como na virada do século XIX para o XX, por prepostos dos "coronéis" da Casa Grande, devidamente vigiados e protegidos por jagunços, que hoje também atendem pela alcunha de milicianos.

Aos inimigos da "ordem pública", que reivindicam alternativas políticas ao *status quo*, a solução empregada é a polícia, tal qual como na época dos oligarcas do café e do leite. Agentes públicos de alguns setores do Judiciário, do Ministério Público e da Polícia Federal – especialmente magistrados, procuradores e policiais envolvidos na Operação Lava Jato – são apenas a versão contemporânea das forças de repressão dos nossos primeiros tempos de República.

Está mais atual do que nunca a frase atribuída ao presidente Washington Luís: "A questão social é caso de polícia". Se depender do bloco de poder que governa o Brasil hoje, movimentos sociais – cujas contribuições para um mundo mais justo, democrático e solidário são reconhecidas internacionalmente – serão tratados como "terroristas".

---

1. Jornalista, técnico agrônomo, deputado federal e líder do PT na Câmara dos Deputados (2018-2019).

A presente obra, com a qual honrosamente contribuo por meio deste prefácio, é um documento histórico de extrema relevância e, mais do que isso, trata-se de libelo em defesa da democracia, do Estado de Direito e das garantias e liberdades fundamentais, hoje ameaçadas pela associação perversa entre o neofascismo e a agenda ultraneoliberal posta em curso desde o afastamento ilegal da presidenta Dilma Rousseff.

Desde 2015, com a assunção de Eduardo Cunha à presidência da Câmara dos Deputados, esta Casa tornou-se a arena central da disputa política brasileira. Na condição de parlamentar, inclusive de líder da Bancada do PT em 2018 e 2019, pude testemunhar de muito perto todas as manobras feitas para derrocar o governo da presidenta Dilma Rousseff, para atacar o significado político e histórico do Partido dos Trabalhadores e, pior de tudo, para destruir todo o alicerce de direitos trabalhistas e sociais conquistado pela sociedade brasileira em mais de um século de lutas.

Os discursos que abrem esta coletânea, composta de textos de importantes lutadores e protagonistas da história do Brasil, são leituras obrigatórias para se compreender o caminho percorrido pelo país nas últimas três décadas.

Em seu pronunciamento emblemático de uma era que tinha início a 5 de outubro de 1988, Ulysses Guimarães ressaltava o valor da coragem, afirmando que ela "é a matéria-prima da civilização". Essa virtude foi muito bem personificada por Dilma Rousseff ao enfrentar cara a cara, sem subterfúgios, em sessão do Senado Federal, aqueles que não traíram apenas o seu mandato conquistado nas urnas, mas, sobretudo, a expressão legítima e soberana da vontade popular depositada nas urnas em outubro de 2014.

"Se alguns rasgam o seu passado e negociam as benesses do presente, que respondam perante a sua consciência e perante a história pelos atos que praticam", registrou a presidenta naquele 29 de agosto de 2016. A sua consciência estava – e segue até hoje – tranquila diante da conspiração armada por diversos atores políticos que não podiam mais aceitar que seus interesses, subalternos e entreguistas em âmbito internacional, fossem deixados de lado para que prevalecessem os anseios do povo brasileiro, corporificados nos princípios e direitos sociais inscritos na Carta Magna.

Este documento promulgado a 5 de outubro de 1988 teve a contribuição decisiva e direta da Bancada do Partido dos Trabalhadores. Embora contasse com apenas 16 parlamentares, liderados por Luiz Inácio Lula da Silva, foi graças à intensa e qualificada atuação dos petistas, sempre articulados e fortalecidos pela sociedade civil, que foram aprovados os artigos que promovem direitos da cidadania frente aos objetivos mercantis do que Ulysses Guimarães apontou como "campanha mercenária" daqueles que tinham "suas burras abarrotadas com o ouro de seus privilégios e especulações".

O deputado Lula, eleito para a Assembleia Nacional Constituinte com a maior votação do país, mostrou ao Brasil que era possível fazer política tendo como bússola a superação dos problemas crônicos de uma sociedade extremamente desigual e injusta.

Anos depois, e após três derrotas eleitorais, o presidente Lula transformou em realidade a esperança de dezenas de milhões de brasileiras e brasileiros que sonhavam por uma vida melhor. Renda mínima para garantir o direito à alimentação e erradicar a fome; universidades e escolas técnicas federais; energia elétrica em todos os rincões do país; moradia digna subsidiada pelo Estado; crédito facilitado para a agricultura familiar; infraestrutura para alavancar a economia e o desenvolvimento regional; crescimento sólido do PIB com acelerada distribuição de renda e diminuição da extrema pobreza, entre tantas outras ações, premiadas e replicadas no mundo inteiro, são marcas indeléveis do legado de Luiz Inácio Lula da Silva como presidente da República.

O maior líder popular da história política brasileira foi também o mais importante chefe de Estado que o país já teve. Essa opinião é aceita até mesmo por adversários políticos. Mais do que isso, tal tese é amplamente reconhecida pela comunidade internacional e pela população que foi diretamente beneficiada pelas políticas públicas dos governos Lula e Dilma.

A mesma percepção se dá quanto às condenações sem provas – bem como a prisão ilegal e toda uma série de arbitrariedades – impostas contra o ex-presidente, vítima do *lawfare*, estratégia política de perseguição jurídica que vem sendo largamente utilizada na América Latina na última década e tem como objetivos centrais a destruição da imagem pública e o cerceamento de direitos políticos de lideranças populares.

A perseguição contra Lula é abordada de forma profunda e detalhada neste livro, mas vale parafrasear Ulysses Guimarães, que citou ao final do seu discurso icônico na promulgação da Constituição o deputado Rubens Paiva, sequestrado pela ditadura militar inaugurada em 1964 e desaparecido político: "A sociedade é Lula, não os facínoras que o prenderam".

Boa leitura, que será também uma cátedra de História, de Ciência Política e de Direito, dada a qualidade dos autores dos textos contidos nesta obra.

Apresentação

A Constituição traída: Da abertura democrática ao golpe e prisão de Lula é um livro que surgiu da necessidade de analisar a ruptura institucional que o país atravessa, consolidada no impeachment de Dilma Rousseff, em 31 de agosto de 2016, e aprofundada na aprovação da desreforma trabalhista e do congelamento dos gastos sociais por 20 anos, e em mais um golpe dentro do golpe: a sentença do parcial juiz Sérgio Moro, confirmada pelos três desembargadores da 8ª Turma do Tribunal Regional Federal da 4ª Região (TRF-4), que manteve a condenação e ampliou a pena de prisão do ex-presidente Luiz Inácio Lula da Silva por corrupção passiva e lavagem de dinheiro no caso do triplex no Guarujá.

Um julgamento comprovadamente sem crime, sem provas e recheado de nulidades jurídicas, em que o Supremo Tribunal Federal, ao rejeitar o pedido de habeas corpus do ex-presidente Luiz Inácio Lula da Silva, negou-lhe o direito da presunção de inocência que é cláusula pétrea da Constituição Federal de 1988, rasgando-a: lê-se, no Artigo 5º, inciso LVII, que "Ninguém será considerado culpado até o trânsito em julgado de sentença penal condenatória".

Por algum tempo, nutrimos a esperança de que a Constituição de 1988 tivesse encerrado o ciclo de instabilidade política no país; de que a democracia estava consolidada e caminhávamos para um aprimoramento permanente das nossas instituições. Ledo engano na interpretação do nosso processo histórico.

No ano que relembramos os 30 anos da promulgação da Constituição Brasileira, é importante rememorar o discurso histórico de Ulysses Guimarães em 5 de outubro de 1988, marca na história e na memória do povo brasileiro. Posso até imaginar que Ulysses antevia que não podemos descumprir a Constituição: "A nação nos mandou executar um serviço. Nós o fizemos com amor, aplicação e sem medo. A Constituição não é perfeita. Ela própria o confessa, ao admitir a reforma. Quanto a ela, discordar sim. Divergir, sim. Descumprir, jamais. Afrontá-la, nunca. Traidor da Constituição é traidor da pátria. Conhecemos o caminho maldito: rasgar a Constituição, trancar as portas do parlamento, garrotear a liberdade, mandar os patriotas para a cadeia, o exílio, o cemitério. A persistência da Constituição é a sobrevivência da democracia. Quando, após tantos anos de lutas e sacrifícios, promulgamos o estatuto do homem, da liberdade e da democracia, bradamos por imposição de sua honra: temos ódio à ditadura. Ódio e nojo."

Não aceitamos a perseguição e manipulação da justiça para tirar o ex-presidente Lula da disputa eleitoral de 2018. Todo o processo movido contra ele é uma farsa partidária de setores do sistema judicial, orquestrado pela Rede Globo, com o objetivo de tirá-lo do processo eleitoral.

Um golpe político, midiático e judicial do capital financeiro nacional e internacional, que se esforça para ostentar uma aparência de observância das mesmas regras jurídicas que viola, deixando clara a fragilidade da nossa democracia.

~

O presente livro traz um conjunto de análises no campo político, jurídico, econômico e sindical das principais vozes que têm combatido o bom combate da defesa da democracia, do ex-presidente Luiz Inácio Lula da Silva e contra o estado de exceção que estamos vivendo.

Contribuem com seguintes textos os intelectuais da luta democrática, cada um na sua trincheira de luta pela restauração do Estado Democrático de Direito:

- "Educação da Constituição Cidadã ao Golpe de 2016". De Heleno Araújo, presidente da CNTE (Confederação Nacional dos Trabalhadores em Educação);

- ▷ "A Constituinte e o capitalismo brasileiro". De Luiz Gonzaga Belluzzo, economista e professor do Instituto de Economia da Universidade Estadual de Campinas;
- ▷ "A fotografia constitucional de 1988". De José Eduardo Cardozo, advogado e professor de Direito. Foi Ministro da Justiça e Advogado-Geral da União, além de ter defendido a presidenta Dilma Rousseff no processo de impeachment;
- ▷ "Morreu na contramão atrapalhando o sábado – A Constituição, o golpe e as reformas". De Maria Goretti Nagime, jurista;
- ▷ "A Constituinte, as mulheres e o Golpe". De Vivian Farias, Dirigente Nacional do Partido dos Trabalhadores e da Fundação Perseu Abramo;
- ▷ "A Constituição Federal de 1988 e a efetividade dos direitos sociais". Dos juristas Wilson Ramos Filho e Nasser Ahmad Allan;
- ▷ "Desdobramentos hermenêutico-constitucionais do impeachment da ex-presidente Dilma Rousseff no contexto da pós-democracia". De Bruno Galindo, jurista e professor de Direito da UFPE;
- ▷ "A Atuação política do Juiz: Uma análise à luz da Operação Lava Jato". De Mariana de Carvalho Milet, Juíza do Trabalho;
- ▷ "A defesa desvirtuada – 30 anos da Constituição Brasileira". De Ademar Rigueira Neto, advogado e jurista;
- ▷ "A Constituição Federal das garantias dos direitos sociais e o golpe político desconstitutivo do trabalho no Brasil". De Marcio Pochmann, economista e presidente da Fundação Perseu Abramo;
- ▷ "Justiça de transição e usos políticos do Poder Judiciário no Brasil em 2016: um golpe de Estado institucional?" De José Carlos Moreira Filho, jurista e professor da PUC/RS;
- ▷ "Réquiem para a Constituição de 1988". De Rafael Valim, jurista e professor de direito da PUC/SP;
- ▷ "A classe trabalhadora e a luta em defesa intransigente da Constituição Brasileira". De Carlos Veras, presidente da CUT/Pernambuco;

- ▷ "Os 30 anos da Constituição Brasileira". De Carmen Foro, vice-presidenta nacional da CUT;
- ▷ "O fenômeno do *Lawfare* sobre as óticas do direito e da política: Uma análise do caso Lula". Do jurista Victor Fialho.

Por fim, o livro *A Constituição traída: Da abertura democrática ao golpe e prisão de Lula* inclui na íntegra as entrevistas que compõem o documentário "Constituinte: 1987–1988", lançado em 2012 e publicado em livro em 2016 pelo CFOAB (Conselho Federal da Ordem dos Advogados do Brasil). Foram entrevistados: Fernando Henrique Cardoso, Luiz Inácio Lula da Silva, Marco Maciel, Mauro Benevides, Nelson Jobim, Fernando Lyra, Paulo Paim, Vicentinho, Cristovam Buarque, Roberto Freire, José Genoíno, Egídio Ferreira Lima, Maurílio Ferreira Lima, Marcos Terena, Jair Meneguelli e o cientista político David Fleischer, de forma a desvendar os bastidores do processo que elaborou a Constituição Brasileira de 1988.

É possível percorrer nas entrevistas relatos inéditos de como tudo ocorreu. Entre as várias etapas, expõe episódios do governo Sarney e de sua relação com o congresso, da elaboração do regimento interno, a composição dos partidos políticos, a participação popular, as emendas populares, da virada regimental com a criação do "Centrão", reforma agrária, movimento sindical, entre outros.

O momento atual é propício para o resgate histórico da Assembleia Nacional Constituinte, que foi um dos eventos mais importantes da história política do país. Nossa Constituição encerrou um ciclo de instabilidade política no Brasil e a democracia parecia consolidada, até o inicio da ruptura institucional iniciada no impeachment sem crime de Dilma Rousseff, em 31 de agosto de 2016, e o aniquilamento da Constituição Brasileira, feita pela condenação e prisão sem provas do ex-presidente Luiz Inácio Lula da Silva, tornando-lhe preso político.

SIGLAS E ABREVIAÇÕES

ANC – Assembleia Nacional Constituinte

BASA – Banco da Amazônia

BNB – Banco do Nordeste do Brasil

CD – Câmara dos Deputados

CEBS – Comunidades Eclesiais do Brasil

CGT – Confederação Geral dos Trabalhadores

CLT – Consolidação das Leis do Trabalho

CNBB – Conferência Naciona dos Bispos do Brasil

CONTAG – Confederação Nacional dos Trabalhadores na Agricultura

CUT – Confederação Geral dos Trabalhadores

CN – Congresso Nacional

DANC – Diário da Assembleia Nacional Constituinte

DIAP – Departamento Intersindical de Assessoria Parlamentar

DVS – Destaque para Votar em Separado

FCO – Fundo Constitucional de Financiamento do Centro-Oeste

FNE – Fundo Constitucional de Financiamento do Nordeste

FNO – Fundo Constitucional de Financiamento do Norte

FUNDEB – Fundo de manutenção e Desenvolvimento da Educação Básica e de valorização dos profissionais da educação

INSS – Instituto Nacional de Seguridade Social

IPI – Imposto sobre Produto Industrializado

IR – Imposto de Renda

PROCON – Programa de Orientação e Proteção ao Consumidor

SF – Senado Federal

STF – Supremo Tribunal Federal

SUS – Sistema Único de Saúde

TSE – Tribunal Superior Eleitoral
UBES – União Brasileira dos Estudantes Secundaristas
UDR – União Democrática Ruralista
UNE – União Nacional dos Estudantes

PARTIDOS POLÍTICOS

PCB – Partido Comunista Brasileiro
PCdoB – Partido Comunista do Brasil
PFL – Partido da Frente Liberal
PDC – Partido Democrático Cristão
PDS – Partido Democrático Social
PDT – Partido Democrático Trabalhista
PMDB – Partido do Movimento Democrático Brasileiro
PT – Partido dos Trabalhadores
PL – Partido Liberal
PMB – Partido Municipalista Brasileiro
PSB – Partido Socialista Brasileiro
PSC – Partido Social Cristão
PTB – Partido Trabalhista Brasileiro
PSDB –Partido da Social Democracia Brasileira

Discursos

Ulysses Guimarães

Discurso do então presidente da Assembleia Nacional Constituinte, em 5 de outubro de 1988, por ocasião da promulgação da Constituição Federal[1]

Exmo. Sr. Presidente da República, José Sarney; Exmo. Sr. Presidente do Senado Federal, Humberto Lucena; Exmo. Sr. Presidente do Supremo Tribunal Federal, ministro Rafael Mayer; Srs. Membros da Mesa da Assembleia Nacional Constituinte; eminente Relator Bernardo Cabral; preclaros Chefes do Poder Legislativo de nações amigas; insignes Embaixadores, saudados no decano D. Carlo Furno; Exmos. Srs. Ministros de Estado; Exmos. Srs. Governadores de Estado; Exmos. Srs. Presidentes de Assembleias Legislativas; dignos Líderes partidários; autoridades civis, militares e religiosas, registrando o comparecimento do Cardeal D. José Freire Falcão, Arcebispo de Brasília, e de D. Luciano Mendes de Almeida, Presidente da CNBB; prestigiosos Srs. Presidentes de confederações, Sras. e Srs. Constituintes; minhas senhoras e meus senhores:

Estatuto do Homem, da Liberdade, da Democracia. Dois de fevereiro de 1987: "Ecoam nesta sala as reivindicações das ruas. A Nação quer mudar, a Nação deve mudar, a Nação vai mudar." São palavras constantes do discurso de posse como Presidente da Assembleia Nacional Constituinte. Hoje, 5 de outubro de 1988, no que tange à Constituição, a Nação mudou.

---

1. Anais da Assembleia Nacional Constituinte – CEDI (Centro de Documentação e Informação da Câmara Federal).

A Constituição mudou na sua elaboração, mudou na definição dos poderes, mudou restaurando a Federação, mudou quando quer mudar o homem em cidadão, e só é cidadão quem ganha justo e suficiente salário, lê e escreve, mora, tem hospital e remédio, lazer quando descansa. Num país de 30.401.000 analfabetos, afrontosos 25% da população, cabe advertir: a cidadania começa com o alfabeto.

Chegamos! Esperamos a Constituição como o vigia espera a aurora. Bem-aventurados os que chegam. Não nos desencaminhamos na longa marcha, não nos desmoralizamos capitulando ante pressões aliciadoras e comprometedoras, não desertamos, não caímos no caminho. Alguns a fatalidade derrubou: Virgílio Távora, Alair Ferreira, Fábio Lucena, Antonio Farias e Norberto Schwantes.

Pronunciamos seus nomes queridos com saudade e orgulho: cumpriram com o seu dever. A Nação nos mandou executar um serviço. Nós o fizemos com amor, aplicação e sem medo. A Constituição certamente não é perfeita. Ela própria o confessa, ao admitir a reforma. Quanto a ela, discordar, sim.

Divergir, sim. Descumprir, jamais. Afrontá-la, nunca. Traidor da Constituição é traidor da Pátria. Conhecemos o caminho maldito: rasgar a Constituição, trancar as portas do Parlamento, garrotear a liberdade, mandar os patriotas para a cadeia, o exílio, o cemitério.

A persistência da Constituição é a sobrevivência da democracia. Quando, após tantos anos de lutas e sacrifícios, promulgamos o estatuto do homem, da liberdade e da democracia, bradamos por imposição de sua honra: temos ódio à ditadura. Ódio e nojo.

Amaldiçoamos a tirania onde quer que ela desgrace homens e nações, principalmente na América Latina. Assinalarei algumas marcas da Constituição que passará a comandar esta grande Nação.

A primeira é a coragem. A coragem é a matéria-prima da civilização. Sem ela, o dever e as instituições perecem. Sem a coragem, as demais virtudes sucumbem na hora do perigo. Sem ela, não haveria a cruz, nem os evangelhos. A Assembleia Nacional Constituinte rompeu contra o establishment, investiu contra a inércia, desafiou tabus. Não ouviu o refrão saudosista do velho do Restelo, no genial canto de Camões.

Suportou a ira e perigosa campanha mercenária dos que se atreveram na tentativa de aviltar legisladores em guardas de suas burras abarrotadas com o ouro de seus privilégios e especulações.

Foi de audácia inovadora a arquitetura da Constituinte, recusando anteprojeto forâneo ou de elaboração interna. O enorme esforço é dimensionado pelas 61.020 emendas, além de 122 emendas populares, algumas com mais de 1 milhão de assinaturas, que foram apresentadas, publicadas, distribuídas, relatadas e votadas, no longo trajeto das subcomissões à redação final.

A participação foi também pela presença, pois diariamente cerca de 10 mil postulantes franquearam, livremente, as 11 entradas do enorme complexo arquitetônico do Parlamento, na procura dos gabinetes, comissões, galeria e salões.

Há, portanto, representativo e oxigenado sopro de gente, de rua, de praça, de favela, de fábrica, de trabalhadores, de cozinheiros, de menores carentes, de índios, de posseiros, de empresários, de estudantes, de aposentados, de servidores civis e militares, atestando a contemporaneidade e autenticidade social do texto que ora passa a vigorar. Como o caramujo, guardará para sempre o bramido das ondas de sofrimento, esperança e reivindicações de onde proveio.

A Constituição é caracteristicamente o estatuto do homem. É sua marca de fábrica. O inimigo mortal do homem é a miséria. O Estado de Direito, consectário da igualdade, não pode conviver com estado de miséria. Mais miserável do que os miseráveis é a sociedade que não acaba com a miséria.

Tipograficamente é hierarquizada a precedência e a preeminência do homem, colocando-o no umbral da Constituição e catalogando-lhe o número não superado, só no art. 5°., de 77 incisos e 104 dispositivos.

Não lhe bastou, porém, defendê-lo contra os abusos originários do Estado e de outras procedências. Introduziu o homem no Estado, fazendo-o credor de direitos e serviços, cobráveis inclusive com o mandado de injunção. Tem substância popular e cristã o título que a consagra: "a Constituição Cidadã".

Vivenciados e originários dos Estados e Municípios, os Constituintes haveriam de ser fiéis à Federação. Exemplarmente o foram.

No Brasil, desde o Império, o Estado ultraja a geografia. Espantoso despautério: o Estado contra o País, quando o País é a geografia, a base física da Nação, portanto, do Estado. É elementar: não existe Estado sem país, nem país sem geografia. Esta antinomia é fator de nosso atraso e de muitos de nossos problemas, pois somos um arquipélago social, econômico, ambiental e de costumes, não uma ilha. A civilização e a grandeza do Brasil percorreram rotas centrífugas e não centrípetas. Os bandeirantes não ficaram arranhando o litoral como caranguejos, na imagem pitoresca mas exata de Frei Vicente do Salvador. Cavalgaram os rios e marcharam para o oeste e para a História, na conquista de um continente.

Foi também indômita vocação federativa que inspirou o gênio do Presidente Juscelino Kubitschek, que plantou Brasília longe do mar, no coração do sertão, como a capital da interiorização e da integração.

A Federação é a unidade na desigualdade, é a coesão pela autonomia das províncias. Comprimidas pelo centralismo, há o perigo de serem empurradas para a secessão. É a irmandade entre as regiões. Para que não se rompa o elo, as mais prósperas devem colaborar com as menos desenvolvidas. Enquanto houver Norte e Nordeste fracos, não haverá na União Estado forte, pois fraco é o Brasil. As necessidades básicas do homem estão nos Estados e nos Municípios. Neles deve estar o dinheiro para atendê-las.

A Federação é a governabilidade. A governabilidade da Nação passa pela governabilidade dos estados e dos municípios. O desgoverno, filho da penúria de recursos, acende a ira popular, que invade primeiro os paços municipais, arranca as grades dos palácios e acabará chegando à rampa do Palácio do Planalto.

A Constituição reabilitou a Federação ao alocar recursos ponderáveis às unidades regionais e locais, bem como ao arbitrar competência tributária para lastrear-lhes a independência financeira. Democracia é a vontade da lei, que é plural e igual para todos, não a do príncipe, que é unipessoal e desigual para os favorecimentos e os privilégios.

Se a democracia é o governo da lei, não só ao elaborá-la, mas também para cumpri-la, são governo o Executivo e o Legislativo.

O Legislativo brasileiro investiu-se das competências dos Parlamentos contemporâneos. É axiomático que muitos têm maior probabilidade de acertar do que um só. O governo associativo e gregário é mais apto do que o solitário.

Eis outro imperativo de governabilidade: a coparticipação e a corresponsabilidade. Cabe a indagação: instituiu-se no Brasil o tricameralismo ou fortaleceu-se o unicameralismo, com as numerosas e fundamentais atribuições cometidas ao Congresso Nacional? A resposta virá pela boca do tempo. Faço votos para que essa regência trina prove bem.

Nós, os legisladores, ampliamos nossos deveres. Teremos de honrá-los. A Nação repudia a preguiça, a negligência, a inépcia. Soma-se à nossa atividade ordinária, astante dilatada, a edição de 56 leis complementares e 314 ordinárias. Não esqueçamos que, na ausência de lei complementar, os cidadãos poderão ter o provimento suplementar pelo mandado de injunção.

A confiabilidade do Congresso Nacional permite que repita, pois tem pertinência, o slogan: "Vamos votar, vamos votar", que integra o folclore de nossa prática constituinte, reproduzido até em horas de diversão e em programas humorísticos.

Tem significado de diagnóstico a Constituição ter alargado o exercício da democracia, em participativa além de representativa. É o clarim da soberania popular e direta, tocando no umbral da Constituição, para ordenar o avanço no campo das necessidades sociais. O povo passou a ter a iniciativa de leis. Mais do que isso, o povo é o superlegislador, habilitado a rejeitar, pelo referendo, projetos aprovados pelo Parlamento. A vida pública brasileira será também fiscalizada pelos cidadãos. Do Presidente da República ao Prefeito, do senador ao Vereador.

A moral é o cerne da Pátria. A corrupção é o cupim da República. República suja pela corrupção impune tomba nas mãos de demagogos, que, a pretexto de salvá-la, a tiranizam. Não roubar, não deixar roubar, pôr na cadeia quem roube, eis o primeiro mandamento da moral pública. Pela Constituição, os cidadãos são poderosos e vigilantes agentes da fiscalização, através do mandado de segurança coletivo;

do direito de receber informações dos órgãos públicos, da prerrogativa de petição aos poderes públicos, em defesa de direitos contra ilegalidade ou abuso de poder; da obtenção de certidões para defesa de direitos; da ação popular, que pode ser proposta por qualquer cidadão, para anular ato lesivo ao patrimônio público, ao meio ambiente e ao patrimônio histórico, isento de custas judiciais; da fiscalização das contas dos Municípios por parte do contribuinte; podem peticionar, reclamar, representar ou apresentar queixas junto às comissões das Casas do Congresso Nacional; qualquer cidadão, partido político, associação ou sindicato são partes legítimas e poderão denunciar irregularidades ou ilegalidades perante o Tribunal de Contas da União, do Estado ou do Município. A gratuidade facilita a efetividade dessa fiscalização.

A exposição panorâmica da lei fundamental que hoje passa a reger a Nação permite conceituá-la, sinoticamente, como a Constituição coragem, a Constituição cidadã, a Constituição federativa, a Constituição representativa e participativa, a Constituição do Governo síntese Executivo-Legislativo, a Constituição fiscalizadora. Não é a Constituição perfeita. Se fosse perfeita, seria irreformável. Ela própria, com humildade e realismo, admite ser emendada, até por maioria mais acessível, dentro de 5 anos.

Não é a Constituição perfeita, mas será útil, pioneira, desbravadora. Será luz, ainda que de lamparina, na noite dos desgraçados. É caminhando que se abrem os caminhos. Ela vai caminhar e abri-los.

Será redentor o caminho que penetrar nos bolsões sujos, escuros e ignorados da miséria. Recorde-se, alvissareiramente, que o Brasil é o quinto país a implantar o instituto moderno da seguridade, com a integração de ações relativas à saúde, à previdência e à assistência social, assim como a universalidade dos benefícios para os que contribuam ou não, além de beneficiar 11 milhões de aposentados, espoliados em seus proventos.

É consagrador o testemunho da ONU de que nenhuma outra Carta no mundo tenha dedicado mais espaço ao meio ambiente do que a que vamos promulgar. Sr. Presidente José Sarney: V. Exa. cumpriu exemplarmente o compromisso do saudoso, do grande Tancredo Neves, de V. Exa. e da Aliança Democrática ao convocar a Assembleia Nacional Constituinte.

A Emenda Constitucional nº26 teve origem em mensagem do Governo, de V. Exa., vinculando V. Exa. à efemeridade que hoje a Nação celebra.

Nossa homenagem ao Presidente do Senado, Humberto Lucena, atuante na Constituinte pelo seu trabalho, seu talento e pela colaboração fraterna da Casa que representa. Sr. Ministro Rafael Mayer, Presidente do Supremo Tribunal Federal, saúdo o Poder Judiciário na pessoa austera e modelar de V. Exa. O imperativo de "Muda Brasil", desafio de nossa geração, não se processará sem o conseqüente "Muda Justiça", que se instrumentalizou na Carta Magna com a valiosa contribuição do poder chefiado por V. Exa. Cumprimento o eminente Ministro do Supremo Tribunal Federal, Moreira Alves, que, em histórica sessão, instalou em 1º de fevereiro de 1987 a Assembleia Nacional Constituinte.

Registro a homogeneidade e o desempenho admirável e solidário de seus altos deveres, por parte dos dignos membros da Mesa Diretora, condôminos imprescindíveis de minha Presidência.

O Relator Bernardo Cabral foi capaz, flexível para o entendimento, mas irremovível nas posições de defesa dos interesses do País. O louvor da Nação aplaudirá sua vida pública.

Os Relatores Adjuntos, José Fogaça, Konder Reis e Adolfo Oliveira, prestaram colaboração unanimemente enaltecida.

Nossa palavra de sincero e profundo louvor ao mestre da língua portuguesa Prof. Celso Cunha, por sua colaboração para a escorreita redação do texto.

O Brasil agradece pela minha voz a honrosa presença dos prestigiosos dignitários do Poder Legislativo do continente americano, de Portugal, da Espanha, de Angola, Moçambique, Guiné Bissau, Príncipe e Cabo Verde. As nossas saudações.

Os Srs. Governadores de Estado e Presidentes das Assembleias Legislativas dão realce singular a esta solenidade histórica. Os Líderes foram o vestibular da Constituinte. Suas reuniões pela manhã e pela madrugada, com autores de emendas e interessados, disciplinaram, agilizaram e qualificaram as decisões do Plenário. Os Anais guardarão seus nomes e sua benemérita faina.

Cumprimento as autoridades civis, eclesiásticas e militares, integrados estes com seus chefes, na missão, que cumprem com decisão, de prestigiar a estabilidade democrática.

Nossas congratulações à imprensa, ao rádio e à televisão. Viram tudo, ouviram o que quiseram, tiveram acesso desimpedido às dependências e documentos da Constituinte. Nosso reconhecimento, tanto pela divulgação como pelas críticas, que documentam a absoluta liberdade de imprensa neste País. Testemunho a coadjuvação diuturna e esclarecida dos funcionários e assessores, abraçando-os nas pessoas de seus excepcionais chefes, Paulo Affonso Martins de Oliveira e Adelmar Sabino. Agora conversemos pela última vez, companheiras e companheiros constituintes.

A atuação das mulheres nesta Casa foi de tal teor, que, pela edificante força do exemplo, aumentará a representação feminina nas futuras eleições.

Agradeço a colaboração dos funcionários do Senado — da Gráfica e do Prodasen.

Agradeço aos Constituintes a eleição como seu Presidente e agradeço o convívio alegre, civilizado e motivador.

Quanto a mim, cumpriu-se o magistério do filósofo: o segredo da felicidade é fazer do seu dever o seu prazer. Todos os dias, meus amigos constituintes, quando divisava, na chegada ao Congresso, a concha côncava da Câmara rogando as bênçãos do céu, e a convexa do Senado ouvindo as súplicas da terra, a alegria inundava meu coração.

Ver o Congresso era como ver a aurora, o mar, o canto do rio, ouvir os passarinhos. Sentei-me ininterruptamente 9 mil horas nesta cadeira, em 320 sessões, gerando até interpretações divertidas pela não-saída para lugares biologicamente exigíveis. Somadas as das sessões, foram 17 horas diárias de labor, também no gabinete e na residência, incluídos sábados, domingos e feriados.

Político, sou caçador de nuvens. Já fui caçado por tempestades. Uma delas, benfazeja, me colocou no topo desta montanha de sonho e de glória. Tive mais do que pedi, cheguei mais longe do que mereço. Que o bem que os Constituintes me fizeram frutifique em paz, êxito e alegria para cada um deles.

Adeus, meus irmãos. É despedida definitiva, sem o desejo de retorno.

Nosso desejo é o da Nação: que este Plenário não abrigue outra Assembleia Nacional Constituinte. Porque, antes da Constituinte, a ditadura já teria trancado as portas desta Casa.

Autoridades, Constituintes, senhoras e senhores, A sociedade sempre acaba vencendo, mesmo ante a inércia ou antagonismo do Estado.

O Estado era Tordesilhas. Rebelada, a sociedade empurrou as fronteiras do Brasil, criando uma das maiores geografias do Universo.

O Estado, encarnado na metrópole, resignara-se ante a invasão holandesa no Nordeste. A sociedade restaurou nossa integridade territorial com a insurreição nativa de Tabocas e Guararapes, sob a liderança de André Vidal de Negreiros, Felipe Camarão e João Fernandes Vieira, que cunhou a frase da preeminência da sociedade sobre o Estado: "Desobedecer a El-Rei, para servir a El-Rei".

O Estado capitulou na entrega do Acre, a sociedade retomou-o com as foices, os achados e os punhos de Plácido de Castro e dos seus seringueiros.

O Estado autoritário prendeu e exilou. A sociedade, com Teotônio Vilela, pela anistia, libertou e repatriou.

A sociedade foi Rubens Paiva, não os facínoras que o mataram.

Foi a sociedade, mobilizada nos colossais comícios das Diretas-já, que, pela transição e pela mudança, derrotou o Estado usurpador.

Termino com as palavras com que comecei esta fala: a Nação quer mudar.

A Nação deve mudar. A Nação vai mudar.

A Constituição pretende ser a voz, a letra, a vontade política da sociedade rumo à mudança.

Que a promulgação seja nosso grito:

– Mudar para vencer! Muda, Brasil!

Dilma Rousseff

Discurso em julgamento do impeachment no Senado, em 29 de agosto de 2016[1]

Excelentíssimo senhor presidente do Supremo Tribunal Federal Ricardo Lewandowski, excelentíssimo senhor presidente do Senado Federal Renan Calheiros, excelentíssimas senhoras senadoras e excelentíssimos senhores senadores, cidadãs e cidadãos de meu amado Brasil, no dia 1º de janeiro de 2015 assumi meu segundo mandato à Presidência da República Federativa do Brasil. Fui eleita por mais 54 milhões de votos. Na minha posse, assumi o compromisso de manter, defender e cumprir a Constituição, bem como o de observar as leis, promover o bem geral do povo brasileiro, sustentar a união, a integridade e a independência do Brasil. Ao exercer a Presidência da República respeitei fielmente o compromisso que assumi perante a nação e aos que me elegeram. E me orgulho disso.

Sempre acreditei na democracia e no Estado de Direito, e sempre vi na Constituição de 1988 uma das grandes conquistas do nosso povo. Jamais atentaria contra o que acredito ou praticaria atos contrários aos interesses daqueles que me elegeram. Nesta jornada para me defender do impeachment me aproximei mais do povo, tive oportunidade de ouvir seu reconhecimento, de receber seu carinho. Ouvi também críticas duras ao meu governo, a erros que foram cometidos e a medidas e políticas que não foram adotadas. Acolho essas críticas com humildade. Até porque, como todos, tenho defeitos e cometo erros. Entre os meus defeitos não está a deslealdade e a covardia. Não traio os compromissos que assumo, os princípios que defendo ou os

1. Da assessoria da Presidenta da República afastada.

que lutam ao meu lado. Na luta contra a ditadura, recebi no meu corpo as marcas da tortura. Amarguei por anos o sofrimento da prisão. Vi companheiros e companheiras sendo violentados, e até assassinados. Na época, eu era muito jovem. Tinha muito a esperar da vida. Tinha medo da morte, das sequelas da tortura no meu corpo e na minha alma. Mas não cedi. Resisti. Resisti à tempestade de terror que começava a me engolir, na escuridão dos tempos amargos em que o país vivia. Não mudei de lado. Apesar de receber o peso da injustiça nos meus ombros, continuei lutando pela democracia. Dediquei todos esses anos da minha vida à luta por uma sociedade sem ódios e intolerância. Lutei por uma sociedade livre de preconceitos e de discriminações. Lutei por uma sociedade onde não houvesse miséria ou excluídos. Lutei por um Brasil soberano, mais igual e onde houvesse justiça. Disso tenho orgulho. Quem acredita, luta.

Aos quase setenta anos de idade, não seria agora, após ser mãe e avó, que abdicaria dos princípios que sempre me guiaram. Exercendo a Presidência da República tenho honrado o compromisso com o meu país, com a Democracia, com o Estado de Direito. Tenho sido intransigente na defesa da honestidade na gestão da coisa pública. Por isso, diante das acusações que contra mim são dirigidas neste processo, não posso deixar de sentir, na boca, novamente, o gosto áspero e amargo da injustiça e do arbítrio. E por isso, como no passado, resisto. Não esperem de mim o obsequioso silêncio dos covardes. No passado, com as armas, e hoje, com a retórica jurídica, pretendem novamente atentar contra a democracia e contra o Estado do Direito.

Se alguns rasgam o seu passado e negociam as benesses do presente, que respondam perante a sua consciência e perante a história pelos atos que praticam. A mim cabe lamentar pelo que foram e pelo que se tornaram. E resistir. Resistir sempre. Resistir para acordar as consciências ainda adormecidas para que, juntos, finquemos o pé no terreno que está do lado certo da história, mesmo que o chão trema e ameace de novo nos engolir. Não luto pelo meu mandato por vaidade ou por apego ao poder, como é próprio dos que não tem caráter, princípios ou utopias a conquistar. Luto pela democracia, pela verdade e pela justiça. Luto pelo povo do meu país, pelo seu bem-estar.

Muitos hoje me perguntam de onde vem a minha energia para prosseguir. Vem do que acredito. Posso olhar para trás e ver tudo o que fizemos. Olhar para a frente e ver tudo o que ainda precisamos e podemos fazer. O mais importante é que posso olhar para mim mesma e ver a face de alguém que, mesmo marcada pelo tempo, tem forças para defender suas ideias e seus direitos. Sei que, em breve, e mais uma vez na vida, serei julgada. E é por ter a minha consciência absolutamente tranquila em relação ao que fiz no exercício da Presidência da República que venho pessoalmente à presença dos que me julgarão. Venho para olhar diretamente nos olhos de Vossas Excelências, e dizer, com a serenidade dos que nada tem a esconder, que não cometi nenhum crime de responsabilidade. Não cometi os crimes dos quais sou acusada injusta e arbitrariamente.

Hoje, o Brasil, o mundo e a história nos observam e aguardam o desfecho deste processo de impeachment. No passado da América Latina e do Brasil, sempre que interesses de setores da elite econômica e política foram feridos pelas urnas, e não existiam razões jurídicas para uma destituição legítima, conspirações eram tramadas resultando em golpes de estado. O Presidente Getúlio Vargas, que nos legou a CLT e a defesa do patrimônio nacional, sofreu uma implacável perseguição; a hedionda trama orquestrada pela chamada "República do Galeão", que o levou ao suicídio. O Presidente Juscelino Kubitscheck, que contruiu essa cidade, foi vítima de constantes e fracassadas tentativas de golpe, como ocorreu no episódio de Aragarças. O presidente João Goulart, defensor da democracia, dos direitos dos trabalhadores e das Reformas de Base, superou o golpe do parlamentarismo mas foi deposto e instaurou-se a ditadura militar, em 1964. Durante 20 anos, vivemos o silêncio imposto pelo arbítrio e a democracia foi varrida de nosso País. Milhões de brasileiros lutaram e reconquistaram o direito a eleições diretas. Hoje, mais uma vez, ao serem contrariados e feridos nas urnas os interesses de setores da elite econômica e política nos vemos diante do risco de uma ruptura democrática. Os padrões políticos dominantes no mundo repelem a violência explícita. Agora, a ruptura democrática se dá por meio da violência moral e de pretextos constitucionais para que se empreste aparência de legitimidade ao governo que assume sem o amparo das urnas. Invoca-se a Constituição para que o mundo das aparências encubra hipocritamente o mundo dos fatos.

As provas produzidas deixam claro e inconteste que as acusações contra mim dirigidas são meros pretextos, embasados por uma frágil retórica jurídica. Nos últimos dias, novos fatos evidenciaram outro aspecto da trama que caracteriza este processo de impeachment. O autor da representação junto ao Tribunal de Contas da União que motivou as acusações discutidas nesse processo foi reconhecido como suspeito pelo Presidente do Supremo Tribunal Federal. Soube-se ainda, pelo depoimento do auditor responsável pelo parecer técnico, que ele havia ajudado a elaborar a própria representação que auditou. Fica claro o vício da parcialidade, a trama, na construção das teses por eles defendidas.

São pretextos, apenas pretextos, para derrubar, por meio de um processo de impeachment sem crime de responsabilidade, um governo legítimo, escolhido em eleição direta com a participação de 110 milhões de brasileiros e brasileiras. O governo de uma mulher que ousou ganhar duas eleições presidenciais consecutivas. São pretextos para viabilizar um golpe na Constituição. Um golpe que, se consumado, resultará na eleição indireta de um governo usurpador. A eleição indireta de um governo que, já na sua interinidade, não tem mulheres comandando seus ministérios, quando o povo, nas urnas, escolheu uma mulher para comandar o país. Um governo que dispensa os negros na sua composição ministerial e já revelou um profundo desprezo pelo programa escolhido pelo povo em 2014.

Fui eleita presidenta por 54 milhões e meio de votos para cumprir um programa cuja síntese está gravada nas palavras “nenhum direito a menos”. O que está em jogo no processo de impeachment não é apenas o meu mandato. O que está em jogo é o respeito às urnas, à vontade soberana do povo brasileiro e à Constituição. O que está em jogo são as conquistas dos últimos 13 anos: os ganhos da população, das pessoas mais pobres e da classe média; a proteção às crianças; os jovens chegando às universidades e às escolas técnicas; a valorização do salário mínimo; os médicos atendendo a população; a realização do sonho da casa própria. O que está em jogo é o investimento em obras para garantir a convivência com a seca no semiárido, é a conclusão do sonhado e esperado projeto de integração do São Francisco. O que está em jogo é, também, a grande descoberta do Brasil, o pré-sal. O que está em jogo é a inserção soberana de nosso país no cenário internacional, pautada pela ética e pela busca de interesses comuns. O que está em jogo é a autoestima dos brasileiros e brasileiras, que resistiram aos ataques dos pessimistas de plantão à capacidade do País de realizar, com sucesso, a Copa do Mundo e as Olimpíadas e Paralimpíadas. O que está em jogo é a conquista da estabilidade, que busca o equilíbrio fiscal mas não abre mão de programas sociais para a nossa população. O que está em jogo é o futuro do País, a oportunidade e a esperança de avançar sempre mais.

Senhoras e senhores senadores, no presidencialismo previsto em nossa Constituição, não basta a eventual perda de maioria parlamentar para afastar um Presidente. Há que se configurar crime de responsabilidade. E está claro que não houve tal crime. Não é legítimo, como querem os meus acusadores, afastar o chefe de Estado e de governo pelo "conjunto da obra". Quem afasta o Presidente pelo "conjunto da obra" é o povo, e só o povo, nas eleições. E nas eleições o programa de governo vencedor não foi este agora ensaiado e desenhado pelo governo interino e defendido pelos meus acusadores. O que pretende o governo interino, se transmudado em efetivo, é um verdadeiro ataque às conquistas dos últimos anos. Desvincular o piso das aposentadorias e pensões do salário mínimo será a destruição do maior instrumento de distribuição de renda do país, que é a Previdência Social. O resultado será mais pobreza, mais mortalidade infantil e a decadência dos pequenos municípios. A revisão dos direitos e garantias sociais previstos na CLT e a proibição do saque do FGTS na demissão do trabalhador são ameaças que pairam sobre a população brasileira caso prospere o impeachment sem crime de responsabilidade. Conquistas importantes para as mulheres, os negros e as populações LGBT estarão comprometidas pela submissão a princípios ultraconservadores. O nosso patrimônio estará em questão, com os recursos do pré-sal, as riquezas naturais e minerárias sendo privatizadas. A ameaça mais assustadora desse processo de impeachment sem crime de responsabilidade é congelar por inacreditáveis 20 anos todas as despesas com saúde, educação, saneamento, habitação. É impedir que, por 20 anos, mais crianças e jovens tenham acesso às escolas; que, por 20 anos, as pessoas possam ter melhor atendimento à saúde; que, por 20 anos, as famílias possam sonhar com casa própria.

Senhor Presidente Ricardo Lewandowski, Sras. e Srs. Senadores, a verdade é que o resultado eleitoral de 2014 foi um rude golpe em setores da elite conservadora brasileira. Desde a proclamação dos resultados eleitorais, os partidos que apoiavam o candidato derrotado nas eleições fizeram de tudo para impedir a minha posse e a estabilidade do meu governo. Disseram que as eleições haviam sido fraudadas, pediram auditoria nas urnas, impugnaram minhas contas eleitorais, e após a minha posse, buscaram de forma desmedida quaisquer fatos que pudessem justificar retoricamente um processo de impeachment. Como é próprio das elites conservadoras e autoritárias, não viam na vontade do povo o elemento legitimador de um governo. Queriam o poder a qualquer preço. Tudo fizeram para desestabilizar a mim e ao meu governo.

Só é possível compreender a gravidade da crise que assola o Brasil desde 2015 levando-se em consideração a instabilidade política aguda que, desde a minha reeleição, tem caracterizado o ambiente em que ocorrem o investimento e a produção de bens e serviços. Não se procurou discutir e aprovar uma melhor proposta para o País. O que se pretendeu permanentemente foi a afirmação do "quanto pior melhor", na busca obsessiva de se desgastar o governo, pouco importando os resultados danosos desta questionável ação política para toda a população. A possibilidade de impeachment tornou-se assunto central da pauta política e jornalística apenas dois meses após minha reeleição, apesar da evidente improcedência dos motivos para justificar esse movimento radical. Nesse ambiente de turbulências e incertezas, o risco político permanente provocado pelo ativismo de parcela considerável da oposição acabou sendo um elemento central para a retração do investimento e para o aprofundamento da crise econômica. Deve ser também ressaltado que a busca do reequilíbrio fiscal, desde 2015, encontrou uma forte resistência na Câmara dos Deputados, à época presidida pelo deputado Eduardo Cunha. Os projetos enviados pelo governo foram rejeitados, parcial ou integralmente. Pautas bombas foram apresentadas e algumas aprovadas. As comissões permanentes da Câmara, em 2016, só funcionaram a partir do dia 5 de maio, ou seja, uma semana antes da aceitação do processo de impeachment pela Comissão do Senado Federal. Os srs. e as sras. senadores sabem que o funcionamento dessas Comissões era e é absolutamente indispensável para a aprovação de matérias que interferem no cenário fiscal e encaminhar a saída da crise. Foi criado assim o desejado ambiente de instabilidade política, propício à abertura do processo de impeachment sem crime de responsabilidade. Sem essas ações, o Brasil certamente estaria hoje em outra situação política, econômica e fiscal.

Muitos articularam e votaram contra propostas que durante toda a vida defenderam, sem pensar nas consequências que seus gestos trariam para o país e para o povo brasileiro. Queriam aproveitar a crise econômica, porque sabiam que assim que o meu governo viesse a superá-la, sua aspiração de acesso ao poder haveria de ficar sepultada por mais um longo período. Mas, a bem da verdade, as forças oposicionistas somente conseguiram levar adiante o seu intento quando outra poderosa força política a elas se agregou: a força política dos que queriam evitar a continuidade da "sangria" de setores da classe política brasileira, motivada pelas investigações sobre a corrupção e o desvio de dinheiro público.

É notório que durante o meu governo e o do Presidente Lula foram dadas todas as condições para que estas investigações fossem realizadas. Propusemos importantes leis que dotaram os órgãos competentes de condições para investigar e punir os culpados. Assegurei a autonomia do Ministério Público, nomeando como Procurador Geral da República o primeiro nome da lista indicado pelos próprios membros da instituição. Não permiti qualquer interferência política na atuação da Polícia Federal. Contrariei, com essa minha postura, muitos interesses. Por isso, paguei e pago um elevado preço pessoal pela postura que tive.

Arquitetaram a minha destituição, independentemente da existência de quaisquer fatos que pudessem justificá-la perante a nossa Constituição. Encontraram, na pessoa do ex-Presidente da Câmara dos Deputados, Eduardo Cunha, o vértice da sua aliança golpista. Articularam e viabilizaram a perda da maioria parlamentar do governo. Situações foram criadas, com apoio escancarado de setores da mídia, para construir o clima político necessário para a desconstituição do resultado eleitoral de 2014. Todos sabem que este processo de impeachment foi aberto por uma "chantagem explícita" do ex-presidente da Câmara, Eduardo Cunha, como chegou a reconhecer em declarações à imprensa um dos próprios denunciantes. Exigia aquele parlamentar que eu intercedesse para que deputados do meu partido não votassem pela abertura do seu processo de cassação. Nunca aceitei na minha vida ameaças ou chantagens. Se não o fiz antes, não o faria na condição de Presidenta da República. É fato, porém, que não ter me curvado a esta chantagem motivou o recebimento da denúncia por crime de responsabilidade e a abertura deste processo, sob o aplauso dos derrotados em 2014 e dos temerosos pelas investigações.

Se eu tivesse me acumpliciado com a improbidade e com o que há de pior na política brasileira, como muitos até hoje parecem não ter o menor pudor em fazê-lo, eu não correria o risco de ser condenada injustamente. Quem se acumplicia ao imoral e ao ilícito não tem respeitabilidade para governar o Brasil. Quem age para poupar ou adiar o julgamento de uma pessoa que é acusada de enriquecer às custas do Estado brasileiro e do povo que paga impostos, cedo ou tarde, acabará pagando perante a sociedade e a história o preço do seu descompromisso com a ética. Todos sabem que não enriqueci no exercício de cargos públicos, que não desviei dinheiro público em meu proveito próprio, nem de meus familiares, e que não possuo contas ou imóveis no exterior. Sempre agi com absoluta probidade nos cargos públicos que ocupei ao longo da minha vida. Curiosamente, serei julgada, por crimes que não cometi, antes do julgamento do ex-presidente da Câmara, acusado de ter praticado gravíssimos atos ilícitos e que liderou as tramas e os ardis que alavancaram as ações voltadas à minha destituição. Ironia da história? Não, de forma nenhuma. Trata-se de uma ação deliberada que conta com o silêncio cúmplice de setores da grande mídia brasileira. Viola-se a democracia e pune-se uma inocente. Este é o pano de fundo que marca o julgamento que será realizado pela vontade dos que lançam contra mim pretextos acusatórios infundados.

Estamos a um passo da consumação de uma grave ruptura institucional. Estamos a um passo da concretização de um verdadeiro golpe de Estado. Senhoras e senhores senadores, vamos aos autos deste processo. Do que sou acusada? Quais foram os atentados à Constituição que cometi? Quais foram os crimes hediondos que pratiquei? A primeira acusação refere-se à edição de três decretos de crédito suplementar sem autorização legislativa. Ao longo de todo o processo, mostramos que a edição desses decretos seguiu todas as regras legais. Respeitamos a previsão contida na Constituição, a meta definida na LDO e as autorizações estabelecidas no artigo 4° da Lei Orçamentária de 2015, aprovadas pelo Congresso Nacional. Todas essas previsões legais foram respeitadas em relação aos 3 decretos. Eles apenas ofereceram alternativas para alocação dos mesmos limites, de empenho e financeiro, estabelecidos pelo decreto de contingenciamento, que não foram alterados. Por isso, não afetaram em nada a meta fiscal.

Ademais, desde 2014, por iniciativa do Executivo, o Congresso aprovou a inclusão, na LDO, da obrigatoriedade que qualquer crédito aberto deve ter sua execução subordinada ao decreto de contingenciamento, editado segundo as normas estabelecidas pela Lei de Responsabilidade Fiscal. E isso foi precisamente respeitado. Não sei se por incompreensão ou por estratégia, as acusações feitas neste processo buscam atribuir a esses decretos nossos problemas fiscais. Ignoram ou escondem que os resultados fiscais negativos são consequência da desaceleração econômica e não a sua causa. Escondem que, em 2015, com o agravamento da crise, tivemos uma expressiva queda da receita ao longo do ano – foram R$ 180 bilhões a menos que o previsto na Lei Orçamentária. Fazem questão de ignorar que realizamos, em 2015, o maior contingenciamento de nossa história. Cobram que, quando enviei ao Congresso Nacional, em julho de 2015, o pedido de autorização para reduzir a meta fiscal, deveria ter imediatamente realizado um novo contingenciamento. Não o fiz porque segui o procedimento que não foi questionado pelo Tribunal de Contas da União ou pelo Congresso Nacional na análise das contas de 2009.

Além disso, a responsabilidade com a população justifica também nossa decisão. Se aplicássemos, em julho, o contingenciamento proposto pelos nossos acusadores cortaríamos 96% do total de recursos disponíveis para as despesas da União. Isto representaria um corte radical em todas as dotações orçamentárias dos órgãos federais. Ministérios seriam paralisados, universidades fechariam suas portas, o Mais Médicos seria interrompido, a compra de medicamentos seria prejudicada, as agências reguladoras deixariam de funcionar. Na verdade, o ano de 2015 teria, orçamentariamente, acabado em julho. Volto a dizer: ao editar estes decretos de crédito suplementar, agi em conformidade plena com a legislação vigente. Em nenhum desses atos, o Congresso Nacional foi desrespeitado. Aliás, este foi o comportamento que adotei em meus dois mandatos. Somente depois que assinei estes decretos é que o Tribunal de Contas da União mudou a posição que sempre teve a respeito da matéria. É importante que a população brasileira seja esclarecida sobre este ponto: os decretos foram editados em julho e agosto de 2015 e somente em outubro de 2015 o TCU aprovou a nova interpretação. O TCU recomendou a aprovação das contas de todos os presidentes que editaram decretos idênticos aos que editei. Nunca levantaram qualquer problema técnico ou apresentaram a interpretação que passaram a ter depois que assinei estes atos. Querem me condenar por ter assinado decretos que atendiam a demandas de diversos órgãos, inclusive do próprio Poder Judiciário, com base no mesmo procedimento adotado desde a entrada em vigor da Lei de Responsabilidade Fiscal, em 2001? Por ter assinado decretos que somados, não implicaram, como provado nos autos, em nenhum centavo de gastos a mais para prejudicar a meta fiscal?

A segunda denúncia dirigida contra mim neste processo também é injusta e frágil. Afirma-se que o alegado atraso nos pagamentos das subvenções econômicas devidas ao Banco do Brasil, no âmbito da execução do programa de crédito rural Plano Safra, equivale a uma "operação de crédito", o que estaria vedado pela Lei de Responsabilidade Fiscal. Como minha defesa e várias testemunhas já relataram, a execução do Plano Safra é regida por uma lei de 1992, que atribui ao Ministério da Fazenda a competência de sua normatização, inclusive em relação à atuação do Banco do Brasil. A Presidenta da República não pratica nenhum ato em relação à execução do Plano Safra. Parece óbvio, além de juridicamente justo, que eu não seja acusada por um ato inexistente. A controvérsia quanto a existência de operação de crédito surgiu de uma mudança de interpretação do TCU, cuja decisão definitiva foi emitida em dezembro de 2015. Novamente, há uma tentativa de dizer que cometi um crime antes da definição da tese de que haveria um crime. Uma tese que nunca havia surgido antes e que, como todas as senhoras e senhores senadores souberam em dias recentes, foi urdida especialmente para esta ocasião.

Lembro ainda a decisão recente do Ministério Público Federal, que arquivou inquérito exatamente sobre esta questão. Afirmou não caber falar em ofensa à lei de responsabilidade fiscal porque eventuais atrasos de pagamento em contratos de prestação de serviços entre a União e instituições financeiras públicas não são operações de crédito. Insisto, senhoras senadoras e senhores senadores: não sou eu nem tampouco minha defesa que fazemos estas alegações. É o Ministério Público Federal que se recusou a dar sequência ao processo, pela inexistência de crime. Sobre a mudança de interpretação do TCU, lembro que, ainda antes da decisão final, agi de forma preventiva. Solicitei ao Congresso Nacional a autorização para pagamento dos passivos e defini em decreto prazos de pagamento para as subvenções devidas. Em dezembro de 2015, após a decisão definitiva do TCU e com a autorização do Congresso, saldamos todos os débitos existentes. Não é possível que não se veja aqui também o arbítrio deste processo e a injustiça também desta acusação. Este processo de impeachment não é legítimo. Eu não atentei, em nada, em absolutamente nada contra qualquer dos dispositivos da Constituição que, como Presidenta da República, jurei cumprir. Não pratiquei ato ilícito. Está provado que não agi dolosamente em nada. Os atos praticados estavam inteiramente voltados aos interesses da sociedade. Nenhuma lesão trouxeram ao erário ou ao patrimônio público. Volto a afirmar, como o fez a minha defesa durante todo o tempo, que este processo está marcado, do início ao fim, por um clamoroso desvio de poder. É isto que explica a absoluta fragilidade das acusações que contra mim são dirigidas. Tem-se afirmado que este processo de impeachment seria legítimo porque os ritos e prazos teriam sido respeitados. No entanto, para que seja feita justiça e a democracia se imponha, a forma só não basta. É necessário que o conteúdo de uma sentença também seja justo. E no caso, jamais haverá justiça na minha condenação. Ouso dizer que em vários momentos este processo se desviou, clamorosamente, daquilo que a Constituição e os juristas denominam de "devido processo legal". Não há respeito ao devido processo legal quando a opinião condenatória de grande parte dos julgadores é divulgada e registrada pela grande imprensa, antes do exercício final do direito de defesa.

Não há respeito ao devido processo legal quando julgadores afirmam que a condenação não passa de uma questão de tempo, porque votarão contra mim de qualquer jeito. Nesse caso, o direito de defesa será exercido apenas formalmente, mas não será apreciado substantivamente nos seus argumentos e nas suas provas. A forma existirá apenas para dar aparência de legitimidade ao que é ilegítimo na essência. Senhoras e senhores senadores, Nesses meses, me perguntaram inúmeras vezes porque eu não renunciava, para encurtar este capítulo tão difícil de minha vida. Jamais o faria porque tenho compromisso inarredável com o Estado Democrático de Direito. Jamais o faria porque nunca renuncio à luta.

Confesso a Vossas Excelências, no entanto, que a traição, as agressões verbais e a violência do preconceito me assombraram e, em alguns momentos, até me magoaram. Mas foram sempre superados, em muito, pela solidariedade, pelo apoio e pela disposição de luta de milhões de brasileiras e brasileiros pelo país afora. Por meio de manifestações de rua, reuniões, seminários, livros, shows, mobilizações na internet, nosso povo esbanjou criatividade e disposição para a luta contra o golpe. As mulheres brasileiras têm sido, neste período, um esteio fundamental para minha resistência. Me cobriram de flores e me protegeram com sua solidariedade. Parceiras incansáveis de uma batalha em que a misoginia e o preconceito mostraram suas garras, as brasileiras expressaram, neste combate pela democracia e pelos direitos, sua força e resiliência. Bravas mulheres brasileiras, que tenho a honra e o dever de representar como primeira mulher Presidenta do Brasil.

Chego à última etapa desse processo comprometida com a realização de uma demanda da maioria dos brasileiros: convocá-los a decidir, nas urnas, sobre o futuro de nosso País. Diálogo, participação e voto direto e livre são as melhores armas que temos para a preservação da democracia. Confio que as senhoras senadoras e os senhores senadores farão justiça. Tenho a consciência tranquila. Não pratiquei nenhum crime de responsabilidade. As acusações dirigidas contra mim são injustas e descabidas. Cassar em definitivo meu mandato é como me submeter a uma pena de morte política. Este é o segundo julgamento a que sou submetida em que a democracia tem assento, junto comigo, no banco dos réus. Na primeira vez, fui condenada por um tribunal de exceção. Daquela época, além das marcas dolorosas da tortura, ficou o registro, em uma foto, da minha presença diante de meus algozes, num momento em que eu os olhava de cabeça erguida enquanto eles escondiam os rostos, com medo de serem reconhecidos e julgados pela história.

Hoje, quatro décadas depois, não há prisão ilegal, não há tortura, meus julgadores chegaram aqui pelo mesmo voto popular que me conduziu à Presidência. Tenho por todos o maior respeito, mas continuo de cabeça erguida, olhando nos olhos dos meus julgadores. Apesar das diferenças, sofro de novo com o sentimento de injustiça e o receio de que, mais uma vez, a democracia seja condenada junto comigo. E não tenho dúvida que, também desta vez, todos nós seremos julgados pela história. Por duas vezes vi de perto a face da morte: quando fui torturada por dias seguidos, submetida a sevícias que nos fazem duvidar da humanidade e do próprio sentido da vida; e quando uma doença grave e extremamente dolorosa poderia ter abreviado minha existência. Hoje eu só temo a morte da democracia, pela qual muitos de nós, aqui neste plenário, lutamos com o melhor dos nossos esforços. Reitero: respeito os meus julgadores. Não nutro rancor por aqueles que votarão pela minha destituição.

Respeito e tenho especial apreço por aqueles que têm lutado bravamente pela minha absolvição, aos quais serei eternamente grata. Neste momento, quero me dirigir aos senadores que, mesmo sendo de oposição a mim e ao meu governo, estão indecisos. Lembrem-se que, no regime presidencialista e sob a égide da nossa Constituição, uma condenação política exige obrigatoriamente a ocorrência de um crime de responsabilidade, cometido dolosamente e comprovado de forma cabal. Lembrem-se do terrível precedente que a decisão pode abrir para outros presidentes, governadores e prefeitos. Condenar sem provas substantivas. Condenar um inocente. Faço um apelo final a todos os senadores: não aceitem um golpe que, em vez de solucionar, agravará a crise brasileira. Peço que façam justiça a uma presidenta honesta, que jamais cometeu qualquer ato ilegal, na vida pessoal ou nas funções públicas que exerceu. Votem sem ressentimento. O que cada senador sente por mim e o que nós sentimos uns pelos outros importa menos, neste momento, do que aquilo que todos sentimos pelo país e pelo povo brasileiro. Peço: votem contra o impeachment. Votem pela democracia. Muito obrigada.

Luiz Inácio Lula da Silva

Discurso do ex-presidente, em frente ao Sindicato dos Metalúrgicos do ABC, em São Bernardo do Campo, 7 de abril de 2018, antes de se entregar para a Polícia Federal[1]

Queridas companheiras e queridos companheiros...

Eu não sei se esse som aumenta um pouquinho mais, porque isso facilitaria minha voz já rouca.

Querido companheiro Vagner [Freitas], presidente da CUT, querido companheiro Aloízio Mercadante, ex-senador, ex-deputado federal, ex-ministro da Ciência e Tecnologia, ex-ministro da Educação, ex-ministro da Casa Civil da presidenta Dilma... porra, se eu tivesse tantos títulos assim, eu seria presidente da República.

Companheiro Guilherme Boulos, nosso companheiro que está iniciando uma jornada sendo candidato a presidente da República pelo PSOL, mas é um companheiro da mais alta qualidade, vocês têm que levar em conta a seriedade desse menino.

Eu digo 'menino' porque ele só tem 35 anos de idade, e, quando eu fiz a greve de 78, eu tinha 33 anos de idade e consegui, através da greve, chegar a criar um partido e virar presidente. Você tem futuro, meu irmão, é só não desistir nunca.

Quero cumprimentar essa garota, essa garota bonita, garota militante do PCdoB, que também está fazendo a sua primeira experiência como candidata a presidenta da República pelo PCdoB — e que eu acho um motivo de orgulho e uma perspectiva de esperança para esse

1. Frente Brasil Popular.

país ter gente nova se dispondo a enfrentar a negação da política, assumindo a política e dizendo: "nós queremos ser presidente da República para mudar a história do país".

Quero agradecer a companheira dessa mulher, possivelmente a mais injustiçada das mulheres que um dia ousaram fazer política nesse país. A injustiçada pelo jeito de governar, acusada de não saber conversar, acusada de não saber fazer política... Mas eu quero ser testemunha de vocês: a Dilma foi a pessoa que me deu a tranquilidade de fazer quase tudo o que eu consegui fazer na Presidência da República pela confiança, pela seriedade e pela qualidade e competência técnica.

Eu sou grato, grato de coração, porque não teria sido o que foi se não fosse a companheira Dilma. Portanto, Dilma, você sabe que profundamente, para o resto da vida, repartirei o meu sucesso na Presidência com Vossa Excelência, independentemente do que aconteça nesse mundo.

Quero cumprimentar o meu querido companheiro Fernando Haddad. Ele viveu o melhor período de investimento na educação brasileira nesse país.

Quero cumprimentar o meu companheiro Celso Amorim, o companheiro que certamente foi mais importante ministro das Relações Exteriores que esse país já teve, que colocou o Brasil como protagonista mundial durante todo o nosso governo.

Quero parabenizar o nosso companheiro Ivan Valente, deputado pelo PSOL, que está aqui. Quero cumprimentar o nosso valoroso, extraordinário João Pedro Stédile, presidente coordenador do Movimento Sem Terra.

Quero cumprimentar o Juliano [Medeiros], jovem presidente do PSOL.

Quero cumprimentar o nosso querido escritor Fernando Morais, que está escrevendo a biografia do meu governo — que nunca termina, porra! Eu estou quase para morrer e ele não termina a minha biografia.

Quero cumprimentar o nosso querido companheiro Paulo Pimenta, líder do PT, o homem que tem o blog dos deputados mais importantes de Brasília e o cidadão que melhor tem enfrentado o Moro e a operação Lava Jato naquilo que são os defeitos dela. Parabéns, companheiro Pimenta.

Quero cumprimentar o índio mais esperto do Brasil, o presidente do Piauí, o governador do Piauí — o companheiro Wellington [Dias] está cumprindo o terceiro mandato e, pelo andar das pesquisas, ele está a caminho do quarto mandato como governador do estado do Piauí.

Quero aqui cumprimentar o companheiro Emídio [de Souza], tesoureiro do PT, ex-prefeito de Osasco, que tem trabalhado incansavelmente pra gente recuperar o papel do PT na história deste país.

Quero cumprimentar o companheiro Orlando Silva, presidente, ou melhor, deputado do PCdoB.

Quero cumprimentar o nosso companheiro [Edson Carneiro] Índio, que é da Intersindical — é um companheiro de muita qualidade.

Quero cumprimentar o presidente da CTB [Central de Trabalhadores e Trabalhadoras do Brasil], que está aqui, o companheiro Adílson [Araújo], que é um companheiro também muito importante no movimento sindical.

Quero cumprimentar a nossa companheira Gleisi Hoffmann, a nossa querida presidenta do nosso partido.

Quero cumprimentar o companheiro Luiz Marinho, presidente do PT, ministro do Trabalho, ministro da Previdência. Eu vou contar duas coisas do Marinho. O Marinho foi catador de algodão, catador de café e catador de amendoim em Santa Fé. O Marinho foi pintor na Volkswagen. O Marinho foi presidente deste sindicato, o Marinho foi presidente da CUT. O Marinho foi certamente o mais importante ministro de Trabalho do meu governo e foi melhor ministro da Previdência, que foi ministro que acabou com a fila na Previdência. E o Marinho foi o melhor prefeito que São Bernardo teve. E agora é o nosso presidente estadual.

Quero cumprimentar o nosso senador, nosso querido Lindbergh [Farias] — grande Lindbergh, que eu conheci ainda na campanha para derrubar o Collor. Tentei tirá-lo do PCdoB para levar para o PT, mas a minha relação de amizade com o João Amazonas era tão forte que eu não tive coragem de conversar com ele.

Quero cumprimentar, aqui — gente, eu não tenho nome de todo mundo — o Wagner [Santana], presidente do Sindicato dos Metalúrgicos de São Bernardo e o companheiro Moisés [Selerges].

Ah, é que está ali atrás e eu não estou vendo: o nosso companheiro senador da República — não, vereador, mas futuro senador — Eduardo Suplicy. Olha eu não posso falar que ele teve uma tontura, porque isso não é recomendável para quem está sendo o candidato, viu? Eu vou dizer que você estava ali sentado conversando com eleitores, está bem?

Eu pedi para vir aqui o companheiro de Sergipe, que é o companheiro vice-presidente do PT que tem a incumbência de coordenar as caravanas da cidadania por todo o território nacional e vocês têm acompanhado pela internet, o companheiro Márcio [Macedo].

Eu pedi para vir aqui dois sindicalistas porque eu nasci nesse sindicato. Quando eu cheguei aqui, esse sindicato era um barraco. Esse prédio foi construído já na nossa diretoria. Aqui, para vocês saberem, eu fui diretor de uma escola de madureza que tinha 1.800 alunos. Vocês pensam que eu sou só torneiro mecânico? Pode dizer: "diretor de escola com 1.800 alunos também".

E a minha relação com esse sindicato... aqui está o Paulão, que é vice-presidente do sindicato e é presidente da Confederação Nacional dos Metalúrgicos e é da secretaria do movimento sindical do PT. Eu não tenho nome de nada, estou chutando de improviso o que eu estou vendo.

Mas eu queria aproveitar, Wagner, a tua presença aqui, para que esse pessoal soubesse que, na minha consciência, parte das conquistas da democracia brasileira a gente deve a este sindicato dos metalúrgicos a partir de 1978.

Aqui foi a minha escola, aqui eu aprendi sociologia, aprendi economia, aprendi física, química e aprendi a fazer muita política porque, no tempo que eu era presidente deste sindicato, as fábricas tinham 140 mil professores que me ensinavam como fazer as coisas.

Toda vez que eu tinha dúvida, eu ia na porta da fábrica perguntar para a peãozada como fazer as coisas nesse país. Na dúvida, não erre. Na dúvida, pergunte. E se você perguntar, a chance de você acertar é muito maior.

E o Wagner é o companheiro que está cedendo este prédio pra gente fazer toda a nossa campanha. E quero agradecer ao Moisés. O Moisés é o companheiro do Wagner, é o diretor financeiro do sindicato e é um companheiro que nunca se negou a contribuir com o movimento social, a contribuir com outras tarefas da democracia — não para partido político, mas para o movimento social. Este sindicato nunca negou absolutamente nada. Então eu quero uma salva de palmas para esses companheiros que são um sustentáculo da nossa luta.

Este sindicato, diferente de outros sindicatos, tem quase 283 diretores. Para ser diretor deste sindicato, as pessoas têm que ser eleitas pelo chão da fábrica, pra um comitê. Se não tiver no chão da fábrica, não é eleito. E depois de eleito no membro do comitê, se escolhe os que vão ser diretores do sindicato. E tem a diretoria executiva, mas tem 283 pessoas que são diretores e que são conselheiros. Se a gente fizesse isso em todo sindicato do Brasil, certamente a gente teria muito menos pelego no movimento sindical brasileiro.

Eu fiz questão de citar eles porque às vezes o cara compra o alimento, lava o alimento, cozinha o alimento, leva pra gente comer e a gente sai sem saber quem nutre o alimento. Então foram esses guerreiros aqui que deram essa possibilidade extraordinária de a gente estar aqui fazendo isso.

A segunda coisa é que eu confesso que vivi os meus melhores momentos políticos nesse sindicato. Eu nunca esqueci a minha matrícula do sindicato: é 25986, de outubro, de setembro de 1968.

E de lá pra cá, eu mantenho uma relação com este sindicato que, eu acho, é a relação mais forte, porque qualquer presidente tem aqui — Vicentinho já foi presidente, Meneguelli já foi presidente, Guiba já foi presidente, Zé Nobre já foi presidente, Feijó já foi presidente, quem mais? O Guiba já falei, agora o Wagnão. E por todos eles eu sou tratado como se ainda fosse presidente deste sindicato pela relação que nós ficamos. Mas aqui... o Rafael, foi o penúltimo presidente aqui.

Eu queria dizer pra vocês que eu estou contando isso para tentar chegar ao que eu quero dizer pra vocês. Em 1979, este sindicato fez uma das greves mais extraordinárias. E nós conseguimos fazer um acordo com a indústria automobilística que foi talvez o melhor.

E eu tinha uma comissão de fábrica com 300 trabalhadores, o acordo era bom e eu resolvi levar o acordo para a assembleia. E resolvi pedir para a comissão de fábrica ir mais cedo para conversar com a peãozada. E eu fazia assembleia de manhã pra evitar que o pessoal bebesse um pouquinho à tarde. Porque quando a gente bebe um pouquinho, a gente fica mais ousado. Mesmo assim, não evitava porque o cara levava litro de conhaque dentro da mala e eu ainda passava e tomava uma dosezinha pra garganta ficar melhor, coisa que não aconteceu hoje.

Pois bem, nós começamos a colocar o acordo em votação e 100 mil pessoas no estádio da Vila Euclides não aceitavam o acordo. Era o melhor possível: a gente não perdia dia de férias, a gente não perdia 13º salário e tinha 15% de aumento, mas a peãozada estava tão radicalizada que queria 83 ou nada — e nós conseguimos.

Passamos um ano sendo chamados de pelegos pelos trabalhadores, a gente, Guilherme, ia na porta de fábrica, a peãozada...

Oh, Jorge Viana, está aqui o meu querido senador do Acre, que eu não vi — ele é baixinho. Nosso querido companheiro, foi governador, prefeito, agora é senador do Acre. Obrigada pela presença.

Olha, para falar em nome dos artistas daqui, para citar todos, eu queria que o nosso Osmar Prado viesse aqui. Ele é o decano.

Olha, tem muita gente aqui. E tem a mulherada do Pará, a mulherada do Pará também está aqui.

Mas eu citei Osmar Prado porque o Osmar Prado é um artista de uma qualidade irrepreensível. O que Deus não deu de tamanho para ele, deu de inteligência e de capacidade artística. E ele já fez papéis extraordinários, mas tem um que eu nunca esqueço, que ele era motorista e era tratado como se fosse chamado de Tabaco, e o Tabaquinho marcou a minha vida. E eu fico mais feliz porque ele tem uma posição política extraordinária.

E eu acho que esse aqui tem lado, esse tem lado e é com essa essa gente que a gente vai construir a nova política deste país.

[Osmar Prado pede o microfone]

Posso dizer uma coisinha sobre o Tabaco? Olha, o Tabaco tinha três mulheres — e ainda o que tinha por fora, aí eu pedi ao autor que desse o final do Tabaco, ele sendo traído — porque todo traidor um dia é traído. E aí aparece a mulher do Tabaco, com uma penca de filho, grávida — e eu digo: "mulher como é que você está grávida? Faz mais de um ano que eu não vou lá".

[Lula continua]

Isso é vingança das mulheres, vingança. Porque o homem pensa que só ele é esperto, mas as mulheres também são espertas.

Então, companheiros e companheiras, nós conseguimos...

[Lula interrompe para pedir que socorram uma pessoa que passa mal no chão]

Mas eu ia dizendo pra vocês que nós não conseguimos aprovar a proposta que eu considerava boa, e o pessoal então passou a desrespeitar a diretoria do sindicato. E eu ia na porta da fábrica e ninguém parava, e a imprensa escrevia: "Lula fala para os ouvidos moucos dos trabalhadores".

Nós levamos um ano para recuperar o nosso prestígio na categoria e eu fiquei pensando com ar de vingança: os trabalhadores dizem que podem fazer 100 dias de greve, 400 dias de greve, que eles vão até o fim, pois eu vou testá-los em 1980.

E fizemos a maior greve da nossa história: a maior greve, 41 dias de greve. Com 17 dias de greve, eu fui preso, e os trabalhadores começaram, depois de alguns dias, a furar a greve. E nós então... eu sei que o Tuma, eu sei que o doutor Almir, eu sei que doutor Vilela iam dentro da cadeia e falavam para mim: "você tem que acabar com a greve", e eu dizia "eu não vou acabar com a greve; os trabalhadores vão decidir por conta própria".

O dado concreto é que ninguém aguentou 41 dias, porque, na prática, o companheiro tinha que pagar leite, tinha que pagar conta de luz, tinha que pagar gás. A mulher passou a cobrar dele o dinheiro do pão, ele então começou a sofrer pressão, não aguentou.

Mas é engraçado porque, na derrota, a gente ganhou muito mais, sem ganhar economicamente, do que quando a gente ganhou economicamente.

Significa que não é dinheiro que resolve o problema de uma greve. Não é 5%, não é 10%, é o que está embutido de teoria política, de conhecimento político e de tese política numa greve.

Agora, nós estamos quase que na mesma situação, eu estou sendo processado e tenho dito claramente: eu sou o único ser humano processado por um apartamento que não é meu.

E ele sabem que *O Globo* mentiu quando disse que era meu. A Polícia Federal da Lava Jato, quando fez o inquérito, mentiu que era meu. O Ministério Público, quando fez a acusação, mentiu dizendo que era meu. E eu pensei que o Moro ia resolver, e ele mentiu dizendo que era meu. E me condenou a nove anos de cadeia.

É por isso que eu sou um cidadão indignado. Porque eu já fiz muita coisa nos meus 72 anos, mas eu não os perdoo por terem passado para a sociedade a ideia de que eu sou um ladrão.

Deram a primazia dos bandidos fazerem um Pixuleco pelo Brasil inteiro. Deram a primazia dos bandidos chamarem a gente de petralha. Deram a primazia de criar quase que um clima de guerra, negando a política nesse país.

Eu digo todo dia: nenhum deles tem coragem ou dorme com a consciência tranquila da honestidade, da inocência, que eu durmo. Nem um deles.

Eu não estou acima da Justiça. Se eu não acreditasse na Justiça, eu não tinha feito um partido político. Eu tinha proposto uma revolução nesse país.

Mas eu acredito na Justiça, numa Justiça justa, numa Justiça que vota um processo baseado nos autos do processo, baseado nas informações das acusações, das defesas, na prova concreta que tem a arma do crime.

O que eu não posso admitir é um procurador que fez um PowerPoint e foi para a televisão dizer que o PT é uma organização criminosa que nasceu para roubar o Brasil e que o Lula, por ser a figura mais importante desse partido, o Lula é o chefe. E, portanto, se o Lula é o chefe, diz o procurador: "Eu não preciso de provas, eu tenho convicção".

Eu quero que ele guarde a convicção dele para os comparsas deles. Para os asseclas deles, e não para mim. Não para mim. Certamente um ladrão não estaria exigindo provas. Estaria de rabo preso, com a boca fechada, torcendo para a imprensa não falar o nome dele.

Eu tenho mais de 70 horas de *Jornal Nacional* me triturando. Eu tenho mais de 70 capas de revistas me atacando. Eu tenho milhares de páginas de jornais e matérias me atacando. Eu tenho mais a *Record* me atacando. Eu tenho mais a *Bandeirantes* me atacando. Eu tenho mais a rádio do interior, a rádio do [inaudível]. E o que eles não se dão conta é que quanto mais eles me atacam, mais cresce a minha relação com o povo brasileiro.

Eu não tenho medo deles. Até já falei que gostaria de fazer um debate com o Moro sobre a denúncia que ele fez contra mim. Eu gostaria que ele me mostrasse alguma coisa de prova. Eu já desafiei os juízes do TRF-4. Que ele fosse para um debate na universidade que ele quiser, no público que ele quiser, provar qual é o crime que eu cometi nesse país.

E às vezes tenho a impressão, e tenho porque sou um construtor de sonho... Eu, há muito tempo atrás, sonhei que era possível governar esse país envolvendo milhões e milhões de pessoas pobres na economia, envolvendo milhões de pessoas nas universidades, criando milhões e milhões de empregos nesse país.

Eu sonhei, eu sonhei que era possível um metalúrgico sem diploma de universidade cuidar mais da educação do que os diplomados e concursados que governaram esse país.

Eu sonhei que era possível a gente diminuir a mortalidade infantil levando leite, feijão e arroz para que as crianças pudessem comer todo dia. Eu sonhei que era possível pegar os estudantes da periferia e colocar nas melhores universidades desse país. Para que a gente não tenha juiz e procurador só da elite.

Daqui a pouco nós vamos ter juízes e procuradores nascidos na favela de Heliópolis, nascidos em Itaquera, nascidos na periferia. Vamos ter muita gente dos Sem Terra, do MTST, da CUT formado. Esse crime eu cometi.

Cometi esse crime que eles não querem que eu cometa mais. É por conta desse crime que já tem uns dez processos contra mim. E se for por esses crimes, de colocar pobre na universidade, negro na universidade, pobre comer carne, pobre comprar carro, pobre viajar de avião, pobre fazer sua pequena agricultura, ser microempreendedor, ter sua casa própria, se esse é o crime que eu cometi, eu quero dizer eu vou continuar sendo criminoso nesse país porque vou fazer muito mais. Vou fazer muito mais.

Companheiros e companheiras, eu, em 1990, em 1986, fui o deputado constituinte mais votado na história do país. E nós ficamos descobrindo que dentro do PT, Manuela, companheiros — o Ivan era do PT na época — havia uma desconfiança que só tinha poder no PT quem tinha mandato.

Quem não tivesse mandato era tido... Eu não citei o senador Humberto Costa que eu vi aqui, Humberto Costa, senador de Pernambuco, eu esqueci de citar para vocês. Ninguém me deu nominata. A Fátima [Bezerra] é do Rio Grande do Norte, ela será a futura governadora do Rio Grande do Norte. Esse aqui, junto com Paulo Pimenta, é o companheiro que mais briga e mais denuncia a Lava Jato. O [Miguel] Rossetto foi ministro do Trabalho e da Previdência e será talvez o governador do Rio Grande do Sul nessas eleições agora.

Está aqui nossa companheira Jandira Feghali que é uma companheira extraordinariamente combativa, tá? O Glauber Rocha... É Braga, é Braga. Alguém prepara uma nominata para mim que eu vou citando as pessoas.

Então, companheiros, quando eu percebi que o povo desconfiava que só tinha valor no PT quem era deputado, Manuela e Guilherme, sabe o que eu fiz? Deixei de ser deputado. Porque eu queria provar ao PT que eu ia continuar sendo a figura mais importante do PT sem ter mandato. Porque se alguém quiser ganhar de mim no PT, só tem um jeito: é trabalhar mais do que eu e gostar do povo mais do que eu. Porque se não gostar, não vai ganhar.

Pois bem, nós agora estamos num trabalho delicado. Eu talvez viva o momento de maior indignação que um ser humano vive. Não é fácil o que sofre a minha família. Não é fácil o que sofrem os meus filhos. Não é fácil o que sofreu a Marisa.

E quero dizer que a antecipação da morte da Marisa foi a safadeza e a sacanagem que a imprensa e o Ministério Público fizeram contra ela. Tenho certeza. Porque essa gente eu acho que não tem filho, eu acho que não tem alma e não tem noção do que sente uma mãe e um pai quando vê um filho massacrado, quando vê um filho sendo atacado. E eu, então, companheiros, resolvi levantar a cabeça.

Não pensem que eu sou contra a Lava Jato não. A Lava Jato, se pegar bandido, tem que pegar bandido mesmo, que roubou, e prender. Todos nós queremos isso. Todos nós a vida inteira dizíamos, só prende pobre, não prende rico. Todos nós dizíamos. E eu quero que continue prendendo rico. Eu quero.

Agora, qual é o problema? É que você não pode fazer julgamento subordinado à imprensa. Porque no fundo, no fundo, você destrói as pessoas na sociedade, na imagem das pessoas, e depois os juízes vão julgar e falam "Eu não posso ir contra a opinião pública porque a opinião pública está pedindo pra cassar".

Quem quiser votar com base na opinião pública, largue a toga e vá ser candidato a deputado. Escolha um partido político e vá ser candidato. Ora, a toga é um emprego vitalício. O cidadão tem que votar apenas com base nos autos do processo. Aliás, eu acho que ministro da Suprema Corte não deveria dar declaração de como vai votar. Nos Estados Unidos, termina a votação e você não sabe o que o cidadão votou exatamente para que ele não seja vítima de pressão.

Imagina um cara ser acusado de homicídio e não tenha sido ele o assassino. O que que a família do morto quer? Que ele seja morto, que ele seja condenado. Então o juiz tem que ter, diferentemente de nós, a cabeça mais fria. Mais responsabilidade de fazer acusação ou de condenar.

O Ministério Público é uma instituição muito forte, por isso esses meninos, que entram muito novos, fazem um curso de direito, depois fazem três anos de concurso, porque o pai pode pagar, esses meninos precisavam conhecer um pouco da vida, conhecer um pouco de política para fazer o que eles fazem na sociedade brasileira. Ter uma coisa chamada responsabilidade.

E não pensem que, quando eu falo assim, eu sou contra. Eu fui presidente e indiquei quatro procuradores. E fiz discurso em todas as posses. E eu dizia: quanto mais forte for a instituição, mais responsáveis os seus membros têm que ser. Você não pode condenar a pessoa pela imprensa para depois julgá-la. Vocês estão lembrados que quando eu fui prestar depoimento lá em Curitiba eu disse pro Moro: você não tem condições de me absolver porque a Globo está exigindo que você me condene e você vai me condenar.

Pois bem, eu acho que tanto o TFR-4 quanto o Moro, a Lava Jato e a Globo têm um sonho de consumo. O sonho de consumo é que, primeiro, o golpe não terminou com a Dilma. O golpe só vai concluir quando eles conseguirem convencer que o Lula não pode ser candidato a presidente da República em 2018.

Eles não querem, não é porque eu vou ser eleito, eles não querem que eu participe apenas porque tem a possibilidade de cada um de nós se eleger. Eles não querem o Lula, eles não podem [inaudível] que pobre na cabeça deles [inaudível]. Pobre não pode andar de avião, pobre não pode fazer universidade, pobre nasceu, segundo a lógica deles, pra comer e ter coisa de segunda categoria.

O sonho de consumo deles é a fotografia do Lula preso. Ah, eu fico imaginando o tesão da Veja colocando a capa minha preso. Eu fico imaginando o tesão da Globo colocando a fotografia minha preso. Eles vão ter orgasmos múltiplos.

Eles decretaram a minha prisão. E deixa eu contar uma coisa pra vocês. Eu vou atender o mandado deles. E vou atender porque eu quero fazer a transferência de responsabilidade. Eles acham que tudo o que acontece nesse país, acontece por minha causa. Eu já fui condenado a três anos de cadeia. [Corte no vídeo] chegando a hora de a onça beber água e os camponeses mataram o fazendeiro e eles acham que essa frase minha era a senha.

O que eu quero transferir de responsabilidade? Eles já tentaram me prender por obstrução de justiça, não deu certo. Eles agora querem me pegar numa prisão preventiva, que é uma coisa mais grave, porque não tem habeas corpus. O Vaccari já está preso há três anos, o Marcelo Odebrecht já gastou R$ 400 milhões e não teve habeas corpus. Eu não vou gastar um tostão.

Mas eu vou lá com a seguinte crença: eles vão descobrir pela primeira vez o que eu tenho dito todo dia, eles não sabem que o problema desse país não se chama Lula. O problema desse país chama-se vocês, a consciência do povo, o Partido dos Trabalhadores, o PCdoB, o MST, o MTST... Eles sabem que tem muita gente.

E aquilo que nossa pastora diz, e eu tenho dito todo discurso: não adianta tentar evitar que eu ande por esse país porque tem milhões e milhões de Lulas, de Boulos, de Manuelas, de Dilmas Rousseff para andar por mim. Não adianta tentar acabar com as minhas ideias, elas já estão pairando no ar e não tem como prendê-las. Não adianta tentar parar os meus sonhos porque quando eu parar de sonhar, eu sonharei pela cabeça de vocês.

Não adianta achar que tudo vai parar no dia que o Lula tiver infarto. É bobagem porque o meu coração baterá pelo coração de vocês e são milhões de corações.

Não adianta eles acharem que vão fazer com que eu pare, eu não pararei porque eu não sou mais um ser humano. Eu sou uma ideia. Uma ideia misturada com a ideia de vocês.

E eu tenho certeza que companheiros como os Sem Terra, MTST, os companheiros da CUT, do movimento sindical [corte]. E essa é uma prova. Eu vou cumprir o mandado e vocês vão ter que se transformar, cada um de vocês, vocês não vão mais chamar Chiquinha, Joãozinho, Zezinho, Robertinho. Todos vocês, daqui pra frente, vão virar Lula e vão andar por esse país.

Vamos fazer definitivamente uma regulação dos meios de comunicação para que o povo não seja vítima das mentiras todo santo dia. Eles têm que saber, que vocês, quem sabe, são até mais inteligentes do que eu, e poderão queimar os pneus que tanto queimam, fazer as passeatas que tanto vocês [inaudível], fazer as ocupações no campo e na cidade... Parecia difícil a ocupação de São Bernardo e amanhã vocês vão receber a notícia de que ganharam o terreno que vocês invadiram.

Portanto, companheiros, eu tive chance agora, eu estava no Uruguai, entre Livramento e Rivera. E as pessoas diziam assim pra mim: Lula, você dá uma voltinha ali, é só atravessar a rua, finge que você vai comprar um uisquezinho, você está no Uruguai junto com Pepe Mujica e vai embora e não volta mais e pede asilo político. Ô Lula, você pode ir na embaixada da Bolívia, pode ir na embaixada do Uruguai. Ô Lula, vai na embaixada da Rússia, vai na embaixada e de lá você pode ficar falando. E eu falei que não tenho mais idade.

A minha idade é enfrentá-los, olho no olho, e eu vou enfrentá-los aceitando cumprir o mandado. Eu quero saber quantos dias eles vão pensar que estão me prendendo. E quanto mais dias eles me deixarem lá, mais Lulas vão nascer nesse país e mais gente vai querer brigar nesse país porque a democracia não tem limite, não tem hora pra gente brigar.

Por isso eu estou fazendo uma coisa muito consciente, mas muito consciente. Eu falei para os companheiros, se dependesse da minha vontade eu não iria, mas eu vou. Eu vou porque eles vão dizer a partir de amanhã que o Lula está foragido, que o Lula está escondido. Não, eu não estou escondido. Eu vou lá na barba deles, para eles saberem que eu não tenho medo, para eles saberem que eu não vou correr e para eles saberem que eu vou provar a minha inocência. Eles têm que saber disso, tá?

E façam o que quiserem, eu vou terminar com uma frase que eu peguei em 1982, com uma menina de dez anos em Catanduva, que eu não sei quem é. E essa frase não tem autor. A frase dizia: "Os poderosos podem matar uma, duas ou três rosas, mas jamais conseguirão deter a chegada da primavera".

Porque nós queremos mais casa, nós queremos mais escola, nós queremos menos mortalidade. Nós não queremos impedir a barbaridade que fizeram com a Marielle no Rio de Janeiro? Nós não queremos impedir a barbaridade que fazem com meninos negros na periferia desse país? Não queremos mais que volte a desnutrição, a mortalidade por desnutrição nesse país. Nós não queremos mais que um jovem não tenha esperança de entrar na universidade. Porque esse país é tão cretino que foi o último do mundo a ter uma universidade. O último. Todos os países mais pobres tiveram. Porque eles não queriam que a juventude brasileira estudasse e falaram que custava muito fazer escola. E se perguntar quanto custou não fazer há 50 anos atrás...

Então eu quero que vocês saibam que eu tenho orgulho, profundo orgulho, de ter sido o único presidente da república sem ter um diploma universitário, mas sou o presidente da república que mais fiz universidades na história desse país para mostrar para essa gente que não confunda inteligência com quantidade de anos na escolaridade.

Isso não é inteligência, é conhecimento. Inteligência é quando você sabe tomar decisão. Inteligência é quando você tem lado. Quando você não tem medo de descobrir com os companheiros aquilo que é prioridade. E a prioridade é garantir que esse país volte a ter cidadania.

Não vão vender a Petrobras. Vamos fazer uma nova Constituinte, vamos revogar a lei do petróleo que eles estão fazendo. Não vamos deixar vender o BNDES, não vamos deixar vender a Caixa Econômica, não vamos deixar destruir o Banco do Brasil, e vamos fortalecer a agricultura familiar que é responsável por 70% do alimento que comemos nesse país.

É com essa crença, companheiros, de cabeça erguida, como eu estou falando com vocês, que eu quero chegar lá e falar para o delegado: estou à sua disposição. E a história, a história, daqui a alguns dias, vai provar que quem cometeu crime foi o delegado que me acusou, foi o juiz que me julgou e foi o Ministério Público que foi leviano comigo.

Por isso companheiros, eu não tenho lugar no meu coração para todo mundo. Mas eu quero que vocês saibam, se tem uma coisa que eu aprendi a gostar é da minha relação com o povo. Quando eu pego na mão de um de vocês, quando eu abraço um de vocês, quando eu beijo – porque agora eu beijo homem e mulher igualzinho – quando eu beijo um de vocês, eu não estou beijando com segundas intenções. Eu estou beijando porque quando eu era presidente, eu dizia, eu vou voltar para onde eu vim e eu sei quem são meus amigos eternos e quem são os amigos eventuais.

Os de gravatinha, que iam atrás de mim, agora desapareceram. Quem estão comigo são aqueles companheiros que eram meus amigos antes de eu ser presidente da República. São aqueles que comiam rabada aqui no Zelão, que comiam frango com polenta no Demarchi, aqueles que tomavam caldo de mocotó no Zelão. Esses continuam sendo nossos amigos.

Aqueles que têm coragem de invadir um terreno para fazer casa. Aqueles que têm coragem de fazer uma greve contra a Previdência, aqueles que têm coragem de ocupar um campo para fazer uma fazenda produtiva. Aqueles que, na verdade, precisam do Estado.

Então companheiros, eu vou dizer uma coisa para vocês, vocês vão perceber que eu sairei dessa maior, mais forte, mais verdadeiro e inocente porque eu quero provar que eles é que cometeram o crime. Um crime político, de perseguir um homem que tem 50 anos de história política. E por isso eu sou muito grato.

Eu não tenho como pagar a gratidão, o carinho e o respeito que vocês têm dedicado a mim nesses tantos anos. E quero dizer a você, Guilherme, e à Manuela que, para mim, é motivo de orgulho pertencer a uma geração que está no final dela vendo nascer dois jovens disputando o direito de ser presidente da república desse país.

Por isso companheiros, um grande abraço.

Pode ficar certo, esse pescoço aqui não abaixa, a minha mãe já fez um pescoço curto para ele não abaixar e não vai abaixar porque eu vou de cabeça erguida e vou sair de peito estufado de lá porque vou provar a minha inocência.

Um abraço companheiros, obrigado, mas muito obrigado a todos vocês pelo que vocês me ajudaram. Um beijo querido, muito obrigado.

Ensaios

Educação da Constituição Cidadã ao Golpe de 2016

Heleno Araújo[1]

Dentro deste contexto de golpe contra a democracia, de ataques profundos aos direitos trabalhistas e sociais, quero saudar o Cleonildo Cruz e a Liana Cirne Lins pela iniciativa de publicar este livro *A constituição traída – da abertura democrática ao golpe e à prisão de Lula.*

A contribuição que apresento para este debate é sobre a educação, das conquistas obtidas na Constituição Cidadã aos ataques que sofre, mais uma vez, através de um golpe contra a democracia, afetando os direitos da população brasileira.

Tendo como referência a mobilização social dos movimentos organizados que defendem uma educação pública, gratuita, laica e emancipadora, este texto parte das conquistas que obtivemos na Constituição Federal de 1988, da participação social nas conferências de educação para todos, culminando com a assinatura do pacto pela valorização do magistério e pela qualidade social da educação. Apresento portanto, alguns avanços importantes para a educação na Lei de Diretrizes e Base de 1996,[2] fazendo também um breve relato dos retrocessos no período do governo neoliberal de Fernando Henrique Cardoso, e de avanços consideráveis nos governos do presidente Luiz Inácio Lula da Silva, que tiveram seguimento no governo da presidenta

---

1. Professor da Educação Básica, presidente da Confederação Nacional dos Trabalhadores em Educação (CNTE), diretor de Assuntos Educacionais do Sindicato dos Trabalhadores em Educação de Pernambuco (SINTEPE) e coordenador do Fórum Nacional Popular de Educação (FNPE).

2. Lei nº 9.394, de 20 de dezembro de 1996, que estabelece as diretrizes e bases da educação nacional.

Dilma Rousseff. Trato ainda das medidas do governo golpista, ilegítimo e corrupto contra a educação. Finalizo este texto com as ações do movimento educacional em defesa da democracia e pelo reestabelecimento da aplicação de políticas educacionais que atendam às demandas do povo brasileiro ao direito a uma educação pública, gratuita, laica e emancipadora para todos e todas, que necessariamente passa pela valorização dos profissionais que nela atuam e a qualidade social necessária para garantir o acesso e a permanência, contribuindo para a formação cidadã de crianças, jovens, adultos e idosos.

O movimento educacional brasileiro teve uma forte atuação para inserir na Constituição Federal de 1988 o capítulo dedicado à educação.[3] A IV Conferência Brasileira de Educação, que reuniu seis mil pessoas tendo em vista a indicação de propostas para a nova Constituição Federal através da Carta de Goiânia, renovou a disposição de luta dos educadores brasileiros, para exigir que os problemas educacionais fossem tratados de maneira responsável e coerente com as reais necessidades e interesses da população. Reivindicaram que fossem consagrados os princípios do direito de todos os cidadãos e todas as cidadãs à educação básica e superior e do dever do Estado de promover os meios para garanti-la. Para concretizar estes princípios, prometeram organizar as entidades para exigirem compromissos dos candidatos às Constituintes em nível federal e estadual.[4]

Estimulados pelos princípios indicados na carta de Goiânia, a Associação Nacional de Educação (ANDE), a Associação Nacional dos Docentes de Ensino Superior (ANDES), a Associação Nacional de Política e Administração da Educação (ANPAE), a Associação Nacional de Pós-Graduação e Pesquisa em Educação (ANPED), a Confederação dos Professores do Brasil (CPB), o Centro de Estudos Educação e Sociedade (CEDES), o Comando Geral dos Trabalhadores (CGT), a Central Única dos Trabalhadores (CUT), a Federação de Sindicatos de Trabalhadores Técnico-Administrativos em Instituições de Ensino Superior

3. Constituição Federal de 1988, Capítulo III – da Educação, da Cultura e do Desporto, Seção I – da educação, artigos 205 ao 214.

4. Carta de Goiânia, 1986. Disponível em <*https://bit.ly/2DwEhNh*>.

Públicas do Brasil (FASUBRA), a Federação Nacional dos Orientadores Educacionais (FENOE), a Ordem dos Advogados do Brasil (OAB), a Sociedade Brasileira para o Progresso da Ciência (SBPC), a União Brasileira dos Estudantes Secundaristas (UBES), a União Nacional dos Estudantes (UNE), e outras entidades, instalaram em fevereiro de 1987 o Fórum Nacional em Defesa da Escola Pública (FNDEP), que teve o lançamento oficial no dia 09 de abril de 1987, por intermédio da Campanha Nacional pela Escola Pública e Gratuita, defendendo quatro princípios básicos para a Constituição Federal:

> 1. Educação é direito de todo o cidadão, sendo dever do Estado oferecer ensino público, gratuito e laico para todos os níveis;
>
> 2. O governo federal destinará nunca menos que 13%, e os governos dos estados, do Distrito Federal, e dos municípios aplicarão no mínimo 25% de sua receita tributária na manutenção do desenvolvimento do ensino público e gratuito;
>
> 3. As verbas públicas destinam-se exclusivamente às escolas públicas, criadas e mantidas pelo governo federal, pelos estados, Distrito Federal e municípios;
>
> 4. A democratização da escola em todos os níveis deve ser assegurada quanto ao acesso, permanência e gestão. (ANDE, 1987, p. 67).[5]

5. PINHEIRO, C. M. *O Fórum Nacional em Defesa da Escola Pública e o princípio de gestão democrática na Constituição Federal de 1988*. 2015. 234 f. Dissertação (mestrado) – Faculdade de Filosofia e Ciências, Universidade Estadual Paulista Júlio de Mesquita Filho, São Paulo. Disponível em: <*https://bit.ly/2NLAgWe*>.

A atuação do Fórum Nacional em Defesa da Escola Pública garantiu, na Constituição Federal de 1988, a educação como direito de todos e dever do Estado, devendo ser promovida e incentivada com a colaboração da sociedade, preparando o cidadão e a cidadã para o exercício pleno da cidadania. Nos princípios da gratuidade nos estabelecimentos oficiais, da igualdade de condições de acesso e permanência, da liberdade de aprender e ensinar, do pluralismo de ideias e concepções de práticas pedagógicas, da valorização dos profissionais do ensino, da gestão democrática e de um padrão de qualidade das unidades de ensino.

A vida e a luta para a classe trabalhadora nunca foram fáceis. O FNDEP lutou, apresentou propostas, reivindicou, resistiu, mas, não conseguiu emplacar na legislação todas as propostas apresentadas. Enfrentou os tubarões da iniciativa privada que tinham e têm a ambição de transformar a educação em mercadoria para exploração financeira dos capitalistas gananciosos e que não estão nem aí para o direito humano e social à educação.

Mesmo assim, a mobilização foi grande e intensa, conseguindo colocar na Lei nº 9.394 de 1996, a Lei de Diretrizes e Bases da Educação Nacional (LDB), indicadores importantes e fundamentais para o avanço da educação brasileira, firmando os princípios que devem ser colocados em prática no ensino, o de garantir igualdade de condições para o acesso e permanência na escola, a liberdade de aprender, ensinar, pesquisar e divulgar a cultura, o pensamento, a arte e o saber, o pluralismo de ideias e de concepções pedagógicas, o respeito à liberdade e apreço à tolerância, a coexistência de instituições públicas e privadas de ensino, a gratuidade do ensino público em estabelecimentos oficiais, a valorização do profissional da educação escolar, a gestão democrática do ensino público e da legislação dos sistemas de ensino, a aplicação de um padrão de qualidade, a valorização da experiência extraescolar, a vinculação entre a educação escolar, o trabalho e as práticas sociais e considerar a diversidade étnico-racial. A promoção da autonomia da escola para definir e encaminhar a gestão administrativa, financeira e pedagógica, alinhada com as políticas da valorização dos profissionais da educação foram conquistas importantes do Fórum Nacional em Defesa da Escola Pública.

A realização da Conferência de Educação para Todos,[6] durante o governo Itamar Franco, teve como objeto final a assinatura do pacto pela valorização do magistério e pela qualidade social da educação. Nesse pacto surgiram as propostas de um fundo nacional para financiar a educação básica, a criação do piso salarial profissional nacional para os profissionais do magistério público, a distribuição de tarefas entre os entes federados e os trabalhadores e as trabalhadoras em educação, para reestruturar o currículo da formação inicial dos e das profissionais da educação, ampliar o investimento da união para aplicar na infraestrutura das escolas, entre outras medidas fundamentais, objetivando atender à demanda social ao direito à educação com qualidade social e a valorização dos e das profissionais do magistério público da educação básica.

Com a vitória do Partido da Social Democracia Brasileira (PSDB, número 45) na eleição para presidente da República em 1994, Fernando Henrique Cardoso rasgou o pacto pela valorização do magistério e pela qualidade da educação, em outubro de 1995,[7] quando o valor do piso salarial profissional nacional do magistério público da educação básica deveria ter sido aplicado, no valor R$ 300,00 para uma professora com formação normal média e com uma jornada de 40 horas aulas de trabalho por semana. Além de não aplicar o piso, FHC e seu Ministro da Educação Paulo Renato transformaram o piso salarial em salário médio, frustrando a expectativa de milhões de professores e professoras, e reduziram a abrangência do financiamento da educação básica para um fundo destinado apenas ao ensino funda-

6. Pacto pela valorização do magistério e qualidade da educação – Conferência Nacional: acordo de educação para todos. Compromisso com a qualidade e a profissionalização do magistério: por uma escola de cidadãos. Plano Decenal de Educação para Todos, 1993–2003. MEC, assinado em Outubro de 1994.

7. Primeiro ano de governo do FHC, que assumiu a presidência do Brasil em janeiro de 1995 e governou por dois mandatos até o ano de 2002. Na sua primeira gestão, apresentou a proposta de reeleição, que foi aprovada pelo congresso nacional com fortes suspeitas de compras de votos dos e das parlamentares.

mental, abandonando os investimentos necessários à educação infantil, ao ensino médio e as modalidades da educação básica.

Dez anos depois da Constituinte de 1988, que obrigava garantir o acesso à escola das pessoas na idade dos sete aos catorze anos, além de indicar o dever do Estado em ofertar creche, acesso à pré-escola, ao ensino médio e atender as pessoas que não concluíram a educação básica na idade apropriada. O que eles fizeram? Empurraram para mais uma década a determinação constitucional, promovendo estagnação e retrocessos nas políticas educacionais do país. Ainda em 1998, com a reforma administrativa, que alterou a Constituição Federal, o (des)governo de FHC delegou ao setor privado, através das Organizações Sociais (OS) e das Organizações da Sociedade Civil de Interesse Público (OSCIP), o atendimento à educação pública, tirando o preceito constitucional de exclusividade do Estado para atender essa demanda social.[8]

A Constituição Cidadã de 1988 só passou a ser efetivamente colocada em prática a partir do governo do presidente Luiz Inácio Lula da Silva. Neste período, sentimos uma maior aproximação do texto Constitucional com as ações práticas das políticas educacionais. A Confederação Nacional dos Trabalhadores em Educação (CNTE), criada para organizar e defender o conjunto dos trabalhadores e das trabalhadoras em educação e lutar pelo direito à educação pública, gratuita, laica, democrática e emancipadora, contabilizou conquistas importantes nos períodos do governo Lula e Dilma.

A destinação de recursos para formação continuada dos funcionários e das funcionárias da educação foi um bom começo, nunca antes o Ministério da Educação (MEC) havia destinado recursos para este segmento da nossa categoria profissional. A aprovação da 21ª Profissão Técnica de nível médio de Serviços de Apoio Escolar propiciou

---

8. Em 2015, o Supremo Tribunal Federal, considerou constitucional a Lei nº 9.637, de 15 de maio de 1998, que dispõe sobre a qualificação de entidades como organizações sociais, a criação do Programa Nacional de Publicização, a extinção dos órgãos e entidades que menciona e a absorção de suas atividades por organizações sociais, e dá outras providências. Esta lei autoriza o governante entregar a escola pública para ser administrada pelo setor privado, através das Organizações Sociais.

a criação do profuncionário, programa de formação continuada em cursos técnicos pós-médio para os porteiros, merendeiras e administrativos das escolas públicas municipais, estaduais e distritais, atendendo uma das reivindicações históricas da categoria. Ações que culminaram com o reconhecimento destes trabalhadores e trabalhadoras como profissionais da educação, fruto da mudança constitucional realizada em 2007, através da Emenda Constitucional nº 53/2006[9] e que foi regulamentada pela Lei nº 12.014 de 2009,[10] corrigindo uma distorção que perdurou durante doze anos, haja vista a Lei de Diretrizes e Bases da Educação Nacional ser aprovada desconsiderando estes profissionais da educação.

O retorno da responsabilidade da União para com a educação básica se deu no governo Lula com a aprovação da Lei do FUNDEB,[11] uma lei que resgatou parte do pacto de 1994, criando um fundo para financiar toda educação básica, da creche ao ensino médio, passando por todas as modalidades. Essa mudança constitucional elevou a participação financeira da União de R$ 400 milhões em 2006, contemplando apenas dois Estados, com mais de R$ 12 bilhões em 2016, para o atendimento a doze Estados brasileiros. Além de preparar o terreno para alcançar outra reivindicação histórica da nossa categoria, a EC 53/2006 determinou a criação do Piso Salarial Profissional Nacional para o Magistério Público da Educação Básica, que foi regulamentado pela Lei

9. Emenda Constitucional nº 53, de 19 de dezembro de 2006, que dá nova redação aos artigos 7, 23, 30, 206, 208, 211 e 212 da Constituição Federal e ao art. 60 do Ato das Disposições Constitucionais Transitórias.

10. Lei nº 12.014, de 06 de agosto de 2009, que altera o art. 61 da lei nº 9.394, de 20 de dezembro de 1996, com a finalidade de discriminar as categorias de trabalhadores que se devem considerar profissionais da educação.

11. Lei nº 11.494, de 20 de junho de 2007, que regulamenta o Fundo de Manutenção e Desenvolvimento da Educação Básica e de Valorização dos Profissionais da Educação – FUNDEB, de que trata o art. 60 do Ato das Disposições Constitucionais Transitórias; altera a Lei nº 10.195, de 14 de fevereiro de 2001; revoga dispositivos das Leis nº 9.424, de 24 de dezembro de 1996, 10.880, de 9 de junho de 2004, e 10.845, de 5 de março de 2004; e dá outras providências.

nº 11.738 de 2008,[12] resgatando outra medida do pacto de 1994, que havia sido rasgado pelo governo do PSDB.

Outro importante indicador para qualidade social da educação é a gestão democrática, e no governo Lula tivemos a oportunidade de construir as propostas para as políticas educacionais de forma democrática, com uma ampla comissão organizadora da Conferência de Educação, que envolvia entidades educacionais de trabalhadores e trabalhadoras, dos e das estudantes, dos pais e das mães dos e das estudantes, conselhos de educação, gestores públicos e privados, centrais sindicais, confederações dos empresários e diversas entidades e fóruns dos movimentos sociais. Realizamos, então, a Conferência Nacional da Educação Básica (CONEB 2008) com as etapas municipais, estaduais e distrital no ano de 2007 e a etapa nacional em 2008, as Conferências Nacionais de Educação (CONAE 2010 e 2014), envolvendo na última edição mais de quatro milhões de pessoas pensando, debatendo e apontando o rumo que deveria seguir a educação no Brasil. Os documentos finais da CONAE 2010 e 2014,[13] contribuíram de forma incisiva na elaboração do novo Plano Nacional de Educação,[14] sendo que o projeto de lei nº 8.035 de 2010 foi o que mais recebeu emendas na história do Congresso Nacional, fruto da intensa mobilização democrática em defesa da educação como direito humano e social para todos e todas. Afirmo que das vinte metas que compõem o planejamento para educação brasileira de 2014 até 2024, dezessete delas têm as nossas digitais e as marcas das nossas lutas e reivindicações históricas do movimento educacional brasileiro.

A conquista do PNE 2014–2024, que aprovou ampliar os investimentos em educação, vinculando 10% do Produto Interno Bruto (PIB) do país, tendo como base a regulamentação do Custo Aluno Quali-

12. Lei nº 11.738, de 16 de julho de 2008, que regulamenta a alínea E do inciso III do *caput* do art. 60 do Ato das Disposições Constitucionais Transitórias, para instituir o piso salarial profissional nacional para os profissionais do magistério público da educação básica.

13. Disponíveis em <*https://bit.ly/1uJb9T6*>.

14. Lei nº 13.005, de 25 de junho de 2014, que aprova o Plano Nacional de Educação – PNE – e dá outras providências.

dade (CAQ), só foi possível graças a outra mudança na Constituição Federal, realizada pela Emenda Constitucional nº 59 de 2009.[15] Essa alteração na Constituição colocou a educação como política prioritária e fundamental para o desenvolvimento do Brasil; ela ampliou o direito subjetivo à educação para as pessoas dos quatro aos dezessete anos de idade, englobando, assim, o direito à educação da pré-escola ao ensino médio, inclusive obrigando a atender as pessoas que não concluíram a educação básica na idade adequada. Essa emenda restituiu os recursos financeiros destinados à educação que haviam sido subtraídos pela Desvinculação dos Recursos da União (DRU) do governo entreguista e privatista de FHC. Obrigou a ser vinculado percentual do PIB para investimentos em educação, evitando o que aconteceu com o PNE 2001–2010, que FHC vetou a vinculação prevista de 7% do PIB para educação. Devido a essa alteração na Constituição Federal, a presidenta Dilma assinou sem vetos o novo PNE 2014–2024, mesmo o seu governo tendo enviado ao Congresso Nacional a proposta de vincular 7% do PIB para a próxima década, o movimento educacional brasileiro ganhou mais esta batalha no Congresso Nacional alternado a proposta do PL 8.035/2010 para 10% do PIB.

Estas conquistas foram proporcionadas devido a outra medida importante no final do governo Lula, com a criação do Fórum Nacional de Educação (FNE), inicialmente criado por uma portaria do Ministro da Educação e posteriormente firmado por lei (Lei nº 13.005/2014), determinando sua criação no âmbito do MEC, com atribuições de participar do processo de concepção, implementação e avaliação da política nacional de educação; acompanhar, junto ao Congresso Nacional,

15. Emenda Constitucional nº 59, de 11 de novembro de 2009. Acrescenta § 3º ao art. 76 do Ato das Disposições Constitucionais Transitórias para reduzir, anualmente, a partir do exercício de 2009, o percentual da Desvinculação das Receitas da União incidente sobre os recursos destinados à manutenção e desenvolvimento do ensino de que trata o art. 212 da Constituição Federal, dá nova redação aos incisos I e VII do art. 208, de forma a prever a obrigatoriedade do ensino de quatro a dezessete anos e ampliar a abrangência dos programas suplementares para todas as etapas da educação básica, e dá nova redação ao § 4º do art. 211 e ao § 3º do art. 212 e ao *caput* do art. 214, com a inserção neste dispositivo de inciso VI.

a tramitação de projetos legislativos referentes à política nacional de educação, em especial a de projetos de leis dos planos decenais de educação, definidos pelo artigo nº 214 da Constituição Federal de 1988, que teve sua redação alterada pela Emenda à Constituição nº 59/2009; acompanhar e avaliar os impactos da implementação do Plano Nacional de Educação-PNE; acompanhar e avaliar o processo de implementação das deliberações das conferências nacionais de educação; elaborar seu regimento interno e aprovar *ad referendum* o regimento interno das Conferências Nacionais de Educação; oferecer suporte técnico aos Estados, Municípios e Distrito Federal para a organização de seus fóruns e de suas conferências de educação; zelar para que os fóruns e as conferências de educação dos Estados, do Distrito Federal e dos Municípios estejam articulados à Conferência Nacional de Educação; planejar e coordenar a realização de Conferências Nacionais de Educação, bem como divulgar as suas deliberações; analisar e propor políticas públicas para assegurar a implementação das estratégias e o cumprimento das metas; analisar e propor a revisão do percentual de investimento público em educação.

Este Fórum de Educação também foi atacado com o golpe, promovido pelos corruptos da elite conservadora e concentradora de riqueza, contra a democracia, os direitos da classe trabalhadora e as conquistas sociais da população brasileira.

Estava anunciado para o ano de 2016, pelo Instituto de Pesquisa Econômica Aplicada (IPEA), que a nossa população sairia da situação de miserabilidade. A EC 59/2009 determinou a universalização do direito à educação para todas as pessoas dos quatro aos dezessete anos de idade, como dever do Estado a ser cumprido no ano de 2016. Nesse ano tão esperado para se concretizar as conquistas e promover avanços sociais, fomos surpreendidos pelo golpe parlamentar, jurídico e midiático, por pessoas corruptas que distorceram o texto constitucional para impor o impedimento ao mandato da presidenta Dilma Rousseff, eleita com mais de 54 milhões de votos.

As provas da existência do golpe são muitas. A presidenta Dilma foi afastada do cargo, mas não perdeu seus direitos políticos. Então, cometeu ou não crime? Todas as evidências técnicas indicam que não. Logo, o julgamento e a decisão foram políticos, organizados e manipulados por uma corja de políticos corruptos e indecentes que com a conivência do judiciário e o apoio dos grandes meios de comunicação induziram parte significativa da população a exigir a saída da presidenta Dilma Rousseff. Todo movimento foi orquestrado pelas pessoas mais ricas do país, que não aceitam distribuir as riquezas produzidas com todos e todas, não aceitam que os filhos dos pobres tenham acesso à universidade, não aceitam que as águas do rio São Francisco ajudem a acabar com a seca no nordeste do país, não aceitam que a classe trabalhadora frequente restaurante, teatro e possa viajar de avião.

Incomodamos essa elite podre e nojenta, que só pensa em nos explorar e concentrar riqueza, no momento em que um operário, sem formação de nível superior e eleito pelo Partido dos Trabalhadores (PT 13) provou que os trabalhadores e as trabalhadoras sabem como governar este país. Foi um operário, um trabalhador, um ex-sindicalista que mais investiu recursos na educação, que construiu mais escolas de educação profissional, ampliou vagas no ensino superior público, com cotas para estudantes da educação básica pública, negros/negras, índios/as e quilombolas e levou a universidade para o interior do país. Fez muito mais para a educação que o presidente sociólogo e poliglota.

A aliança golpista entre o PMDB e o PSDB, infelizmente com o apoio e votos do PSB,[16] em menos de um ano já promoveu uma devassa na Constituição Federal e continua ameaçando prejudicar a população em muito mais.

16. Um dos objetivos do Partido Socialista Brasileiro é estimular o desenvolvimento de valores morais e comportamentos culturais que contribuam para acelerar a abolição dos antagonismos de classes e da exploração entre classes e segmentos sociais, bem como de todas as formas que justificam ideologicamente a discriminação e a marginalização de indivíduos e grupos sociais. Com os votos pelo golpe, a maioria dos e das parlamentares do PSB rasgou o compromisso estatutário do partido para com o povo brasileiro.

A aprovação da Emenda Constitucional nº 95/2016,[17] não só inverteu a ordem numérica da EC 59, mas inverteu toda lógica que estava sendo construída nos últimos anos. Essa EC 95, congelou os investimentos nas áreas sociais para os próximos vinte anos, o que para a educação significa redução de recursos até 2036. Atuando na contramão das metas e estratégias aprovadas na Lei do PNE 2014–2024, os vetos na Lei de Diretrizes Orçamentárias (LDO) em todos os itens que indicavam aplicação de recursos para garantir a implementação do PNE são inaceitáveis e temos que reagir firmemente a mais este golpe.

A alteração na Constituição Federal, alinhada com a aprovação da Medida Provisória 746/2016,[18] com terceirização irrestrita[19] e a retirada dos direitos trabalhistas,[20] promoverão grandes retrocessos nas políticas educacionais, tais como: fim do concurso público para ingresso na carreira dos e das profissionais da educação; aumento das terceirizações nas escolas públicas; irregularidades na sequência do processo de ensino-aprendizagem, ocasionando fortes prejuízos aos alunos e alunas; a desprofissionalização da categoria com a permissão da contratação por "notório saber" de pessoas para atuar na edu-

---

17. Emenda Constitucional nº 95, de 15 de dezembro de 2016, que altera o Ato das Disposições Constitucionais Transitórias, para instituir o Novo Regime Fiscal, e dá outras providências.

18. Tornando-se a Lei nº 13.415, de 16 de fevereiro de 2017, altera as Leis nº. 9.394, de 20 de dezembro de 1996, que estabelece as diretrizes e bases da educação nacional; e 11.494, de 20 de junho 2007, que regulamenta o Fundo de Manutenção e Desenvolvimento da Educação Básica e de Valorização dos Profissionais da Educação; a Consolidação das Leis do Trabalho (CLT), aprovada pelo Decreto-Lei nº 5.452, de 1º de maio de 1943; e o Decreto-Lei nº 236, de 28 de fevereiro de 1967; revoga a Lei nº 11.161, de 5 de agosto de 2005; e institui a Política de Fomento à Implementação de Escolas de Ensino Médio em Tempo Integral.

19. Lei nº 13.429, de 31 de março de 2017, que altera dispositivos da Lei nº 6.019, de 3 de janeiro de 1974, que dispõe sobre o trabalho temporário nas empresas urbanas e dá outras providências; e dispõe sobre as relações de trabalho na empresa de prestação de serviços a terceiros.

20. Lei nº 13.467, de 13 de julho de 2017, que altera a Consolidação das Leis do Trabalho (CLT), aprovada pelo Decreto-Lei nº 5.452, de 1º de maio de 1943, e as Leis nº 6.019, de 3 de janeiro de 1974, 8.036, de 11 de maio de 1990, e 8.212, de 24 de julho de 1991, a fim de adequar a legislação às novas relações de trabalho.

cação profissional; estagnação na política de formação continuada, prejudicando a aplicação da lei do piso salarial profissional do magistério público e afastando a possibilidade de cumprimento da meta dezoito do PNE de garantir planos de cargos e carreira para todos/as os/as profissionais da educação, tendo como referência o piso salarial profissional nacional para os/as profissionais da educação, conforme determina o artigo 206 da Constituição Federal. Todos esses desmandos deterioram ainda mais as condições da infraestrutura das escolas, incentivam a entrega da escola pública ao setor privado, através das OS e das OSCIP. São prejuízos incalculáveis para a atual e as futuras gerações de estudantes e profissionais da educação.

A resistência para recompor a democracia e restabelecer os direitos conquistados está na ordem do dia. Precisamos de muita organização, formação política e mobilização da maioria da população brasileira para barrar os ataques desta elite exploradora e concentradora de riqueza. Neste sentido, as entidades do movimento educacional brasileiro, ao serem golpeadas com o Decreto de 26 de abril de 2017,[21] que alterou as deliberações do pleno do Fórum Nacional de Educação para a realização da CONAE 2018, revogando o Decreto do Executivo Federal de 09 de maio de 2016[22] que contemplava as deliberações do pleno do FNE, e com a Portaria do MEC nº 577, de 27 de abril de 2017,[23] que promoveu uma recomposição do FNE, reduzindo a participação das entidades da sociedade civil de 42 para 24 representações e aumentando a representação do governo e do setor privado para ter o controle do fórum, a maioria das entidades da sociedade civil se retirou do FNE golpista da portaria 577 e instituíram o Fórum Nacional Popular de Educação (FNPE),[24] que terá como instrumento de debate, formação e mobilização social a realização da Conferência Nacional

21. Decreto do Executivo Federal, de 26 de abril de 2017, que convoca a 3ª Conferência Nacional de Educação.

22. Convoca a 3ª Conferência Nacional de Educação.

23. Portaria nº 577, de 27 de abril de 2017, Ministério da Educação, Diário Oficial da União, de 28/04/2017 (nº 81, seção 1, pág. 39). Dispõe sobre o fórum nacional de educação.

24. <*http://www.fnpe.com.br*>

Popular de Educação (CONAPE 2018),[25] nas etapas municipais e/ou intermunicipais, estaduais, distrital e nacional. Esta é mais uma contribuição na luta contra o golpe e pelo restabelecimento da democracia. Porque somos nós que movimentamos e produzimos as riquezas deste país, "este é o nosso País, esta é a nossa bandeira, é por amor a esta Pátria-Brasil, que a gente segue em fileira".[26]

Fora todos os Corruptos!

Viva a Democracia!

Sigamos Firmes na Luta por Nenhum Direito a Menos!

---

25. A etapa municipal e/ou intermunicipal da CONAPE 2018 acontecerá até o mês de outubro de 2017, a etapa estadual/distrital até março de 2018 e a etapa Nacional acontecerá nos dias 26, 27 e 28 de abril de 2018, em Belo Horizonte/MG.

26. Música "Ordem e Progresso", Letra: Zé Pinto.

A Constituinte e o capitalismo brasileiro

Luiz Gonzaga Belluzzo[1]

Às vésperas do 30° aniversário da Constituição-Cidadã, não posso negar ao improvável leitor as palavras de Ulysses Guimarães na sessão de promulgação da Carta Magna:

"A sociedade foi Rubens Paiva e não os facínoras que o mataram. Foi a sociedade, mobilizada nos colossais comícios das Diretas Já, que, pela transição e pela mudança, derrotou o Estado usurpador. Termino com as palavras com que comecei esta fala: a Nação quer mudar. A Nação deve mudar. A Nação vai mudar. A Constituição pretende ser a voz, a letra, a vontade política da sociedade rumo à mudança. Que a promulgação seja nosso grito: – Mudar para vencer! Muda Brasil"

ESPERANÇA E MUDANÇA

Há quem diga que o Brasil, ao promulgar a Constituição de 1988, entrou tardia e timidamente no clube dos países que apostaram na ampliação dos direitos e deveres da cidadania moderna. Submetidos ao longo de mais de quatro séculos à dialética do obscurecimento que regia as relações de poder numa sociedade marcada pelo vezo colonial-escravocrata e, depois da Independência, pelo coronelato primário-exportador, os brasileiros subalternos deram na Constituinte passos importantes para alcançar os direitos do indivíduo moderno.

---

1. Formado em Direito, cursou a pós-graduação em Desenvolvimento Econômico do CEPAL/ILPES. Economista, é professor do Instituto de Economia da Universidade Estadual de Campinas.

Em sua edição de outubro/novembro de 1982, a *Revista do PMDB* publicou o documento *Esperança e Mudança.* Comandado por Ulysses Guimarães, o programa foi elaborado com a contribuição de muitos e bons brasileiros. Esperança e Mudança é um prólogo à Constituinte de 1988.

Por isso, vou aqui reproduzir trechos da Introdução que exprimem o espírito que guiou a batalha de Ulysses.

A Introdução proclama:

O PMDB sabe que a crise nacional não encontrará solução sem mudanças profundas. Mudanças que só poderão ter início com o fim do arbítrio e da exceção. Mudanças que haverão de nascer do reencontro do povo com o poder político. A sociedade brasileira anseia pela Democracia, luta por ela, sonha com ela. A sociedade repele o arbítrio através de todas as suas formas de representação de interesses e de organização social: partidos políticos, movimentos sociais, organizações comunitárias, igrejas, sindicatos, organizações patronais, profissionais, movimentos setoriais e culturais.

Democracia é Estado de Direito, é liberdade de pensamento e de organização popular, é respeito à autonomia dos movimentos sociais e repousa na existência de partidos políticos sólidos. Democracia significa voto direto e livre, significa restauração da dignidade e das prerrogativas do Congresso e do Poder Judiciário, significa liberdade e autonomia sindical, significa liberdade de informação e acesso democrático aos meios de comunicação de massa. Democracia implica em democratização das estruturas do Estado, implica em resgatar a soberania nacional, implica em redistribuição da renda, criação de empregos e em bem-estar social crescente. A *Assembleia Nacional Constituinte* haverá de ser o berço de tudo isso – o berço da Democracia – o berço pacífico e representativo dos anseios do povo.

Democracia é ruptura com o longo passado autoritário e elitista, é participação autônoma dos movimentos sociais nas decisões nacionais através da representação legítima, de meios modernos de consulta e informação e, da definição dos rumos de nosso desenvolvimento através do planejamento democrático. As maiorias oprimidas da população – as mulheres, os jovens, os negros – as minorias discriminadas – os índios, grupos étnico-culturais – não podem continuar sendo tuteladas. Tampouco podem permanecer os Sindicatos sob o tacão retrógrado do corporativismo. Numa sociedade com uma estrutura social complexa, heterogênea, regionalmente diferenciada, o

PMDB alinha-se como um partido amplo – centrado nos interesses do conjunto dos trabalhadores, da cidade e do campo, de todos os setores da produção, dos serviços e do setor público. Um partido que almeja soldar os interesses desse conjunto com os de outros segmentos sociais – as classes médias, os autônomos, o empresariado nacional. O PMDB respeita a autonomia da sociedade civil e reconhece a sua complexidade. O PMDB é, e deseja ser, cada vez mais, um canal de condensação de interesses sociais e, para isso, oferece à sociedade um projeto global coerente. Um projeto que almeja a transformação democrática da vida nacional.

O PMDB propõe o planejamento democrático como forma de garantir que o conjunto de políticas públicas obedeça a prioridades fixadas democraticamente – prioridades que busquem um novo estilo de desenvolvimento social, cuja diretriz maior deve ser a redistribuição da renda e da riqueza social. O Planejamento democrático implica na elaboração de um Plano, sob controle e sob a influência das instituições democráticas. Plano fixado através de lei, supervisionado eficazmente pelo Congresso com a interação e auxilio das organizações populares.

O Brasil é um país rico – com povo pobre! É a sétima economia industrial do bloco das economias de mercado, entretanto é, também, um dos campeões mundiais de concentração da renda e da riqueza. Persistem as desigualdades sociais e regionais, persistem os enormes bolsões de pobreza absoluta. O PMDB considera que este estado de coisas e uma vergonha nacional. Compromisso fundamental do PMDB é a extinção do analfabetismo, é o fim da desnutrição e da mortalidade infantil, é a erradicação das endemias, é o fim da promiscuidade habitacional, da insegurança, da falta de transportes. O PMDB quer acabar com o estado de indigência forcada em que vivem pelo menos 25 milhões de brasileiros. Quer e sabe como fazê-lo.

O PMDB tem planos e propostas sérias, possíveis, viáveis. Propostas que certamente exigem determinação, imaginação, competência. O PMDB as tem! Propostas em aberto que são oferecidas ao crivo do debate democrático nacional para o seu contínuo aperfeiçoamento.

Redistribuição da renda e criação de empregos não constituem metas simplistas. São processos complexos que requerem um amplo conjunto de reformas sociais e de políticas públicas compativelmente articuladas.

AS ELEIÇÕES DIRETAS E A CONSTITUINTE

Ocorreu-me relembrar que a vitória na Constituinte não conseguiu eliminar as consequências da derrota na campanha pelas diretas. A busca açodada pelo voto indireto no Colégio Eleitoral não prescindiu da cumplicidade de muitos que estavam na oposição, mas temiam a "radicalidade" de um governo eleito pelo povo. Constrangidos a participar dos comícios, tais "oposicionistas" acenavam com a mão esquerda para os cidadãos aglomerados nas praças, mas cuidavam de livrar a direita para montar os arranjos da eleição indireta. Por isso, os náufragos do regime militar conseguiram chegar à praia, acolhidos pelo bote salva-vidas capitaneado pela turma do deixa-disso.

A campanha pelas diretas promoveu uma forte mobilização popular, mas não teve forças para derrubar as casamatas do poder real que, desde sempre, comandam nos bastidores a política brasileira. Essa turma não tem o hábito de dar refresco ao inimigo. Em suas fileiras abrigam-se os liberais que apoiam golpes de Estado, as camadas endinheiradas e remediadas que mal toleram a soberania popular e as gentes midiáticas que abominam a opinião divergente. O Senhor-Diretas superou na Constituinte as amarguras que compartilhou com os amigos reunidos em sua casa na posteridade da derrota das Diretas-Já. No emocionante discurso que proferiu, Ulysses fustigou a já mencionada cumplicidade de muitos que estavam na oposição.

A democracia dos modernos, seus direitos e contradições, são conquistas muito recentes. Digo contradições porque o sufrágio universal foi conseguido com sacrifício entre final do século XIX e o começo do século XX. Mas, já em 1910, Robert Michels cuidava de denunciar a deformação da representação popular promovida pelo surgimento de oligarquias partidárias, fenômeno que nasce e se desenvolve no "interior" dos sistemas democráticos.

Os direitos econômicos e sociais nasceram da luta política das classes subalternas. Entre o final dos anos 30 do século passado e o desfecho da Segunda Guerra Mundial a presença das massas assalariadas e urbanas no cenário político impôs importantes transformações no papel do Estado. A função de garantir o cumprimento dos contratos, de assegurar as liberdades civis e os direitos políticos, apanágio do Estado Liberal, é enriquecida pelo surgimento de novos encargos e obrigações: tratava-se de proteger o cidadão não-proprietário dos mecanismos cegos do livre-mercado, sobretudo dos azares do ciclo econômico.

Em 1992 os caras-pintadas acorreram às ruas para pedir o impeachment do então presidente Fernando Collor de Mello. Antes de morrer, Ulysses compreendeu que a campanha popular pelas eleições diretas e a Constituição ainda sofriam o assédio insidioso, persistente e renovado do velho arranjo oligárquico que pretende controlar a vida dos brasileiros.

Em longa conversa em meu gabinete, na presença do jornalista Roberto Muller Filho, Ulysses Guimarães desfiou temores e preocupações diante do iminente impeachment do presidente eleito pelo voto popular.

Os receios do Senhor-Diretas concentravam-se no "vício antidemocrático" dos donos do poder, habituados a manejar os cordéis do arbítrio a seu talante e ao sabor de seus interesses. A cavalgada do mandonismo pode ocorrer no lombo dos fardados ou nos ombros dos bacharéis habilitados a chicanas e firulas de variado sabor doutrinário.

Reafirmo, em seguida, o que disse em colunas anteriores: nas almas dos *impichadores* brasileiros de hoje estão entrelaçadas as brutalidades do atraso oligárquico e a hipermodernidade da barbárie "internética" que intoxica o ambiente social com sua nuvem de ignorâncias.

As baixarias revelam, sobretudo, indigência cultural e desprezo absoluto pelos valores do liberalismo político, o que nos coloca na rabeira do processo civilizador, ou se quiseram, na vanguarda do movimento de retorno à idade da pedra lascada. O Estado Democrático de Direito não "pegou" na terra de Santa Cruz. Seus princípios jazem inertes nos compêndios. As garantias individuais ainda não saíram dos códigos para ganhar vida nos ambientes sociais frequentados pelos abusos dos senhoritos da "ordem" e seus sequazes. O Datafolha informa que 76% dos que exibiam sua ignorância nas manifestações pró-impeachment de Dilma têm nível superior. A cifra é uma delação não premiada, com o indicador apontado para a impotência da educação em conter a degradação dos indivíduos na sociedade capitalista.

Os brasileiros – alguns hoje se manifestam nas ruas – foram submetidos a um processo de "esquecimento coletivo" promovido *cum ira et sine studio* por uma conspiração de silêncio. A conspirata envolve não só os conhecidos esbirros do conservadorismo, os senhores da mídia e seus lacaios nas redações, mas também o sistema educacional – do ensino básico ao superior – empenhado em formar analfabetos funcionais ou, na melhor das hipóteses, "especialistas" incapazes de compreender o mundo em que vivem. A turma do andar de cima exalta as virtudes da educação, mas promove com esmero e persistência as crueldades da *Pátria Deseducadora.*

A estrutura de classes no Brasil é muito original: na cúspide, os predadores que disputam os despojos da riqueza velha; no meio, os trouxas e os espertalhões ideológicos das camadas falantes semi-ilustradas; lá embaixo, os "ferrados" que tentam desesperadamente emergir da miséria.

Se não restringisse suas fontes aos idiotas funcionais do cosmopolitismo caboclo, os editores da revista *The Economist* nas duas matérias de capa que trataram do Brasil teriam a oportunidade de escapar dos extremos ridículos: na primeira capa, a exaltação precipitada; na segunda o besteirol fecundado nas ideologias que levaram a economia mundial ao desastre financeiro. Perceberiam que as lideranças das classes dominantes brasileiras e seus porta-vozes na mídia estão sempre alinhados com o que há de mais expressivo no caquético capitalismo brasileiro.

O arranjo social do atraso preconiza uma sociedade submissa ao rentismo, refém da estagnação, prisioneira da defesa da riqueza estéril alimentada pelo fluxos de *hot dollars.* Imobilizados nos pântanos do parasitismo, os bacanas e sabichões acovardam-se diante dos azares da incerteza, avesso aos riscos de construção da nova riqueza. Aí está desvelado, em sua perversidade essencial, o "segredo" das reivindicações antissociais dos vassalos do enriquecimento sem esforço cevado por taxas de juros absurdas. Clamam pelo aumento do desemprego. É o alto preço que o presente agrilhoado ao passado cobra do futuro.

A fotografia constitucional de 1988

José Eduardo Martins Cardozo[1]

OBSERVAÇÕES PRELIMINARES

Ainda hoje me recordo do forte impacto que tive quando, iniciando meu curso de Direito, li as reflexões de Ferdinand Lassalle sobre as Constituições.[2] Para o ilustre pensador alemão do século XIX, na sua essência, uma Constituição será sempre "a soma dos fatores reais do poder que regem um país".[3] Todos os países possuiriam sempre uma Constituição real e verdadeira, integralizada pelos "fatores reais e efetivos que regem a sociedade"[4] e que não são necessariamente as "constituições escritas nas folhas de papel".[5]

As relações entre estas "duas Constituições"[6] (a que "representa a soma dos fatores reais de poder" e as escritas nas "folhas de papel"), a seu ver, não se apresentariam sempre do mesmo modo. Quando a Constituição escrita "responde aos fatores reais do poder", ela seria "invulnerável". Afinal, proclama, "com uma Constituição dessas ninguém brinca se não quer passar mal".[7] Mas:

---

1. Advogado e Professor de Direito. Ex-Ministro da Justiça e Ex-Advogado Geral da União. Advogado no processo de impeachment da Presidenta Dilma Rousseff.

2. LASSALLE, F. *O que é uma Constituição?* (Tradução de Ricardo Rodrigues Gama). Campinas: Russell Editores, 1a. ed. *eBook*, 2013.

3. *Op. cit.*, posição 355 (*eBook*). Para Lassalle, "os fatores reais de poder que regulam no seio de cada sociedade são essa força ativa e eficaz que informa todas as leis e instituições jurídicas da sociedade em apreço, determinando que não possam ser, em substância, a não ser tal como elas são" (posição 250).

4. *Op. cit.*, posição 451 (*eBook*).

5. *Op. cit.*, posição 583 (*eBook*).

6. *Op. cit.*, posição 446 (*eBook*).

7. *Op. cit.*, posição 777 (*eBook*).

> Onde a Constituição escrita não corresponder à real, irrompe inevitavelmente um conflito que é impossivel evitar e no qual, mais dia ou menos dia, a Constituição escrita, a folha de papel, sucumbirá necessariamente perante a Constituição real, a das verdadeiras forças vitais do país.[8,9]

E, dentro dessa percepção, afirma o autor que: "se isso acontecer, se esse divórcio existir, a Constituição escrita está liquidada; não existe Deus, nem força capaz de salvá-la".[10] É expressivo o texto do autor quando afirma:

> Podem os meus ouvintes plantar no seu quintal uma macieira e segurar no seu tronco um papel que diga: 'Esta árvore é uma figueira. Bastará esse papel para transformar em figueira o que é macieira? Não, naturalmente. E embora conseguissem que seus criados, vizinhos e conhecidos, por uma razão de solidariedade, confirmassem a inscrição existente na árvore de que o pé plantado era uma figueira, a planta confirmassem a inscrição existente na árvore de que o pé plantado era uma figueira, a planta continuaria sendo o que realmente era e, quando desse frutos, destruiriam estes a fábula produzindo maçãs e não figos.

E conclui:

> Igual acontece com as constituições. De nada servirá o que se escrever numa folha de papel, se não se justifica pelos fatos reais e efetivos de poder.[11]

A partir destas considerações Lassalle chega a uma importante conclusão. Para ele,

> Os problemas constitucionais não são problemas de direito, mas do poder; a verdadeira Constituição de um país somente tem por base os fatores reais e efetivos do poder que naquele país regem, e as constituições escritas não têm valor nem são duráveis a não ser que exprimam fielmente os fatores do poder que imperam na realidade social: eis aí os critérios fundamentais que devemos sempre lembrar.[12]

---

8. *Op. cit.*, posição 693 *(eBook).*
9. *Op. cit.*, posição 369 (*eBook*).
10. *Op. cit.*, posição 788 (*eBook*).
11. *Op. cit.*, posição 753 (*eBook*).
12. *Op. cit.*, posição 809 (*eBook*).

Com Lassalle comecei a ver e a experienciar ao longo da minha vida que o *direito* e o *poder* são realidades indissociáveis, por mais que o *modus* com que a ciência jurídica é ensinada nos nossos bancos universitários busque nos adestrar para que operemos as normas jurídicas como realidades dogmáticas, impenetráveis nos seus fundamentos e na ideologia que constitui a sua própria dimensão axiológica. Habitualmente aprendemos a interpretar as normas jurídicas, sem refletirmos sobre a dimensão maior da sua própria historicidade. Aprendemos o que é o direito e a sermos seus operadores, mas quase nunca refletimos, com profundidade, sobre o que ele é ou o porque ele existe.

Com o passar dos anos e de muitas outras leituras, passei a ver as constituições escritas, em alguma medida, como verdadeiras "fotografias" em que a câmera do legislador constituinte registra em "folhas de papel" os "fatores reais do poder". A imagem normativa registrada expressa o estado evolutivo da essência das relações de poder existentes na sociedade fotografada, inclusive das concepcões dominantes e dos valores por ela acolhidos naquele específico momento histórico.

Todavia, as constituições escritas são fotografias tiradas por câmeras que possuem uma dimensão ainda hoje inimaginável, mesmo com os recursos da moderna tecnologia. Constituindo um conjunto de normas jurídicas, os textos constitucionais, além de registrar as imagens dos "fatores do poder" existentes, guardam sempre com a realidade uma interação profundamente dialética. Ao contrário das fotografias normais que apenas se limitam a registrar "o que é", a realidade fotografada, ou seja, o "plano do ser" da imagem captada, as regras constitucionais, por serem enunciados jurídicos afirmados no plano do "dever ser", incidem dialeticamente sobre a realidade no período "pós-fotografado", condicionando-o em diferentes perspectivas. De um lado, atuam no mundo dos fatos para *conservar* os "fatores do poder" cuja imagem normativa foi registrada, negando a possibilidade da sua destruição. E de outro, atuam para *orientar* a produção dos fatos da vida para que sejam aquilo que "deve ser", mesmo que ainda "nada seja" ou "exista" no momento em que a imagem fotografada é captada.

Tomemos um exemplo para melhor explicar o que acabou de ser dito.

Os pais de uma jovem de 16 anos, no dia em que se realizará um evento comemorativo, tiram uma foto dela vestida para uma apresentação de balé. Aquela foto registrará uma imagem da moça, com o porte físico que possuia naquele momento da sua juventude, com as feições do seu rosto e as emoções que deixava transparecer. Sempre que for vista pelos que presenciaram o evento, a fotografia servirá para ativar a memória acerca daquele momento especial da vida da jovem. Já para os que não estiveram presentes, servirá para recordar ou para conhecer o corpo, as feições e as emoções daquela mulher hoje idosa que um dia foi jovem.

Por óbvio, aquela imagem não tem o "poder" de conservar a moça fisicamente como ela era. Nem de fazer dela uma bailarina para todo o sempre, ou de fazê-la permanentemente alegre ou insegura como estava naquele dia. Seguramente, seus traços e seu corpo serão alterados pelo decurso do tempo. Poderá ela vir a ser uma bailarina ou jamais vir a dançar novamente. Poderá vir a ser uma pessoa feliz ou infeliz, sorridente ou sisuda, segura ou insegura, em situações da vida que em nada se vincularão ao momento registrado naquela foto. As fotografias não tem o poder de aprisionar dentro de si mesmas a realidade fotografada, nem comportam uma edição para fazer do futuro o que não existe no presente.

As câmeras normativas que registram as fotografias constitucionais operam em outra dimensão. Fotografam os *fatores reais do poder*, não com o objetivo de serem vistos no futuro, como um alimentador visual da memória histórica de um tempo que já se foi. As fotografias normativas, por natureza, sempre se destinam a "aprisionar" as relações de poder que registram, para mantê-las e conservá-las no tempo. Simultaneamente, de forma paradoxal, incluem nesse registro realidades que ainda não estão dadas e que estão no plano de um mero "vir-a-ser", mas que as "relações de poder existentes", no estado em que foram fotografadas, impõem, desejam ou consentem que devam se verificar no futuro.

Para nos referirmos ao *poder de aprisionamento da realidade em curso* pelas normas constitucionais, por simplificação expositiva, empregaremos a denominação de "efeito mantenedor" dessas normas. Já para rotularmos o poder que possuem estas mesmas normas de buscar tornar realidade o que ainda não é, doravante, utilizaremos a denominação "efeito transformador".[13]

A CONSTITUIÇÃO DE 1988 E O SEU EFEITO "MANTENEDOR"

OS ANTECEDENTES HISTÓRICOS DA CONSTITUIÇÃO DE 1988

Com o golpe militar de 1º de abril de 1964,[14] a nova configuração dos "fatores reais do poder" da sociedade brasileira, imposta pela força inexpugnável dos canhões e das baionetas, exigiram um redesenho normativo que substituísse a democrática Constituição Brasileira de 1946. Para dar "legalidade" e "legitimidade" às ações consolidadas desse Golpe de Estado, foram editados os denominados "Atos Institucionais" que assumiam a condição de serem as normas supremas do país, prevalecendo inclusive sobre o disposto na Carta Constitucional até então vigente.[15]

Passados dois anos do golpe, por meio do Ato institucional nº 4, de 7 de dezembro de 1966, o Presidente da República Humberto Castello Branco outorgou ao Congresso Nacional poderes constituintes ilimitados e soberanos para elaborar uma nova Constituição que retratasse o novo quadro de poder instalado no país. Com os membros

13. O próprio Lassalle, ao que tudo indica, não ignorava esse efeito "transformador" das normas constitucionais. Com efeito, ele chega, *en passant*, a dizer que "não desconheceis também o processo que se segue para transformar esses escritos em fatores reais do poder, transformando-os dessa maneira em fatores jurídicos"(*op. cit.*, posição 367 do *eBook*).

14. Por razões óbvias de comunicação social, o golpe militar se proclamou como "Revolução Brasileira de 31 de março de 1964".

15. O Ato Institucional nº 1 foi promulgado em 9 de abril de 1964, com o objetivo de "declarar mantida a Constituição de 1946 e as Constituições estaduais e respectivas Emendas, com as modificações constantes deste Ato". Assinaram este ato o Gen. Ex Arthur da Costa e Silva, o Ten. Brig. Francisco de Assis Correia de Mello e o Vice-Alm. Augusto Hamann Rademaker Grunewald.

da oposição já afastados das bancadas parlamentares, convocou então o Poder Legislativo para se reunir extraordinariamente, de 12 de dezembro daquele mesmo ano a 24 de janeiro do ano subsequente com o objetivo de que houvesse a "discussão, votação e promulgação do projeto de Constituição por ele apresentado".

No próprio dia 24 de janeiro de 1967 foi aprovado, sem alterações relevantes, o texto encaminhado pelo Presidente da República. Nasceu então, naquele ano, a Constituição Federal que pretendeu dar feição normativa institucional ao poder ditatorial, centralizando o poder e afirmando uma real supremacia do Poder Executivo sobre os demais Poderes do Estado. Foi a primeira fotografia constitucional do golpe.

A abusividade do poder ditatorial, porém, não se continha dentro dos limites da sua própria constituição. Os "fatores reais do poder", em face da conjuntura social e política, exigiam uma maior legitimação do arbítrio, com sacrifício de direitos que ainda pudessem ser invocados contra ele.

Tomando como pretexto um duro discurso feito na Câmara dos Deputados pelo então Deputado Moreira Alves contra a Ditadura Militar, foi editado o Ato Institucional nº 5, indubitavelmente, a maior expressão normativa do arbítrio ditatorial daquele período.

Assinado pelo Presidente da República, General Arthur Costa e Silva, publicado em 13 de dezembro de 1968, ele veio a "manter a Constituição de 24 de janeiro de 1967 e as Constituições estaduais",[16] com as modificações dele constantes. E dentre estas modificações estabeleceu:

1. A possibilidade do Presidente da República decretar o recesso do Congresso Nacional, das Assembleias Legislativas e das Câmaras de Vereadores, por ato complementar, em estado de sítio ou fora dele, "só voltando os mesmos a funcionar quando convocados pelo Presidente da República";[17]

---

16. Art. 1º.
17. Art. 2º, *caput*.

2. A possibilidade do Poder Executivo correspondente, durante a decretação do recesso parlamentar, "legislar em todas as matérias";[18]

3. A possibilidade do Presidente da República decretar a "intervenção" em Estados e Municípios, nomeando "interventores" para exercerem as atribuições que coubessem, respectivamente, a Governadores e a Prefeitos;[19]

4. A possibilidade do Presidente da República, "ouvido previamente o Conselho de Segurança Nacional, e sem as limitações previstas na Constituição", suspender "os direitos políticos de quaisquer cidadãos pelo prazo de 10 anos e cassar mandatos eletivos federais, estaduais e municipais"[20] (suspendendo, inclusive, com essa medida, o privilégio de foro ou função, o direito de votar e de ser votado em eleições sindicais), bem como de proibir "atividades ou manifestação sobre assunto de natureza política" e de aplicar medidas de segurança de "liberdade vigiada", de "proibição de frequentar determinados lugares", de "domicílio determinado" e "outras restrições ou proibições relativamente ao exercício de quaisquer outros direitos públicos ou privados";[21]

5. A suspensão das garantias constitucionais de vitaliciedade, inamovibilidade e estabilidade, podendo o Presidente da República demitir, remover, aposentar ou pôr em disponibilidade "quaisquer titulares das garantias referidas nesse artigo";[22]

---

18. Art. 2º, §1º.
19. Art. 3º.
20. Art. 4º.
21. Art. 5º. As medidas de liberdade vigiada, proibição de frequenter determinados lugares e domicílio determinado poderiam ser aplicadas diretamente pelo Ministro de Estado da Justiça, sendo vedada a apreciação da sua decisão pelo Poder Judiciário (art. 5º, §2º).
22. Art. 6º. As prerrogativas de demição, remoção, aposentadoria e colocação em disponibilidade também eram aplicáveis a todos os entes da Federação e extensíveis

6. A possibilidade do Presidente da República, após investigação, decretar "o estado de sítio e prorrogá-lo"[23] e "decretar o confisco de bens de todos quantos tenham enriquecido ilicitamente, no exercício de cargo ou função pública";[24]

7. A suspensão da garantia de *habeas corpus*, "nos casos de crimes políticos, contra a segurança nacional, a ordem econômica e social e a economia popular";[25]

Note-se que todas estas situações, por determinação expressa do art. 11 do Ato Institucional nº 5, poderiam vir a ser decididas, com exclusão "de qualquer apreciação judicial", inclusive no que diz respeito a seus "respectivos efeitos".

Diante desta nova realidade, não se fez esperar um novo "redesenho" da ordem jurídico-constitucional, a partir do "endurecimento" do regime militar. Após o afastamento da Presidência da República do General Arthur da Costa e Silva em razão de "lamentável e grave enfermidade" e a declaração da vacância do seu cargo,[26] a Junta de

---

também aos ocupantes de cargos ou empregos na Administração Indireta, e aos militares e policiais militares que também poderiam ser transferidos para a reserva (art. 6º, §§ 1º e 2º).

23. Art. 7º.

24. Art. 8º.

25. Art. 10º.

26. A expressão "lamentável e grave enfermidade" foi utilizada no primeiro "considerando" justificador da Edição do Ato Institucional nº 16, de 14 de outubro de 1969. Este mesmo ato institucional declarou a vacância do cargo de Presidente da República (art. 1º). Nele se determinou ainda que enquanto não fosse realizada a eleição e posse do novo Presidente da República, a Chefia do Poder Executivo seria exercida "pelos Ministros Militares" (art. 3º). Ainda de acordo com este ato, a "eleição do Presidente e Vice-Presidente da República" seria realizada no dia 25 do corrente mês de outubro, pelos Membros do Congresso Nacional (art. 4º).

Note-se que também aqui os atos praticados com base neste Ato Institucional ficavam "excluídos de apreciação judicial" (art. 8º).

Em 25 de outubro de 1969, foi eleito Presidente da República o General Emílio Garrastazu Médici, vindo a tomar posse no dia seguinte. O General Arthur da Costa e Silva faleceu em 17 de dezembro de 1969.

Governo Provisório que assumiu o exercício do governo,[27] em 17 de outubro de 1969, procedeu à edição de uma Emenda Constitucional que alterou profundamente o texto da Constituição de 1967.[28]

Com efeito, a Emenda Constitucional nº 1 procedeu, em larga medida, à incorporação no texto constitucional de medidas tomadas pelos Atos Institucionais. Por isso, de acordo com a opinião de muitos juristas, passou a ser qualificada como uma "nova Constituição" ("a Constituição de 1969"), e não apenas como uma simples "emenda constitucional".

Sob a sua vigência, após a posse do novo Presidente da República, o General Emílio Garastazu Médici, o país passou pelo período mais arbitrário do regime militar, sendo por isso referido, frequentemente, como "os anos de chumbo". Repressão ao movimento social e estudantil, o desaparecimento de presos políticos e as torturas tornaram-se prática comum nos órgãos repressivos do Estado, sempre acompanhadas do cerceamento absoluto à liberdade de expressão e de imprensa.

É importante observar que somente muitos anos depois, durante o período de "abertura lenta e gradual" do regime militar, é que "os fatores reais do poder" passaram a indicar a necessidade de ser gradativamente extirpados os "entulhos normativos" impostos pela fase mais brutal da ditadura. Em 13 de outubro de 1978, no governo de Ernesto Geisel,[29] foi promulgada a Emenda Constitucional nº 11 à Constituição de 1967 (ou de 1969, como visto, ao ver de muitos juristas) que, ao lado de outras medidas, determinou ficarem "revogados os Atos

---

27. Formada pelos Ministros da Marinha de Guerra, do Exército e da Aeronáutica (art. 3º, do Ato Institucional nº 16).

28. Como o Congresso Nacional havia sido colocado em recesso pelo Ato Complementar nº 38, de 13 de dezembro de 1968, o Poder Executivo estava autorizado a legislar sobre todas as matérias (art. 2º, §1º, do Ato Institucional nº 5), com base nos poderes outorgados pelo Ato Institucional nº 16 (art. 3º). Em decorrência disso, a Emenda Constitucional nº 1/1969 foi promulgada pelos Ministros Militares.

29. Ernesto Beckmann Geisel assumiu a Presidência da República em 15 de março de 1974, tendo o seu governo sido caracterizado pela amenização gradativa do rigor do regime militar. Foi sucedido pelo General João Batista de Figueiredo, eleito em 15 de outubro de 1978, que deu continuidade ao período de "abertura política" gradual.

institucionais e complementares, no que contrariarem a Constituição Federal, ressalvados os efeitos dos atos praticados com base neles, os quais estão excluídos de apreciação judicial".[30]

CONSTITUIÇÃO DE 1988: A FOTOGRAFIA DE UM ESTADO DEMOCRÁTICO DE DIREITO

Após um período de luta popular intensa pela redemocratização do país, a mudança dos "fatores reais do poder" indicavam uma nova realidade institucional e jurídica a ser fotografada. O processo de negação do Estado autoritário e ditatorial nascido do golpe de Estado de 1° de abril de 1964, teve o seu momento final de consolidação com a entrada em vigor da nossa vigente Constituição Federal, em 5 de outubro de 1988.

A transição lenta e gradual realizada ao longo do período final da Ditadura Militar ensejou uma interessante dinâmica no processo constituinte responsável pelo nascimento da Carta Constitucional mais democrática da nossa história. Embora tendo como pecado original o fato de não ter sido elaborada e aprovada por uma Assembleia Nacional Constituinte, uma vez que o próprio Congresso Nacional que foi investido dos poderes de elaborá-la,[31] o seu resultado foi a consolidação institucional indiscutível de um verdadeiro "Estado Democrático de Direito".

Superando o período ditatorial, a sociedade brasileira queria impor limites ao exercício do poder estatal e estabelecer a democracia. Ansiava por direitos que fossem respeitados, por um Legislativo forte e por um Poder Judiciário autônomo.

---

30. Art. 3°.

31. Um dos graves problemas decorrentes desse "pecado original" foi a manutenção, pela Constituição de 1988, das vigas mestras do sistema político até então vigente, apesar do seu anacronismo e das suas distorções representativas. Dificilmente as instituições humanas, por si, alteram as regras principais que estabelecem as suas relações de poder, a partir de iniciativa dos seus próprios beneficiários. Foi o que ocorreu com o Congresso Constituinte, na elaboração da Carta Constitucional de 1988.

Tudo isso foi afirmado, com fortes tintas, no texto da nova Carta Constitucional.

Já na sua abertura a Constituição de 1988 proclamou que "a República Federativa do Brasil, formada pela união indissolúvel dos Estados e Municípios e do Distrito Federal, constitui-se em *Estado Democrático de Direito*",[32] tendo por fundamentos além da sua natural e desejada soberania e do seu comprometimento com os valores sociais do trabalho e da livre iniciativa, "a *cidadania*", a "dignidade da pessoa humana" e o "pluralismo político".[33] Estabeleceu um significativo elenco de direitos e garantias individuais e coletivos,[34] em larga medida, voltados ao estabelecimento de limites claros às condutas do próprio Estado. Não permitiu que nenhuma "lesão" ou "ameaça" a direito pudesse vir a ser excluída da "apreciação do Poder Judiciário",[35] dando a esse Poder garantias, prerrogativas e uma sólida estrutura predefinida no próprio texto constitucional.[36] O Poder Legislativo ganhou uma autonomia e uma função de controle em relação ao Executivo, com tal magnitude, que muitos chegaram a sugerir que a nossa Carta teria "flertado" com o parlamentarismo.[37] O Ministério Público ganhou significativa entronização constitucional, afirmando-se institucionalmente como dotado de autonomia funcional, de garantias, de competências e de prerrogativas absolutamente inovadoras na história do Estado Brasileiro. E a Administração Pública, Direta e Indireta, ganhou limites objetivos de tal ordem que muitos chegaram a afirmar que o princípio da "indisponibilidade pública" propiciador das "contenções jurídicas" estatais em situações que contrastam com a liberdade privada, parecia ter ganho tintas valorativas mais fortes do que as atribuídas ao princípio da "supremacia do interesse público", vetor

---

32. Art. 1°, *caput*. O destaque, em itálico, é nosso.
33. Art. 127 e segs.
34. Estão concentrados no art. 5° da C.F., mas podem ser encontrados em vários outros dispositivos do texto constitucional.
35. art. 5°, XXXV.
36. Art. 92 e segs.
37. Art. 44 e segs.

que orienta a possibilidade do administrador público ter *prerrogativas jurídicas* que o mundo privado não desfruta.[38]

Ponto que merece destaque reside ainda no fato de que a nossa Constituição estabeleceu um nível de "petrificação" inédita na nossa história, buscando evitar que as conquistas democráticas do *Estado Democrático de Direito* que prefigurou não pudessem ser eliminadas no futuro. Com efeito, o seu art. 60, §4°, estabeleceu que o texto da nossa lei maior não poderá ser alterado por meio de "emendas constitucionais" em relação "a forma federativa do Estado", "o voto direto, secreto, universal e periódico", "a separação dos Poderes" e no que concerne ainda a todos "os direitos e garantias individuais" nela estabelecidos. Nesses casos, apenas uma nova Constituição que rompa com a ordem jurídica estabelecida na Carta de 1988, ou seja, que tenha sua formação advinda da manifestação de um novo *poder constituinte originário* poderá tocar nesses pontos por ela qualificados como juridicamente "intangíveis".

---

38. Seguimos aqui os passos de Celso Antônio Bandeira de Mello quando o ilustre administrativista pátrio afirma que na base do regime jurídico-administrativo devem ser encontrados dois princípios basilares: o princípio da *supremacia do interesse público* e o da *indisponibilidade do interesse público* (*Curso de Direito Administrativo*, 33a. ed, p. 29 e segs. São Paulo: Malheiros, 2016). O primeiro gera, em defesa do primado dos interesses públicos, um conjunto de prerrogativas jurídicas que deve ser deferido em favor daqueles que exercem a função administrativa, em situação absolutamente distinta dos que perseguem apenas a satisfação de interesses privados. O segundo, propicia limitações objetivas de conduta para o administrador público, justamente pelo fato dele ser um mero preposto da coletividade, apenas autorizado a agir dentro dos estreitos limites que a lei lhe assinala.

É fato que hoje existe uma acalorada disputa sobre o significado real destes princípios no Direito Adminsitrativo moderno. Todavia, temos por convicção que o Direito Administrativo, nos moldes em que se estruturou a partir do nascimento do modelo que julgamos oportuno denominar de "Estado de Direito", tem na base da definição do seu regime jurídico estes dois princípios, em um âmbito dinâmico de contraposição recíproca. Cada Constituição, naturalmente, dará a eles o peso que julga conveniente e oportuno, de acordo com a realidade histórica e social que agasalha. Mas eles continuam a existir, a nosso ver, como pontos centrais de definição de todas as regras e institutos próprios deste particular campo do direito.

De muito não se precisa para se avaliar que a nossa vigente Constituição Federal resolveu assegurar no âmbito das possibilidades determinadas pelos *fatores reais do poder* que se configuraram após o fim do regime militar, a Democracia e o Estado de Direito em sólida dimensão institucional e jurídica. Reconhecendo as dificuldades que a nossa história documenta para que uma tal realidade pudesse ser conquistada e registrada, a fotografia constitucional então realizada pelo processo constituinte utilizou tintas fortes para que esta realidade pudesse ser conservada e não alterada em dias futuros. Registrou um sólido e institucionalizado *Estado Democrático de Direito*, firmando amarras jurídicas para que em dias futuros não viéssemos a deixar escapar pelo vão dos dedos essa conquista histórica.

Deveras, a Carta Constitucional de 1988 foi uma conquista inédita no nosso álbum de fotografias constitucionais, ao menos na dimensão da perspectiva e do forte colorido da imagem fotografada. Uma conquista que se desejava, e se amoldava inteiramente à realidade social, econômica e política vivenciada em 5 de outubro de 1988, e aos desejos de liberdade de uma sociedade que amargou dolorosos "anos de chumbo" sob as botas autoritárias de um regime militar ilegítimo.

Nisto reside a principal dimensão "mantenedora" da realidade ditada pelos "fatores reais do poder" que deram nascimento à fotografia "Constituição-cidadã".

A CONSTITUIÇÃO DE 1988 E O SEU EFEITO "TRANSFORMADOR"

Embora seja uma questão polêmica no âmbito da ciência jurídica e da própria ciência política, temos como correta a afirmação de que o denominado *Estado de Direito,* desde o momento das primeiras experiências normativas que o caracterizaram como um modelo diferenciado de exercício do poder político ao longo do século XVIII,[39] e da

39. Devem ser aqui destacadas a constituição estadunidense e as constituições francesas que se seguiram à revolução burguesa de 1789. Deixamos aqui de fazer referência à *rule of law* inglesa, em decorrência da aguda polêmica que existe sobre se este modelo se enquadraria ou não dentro do modelo de *Estado de Direito.* Re-

sua própria teorização pela doutrina alemã a partir do início do século XIX, assumiu diferentes configurações, em especial dentro do que se convencionou denominar de *Estado Liberal* e de *Estado Social.* Temos, pois, como aceitável a denominação *Estado de Direito Liberal* e *Estado de Direito Social,* na medida em que são conceitualmente identificadas como espécies do gênero *Estado de Direito.*

Nascido também ao final do século XVIII, em momento histórico coincidente com o nascimento do Estado de Direito, o *Estado de Direito Liberal* tem como característica central a sua não intervenção na economia. Por essa premissa, a nova classe dominante da sociedade capitalista, a burguesia, garantia a não atuação estatal nas estruturas próprias do modo de produção que caracterizava este modelo de sociedade. A *livre iniciativa* e a *livre concorrência* deveriam ser as molas propulsoras da vida social, de modo a que a *mão invisível* do mercado a tudo harmonizaria. A regra era o *lassez-faire, lassez-passer; le monde va de lui même.*[40]

Naturalmente, este *Estado de Direito* de matiz liberal tinha uma feição *negativa,* ou seja, de *inação contida* de exercício do poder frente ao cidadão. Ele deveria assegurar direitos fundamentais para o desenvolvimento da sociedade capitalista a todos os indivíduos, tais como a vida, a liberdade, a propriedade, e a igualdade perante a lei (isonomia formal), em princípio, por uma geral obrigação estatal de *non facere.*

O desenvolvimento acelerado da sociedade capitalista, todavia, agudizou as contradições próprias inerentes a esse modelo de sociedade. Condições degradantes e desumanas que atingiam a classe trabalhadora, implicando em tensões, disputas e conflitos que ensejaram uma mudança nos *fatores reais do poder.* A "mão invisível" do mercado demonstrava não harmonizar interesses antagônicos e conflituosos, gerando utopias e ações de contestação aberta ao modo de produção capitalista, à propriedade privada e às estruturas jurídicas e sociais que sobre ele foram e continuavam a ser edificadas. Impunha-se

---

servamos a abordagem desta polêmica para estudo próprio, de maior folego, onde todas as intrincadas nuances da matéria possam ser adequadamente discutidas.

40. "Deixar passar, deixar fazer; o mundo caminha por si só".

que o *Estado de Direito* deixasse de ser apenas *negativo* para passar a ser *positivamente* atuante, intervencionista, na busca da redução das desigualdades sociais.

Nasce assim, o *Estado de Direito Social*, para muitos uma forma mais avançada de se conquistar a "justiça social" nas sociedades capitalistas. Para outros, mais à esquerda, uma forma do capital ceder os anéis para não perder os dedos, em face da ação dos movimentos revolucionários marxistas que ganharam corpo logo ao início do século XX.[41]

Podemos, assim, afirmar que a principal diferença entre as duas espécies de modelos de *Estado de Direito* (*Estado de Direito Liberal* e *Estado de Direito Social*) reside no fato de que em uma a atuação do aparelho estatal frente a sociedade deve ser fundamentalmente *negativa*, limitadora da sua atuação (*Estado Liberal*), enquanto que na outra (*Estado Social*), além da ação negativa respeitadora de limites ao exercício do poder, deve existir uma atuação *positiva*, intervencionista, na busca de se garantir um universo maior de direitos sociais (por ex: direito ao trabalho, à saúde, à educação, ao lazer, à cultura, etc.), eliminar desigualdades e desenvolver políticas de enfrentamento da exclusão social.

Muito não se precisa argumentar para que se demonstre que o modelo de *Estado Democrático de Direito* afirmado na nossa Constituição de 1988 realizou uma clara opção pelo *Estado Social*, abandonando com nitidez a feição *restritiva* e *negativa* do Estado Liberal.

Já no seu artigo 3º a nossa vigente lei maior aponta que a erradicação da pobreza e da marginalização, a redução das "desigualdades sociais e regionais" e a promoção do "bem de todos, sem preconceitos" é um dos objetivos maiores da Repúbica Federativa do Brasil. Em outros dispositivos consagra como direitos sociais "a educação, a saúde, a alimentação, o trabalho, a moradia, o lazer, a segurança social, a proteção à maternidade e à infância, a assistência aos desamparados,

41. Costuma-se afirmar que a primeira Constituição a assegurar os denominados direitos sociais foi a Constituição Mexicana de 1917, embora seja sempre lembrada e referida a Constituição de Weimar (alemã) de 1919.

na forma desta Constituição",[42] e um extenso rol de concretos direitos trabalhistas.[43] Ao tratar da ordem econômica e social, assegura como um dos seus fundamentais princípios, ao lado da "livre iniciativa", da "propriedade privada" e da "livre concorrência", a "função social da propriedade" e a "defesa do consumidor",[44] além de admitir que certas atividades econômicas devam estar submetidas a autorização e a regulação estatal[45] e que o Estado, por meio de empresas estatais, em certos casos, possa realizá-las sob regime do direito privado.[46] Assegura ainda que "a lei reprimirá o abuso do poder econômico que vise à dominação dos mercados, à eliminação da concorrência e ao aumento arbitrário dos lucros",[47] admitindo inclusive que para fins urbanísticos possa haver a desapropriação de imóveis urbanos que desatendam a sua função social,[48] ou em casos semelhantes no âmbito rural, a utilização dessa mesma forma de aquisição compulsória da propriedade para a realização de programas de reforma agrária pela União.[49]

Nesse aspecto, é importante ressaltar que a nossa lei maior dedica todo um Título ao tratamento da "Ordem Social",[50] onde destina diferentes capítulos para a fixação de regras constitucionais sobre a seguridade social, a saúde, a previdência social, a assistência social, a educação, a cultura, o desporto, a ciência e teconologia, a comunicação social, o meio ambiente, a "família, criança, adolescente, jovem e idoso", e ainda aos índios.

Assumiu, portanto, o legislador constitucional de 1988, a tarefa de qualificar o Brasil como um *Estado de Direito Social*. E é nessa perspectiva que se afirma a dimensão *transformadora* da Carta Constituição Federal de 1988. Pretende fazer de um país marcado historicamente

---

42. Art. 6º.
43. Art. 7º.
44. Art. 170.
45. Art. 170, parágrafo único.
46. Art. 173.
47. Art. 173, §4º.
48. Art. 182.
49. Art. 184 e segs.
50. Título VIII.

pela pobreza, pelo analfabetismo, pelo preconceito, pela desigualdade econômica profunda e pela exclusão social, um país igualitário e justo, respeitando os parâmetros básicos do modo de produção capitalista.

A CRISE DA FOTOGRAFIA CONSTITUCIONAL DE 1988

Diante de todo o exposto, fica evidente a perspectiva jurídico-política da fotografia registrada pela Constituição de 1988, a partir da redefinição dos *fatores reais do poder* que ocorreu no período que se segue ao final da Ditadura Militar. Um *Estado Democrático de Direito* a ser mantido e um *Estado social* estimulador de profundas transformações nos marcos de uma sociedade capitalista, foi a paisagem normativa fotografada pelos congressistas constituintes que discutiram e aprovaram a nossa vigente Carta Constitucional.

Resta saber agora se essa fotografia, após quase 30 anos do momento em que foi tirada pelos parlamentares constituintes, ainda guarda adequação com a realidade vivenciada em nosso país nos primeiros anos do século XXI.

A ninguém é dado desconhecer que vivemos hoje no Brasil um momento de aguda crise. Não é uma crise econômica ou política similar àquelas que tivemos ao longo da nossa história mais recente. É, segundo penso, uma crise complexa, incomum, aguda, que poderá vir atingir a essência da nossa institucionalidade, se não for bem compreendida e solucionada de forma pacífica.

Seria equivocado imaginar-se que as sementes desta crise apenas germinaram, até o momento, no solo brasileiro. Inegavelmente, ao menos sob dois aspectos, ela remonta à totalidade do globo terrestre.

Não podemos deixar de reconhecer, contudo, o tempero apimentado que foi adicionado a esta crise globalizada pelos atuais viventes da antiga Ilha de Vera Cruz, com as suas idiossincrasias e a sua cultura ainda pouco apegada a valores democráticos, humanos e republicanos mais profundos.

No que diz respeito aos mencionados fatores externos, acreditamos que o modelo de *Estado Democrático de Direito* se encontra hoje em crise em todo planeta. E o Brasil, não sendo uma ilha isolada do mundo, não poderia jamais por ela passar incólume. Do mesmo modo, o modelo de *Estado Social*, no atual período histórico, também está submetido, frequentemente, aos choques ditados pelas ondas neoliberais que seguem o ritmo das marés de um mundo complexo e contraditório que a cada dia se transforma por um processo de globalização frenética.

Meditemos inicialmente sobre a crise do modelo de *Estado Democrático de Direito*. E a seguir sobre a crise do *Estado Social*.

A CRISE DO ESTADO DEMOCRÁTICO DE DIREITO

Ouso afirmar que todos os pilares que fundamentaram e ainda fundamentam a existência dos denominados *Estados Democráticos de Direito* estão hoje em crise. Não apenas no Brasil, mas em todos os países que adotam esse modelo de organização do exercício do poder político.

De início, podemos afirmar que o *princípio da legalidade* está em cheque. Para alguns, muito próximo, talvez, de um verdadeiro "cheque-mate".

O Parlamento, independentemente da qualidade das suas legislaturas, por definição, sempre será um órgão plural e lento, onde nem sempre a aprovação de decisões por uma maioria é rápida. Em um mundo governado pela globalização, marcado pela rapida interação determinada pelos modernos processos tecnológicos, a falta de lei para fundamentar decisões ágeis é quase sempre uma realidade. Se por um lado *ninguém pode fazer ou deixar de fazer alguma coisa a não ser em virtude de lei*, de outro, às vezes, o Estado necessita agir de imediato para dar uma resposta aos fatos da vida ou aos reclamos da sociedade. *E a lei, muitas vezes [...] não existe.*

Jamais haverá a possibilidade de "vácuo" no exercício do poder político. Se quem o tem não o exerce no momento em que necessita ser exercido, diante das necessidades impostas *a partir dos fatores reais do poder*, alguém o exercerá, fazendo as suas vezes. Tem sido assim na história do Estado de Direito.

E a lei? *A lei... ora, a lei!*

Algumas vezes, porém, digamos a bem da verdade, não é a inércia do Legislativo que determina que outros Poderes do Estado "invadam" indevidamente a esfera legislativa. Outras circunstâncias, amparadas *nos fatores reais do poder* o determinam, "desconstitucionalizando" de fato o que está "constitucionalizado" de direito.

Tem sido frequente que o Executivo ou entes personalizados que a ele estão vinculados, em alguns momentos específicos da vida política e institucional de muitos países, "invadam", com seus atos e regulamentos, *espaços legislativos próprios*, mesmo não existindo nenhum amparo constitucional para isso. A retórica jurídica, como sempre, nesses casos, se ocupa de tentar justificar os arbítrios, sob a ótica da *modernidade* exigida pelos tempos.

Quando isso ocorre, naturalmente, só o Poder Judiciário pode impor o limite institucional devido ao *abuso de poder* perpetrado pelo Poder Executivo, dando cor e vida ao sistema de *checks and balances* inerente à um modelo de Estado onde ninguém deve deter o poder absoluto. Se ele não age, por razões conjuntuais ou ditadas pelos *fatores reais de poder* momentâneos, o autoritarismo ganha corpo e o que era democrático se transforma em ditatorial. E, no caso, pouco importarão os dizeres que porventura se encontrem elegantemente escritos na "folha de papel". Onde se lê que deveria existir um *Estado Democrático de Direito,* na realidade, o que era "de direito" se transmuda em "de retórica", e o que era *democrático* se transfigura em *autoritário.*

Sem temer desafiar os que se julgam mais sábios e à frente do seu próprio tempo, temos que reconhecer, porém, que nos atuais trajes formulados por estilistas da moda jurídica, é o Judiciário que, frequentemente, a pretexto de dar aplicação a vagos princípios constitucionais, assume uma tarefa *ativista* de "legislar", substituindo o Legislativo. Amparados em sólidas, eruditas e ousadas teorias, os magistrados não se intimidam diante da própria institucionalidade constitucionalmente consagrada em seus países e passam a produzir normas jurídicas traçando o que deve ser seguido como "lei" quando, propriamente, o decidido, nunca foi sequer cogitado pelos representantes democraticamete eleitos pelo povo, e nem se insere, para os que querem ter na *common law* o parâmetro imperial da modernidade, no âmbito de precedentes judiciais anteriores ou nos costumes do seu povo. Partem, consciente ou inconscientemente, da patológica ideia de que o sistema jurídico tem vida própria, como se fosse um "ente" que, nascido do ventre do seu criador original, o povo, dele se desliga para determinar, *per se*, de forma onisciente, o que deve, pode, ou não deve este mesmo povo fazer.

Só que o ordenamento jurídico, a não ser por meio de ficções ilusionistas a que se apegam alguns juristas para justificar o que muitas vezes não pode ser justificado, não é pessoa dotada de "vida" ou de "querer" próprio. Ele não é humano, mas um produto da cultura humana. Sua vida não independe das mentes que o produziram e que o interpretam. Não é um "ser em si e que existe para si", como se fosse uma divindade que paira acima da temporalidade, intocável pelas paixões humanas. Não pode ser visto como um oráculo cujos dizeres serão apenas decifráveis a partir da "pedra de roseta" descoberta pelos hermeneutas, os únicos detentores dos sacros segredos guardados à distância do conhecimento de todos, à semelhança do que ocorria na medieval biblioteca retratada por Umberto Eco no seu célebre *O Nome da Rosa*.

Os ordenamentos jurídicos dos Estados Democráticos de Direito, quer queiram ou não alguns dos ativistas modernos, não passam de ser um conjunto de regras idealizadas e aprovadas, a partir de decisões que apenas deveriam ser tomadas pelos representantes eleitos pelo povo, com o objetivo de orientar a vida humana e social. Quem lhes empresta vida e vontade próprias, todavia, ao interpretarem o que dizem estas regras, serão sempre seres mortais e falíveis, ou seja, os juízes. Como quaisquer seres humanos eles jamais conserguirão ser "neutros", embora no exercício das suas funções estejam proibidos de ser "parciais", isto é, de agirem como "parte". São eles, de fato, que decidem, em última instância, o que "dizem" os princípios constitucionais. E o fazem sempre de acordo com a sua visão de mundo, com a sua ideologia, e com o seu querer pessoal.

Por isso, a pretexto de "dizerem" o direito, jamais poderiam os magistrados, invocando construções retóricas engenhosas ou mirabolantes, "criar" o direito *com caráter inovador primário*, como se fossem legisladores. Não receberam do povo a missão de decidir em seu nome o que seus representantes nunca decidiram. Em especial quando criam o direito "inovador" decidindo *contra legem* ou mesmo contra o sentido óbvio das próprias normas constitucionais, valendo-se de uma aparente ponderação de princípios para fazer do *direito posto* um *direito por eles imposto.*

É claro que as fronteiras delimitadoras do ativismo e da submissão à lei não são fáceis de serem estabelecidas. Mas são as aberrações, abudantes em todo o mundo, que tem feito muitos levantarem as bandeiras da democracia bradando que hoje estamos entrando num período onde predominaria *a "ditadura dos juizes".* Se é verdade que todo o homem que tem o poder tende a dele abusar, como dizia Montesquieu, e que o poder deveria limitar o poder, a questão da ausência de limites externos ao agir do Poder Judiciário estaria demolindo o clássico *princípio da separação de Poderes,* outro dos fundamentos basilares do *Estado Democrático de Direito.*

A bem da verdade, reconheçamos, há ainda aqui os "progressistas" que, invocando a mesma democracia, aplaudem esse ativismo normativo produtor de inovações primárias. Dizem que por ele o "Deus-ordenamento" ganha vida própria e agilidade para fazer as transformações necessárias em favor dos excluídos e dos oprimidos. A contenção aos limites da lei deveria ceder espaço a um "consequencialismo" judicial que atenderia ora aos "reclamos da sociedade", ora aos "valores humanistas".

Não se pode deixar de reconhecer, por vezes, que esse "ativismo normativo primário", afirmado a partir de um espaço jurídico vazio ou de uma destemida ação *contra legem,* tem produzido importantes transformações, especialmente no plano de valores humanistas. Esse pragmatismo, porém, não pode justificar aquilo que na prática significa a exclusão da palavra "Democrático" da expressão *Estado Democrático de Direito.* Magistrados não podem falar pelo povo (como se fossem o *Führer* dos novos tempos), na medida em que não foram eleitos ou escolhidos para fazerem opções políticas em seu nome. Foram investidos em cargos públicos para aplicarem o que já foi constituído como "norma" por aqueles que possuem legitimidade democrática de fazê-lo, nos termos da institucionalidade vigente.

Aliás, mesmo os pragmáticos "democratas" que aplaudem o *ativismo progressista,* pressupondo às vezes de forma inconsciente que os fins justificam os meios, deveriam se dar conta de algo que recentemente um professor acusado de dogmático pelos que assistiam a uma sua exposição acabou lembrando aos "bem-intencionados humanistas" que o ouviam. Lembrou, em um singelo exemplo, que quando se abre a porta de uma gaiola, torna-se impossível escolher os pássaros que dela fugirão. Aberta a gaiola da legalidade democrática, os pássaros que fugirão, em certos momentos, poderão ser os "humanistas" e os "progressistas". Mas pela mesma porta aberta fugirão, certamente, os pássaros *repressores*, os *violadores de direitos humanos*, os *predadores preconceituosos das vidas e das liberdades*, ou ainda os *aniquiladores autoritários das garantias consagradas nos textos constitucionais.* Afinal, pássaros conservadores e fascistas também voam.

Por isso, o respeito à legalidade democrática pode ser mais lento para a conquista das transformações sociais e humanas, porque exige uma luta mais intensa, de convencimento, de desmascaremento ideológico e de derrota de preconceitos enraizados. Mas, indiscutivelmente, é mais segura, menos elitista e mais respeitadora do sagrado direito da maioria de decidir como quer viver, mesmo que pareça injusta e indevida a alguns a decisão. Para o bem ou pelo mal, para o justo ou para o injusto, é melhor viver na democracia do que sob o império autoritário de alguns iluminados. O mundo não será mais feliz quando os filósofos ou os juízes forem reis, ou quando os reis forem filósofos ou juízes, ao contrário do que parecem pensar alguns. Ele será sempre melhor quando não houver reis de qualquer natureza.

Além de tudo o que foi dito, devemos lembrar que a democracia representativa, razão última de ser do próprio princípio da legalidade, está em crise em decorrência de uma outra questão. No mundo que é informado e interage pela *web*, a cada dia que passa, eleger pessoas e pagar seus salários para que falem em nome do povo parece algo esquizofrênico e distante do cotidiano. Se negócios bilionários podem ser decididos pelos própios titulares das obrigações que assumem com um simples apertar de botões, se pessoas podem em tempo real receber todo o universo de informações que chega aos parlamentares ou governantes no momento em que vão, em nome do povo, decidir se aprovam ou não uma dada decisão, por que este mesmo povo não poderia chamar para si, diretamente, a responsabilidade de governar ou de legislar diretamente sobre suas próprias vidas?

É fato que talvez questões dessa natureza não estejam sendo racionalmente pensadas por todos os que reclamam dos representantes que elegem para governar ou para legislar em todo o mundo. Mas é evidente que seu descontentamento sobre o que se decide em seu nome é uma realidade crescente. O desejo de protagonismo absoluto no exercício do poder político parece uma realidade que cresce dia a dia, muitas vezes ganhando as ruas em manifestações sem líderes, sem pauta, onde o fio condutor único, muitas vezes inconsciente, parece ser a ideia de que "aqueles que elegi não me representam quando decidem sobre a minha vida".

Sem dúvida, por força de tudo o que foi exposto, pode-se afirmar que o modelo do *Estado Democrático de Direito*, em todo o mundo, está em crise, sendo impossível, no momento, dizer se e quando ela será superada.

A CRISE DO ESTADO SOCIAL

Parece inegável que nas últimas décadas do século XX, e durante os anos que deram início ao século XXI, o *Estado Social* tem sofrido ataques frontais dos que desejam o retorno da *mão invisível do mercado* para tudo regular.

Há quem diga que o fim da URSS, da bipolaridade mundial, e da própria redução dos riscos impostos pelo "marxismo revolucionário" teria liberado os velhos fantasmas liberais para saírem dos túmulos em que se encontravam sepultados. Teriam então voltado a assombrar o mundo, pretendendo aniquilar, para o pavor e o desespero de muitos, os direitos conquistados pela classe trabalhadora e pela própria sociedade, em diferentes dimensões. Se no passado cederam-se os anéis para não se perder os dedos, afirma-se que agora os fantasmas carcomidos teriam renascido e lutam, com vigor, para recuperar os velhos anéis cedidos.

Independentemente do simplismo ou não desta explicação, a verdade é que a defesa de um "Estado mínimo", da redução de direitos, da desregulamentação e do não intervencionismo na economia, passou a ser uma realidade permanente, ora se impondo com força, ora reduzindo de intensidade em todo o mundo. Se por um lado as crises da economia, postas agora em âmbito global, e os agudos conflitos sociais que tomaram as ruas em muitos países implicaram no arrefecimento das lutas travadas pelos segmentos *neoliberais*, por outro, a intolerância, o preconceito contra os excluídos, a xenofobia, o inchaço e a ineficiência da máquina estatal, o mito ideológico da insuperável eficiência do mundo privado, acompanhados das próprias dificuldades econômicas enfrentadas na manutenção de programas e serviços sociais, na geração de empregos em uma sociedade cujo desenvolvimento tecnológico avança a cada dia, e de pagamento de aposentadorias para uma população que teima em viver mais, tem fragilizado, em muitos momentos, a estabilidade dos *Estados Democráticos de Direito* estruturados sob a feição de *Estados Sociais*.

A disputa, a respeito, permanece em aberta em todo o mundo, configurando uma própria crise entre as espécies (*Estado Liberal* e *Estado Social*), dentro da própria crise do gênero (*Estado Democrático de Direito*). Uma situação de difícil diagnóstico e de quase impossível previsão acerca do que ocorrerá no futuro, já que os *fatores reais do poder* oscilam de um lado para o outro, em cada país e no mundo, sem que se possa dizer que algum dos lutadores tenha ido ou irá a nocaute.

A CRISE BRASILEIRA

Seria impossível que a crise do *Estado Democrático de Direito* e a crise do *Estado Social* não atingissem de frente a imagem fotografada pela Constituição de 1988, produzindo incompatibilidades entre esta e as realidades que normativamente pretende manter e transformar. Todavia, o distanciamento entre o "ser" dinâmico da vida política e institucional brasileira e o "dever ser" constitucional alargou-se imensamente por razões peculiares e históricas determinadas por mudanças acentuadas nos nossos *fatores reais do poder* ao longo dos últimos anos.

Na primeira década do século XXI vivemos um período de grande transformação social, decorrente da boa utilização governamental do modelo de *Estado Social*. Foram desenvolvidos programas que tiraram milhões de brasileiros da linha da miséria, assegurou-se a estabilidade econômica, atingiu-se o pleno emprego, afirmou-se no plano internacional a soberania e a importância do Brasil como um país emergente. Os êxitos e a prosperidade elevaram a autoestima dos brasileiros a patamares poucas vezes sentidos em outros momentos da nossa história. Brasileiros antes excluídos completamente do mercado de consumo começaram a consumir, ingressando, sem aviso prévio, em uma nova classe média e girando a economia.

O quadro social e econômico alterava-se tão velozmente que a própria mão de obra especializada não atendia as necessidades do mercado interno, havendo quem defendesse, sob a resistência das entidades corporativas, o ingresso de profissionais estrangeiros no país, com a finalidade de que se pudesse dar atendimento ao processo gerador de demandas econômicas vivenciadas no período. O Brasil passava a ser um destino preferencial dos que buscavam refúgio, dos desempregados, ou daqueles que buscavam uma qualidade de vida melhor para si e para suas famílias, em um mundo turbulento, marcado por agudas crises econômicas, sociais e políticas.

Uma nova realidade, até então desconhecida, percorria os ares e os subterrâneos da nossa vida social, inflando corações e mentes, elevando a autoestima de um povo que historicamente sempre viveu sob o domínio de um autêntico "complexo de vira-lata".[51]

É também inegável, contudo, que ao longo da segunda década do século XXI, gradativamente, veio a se instalar, em segmentos significativos da nossa população, um sentimento de profunda insatisfa-

51. Expressão criada pelo escritor Nelson Rodrigues, para se referir à inferioridade em que o brasileiro se coloca, voluntariamente, frente ao resto do mundo.

ção. As intensas mudanças sociais não se fizeram acompanhar, com a mesma velocidade, de uma melhoria imediata no plano da infraestrutura e da oferta dos serviços prestados ao conjunto da sociedade, tanto na sua dimensão quantitativa como qualitativa. Aeroportos abarrotados de pessoas que antes viajavam de ônibus ou não viajavam, automóveis congestionando e paralisando o trânsito das grandes cidades, celulares que não funcionavam em decorrência da sobrecarga das redes de comunicação, ao lado de tantas outras situações, geravam uma nova e desconhecida forma de mal estar social.

Como alguns estudos demonstraram, esta veloz transformação social, reflexamente, propiciava, em larga medida, um crescente mau humor, ou seja, um indesejável e inesperado efeito colateral decorrente do desenvolvimento e do sucesso das políticas inclusivas vivenciadas pelo conjunto da sociedade. Os que não ascenderam ou não prosperaram tanto na escala social viam a ascensão dos que consideravam socialmente "inferiores" a patamares equivalentes ou mais próximos aos seus, pleiteando serviços, oportunidades e espaço nas ruas que antes não lhes pertenciam, em moldes nunca antes pretendidos e disputados naquela intensidade. E se sentiam incomodados por isso, vivenciando, a cada novo dia, a sensação amarga e frustrante de estarem sendo nivelados àqueles que tinham aprendido a considerar, desde que nasceram, como socialmente "inferiores". Já os que ascenderam a uma nova classe média, frequentemente, se sentiam tolhidos e frustrados por não poderem desfrutar, na plenitude das suas possibilidades, do novo patamar de consumo, da acessibilidade ao conjunto de serviços e de uma nova e desejada qualidade de vida. Como as ruas das grandes cidades e das estradas de rodagem, a sociedade, em alguns dos seus segmentos, estava congestionada agora pelos novos e velhos atores, gerando reações passionais de frustração, nem sempre fáceis de serem compreendidas pela razão.

De outro lado, ainda, esse sentimento de mau humor passou a ser alimentado em dose vertiginosa pela aparente "descoberta coletiva" da existência da corrupção em nosso país. É fato que qualquer pessoa que tenha minimamente se ocupado em conhecer a história brasileira, ou não tenha vivido dentro de um quarto fechado e escuro ao longo de toda a sua existência, jamais poderá dizer que desconhecia que a corrupção sempre correu livre, leve e solta na nossa vida política e empresarial. Somente um pateta ingênuo, ou um hipócrita farsante, poderá afirmar, em sã consciência, que a existência de um sistema político corroído nas suas entranhas pela corrupção, no Brasil, teria tido seu nascimento apenas a partir da eleição de um governo, ou da chegada ao poder de um partido, nos primeiros anos do século XXI.

Todavia, patetas e hipócritas sempre existiram em todos os países do mundo, e em todos os momentos da história da humanidade. No Brasil, também não foi diferente. Especialmente quando o que corria nos esgotos da política brasileira foi posto a céu aberto, podendo ser observado a olho nu e combatido de frente. Órgãos da grande mídia, a soldo ou por compromissos político-ideológicos, se encarregavam de confundir a "descoberta" de algo preexistente, com o "nascimento" de uma realidade ilícita. Disseminavam a intolerância, o ódio generalizado contra "os criadores da corrupção", vazando seletivamente investigações, jogando tintas em fatos ainda não investigados que envolviam os seus alvos preferenciais, ou mesmo criando inverdades, propulsionados pelos seus interesses pouco nobres. Incentivavam a execração pública daqueles que não estavam sob a sua proteção, e colocavam sob as suas asas aqueles que lhes interessava, no mundo político ou empresarial. Agindo como discípulos de Goebbels, criaram heróis e vilões, anjos e demônios, incentivando, nos rincões mais soturnos da alma humana, o maniqueísmo passional, generalizador e violento. Semearam, em terras de tolerância fértil, as sementes do fascismo que hoje germina e floresce a olhos vistos, assombrando os que não esperavam reviver, ao menos nessa fase evolutiva da nossa história, esta amarga e insólita experiência.

Se olharmos racionalmente e de modo objetivo os fatos do período, encontraremos uma explicação evidente para o desnudar dos rios fétidos que corriam pelos subterrâneos da vida política nacional, naquele particular momento da nossa história. Novos mecanismos legislativos e administrativos de transparência da atuação estatal e de garantia da autonomia institucional de órgãos de controle e de investigação de práticas delituosas foram sendo criados, curiosamente, pelos próprios governos que seriam acusados, mais tarde, por escandalizadas vestais hipocritamente virgens, de terem "criado a corrupção no país".

Foram estes novos instrumentos institucionais que geraram uma exposição e um enfrentramento da improbidade e do desapego à *res publica* por governantes, parlamentares, administradores e líderes da iniciativa privada, em dimensão talvez nunca antes vivenciada de forma permanente e contínua pelo nosso povo.

A corrupção que estruturalmente sempre caracterizou o nosso sistema político, na sua feição ativa e passiva, e os crimes de colarinho branco, passaram a ser colocados sob a luz do sol, sendo descobertos e investigados por um Estado brasileiro que abandonou a rota dos "engavetadores da República" e passou a seguir um novo rumo. Ricos e detentores do poder político começaram a ser réus de processos criminais, em situação anterior apenas reservada aos pobres ou excluídos.

Essa nova realidade, infelizmente, deu ensejo a posturas messiânicas e prepotentes de alguns agentes públicos que se consideravam "iluminados", e a encenação perversa de verdadeiras farsas burlescas por parte de outros. O mau humor e a indignação ganhou definitivamente as ruas e propulsionou protestos que envolveram multidões. Bradava-se pela necessidade de se ter no país uma cópia tupiniquim da operação "Mãos limpas" realizada da Itália, reproduzindo-se os seus métodos e as suas ações, como se fossem um bom receituário. Esquecia-se, porém, de se fazer uma análise mais detida sobre o que representou para aquele país europeu essa operação, tanto quanto à sua vida política democrática, como no que concerne ao próprio combate à corrupção em si mesmo considerado.

Naquele mesmo período, uma crise econômica decorrente de fatores internacionais, de equívocos governamentais, ou de ambos, também teve início. Foi o suficiente para que os *fatores reais do poder* entrassem em choque aberto, muitas vezes desconhecendo o caminho do precipício em que se aventuravam, tanto no plano econômico, como no institucional.

A *marcha da insensatez* sempre foi uma característica da vida política humana, como ensinou a célebre historiadora autodidata estadunidense Barbara Tutchmnan, no seu afamado livro que leva esse nome.[52] Não seria diferente no Brasil do século XXI, especialmente quando se conhece o pragmatismo oportunista de setores das nossas elites e o real descompromisso da nossa cultura política com a democracia e o Estado de Direito.

Nesse cenário de mau humor, de crise econômica e de investigação da corrupção explorados politicamente por setores da grande mídia, se deu a eleição de 2014. Um duro embate acabou ocorrendo entre os que defendiam a continuidade do projeto governamental iniciado pelo governo do Presidente Luiz Inácio Lula da Silva e os setores neoliberais, na disputa de segundo turno eleitoral travado entre a então ministra Dilma Rousseff (PT) e o senador Aécio Neves (PSDB). Venceu a continuidade do projeto por uma pequena margem de votos.

Os setores neoliberais e conservadores sabiam que tinham perdido uma oportunidade histórica para retomar o controle do poder político do país. Uma situação propícia como aquela talvez não voltasse a se repetir tão cedo. Por isso, logo que foi anunciada a vitória de Dilma Rousseff, tudo fizeram para deslegitimar o resultado das urnas. Acusações de fraude eleitoral e outras tentativas foram utilizadas para evitar a posse da primeira mulher eleita Presidente da República. Não lograram êxito.

Logo após a posse, em 1° de janeiro de 2015, os setores derrotados nas urnas iniciaram uma frenética construção de um impeachment presidencial, mesmo não sabendo qual fato poderiam invocar para tanto.

Só que a versão brasileira da operação *Mãos Limpas*, a Lava-Jato, colocava em situação desconfortável, a cada dia mais, a classe política brasileira. A situação se agravava a todo instante, pela revelação de novos fatos que indicavam que setores expressivos da vida política e empresarial nacional, de todos os matizes ideológicos, poderiam vir a ser atingidos pelas investigações em curto espaço de tempo.

O governo de Dilma Rousseff, porém, era "excessivamente republicano", ao ver de alguns importantes líderes políticos e empresariais,

---

52. *A Marcha da Insensatez – de Troia ao Vietnã*. São Paulo: José Olympio Editora, 4ª. ed., 1985.

para impedir a continuidade das investigações. Impunha-se, assim, para alguns temerosos do seu próprio futuro, que "um novo governo" o fizesse, estancando "a sangria da classe política brasileira".

Sob o comando explícito de Eduardo Cunha, e "semioculto" de Michel Temer (o vice-presidente eleito na chapa com Dilma Rousseff para a execução do programa de continuidade ao governo do Presidente Lula), e a atuação orquestrada da sua *entourage* comum, uniram-se neoliberais, conservadores e os sequiosos de evitar a continuidade da "sangria", sob a benção de setores expressivos da grande mídia.

Um golpe de Estado passou a ser premeditado e articulado, primeiro sob as sombras do poder, e mais tarde, sob a luz do sol. Um golpe executado sem armas e sem o uso das forças militares como em 1964, mas que seria consumado por meio da formação de uma substantiva maioria parlamentar, de ações da grande mídia e por uma retórica debilitada que buscava justificar, perante os olhos estupefatos do mundo, o abuso e a afronta democrática que se cometia.

O objetivo do golpe não era uma mudança do regime democrático, mas apenas o resgate de uma vitória que não havia sido conseguida por meio das urnas e a paralisação de uma investigação incômoda para a classe política brasileira.

Desse modo, os *fatores reais de poder* que passaram a ser dominantes nessa nova conjutura política e social não tiveram nenhum pudor em atropelar a *folha de papel* escrita, como norma constitucional, em 1988. Um impeachment presidencial sem crime de responsabilidade, e motivado por pretextos retoricamente alinhavados, foi consumado.

Golpes de Estado sempre deixaram e sempre deixarão sequelas. Mesmo, diga-se, se tiverem natureza parlamentar e forem executados por meio de um processo de impeachment presidencial. Como alguém já disse, a cassação de um mandato presidencial outorgado pelas urnas sempre equivalerá a um terremoto político. Contudo, um impeachment presidencial realizado sem quaisquer fundamentos jurídicos que o justifiquem, ao arrepio da Constituição, passando-se a titularidade do governo para quem não tinha legitimidade democrática, assume, em um Estado Democrático de Direito, a dimensão de um terremoto político permanente, com abalos sísmicos ininterruptos. Dificilmente as instituições sobreviverão a uma realidade como essa sem fissuras profundas, ou sem a possibilidade de desmoronamento das suas vigas mestras.

Nos *Estados Democráticos de Direito*, sem legitimidade das urnas, não há governo que consiga satisfatoriamente exercer sua função. E em uma tal ambiência desastrada, não há poder institucional que se mantenha intacto e dentro do exercício contido e delimitado das suas próprias funções. Os agentes políticos, em tais condições de vento e temperatura, sempre perderão os limites que as normas lhes fixavam. Afinal, no reino do "vale tudo" derivado de um *coup d'État*, as regras do jogo democrático não estão mais pressupostas ou são reconhecidas pelos operadores de quaisquer dos Poderes do Estado.

Por isso, dado o impeachment de Dilma Rousseff, o que era claramente previsível, infelizmente, ocorreu. As instituições do *Estado de Direito*, cuja dimensão *democrática* foi eclipsada ou subtraída do meio da expressão grafada na *folha de papel* de 1988, parecem desconhecer o lugar que deveriam ocupar. Magistrados passaram a se comportar como parlamentares, depois que parlamentares não souberam se comportar como magistrados ao julgar uma Presidenta da República. Conflitos abertos com o empunhar de bambus e flechas passaram a existir entre o Ministério Público, o Poder Legislativo e o Poder Executivo, ganhando rotina cotidiana e as principais páginas dos jornais. Um governo acuado, composto por homens brancos conservadores, atingido por uma impopularidade histórica e aparentemente irreversível, naufraga sob graves denúncias de corrupção. Seu único plano de governo é manter-se no poder a qualquer preço. Um Presidente da República denunciado criminalmente por fatos gravíssimos, e um Congresso que se recusa a autorizar que ele seja investigado, geram perplexidade em todos os rincões civilizados do planeta. Especialmente quando se atenta para o fato de que esse é exatamente o mesmo Congresso que cassou o mandato de Dilma Rousseff por questões técnicas de gestão orçamentária, sem a prova mínima da prática de qualquer ato ilícito doloso que tenha praticado, e por atos que haviam sido também realizados pelos governos que a antecederam.

Em situação antagônica ao determinado pelas urnas, o governo Temer passou a seguir rigorosamente o programa do candidato derrotado Aécio Neves, cuja imagem política e pública hoje também jaz destroçada por fortíssimas denúncias de corrupção. Direitos trabalhistas e sociais passaram a ser atacados pelo governo e pela maioria parlamentar que o apoia. Mudanças na Constituição que atentam contra o Estado Social foram promovidas e aprovadas. Direitos adquiridos são descartados e programas de combate à exclusão social são ostensivamente desativados, sem qualquer pudor democrático ou constitucional.

O desapego à Constituição de 1988, ao *Estado Democrático de Direito* e ao *Estado Social* nela consagrados, tornou-se uma realidade própria dos nossos dias. Até o momento, a bem da verdade, só não se conseguiu evitar a "*sangria da classe política brasileira*". O resto do programa neoliberal do golpe parlamentar de 2016 parece seguir impávido e destemido, sob a regência de um governo que teme perder o seu batimento cardíaco se não vier a realizá-lo.

Esse profundo desapego constitucional e institucional também se faz presente nos processos judiciais. Condena-se por convicções, não se exigindo provas. Presume-se a culpa quando o princípio constitucional é o da presunção da inocência. Prende-se, a torto e a direito, sem condenação transitada em julgado. Prende-se provisoriamente, sem a configuração dos pressupostos legais, para atender aos anseios do senso comum, ou para que investigados delatem. Divulgam-se os resultados das delações, atingindo-se a imagem dos denunciados, antes mesmo de qualquer investigação, sem nenhum amparo legal.

A adoção das bem intencionadas premissas do ativismo judicial passou a aniquilar garantias constitucionais a pretexto do combate à corrupção, como se essa luta virtuosa, para ser bem feita, exigisse a eliminação dos igualmente virtuosos valores decorrentes da noção de *Estado Democrático de Direito*. Os aplausos punitivos passionais parecem valer mais do que a realidade probatória e o que está escrito na *folha de papel* de 1988. Já dizia Montesquieu que até a virtude exige limites para que não se abuse do poder. No Brasil, onde juízes que jamais seriam neutros tornaram-se parciais, isso parece ter sido esquecido no fundo de um album de fotografias que se encontra guardado em algum baú, escondido a sete chaves, do influenciável senso comum.

Mas a *folha de papel* ainda está escrita e segue vendida nas livrarias aos renitentes que ainda querem relembrar, fazer valer ou conhecer suas esquecidas palavras, apesar dos *fatores reais do poder* hoje dominantes não recomendarem a ninguém a sua sediciosa leitura.

UMA NOVA FOTOGRAFIA CONSTITUCIONAL?

Em 5 de outubro de 1988, eu acreditava que a nova Constituição tinha criado um indestrutível *Estado Democrático de Direito* e que lançava as bases efetivas para um conjunto de transformações importantes decorrentes do modelo de *Estado Social* que estabeleceu para o país. Imaginava que ao longo da minha existência dificilmente os *fatores reais do poder* mudariam a ponto de ser necessária a instituição de uma nova Carta Constitucional. Pensava ainda que caso um poder constituinte originário viesse, no futuro, a se manifestar, seria para registrar ainda maiores avanços na fotografia de uma democracia mais plural e mais radicalizada, e na conquista de avanços substantivos no campo de uma igualdade real que viesse a ocupar o espaço normativo hoje estabelecido em favor da igualdade meramente formal. Não acreditava, por fé e por convicção, na possibilidade de retrocessos que pudessem atingir as vigas mestras da Constituição-cidadã.

Há quase trinta anos atrás, reconheço agora, eu era um otimista ingênuo. A vida, para minha tristeza, se mostrou perversa com as minhas crenças ou convicções. O modelo de Estado desenhado na nossa lei maior hoje se encontra em crise no mundo e reclama atenção especial daqueles que defendem a continuidade, o aprofundamento da democracia e a defesa de valores humanistas. O golpe de Estado parlamentar que violentou a nossa Constituição e atingiu as nossas instituições assegurou a marcha da retomada neoliberal e autoritária no país. As garantias e os direitos que nos bancos universitários passei a conhecer e a defender, no mesmo momento da vida em que lia Lassalle, passaram nos dias atuais a ser ignorados ou pisoteados, retórica ou pragmaticamente, inclusive por membros do próprio Poder que foi concebido, na origem de tudo, para fazê-los respeitar.

Hoje também tenho visto, à direita e à esquerda, vozes se erguendo na defesa da instauração de um novo processo constituinte para a criação de uma nova Carta Constitucional que substitua a *folha de papel* datada de 5 de outubro de 1988. Motivados por avaliações diversas, e por perspectivas político-ideológicas distintas, afirmam os defensores desta tese que os *fatores reais do poder* foram substantivamente alterados e que, por isso, uma nova fotografia constitucional deve ser registrada.

Temo imaginar que essa tese possa vingar, no próximo período, diante de uma possível continuidade do esfacelamento institucional que vivemos no pós-impeachment de Dilma Rousseff. O atual estado de coisas, ao que me parece, não indica, até o momento, a consolidação de uma nova configuração dos *fatores reais do poder* hoje predominantes na sociedade brasileira. Vivemos, nos dias que se seguem, uma realidade política em disputa. Uma forte e dolorida disputa, permeada por desatinos e intolerâncias. Uma disputa sobre a manutenção do *Estado Democratico de Direito* e dos processos próprios de transforção assegurados pelo *Estado Social*, definidos a partir da substância axiológica e de conteúdo consignadas na *folha de papel* aprovada pelo processo constituinte de 1988.

A convocação de um processo constituinte, agora, talvez aumente a confusão política em que vivemos, amplie de modo irremediável as fissuras institucionais já existentes e a intranquilidade que nos paralisa. Uma nova fotografia constitucional exige uma consolidação de cenários que ainda hoje não podem ser captados na sua inteireza e profundidade pelas lentes normativas que a nossa sociedade poderia dispor para a captura de uma nova imagem constitucional. Ainda não está dado quem ganhou e quem perdeu, no jogo que está sendo jogado. Se hoje parece que o autoritarismo, o conservadorismo e a intolerância avançam, a verdade é que as forças políticas que os antagonisam não estão destruídas, não debandaram e possuem um forte enraizamento social.

Por isso, acredito que podemos e devemos lutar, com vigor, pela Constituição de 1988, fazendo com que as suas regras, que definem o nosso Estado como Democrático de Direito e Social, voltem a ser seguidas e aplicadas. Que se conserve o que ela determina ser conservado e que se transforme o que ela determina ser transformado. Ainda há muito a ser consquistado em avanços democráticos e sociais sob o seu império. Combatamos, de frente e com vigor, os retrocessos golpistas e o autoritarismo, pouco importando de onde promanem.

A luta contra a barbarie, pela dignidade humana, contra o autoritarismo e pela democracia sempre vale a pena. E continuará a valer, se a alma continuar a não ser pequena.

Morreu na contramão atrapalhando o sábado
A Constituição, o Golpe e as Reformas

Maria Goretti Nagime Barros Costa[1]

A Constituição Federal de 1988 representa verdadeiro marco de um patamar civilizatório.

Ela não é chamada de "Constituição Democrática" por acaso. Sua alma é a democracia, e não só por estabelecer que "todo poder emana do povo, que o exerce por meio de representantes eleitos ou diretamente".[2]

Sua promulgação significou a superação de tempos sombrios – a ditadura – em que o Brasil refletia a onda fascista do mundo. Sua filosofia humanística e libertária, não só estabelecendo a democracia como seu ponto central, mas prestigiando de forma geral os direitos sociais, tornou-a a mais importante Carta de Direitos da história do país.

Significou democracia também para o Direito do Trabalho, quando criou condições para uma maior participação dos grupos sociais na produção de normas jurídicas, valorizando convenções e acordos coletivos, a negociação coletiva e a atuação sindical, inclusive protegendo da demissão arbitrária dirigentes sindicais e membros de CIPAS (Comissões internas de Prevenção de Acidentes) e protegendo as organizações sindicais da intervenção do Estado.

---

1. Advogada, mestra em Sociologia Política na Universidade Estadual do Norte Fluminense Darcy Ribeiro (UENF) e pós-graduanda em Direitos Humanos e Estudos Críticos de Direito no Conselho Latino-americano de Ciências Sociais (CLACSO).
2. Constituição Federal de 1988, Artigo Primeiro, Parágrafo Único.

Houve naquele momento algo muito maior do que a extensão de direitos aos trabalhadores rurais, domésticos, avulsos, gestantes, etc – o que, é claro, não foi pouco. Foi inserido ali o olhar democrático conquistado a duras penas naquele momento histórico-político.

A Constituição, portanto, foi provocada e constituiu-se como um legítimo fruto dos movimentos sociais, políticos e correntes filosóficas daquela época.

Nela foi reconhecido pela primeira vez que no contrato empregatício as partes têm forças desiguais. Isso representou um marco na evolução do pensamento social ligado à relação empregatícia. De fato, a própria criação de leis trabalhistas objetiva a necessária proteção do trabalhador justamente pela desigualdade de forças das partes.

> Toda estrutura normativa do Direito Individual do Trabalho constrói-se a partir da constatação fática da diferenciação social, econômica e política básica entre os sujeitos da relação jurídica central desse ramo jurídico específico. Em tal relação, o empregador age naturalmente como *ser coletivo*, isto é, um agente socioeconômico e político cujas ações – ainda que intraempresariais – tem a natural aptidão de produzir impacto na comunidade mais ampla.
>
> Em contrapartida, no outro polo da relação, inscreve-se um ser individual, consubstanciado no trabalhador que, como sujeito desse vínculo sociojurídico, não é capaz, isoladamente, de produzir, como regra, ações de impacto comunitário. Essa disparidade de posições na realidade concreta fez emergir um Direito Individual do Trabalho largamente protetivo, caracterizado por métodos, princípios e regras que buscam reequilibrar, juridicamente, a relação desigual vivenciada na prática cotidiana da relação de emprego.[3]

Por isso, a partir da Constituição de 88, passou a vigorar no Direito do Trabalho a ótica da noção do ser coletivo, em contraposição ao Direito Civil, em que predomina a ótica de ser individual.

Conquistado este patamar civilizatório, seria – e é – constrangedor falar-se em retrocesso de garantias à parte mais vulnerável do contrato empregatício, ou, mais objetivamente, retrocesso do pensa-

---

3. DELGADO, M. Godinho, 2009, p. 181.

mento social. Sabemos que, historicamente, depois de conquistado direito do trabalhador ou interpretação de proteção, daquele ponto não há que se retroagir.

No sistema capitalista é chamado de "um bom empresário" aquele que gasta o mínimo e recebe de volta o máximo possível. Reconhecer o trabalho daquele que realmente produz, o trabalhador, significa um entrave, um obstáculo ao objetivo final do empresário: o maior lucro possível. O salário e os direitos concedidos ao trabalhador são comumente vistos não como investimentos, mas exatamente como "gastos".

A responsável pela mágica de investir-se pouco e lucrar-se muito é a exploração. De forma que, culturalmente, pagar ao trabalhador cada vez menos e ter cada vez mais lucro não é visto como um sinal de ingratidão ou falta de consciência de produção, mas tão somente uma decorrência objetiva do sistema econômico vigente. Por isso as regras do Direito do Trabalho foram criadas e são necessárias: para garantir que se respeite minimamente a saúde física e mental do trabalhador.

O capitalismo "substituiu o escravo antigo por 'homens reduzidos ao estado de produtos'".[4] Os direitos dos trabalhadores, assim como todos os direitos fundamentais, "antes entendidos como trunfos civilizatórios contra maiorias de ocasião e limites intransponíveis às perversões inquisitoriais, passaram a ser percebidos pela população em geral [...] como obstáculos ao desenvolvimento do mercado [...]"[5]

A Constituição de 88, portanto, em sua intenção nitidamente ligada às liberdades democráticas, inegavelmente constituiu um marco histórico do pensamento na luta pelos direitos sociais, de forma a representar a superação do terror da então recente ditadura militar e – mais especificamente em sua parte de normatização do Direito do Trabalho – a superação do forte passado escravocrata brasileiro.

---

4. CASARA, Rubens. Apresentação. In: TAVARES, Juarez; PRADO, Geraldo. *O Direito Penal e o Processo Penal no Estado de Direito: análise de casos.* Florianópolis: Empório do Direito, 2016.

5. TAVARES, Juarez; PRADO, Geraldo. *O Direito Penal e o Processo Penal no Estado de Direito: análise de casos.* Florianópolis: Empório do Direito, 2016, p 7.

No entanto, em 2016, um governo popular legitimamente eleito sofreu um Golpe de Estado. Tomou o poder justamente o grupo que havia perdido por sucessivas vezes as eleições diretas, símbolo da democracia estabelecida através desta mesma Constituição.

As medidas implementadas a partir de então foram as propostas por aquele grupo durante as eleições – exatamente as propostas refutadas pela população através do voto.

Portanto, através de governo ilegítimo, formado por ministros e propostas que perderam a eleição popular, as medidas e expressões das covardias do período histórico anterior, a ditadura, vieram à tona.

Foram violados não pontualmente um ou outro ponto da Constituição, mas exatamente a alma da Carta Magna: A Democracia e os Direitos Sociais.

Iniciou-se o desmonte das conquistas históricas: as reformas da previdência, trabalhista, a lei da terceirização, entrega do petróleo e gás do Pré-Sal, a venda de terras ilimitadas a estrangeiros, previsão de redução drástica de investimentos em saúde e educação, etc.

O presidente da Câmara dos Deputados chegou a declarar publicamente que "a justiça do trabalho não deveria nem existir".

O golpe e a decorrência do golpe – as reformas – não por acaso significam igualmente a negação da Constituição de 88. A tomada da Presidência da República por um governo ilegítimo e o retrocesso da evolução na escala dos direitos do trabalhador significam a reação aos direitos sociais conquistados.

O grupo político que perdeu a eleição não só tomou o poder como também tenta tirar o candidato popular da disputa através de *Lawfare*. Tenta até mesmo impedir novas eleições diretas. Não se pode ignorar a informação que o candidato popular em questão, Luis Inácio (Lula), foi por duas vezes presidente, e avaliado por todos os institutos de pesquisa do país como o melhor presidente da história.

"Ficaram mais nítidas suas intenções pelos escandalosos cortes do governo golpista nas pastas sociais. E Lula é justamente símbolo de um projeto de inclusão social. Citemos como exemplo de sua gestão a eliminação do trabalho escravo infantil na região do Nordeste, o que provocou a ira da classe que era beneficiada com a escravidão."[6]

Sobre a Reforma Trabalhista, é inegável a incidência em gravíssimo retrocesso. Retoma ao tipo de poder individual do empregador próprio do Código Civil de 1916, que já havia sido superado há 15 anos com a promulgação de um Novo Código Civil, e que considerava a relação de emprego como locação de serviços, dando poderes irrefutáveis ao empregador. Nega, repita-se, as conquistas sociais alcançadas previstas na Constituição Democrática.

A aprovação da Reforma Trabalhista ocorreu um dia após já ter sido tentada pela primeira vez, quando então perdeu a votação, o que, por si só, já demonstra a torpeza e cumplicidade dos agentes envolvidos em sua aprovação. Datou de um mês após ter sido aprovada a lei de Terceirização Plena, também um grande retrocesso.

> Um exemplo da condição de "igualdade" em que se encontram trabalhadores e empresários pode ser ilustrada pelo próprio PL. O relator da matéria, Rogério Marinho, acatando a "pedidos" do agronegócio, incluiu no seu parecer o fim das *horas in itinere*, que são horas contadas no contrato quando o trabalho é de difícil acesso ou sem transporte regular. Ou seja, enquanto o trabalhador não tem nem transporte adequado para chegar ao trabalho, o patrão tem condições de pagar o parlamentar para alterar uma lei em seu favor.[7]

A reforma prevê a retirada de vários direitos do trabalhador, mas nenhuma previsão choca tanto quanto a de que "o negociado deve prevalecer sobre o legislado". Retira-se, assim, a força coercitiva das normas trabalhistas protetivas. Ora, esta previsão elimina o próprio Direito do Trabalho, ignora os motivos de sua criação e existência, além de partir de um pressuposto falso e já superado: o de que as partes na relação empregatícia negociam em pé de igualdade.

Esta previsão simplesmente torna as leis trabalhistas facultativas, o que, na lógica capitalista de priorização do lucro, significa a total

---

6. NAGIME, Maria Goretti. Quem está acima da lei? In: *Comentários a uma sentença anunciada:* o processo Lula. Bauru: Projeto Editorial Praxis, 2017, p. 366.

7. CALLEGARI, Isabela Prado. Um golpe por dia, 2017. Disponível em: <*https://bit.ly/2GPNzDV*>. Acesso em: 21 de abr. 2017.

negação de qualquer proteção ao trabalhador. Colocaria em cheque até mesmo normas de proteção mínimas, como as ligadas à saúde e segurança.

Não haveria problema, por exemplo, em contratar alguém para trabalhar no sol o dia inteiro em troca de um prato de comida. Bastaria combinar. Não haveria nada a proteger o trabalhador assombrado pelo medo de morrer de fome.

Nenhuma lei trabalhista historicamente conquistada teria validade, afinal, assim foi negociado, e após a Reforma Trabalhista "o negociado deve prevalecer sobre o legislado".

A Reforma Trabalhista serve aos que lucram com a miséria humana.

Ao aprovar a Reforma Trabalhista, os Deputados não tiveram o constrangimento de representar não a população trabalhadora que os elegeu, mas os barões da indústria e do agronegócio que patrocinaram – e provavelmente continuarão patrocinando – suas campanhas.

Há uma correlação lógica inegável entre os três acontecimentos:

1. O golpe de Estado que retira da presidência um governo popular eleito através de voto;

2. um líder historicamente reconhecido por projetos implementados de inclusão social e combate à fome ser ceifado das eleições presidenciais; e

3. a aprovação de uma Reforma Trabalhista que retira direitos dos trabalhadores em contramão a toda evolução histórica do pensamento social.

Os três acontecimentos são nítidas demonstrações da fragilidade do Estado Democrático de Direito.

Foi enviada para votação, inclusive, projeto de lei que prevê a legitimidade de se pagar o trabalhador rural com casa e comida. Um triste espectro da escravidão. Um retrato do Golpe e das decorrências do Golpe.

A Constituinte, as mulheres e o Golpe

Vivian Farias[1]

A Constituição Federal de 1988 é a oitava formulação constitucional brasileira, considerada um marco na construção do Estado Democrático de Direito. As Constituições outorgadas, ou seja, as de 1824, 1937, 1967 foram formuladas respectivamente por D. Pedro I, por Getúlio Vargas e pela junta militar composta pelos ministros da Marinha, do Exército e da Aeronáutica. A constituição do regime militar, apesar de ter sido promulgada pelo Congresso Nacional em 1967, foi formulada exclusivamente pelos militares, ou seja, na prática foi outorgada pelos que haviam usurpado o poder político no país.

As edições de 1891, 1934, 1946 e 1988 contaram com diferentes graus de participação popular, sendo a última a que mais avançou no sentido da democratização do país, contou com eleição específica para tal tarefa, embora a constituinte não fosse exclusiva,[2] elegendo 559 constituintes (487 deputados e 72 senadores), com representação de todos os 23 Estados e o Distrito Federal.[3] A população participou

---

1. Assistente social pela UFPE, pós-graduada em Gestão de Políticas Públicas pela FESP-SP, mestranda em Estado, Governo e Políticas Públicas pela FLACSO – Brasil, Dirigente Nacional do Partido dos Trabalhadores, Feminista e Militante na pauta das Mulheres.

2. Numa constituinte exclusiva, os eleitos para a Assembleia teriam a função exclusiva de formular a constituição, sendo dissolvida após a promulgação. Em 1987, os parlamentares legislaram de maneira ordinária e cumpriram o restante dos mandatos, com direito à reeleição.

3. Posteriormente seriam formados mais 3 estados, o que afere a atual composição de 26 estados e o Distrito Federal.

diretamente com a formulação de 122 emendas ao texto, ocorreram intensos debates com as mais diversas pautas, gerando uma grande efervescência política.

A Constituição promulgada em 1988 é a que contou com maior presença de mulheres na sua elaboração. Se durante o período anterior a presença das mulheres era de cerca de 0,6%, na Assembleia Constituinte o salto de presença de mulheres foi para 5,3%.

Para além do avanço numérico, a união em bloco, como posicionamento político das 26 deputadas constituintes[4] contra uma herança histórica de subordinação foi fundamental para a formação de uma bancada feminina que, apesar de sua heterogeneidade no campo ideológico e político, se uniram na luta para o empoderamento das mulheres. Com isso, foi possível a vitória de várias propostas deste bloco na referida constituição.[5]

Um ponto relevante neste processo foi o debate acerca da igualdade entre homens e mulheres, compreendidos como cidadãs e cidadãos, garantindo o acesso a todos aos direitos fundamentais. Este marco formal foi um passo importante no fomento dos direitos e emancipação das mulheres, que só foi possível dada a luta incessante de mulheres como Benedita da Silva e Lidice da Mata.

As pautas das mulheres foram apresentadas na Carta das Mulheres Brasileiras aos Constituintes de 1987,[6] síntese de muito trabalho coletivo das constituintes com o movimento feminista. A Carta Magna garante que "Homens e mulheres são iguais em direitos e obrigações, nos termos desta Constituição" e "Os direitos e deveres referentes à sociedade conjugal são exercidos pelo homem e pela mulher", sendo um marco nas relações jurídico, político e social na árdua ca-

---

4. Não foi eleita nenhuma mulher na postulação ao Senado Federal na Assembleia Constituinte.

5. Avanços como "licença-maternidade de 120 dias, a criação de uma licença-paternidade, benefícios sociais e direitos trabalhistas para empregadas domésticas, direito ao divórcio, além de artigos garantindo a igualdade entre mulheres e homens independentes de cor/raça" (SENKEVICS, A., 2013).

6. (Conselho Nacional dos Direitos da Mulher, 1986).

minhada da garantia de direitos e condições de equidade de gênero, dando às mulheres a proteção do direitos humanos pela primeira vez na República Brasileira.[7]

O esforço das mulheres – e da Câmara dos Deputados – para criar condições objetivas favoráveis a sua emancipação fez parte, portanto, das bases legais e institucionais que deram forma ao Estado Democrático de Direito instituído pós 1988.

Desde então a aliança das mulheres parlamentares tem crescido, o mesmo fenômeno que ocorre na representação parlamentar: estudo recente versa que a participação de mulheres no Parlamento federal brasileiro cresceu 87% no intervalo de janeiro de 1990 até dezembro de 2016, saltando de 5,3% para 9,9%. Todavia, os nossos índices de participação de mulheres são muito baixos, cerca de 10%, em comparação com a média mundial, que passou de 12,7% em 1990 para 23% em 2016.[8] Já o Brasil se assemelha com os índices do Oriente Médio e norte da África.

Apesar dos vertiginosos avanços contidos na Constituição Cidadã[9] de 1988, os governos eleitos[10] subsequentes adotaram uma agenda neoliberal.[11] Collor e Fernando Henrique Cardoso não priorizaram a execução das políticas sociais contidas na Constituição: pelo contrário, privatizações, flexibilização das leis trabalhistas, terceirizações, desmonte do papel do Estado seguiram norteando o poder executivo. Na política para as Mulheres, assim como nas temáticas sociais, ocorreram algumas melhorias pontuais.

---

7. (Conselho Nacional dos Direitos da Mulher, 2014).

8. Alana Gandra, Agencia Brasil. Disponível em: <*https://bit.ly/2nkFJot*>.

9. GUIMARÃES, Ulysses. "A Constituição cidadã." *Discurso pronunciado pelo Presidente da Assembleia Nacional Constituinte, Deputado Ulysses Guimarães, na Sessão* 27 (1988).

10. Após o impeachment (renúncia) de Fernando Collor de Mello (1990–1992) assume em 29 de dezembro de 1992 Itamar Franco até o dia 1º de janeiro de 1995.

11. Conceito a partir de: Teixeira, Francisco José Soares. "O neoliberalismo em debate." *Neoliberalismo e reestruturação produtiva: as novas determinações do mundo do trabalho* 2 (1996): 195-252.

Mas é no governo Lula que se dá o encontro entre a Carta Magna e o poder executivo. Já no dia 1º de janeiro de 2003, em um dos primeiros atos como presidente da República, Luiz Inácio Lula da Silva criou a Secretaria Especial de Políticas para as Mulheres da Presidência da República (SPM/PR) com status de ministério, dando um salto à formulação, coordenação e articulação de políticas que promovam a igualdade entre mulheres e homens,[12] consolidou ações como a Lei Maria da Penha e o Disque 180, lei que criminaliza o feminicídio. Ele rompe com a agenda neoliberal com a execução de programas como Bolsa Família, Fome Zero, Minha Casa Minha Vida. Evidencia-se no período o Estado como indutor de desenvolvimento, através de políticas públicas voltadas para a inclusão social e distribuição de renda.

Em 31 de outubro de 2010 Dilma Rousseff é eleita presidenta do Brasil, sendo a 36ª presidente da República e a primeira mulher a ocupar o cargo na história do Brasil, dando continuidade ao papel fundamental do Estado no combate às desigualdades sociais e de gênero. Desenvolvendo políticas públicas voltadas para a inserção e a permanência das mulheres no mundo do trabalho e a ampliação dos seus direitos sociais. Ela implementou o programa Brasil Carinhoso, contribuiu para adoção de leis que ampliam os direitos das trabalhadoras domésticas, das licenças maternidade e paternidade;[13] destacou a importância da agenda do trabalho decente e da ampliação da oferta de vagas em creches. Ressaltamos que estas são algumas das medidas que reforçam a autonomia econômica das mulheres e promovem a igualdade no mundo do trabalho. Assim, a Presidenta Dilma reforça a política de seu antecessor que coloca as mulheres como principais beneficiárias e titulares dos programas sociais.

O crescente empoderamento das mulheres, dos direitos reprodutivos, da liberdade sexual, não seriam possíveis sem estes governos, que deram ao povo brasileiro um Estado e políticas públicas compro-

---

12. "Com Lula e Dilma, igualdade de gênero vira política de Estado", *por Luana Spinillo*, da Agência PT de Notícias.

13. Dilma sancionou, sem vetos, a lei que cria a Política Nacional Integrada para a Primeira Infância e que permite, entre outros pontos, que as empresas possam ampliar de 5 para 20 dias a duração da licença-paternidade.

metidas com os que mais precisam. É preciso reconhecer que passos largos foram dados na transversalidade de gênero nas políticas interministeriais, de forma a confirmar o protagonismo das mulheres na construção de um projeto de sociedade mais justa, igualitária e democrática.

Entretanto, o impacto cultural de termos uma mulher ocupando o mais alto cargo do poder executivo não foi pequeno. Se por um lado essa representação deu o sonho às mulheres de ideias de equidade, de empoderamento, de divisão igualitária dos afazeres domésticos, de construção de uma nova ordem societária sem discriminações de gênero; aos misóginos e machistas o fato de termos uma mulher presidenta os dava passe livre para bradar insultos, piadas e adjetivos vexatórios, como se o fato de ser mulher permitisse uma desqualificação irreparável.

A nossa sociedade é patriarcal, as mulheres são vistas como inferiores, e as próprias mulheres muitas vezes incorporam e reproduzem essa ideologia, enfraquecendo umas às outras, permitindo que os homens e as macro estruturas culturais e sociais reiterem a presença hegemônica dos homens nos espaços de poder. A mulher ainda é vista como pertencente ao ambiente privado, que deve ficar em casa, sendo a esfera pública um espaço do homem, seguindo preceitos de funcionamento masculinos.

É neste cenário de disputa de valores que se dá o Golpe midiático, parlamentar e jurídico encabeçado pelo então vice-presidente da República Michel Temer. Para além do retrocesso da própria democracia brasileira, esta afronta também atingiu as mulheres da nossa nação, pois retiraram da presidência uma mulher honesta, com capacidade reconhecida de trabalho e de luta por um Brasil melhor.

O governo golpista tratou de retomar a agenda neoliberal, com desmontes e retrocessos na pauta das mulheres e em todas as áreas sociais, jurídicas e econômicas.

No entanto, ainda hoje, 30 anos depois da promulgação da Constituição, há uma grande distância entre o que a lei e o Estado garantem e o que a realidade impõe.

Apesar da garantia legal para as mulheres, dos avanços em torno dos temas de violência e feminicído, por exemplo, ainda há dificuldades em torno da superação de condições estruturais adversas ao exercício de seus direitos. O machismo estrutural da sociedade brasileira, além do avanço das pautas conservadoras dentro das instituições representativas, e o golpe dado em 2016, também de caráter machista contra a primeira mulher a presidir a república federativa do Brasil, impõe barreiras e desafios para a luta das mulheres.

O golpe dado na Presidenta Dilma foi um golpe em todas as mulheres, já que, para além do peso político de se retirar do poder uma mulher honesta e legitimamente eleita, as políticas para as mulheres foram enfraquecidas e escamoteadas.

O desmonte do Estado, motivação principal do golpe, significa na prática o corte de recursos para política social, afetando programas que têm como principais beneficiários as mulheres, como o Programa Bolsa Família. Não obstante, a política econômica excludente afeta diretamente mulheres, que compõem parte significativa da massa desempregada e cada vez mais empobrecida.[14] Quando considerada a interseccionalidade entre raça e gênero, os números são historicamente maiores.

O quesito raça/cor é ponto relevante quando se trata de violência contra as mulheres no Brasil. Violências psicológicas, morais, verbais, físicas e sexuais acometem as mulheres de todas as classes sociais, de todas as etnias, mas é na mulher negra que esta realidade se impõe com maior veemência. Segundo diagnóstico do Ministério da Justiça (2015), as mulheres negras têm o dobro de chances de serem assassinadas do que as mulheres brancas, o que é um grave exemplo de como a sociabilidade atual ainda ratifica as opressões e vulnerabiliza ainda mais as mulheres não brancas.

Motivos não nos faltam para lutar, o que está em jogo é qual o país que queremos. Excludente ou inclusivo? Opressor, preconceituoso,

---

14. De acordo com dados da PNAC-C referentes ao quarto trimestre de 2016, a taxa de desemprego entre mulheres era 3,1% maior do que entre os homens (IBGE, 2017).

ou plural e libertário? Um Estado público ou privado? Comprometido com os que mais precisam ou com o grande capital?

Para retomarmos a estagnação do neoliberalismo e do conservadorismo a palavra de ordem é resistência. O Brasil ainda detém números vergonhosos no campo da violência contra as mulheres; com tripla jornada, elas ainda têm salários menores quando ocupam os mesmos cargos e funções que os homens, com pequena presença nos espaços decisórios de empresas e nas esferas da intervenção pública.

A luta contra o patriarcado é coletiva, de homens e mulheres que têm o ideal de construção de uma nova cultura política sem opressões, explorações e desigualdades.

Mais que belas e aguerridas palavras, a Constituição de 1988 ainda é uma meta a ser alcançada, e para as mulheres, ela foi fortemente atacada e golpeada quando tiraram a Presidenta Dilma do poder. A melhor resposta é organização coletiva, e muita luta.

Sigamos nas trincheiras contra o machismo até que todas sejamos livres!

REFERÊNCIAS BIBLIOGRÁFICAS

ABADIA, Maria de Lourdes. Apesar dos avanços, há discriminação. *Jornal da Constituinte*, Brasília, nº 38, 7 a 13 de março de 1988, p. 4.

Conselho Nacional dos Direitos da Mulher. Carta das Mulheres Brasileiras aos Constituintes de 1987. *Assembleia Nacional Constituinte.* Congresso Nacional, Brasília, 1986. Disponível em: <*https://bit.ly/2eAHMox*>.

Conselho Nacional dos Direitos da Mulher. Constituição de 1988 é marco na proteção às mulheres. *Secretaria de Políticas para as Mulheres – SPM*, Presidência da República. Brasília, 2014. Disponível em: <*https://bit.ly/2NpjFGn*>.

Instituto Brasileiro de Geografia e Estatística (IBGE). Pesquisa Nacional por Amostra de Domicílios Contínua – 4º trimestre de 2016. Brasília, 2017.

SANTOS, Eurico A.G.C. dos; BRANDÃO, Paulo H.; AGUIAR, Marcos M. de. Um toque feminino: recepção e formas de tratamento das proposições sobre questões femininas no Parlamento Brasileiro, 1826–2004. In: SENADO FEDERAL. Proposições legislativas sobre questões femininas no Parlamento Brasileiro, 1826–2004. Brasília: Senado Federal, Comissão Temporária do Ano da Mulher/Subsecretaria de Arquivo, 2004.

SENKEVICS, Adriano. Mulheres e feminismo no Brasil: um panorama da ditadura à atualidade. *Ensaios de Gênero,* 2013. Disponível em: <*https://bit.ly/1PuJNOU*>.

SOUZA, Marcius F. B. de. A Participação das mulheres na elaboração da Constituição de 1988. In: Constituição de 1988 : O Brasil 20 anos depois. Os Alicerces da Redemocratização. v.1 Senado Federal, Brasília, 2008. Diponível em: <*https://bit.ly/2y2sYHh*>.

A Constituição Federal de 1988 e a efetividade dos direitos sociais

Wilson Ramos Filho[1] e *Nasser Ahmad Allan*[2]

No ano de 2018, a Constituição Federal brasileira completou trinta anos de existência, sem que os setores mais progressistas da sociedade brasileira possam celebrar. Com o decorrer do tempo, pôde-se constatar, com consternação, pesar e, por que não dizer, revolta, que as garantias de direitos fundamentais, como os sociais, previstas no texto constitucional, foram negligenciadas da agenda política dos representantes da população nos Poderes Executivo e Legislativo, assim como relativizadas no Poder Judiciário.

Nesse cenário, não parece exagerado afirmar que pouco se concretizou do Estado de Bem-Estar Social projetado quando da Assembleia Nacional Constituinte.

Compreender o direito *nunca* como "resultado neutro de uma decisão arbitrária do poder", mas sim como fruto de "um processo dinâmico de conflito de interesses que, desde diferentes posições de poder, lutam por conduzir seus anseios e valores, ou seja, seu entendimento

---

1. Doutor pela Universidade Federal do Paraná (UFPR) e Pós-doutor pela Escola de Altos Estudos em Ciências Sociais de Paris. Professor de Direito do Trabalho da UFPR e de Direitos Sociais da Universidad Pablo de Olavide, em Sevilha. Presidente do Instituto de Defesa da Classe Trabalhadora (Declatra).

2. Pós-Doutorando no Programa de Pós-Graduação em Direito da Universidade Federal do Rio de Janeiro – UFRJ, vinculado ao grupo *Configurações Institucionais e Relações de Trabalho* – CIRT. Doutor e Mestre em Direitos Humanos e Democracia pela Universidade Federal do Paraná. Advogado trabalhista em Curitiba. Diretor institucional do Instituto de Defesa da Classe Trabalhadora (Declatra).

das relações sociais, a lei",[3] isto é, como resultante da correlação de forças na luta de classes, permite uma melhor aproximação às ambiguidades do texto constitucional, apreendidas entre os primados de um Estado de Bem-Estar Social e o ideário neoliberal.

Durante a Assembleia Nacional Constituinte constatou-se existirem parlamentares mais identificados com os anseios da sociedade por uma carta constitucional que se inclinasse a estruturar um Estado Democrático de Direito, rompendo com o ranço autoritário da ditadura civil-militar que recém se superava, estabelecendo assim um rol amplo de direitos civis e políticos, além de direitos que resultassem em prestações materiais positivas por parte do Estado à população, os direitos sociais.

Em contraposição a aqueles, em flagrante antagonismo de classes, havia um grupo representativo dos interesses do grande capital que resistia à inclusão de qualquer dispositivo de avanço social, e que pretendia incorporar no texto constitucional um modelo de Estado Neoliberal, onde prevalecesse a racionalidade da eficiência, instigada pela competição, e pela privatização das atividades estatais essenciais, sendo assumidas, evidentemente, pelos setores mais fortes da iniciativa privada.

Resultou dessa correlação de forças uma Constituição híbrida em vários pontos. Para exemplificar, ao mesmo tempo em que garante a proteção contra a dispensa arbitrária na relação de emprego, relegou-se à lei infraconstitucional a possibilidade de lhe atribuir indenização compensatória (artigo 7º, I, da C.F.), o que conduziu ao esvaziamento do conteúdo desse direito, pela posição jurisprudencial dominante da Justiça do Trabalho. Igualmente, podem ser mencionados os dispositivos que privilegiaram a negociação coletiva de trabalho como instrumentos para ampliação de direitos, porém, o legislador constituinte originário encarregou-se de admitir a possibilidade também por negociação coletiva de flexibilizar direitos em temas centrais ao capital:

---

3. HERRERA, J. *La reinvención de los Derechos Humanos*. Atrapasueños: Sevilla--Espanha, s/d. p. 101.

salário (artigo 7º, VI, da C.F.) e jornada de trabalho (artigo 7º, XIII e XIV, da C.F.).[4]

Talvez, a síntese do hibridismo constitucional possa ser vislumbrada no inciso III do artigo 1º da Constituição Federal, no qual são colocados, lado a lado, como fundamentos da República Federativa do Brasil, os valores sociais do trabalho e da livre iniciativa.

A despeito disso, se comparada às anteriores, pode-se asseverar que a Carta Magna de 1988 implantou, no plano do direito, grande avanço social, ao considerar os direitos sociais como fundamentais, tratando-os, portanto, como direitos humanos.

Na definição do artigo 6º, entre os direitos sociais, estariam abrangidos "a educação, a saúde, a alimentação, o trabalho, a moradia, o transporte, o lazer, a segurança, a previdência social, a proteção à maternidade e à infância, a assistência aos desamparados".[5] Cabem ainda mencionar como direitos sociais os previstos em outras regras constitucionais, como ao meio-ambiente sustentável (artigo 225) e à cultura (artigos 5º, IX, e 215 a 217).

Com a abertura democrática, a primeira eleição direta para a Presidência da República conduziu ao poder Fernando Collor de Mello, cujo mandato foi interrompido por um processo de impedimento que o levou à renúncia. No entanto, durante os dois anos em que efetivamente governou o país, constatou-se a tomada de medidas legislativas e administrativas de cunho neoliberal, o que, praticamente, impediu a concretização dos direitos sociais previstos na Constituição.

O mesmo pode-se afirmar em relação ao período em que Fernando Henrique Cardoso esteve à frente do país (1995–2002), quando se verificou a intensificação de políticas consentâneas à racionalidade neoliberal,[6] envolvendo, entre outras, a privatização de parte da esfera pú-

---

4. RAMOS FILHO, Wilson. *Direito Capitalista do Trabalho: histórias, mitos e perspectivas no Brasil.* São Paulo: LTR, 2012. p. 339.

5. BRASIL. Constituição da República Federativa do Brasil de 1988. Artigo 6º. Disponível em: <*https://bit.ly/1dFiRrW*>. Acesso em 24. Set. 2017.

6. O neoliberalismo pode ser compreendido como a "razão do capitalismo contemporâneo" e definido como um "conjunto dos discursos, das práticas, dos dispositivos que determinam um novo modelo de governo dos homens segundo o princí-

blica e de atividades antes assumidas pelo Estado, assim como de medidas legislativas que buscaram flexibilizar direitos sociais da classe trabalhadora, em especial, no tocante a formas de contratação e à jornada de trabalho.[7]

A efetividade dos direitos sociais constitucionais permaneceu distante da agenda política destes Governos, sendo, simplesmente, negligenciada sob pretexto de que o país não detinha condições financeiras de suportar as prestações materiais exigidas para o cumprimento das garantias constitucionais. Em contrapartida, seguiu-se com os pagamentos dos exorbitantes juros da dívida interna e externa do país.

No Congresso Nacional, para atender os interesses do capital financeiro e internacional, inúmeros projetos de lei e propostas de emenda constitucional foram apresentados, com clara finalidade de restringir a eficácia dos direitos sociais, sob as falsas justificativas de "modernizar o país" e de "impedir a quebra das contas públicas" e outras falácias similares, tal qual a de que os direitos sociais inibiriam o crescimento econômico.[8] Para ficar só em um exemplo, e nesse horizonte político-ideológico que se insere a reforma da previdência social, implantada com a Emenda Constitucional n. 20, de 1998, que restringiu, sobremaneira, o direito à aposentadoria de brasileiros e brasileiras.

Mesmo durante os mandatos de Luís Inácio Lula da Silva (2003–2010) e Dilma Rousseff (2011–abril/2016), por mais que se tenha estancado em certa medida o avanço da racionalidade neoliberal, especialmente, em decorrência de programas públicos de inclusão social, ainda assim, o país manteve-se muito distante das bases de existência de um Estado de Bem-Estar Social.

---

pio universal da competição". In: LAVAL, Christian; DARDOT, Pierre. *La nueva razón del mundo*: ensayo sobre a sociedad neoliberal. Tradução Alfonso Diez. Barcelona: Gedisa, p. 15.

7. Para exemplificar podem ser citados o contrato de trabalho provisório e o banco de horas, ambos regulados pela Lei 9.601, de 1998.

8. BELLO, Enzo. Cidadania e direitos sociais no Brasil: um enfoque político e social. In: *Espaço Jurídico*, Joaçaba, v. 8, n. 2, p. 133-154, jul./dez. 2007.

Na verdade, em maior ou menor medida, a depender de quem esteve à frente do Poder Executivo Federal, foram os interesses do mercado, dos grandes grupos econômicos nacionais e internacionais, que dominaram (e que, atualmente, dominam ainda mais) a cena política no Brasil.

A inexistência de políticas públicas que permitissem a efetivação dos direitos sociais constitucionais, como educação, saúde, cultura, moradia, aposentadoria, entre outros, induziu uma parte um pouco mais abastada da sociedade a buscar a prestação desses serviços na iniciativa privada. Ainda, durante a gestão de Fernando Henrique Cardoso, foi criada a figura jurídica das organizações sociais, entidades privadas, que assumiram muitas das tarefas que deveriam ser executadas pelo Estado, em atividades essenciais, tais como saúde, educação e assistência social. Com isso, a cidadania social assumiu a feição de mera relação de consumo.

Em outra perspectiva, como a Constituição Federal de 1988 admite a eficácia jurídica imediata das normas que se referem a direitos fundamentais (artigo 5°, § 1°), o que inclui os direitos sociais, a não execução de prestações materiais positivas exigíveis do Estado foi levada ao Judiciário, tornando-se objeto de disputas judiciais.

Todos os anos milhares de ações judiciais são ajuizadas em face do Poder Executivo, em seus três níveis, para que o Judiciário lhe determine a concretização das garantias sociais previstas no texto constitucional. A despeito de firmar-se entendimento de que as normas que versam sobre direitos sociais são autoaplicáveis e, portanto, exigíveis imediatamente perante o Estado, o Judiciário vem mitigando sua eficácia com a adoção dos princípios do mínimo existencial e da reserva do possível na solução judicial dos casos.

O primeiro deles aponta o entendimento de que para não desrespeitar o princípio da separação entre os poderes e a democracia, a interferência do Poder Judiciário na esfera do Executivo, com a concessão judicial de prestações materiais positivas em benefício da parte demandante, somente seria plausível quando estivesse sob ameaça a garantia do mínimo existencial desta, podendo ser concebida como a liberdade ou como a dignidade da pessoa humana.

O princípio da reserva do possível atrela-se à ideia de existir uma constante tensão entre os direitos sociais, assegurados pela maior parte das Constituições contemporâneas, e os orçamentos públicos destinados pelos Estados para efetivação deles. Assim, para deferir qualquer pretensão de satisfação de algum dos direitos sociais, os Juízes deveriam considerar o impacto de suas decisões nas contas públicas e o nível de interferência gerado na autonomia do Poder Executivo,[9] o que leva não raramente ao insucesso de ações civis coletivas ou ações civis públicas, ante o potencial econômico dessas demandas.

Pode-se constatar também que mesmo as decisões judiciais reconhecendo e conferindo direitos aos cidadãos em face do poder público não se mostraram suficientes, como não são, a arrefecer os índices de desigualdade econômica e social, exatamente em razão da eficácia jurídica dessas decisões, por não produzirem efeitos para além das partes litigantes. Privilegiou-se, com isso, quem detém recursos econômicos para acessar ao Judiciário, negligenciando a concessão de cidadania a quem não pode arcar com os custos de um processo judicial.

Parece claro, portanto, que a efetividade dos direitos sociais assegurados na Constituição Federal de 1988 está longe de ser garantida pelo Poder Judiciário. As respostas obtidas pela via judicial mostram-se insuficientes, seja porque nem sempre reconhece o direito dos cidadãos e cidadãs às prestações materiais requeridas, seja porque quando o faz acaba por naturalizar e acentuar ainda mais as desigualdades econômicas e sociais existentes no país, contribuindo para a segregação de duas espécies de cidadania social, a de quem detém recursos econômicos, sendo mais ampla, abrangente e efetiva, e a de quem não pode acessar ao Judiciário, tratando-se de uma forma de subcidadania.

Retomando as ideias lançadas no início deste artigo, se o direito resulta da correlação de forças nas relações sociais de produção; é resultado da luta de classes, o que dizer então da transformação de leis em ações estatais? Mais do que ao Judiciário, a sociedade civil organizada, em sindicatos, partidos políticos, associações, organizações não

---

9. Ibidem.

governamentais ou movimentos sociais, deve mobilizar-se para exigir do Poder Executivo, em seus diferentes níveis, políticas públicas para efetivação dos direitos sociais garantidos na Constituição Federal.

Tais direitos devem ser compreendidos como resultado das lutas sociais do povo brasileiro por uma vida digna, sendo conquistados, portanto, nas ruas. É nelas onde ele deverá exigir a efetividade de suas conquistas!

Desdobramentos hermenêutico-constitucionais do impeachment da ex-presidente Dilma Rousseff no contexto da "pós-democracia"

Bruno Galindo[1]

AS TENTATIVAS DE UM "ESTADO DA ARTE" NO 30° ANIVERSÁRIO DA ASSEMBLEIA CONSTITUINTE 1987–1988: DO ESTADO DEMOCRÁTICO DE DIREITO À "PÓS-DEMOCRACIA"

Em meio a todas as dificuldades que nosso país vem passando na política e no direito, não poderia ser em melhor hora a publicação dessa obra coordenada por Cleonildo Cruz e Liana Cirne Lins. Foi com imensa honra e felicidade que recebi o convite para contribuir com tão importante e oportuna obra.

Escrever análises em tempos como o nosso é sempre muito arriscado. Estar no "olho do furacão" traz a dificuldade de não se ter um distanciamento suficiente para analisar com precisão os fenômenos de seu entorno. Entretanto, a academia não pode se furtar a fazê-lo, sob pena de se tornar hermética e levada a devaneios metafísicos sem correlação com a realidade.

É com esse espírito que pretendo traçar as linhas que se seguem.

Cabem precipuamente algumas indagações: temos realmente o que comemorar nesse 30° aniversário da instalação da Assembleia Constituinte 1987–1988? O Estado Democrático de Direito preconizado pela Carta promulgada em 5 de outubro de 1988 ainda resta in-

1. Professor Associado da Faculdade de Direito do Recife/Universidade Federal de Pernambuco (UFPE), é Doutor em Direito pela UFPE/Universidade de Coimbra-Portugal (PDEE) e Conselheiro Estadual da OAB/PE.

cólume? Estaríamos vivendo uma "pós-democracia" (com aproximações à perspectiva de Pierre Dardot e Christian Laval)[2] ou uma "pausa democrática" (nos dizeres do Ministro aposentado do STF Carlos Ayres Britto)[3] com a construção de uma espécie de "hermenêutica de resultados" em lugar dos postulados interpretativos do Estado Democrático de Direito?

Tendo como pano de fundo o recente processo de impeachment que resultou no afastamento definitivo da ex-Presidente Dilma Roussef em agosto de 2016, tentemos esboçar algumas reflexões a respeito das indagações.

Desde o ano passado quando publiquei meu livro *Impeachment à luz do constitucionalismo contemporâneo*, venho acompanhando e refletindo sobre as consequências hermenêuticas do referido processo, concluído em 31 de agosto de 2016.

Destaco que, dentre inúmeras situações inusitadas e controversas ocorridas durante o processo, o seu desfecho produziu mais duas.

A primeira: na Sessão de Julgamento, foi acolhido requerimento para votação em separado quanto à pena a ser aplicada, bifurcando a pena prevista no art. 52, parágrafo único, da Constituição, para considerar a perda do cargo em um escrutínio e a suspensão dos direitos políticos por 8 anos em outro. Considerada a divisão, os senadores decidiram pela maioria constitucionalmente exigida a favor da aplicação da primeira pena e da rejeição da segunda, fazendo uma espécie de dosimetria do conteúdo do dispositivo, algo não expressamente previsto em seu texto.

A segunda: no dia 1 de setembro, tão somente um dia após a conclusão do processo, o Presidente da Câmara dos Deputados Rodrigo Maia, no exercício temporário da Presidência da República, sancionou a Lei 13332/2016, publicada no dia seguinte. Esta Lei amplia consideravelmente as possibilidades do Presidente da República editar decretos de suplementação orçamentária sem autorização prévia do Congresso Nacional. Um dia antes, a Presidente Dilma Roussef foi

---

2. Cf. Dardot & Laval: 2016, pp. 379ss.
3. Disponível em: <*https://bit.ly/2Bpicgf*>, acesso em 28/08/2017.

destituída do cargo por ter sido considerada culpada – além das chamadas "pedaladas fiscais" no caso do Plano Safra – pelo crime de responsabilidade de: editar 3 decretos de suplementação orçamentária sem autorização prévia do Congresso Nacional.

Muitos afirmam que estaríamos diante de um verdadeiro golpe de Estado disfarçado, percepção reforçada pela divulgação dos áudios telefônicos dos diálogos entre o Senador Romero Jucá e Sérgio Machado, assim como a entrevista do atual Presidente da República Michel Temer afirmando que o então Presidente da Câmara dos Deputados Eduardo Cunha teria arquivado a Denúncia se tivesse obtido os votos favoráveis do Partido dos Trabalhadores na Comissão de Ética daquela Casa.[4] Outros, que estamos em situação de plena normalidade democrática e que, apesar da crise política, as instituições estão funcionando e há melhorias institucionais, especialmente no combate à corrupção e à impunidade de criminosos. As análises políticas são eivadas de passionalismo e, verdade seja dita, não é simples refletir sobre um fenômeno em meio a ele, quando os acontecimentos estão em curso. As possibilidades de falhas aumentam exponencialmente.

O único diagnóstico possivelmente consensual é o de que estamos vivendo um momento de profundas incertezas jurídicas e políticas. No campo jurídico, aparentemente a gradativa edificação dogmática e hermenêutica constitucional de mais de duas décadas de vigência da Constituição de 1988 está abalada por casuísmos interpretativos e abruptas rupturas paradigmáticas. E o processo de impeachment da Presidente Dilma é provavelmente o epicentro dessas questões, embora elas resvalem em outros campos da interpretação constitucional, a exemplo das mutações constitucionais em torno da presunção de não culpabilidade e das inversões processuais e procedimentais em prejuízo do réu dentro do contexto da denominada "Operação Lava Jato".

Nessa perspectiva, é necessária uma leitura hermenêutica e teórica do delineamento constitucional do impeachment no Brasil e sua (des)continuidade diante do Caso Dilma Roussef. Este ensaio tenta,

4. Disponível em: <*https://abr.ai/2SoNfJo*>, acesso em 17/04/2017.

portanto, apontar algumas possibilidades de compreensão fenomênica sem deixar de alertar para os graves problemas decorrentes do abandono de importantes postulados hermenêuticos do Estado Democrático de Direito.

IMPEACHMENT: SOBRE ANTIGAS E NOVAS POSSIBILIDADES HERMENÊUTICAS

O que comumente tem sido denominado impeachment (impedimento, em tradução literal do inglês) a partir da origem anglo-americana do instituto, nada mais é do que uma forma constitucional de destituição de um detentor de poder político através de um procedimento jurídico específico com fundamentos formais e materiais na própria constituição. A princípio, não se trata de golpe de Estado ou ruptura institucional, apesar de, em termos de análise política, ser possível a utilização deste e de outros mecanismos constitucionalmente previstos para disfarçar rupturas materiais e substantivas com a constituição e com o ordenamento jurídico subjacente.[5]

Antes do processo de impeachment da Presidente Dilma Roussef, a tendência teórica predominante apontava a uma natureza mista (político-administrativa e criminal) do impedimento constitucional. Agora, a dúvida sobre sua natureza jurídica, bem como se seu caráter é o de um instrumento predominante ou exclusivamente político ou judicial penal, inevitavelmente aumenta, pois os dados da realidade constitucional não podem ser ignorados em sua interpretação, como adverte há certo tempo a metódica estruturante de Friedrich Müller.[6] No Brasil, isso se dá, dentre outras coisas, pela denominação e formas estipuladas para tal processo, bastante associadas às formas judiciais e terminologias correlatas (no Brasil, o termo "crimes de responsabilidade", usado para infrações que, em princípio, seriam político-administrativas), e, por outro lado, pelo fato de a competência jurisdicional nesse processo ser excepcionalmente conferida a colegiados

5. Cf. Martinez: 2013; Pérez-Liñan: 2007, pp. 49ss.; Holmes: 2016a.
6. Müller: 2000, pp. 100ss.; Galindo: 2003, pp. 152ss.

políticos em sentido estrito, já que esses julgamentos são feitos por casas parlamentares investidas de funções jurisdicionais e não por tribunais e juízes regulares.

Fazer uma leitura hermenêutica constitucional do impeachment exige uma reflexão sobre como os elementos clássicos e contemporâneos da interpretação jurídica estão presentes nas possibilidades de sua concretização constitucional. Para tal, precisamos de dogmática hermenêutica e de sólida fundamentação em termos de teoria da interpretação jurídica.[7] Do contrário, conquistas civilizatórias importantes do constitucionalismo, como a força normativa da constituição, a segurança jurídica, a máxima efetividade dos direitos fundamentais e a supremacia de princípios como o democrático e o republicano sucumbirão ao "canto das sereias" hermenêutico da volatilidade argumentativa da política ou da moral, ao poder momentâneo, ao argumento de autoridade e, no limite, a novas e veladas formas de autocracia. Se não se quer voltar à constituição "folha de papel" e a prevalência pura e simples dos "fatores reais do poder", tal como já denunciara Ferdinand Lassalle no século XIX, ou o retrocesso de uma transformação da Carta de 1988 em uma constituição semântica no sentido loewensteiniano.[8]

Nesse contexto, destaquei em meu estudo que o impeachment se afigura como instrumento essencialmente político-criminal no contexto constitucional brasileiro, fazendo-se necessária a demonstração jurídica do cometimento de crime comum ou de responsabilidade como justa causa para o processo. Tal fundamento é imprescindível, pois o impeachment não serve para solução de desavenças políticas ou de substituição da disputa eleitoral, bem como não é substitutivo de voto de desconfiança ou de referendo revogatório/*recall*.[9] Do mesmo modo, procedimentalmente há o exercício do contraditório e da ampla defesa e a realização de juízos de admissibilidade, pronúncia e mérito, tal como em processos penais em geral, seguindo o de-

7. Ferraz Jr.: 2003, pp. 255ss.
8. Lassalle: 1998, p. 51; Loewenstein: 1964, pp. 218-219; Galindo: 2015, pp. 98-99.
9. Bahia, Silva & Oliveira: 2016, p. 34.

vido processo legal, não podendo ser esse processo algo meramente ritualístico e amorfo. Em termos substantivos, para que se configure a justa causa, é necessário observar a questão da tipicidade, pois, ao menos em tese, o ato deve ser típico, antijurídico e culpável, ainda que na modalidade de crime de responsabilidade.

Todavia, com o Caso da ex-Presidente Dilma Roussef, é possível que a leitura hermenêutica feita precise sofrer uma revisão analítica.

O IMPEACHMENT DA PRESIDENTE DILMA ROUSSEF E O "CANTO DAS SEREIAS" HERMENÊUTICO: MUTAÇÃO CONSTITUCIONAL À PARAGUAIA?

O recente processo de impeachment se deu em um contexto de abruptas e profundas alterações em entendimentos, compreensões e conceituações acerca do fenômeno diante das referências clássicas e contemporâneas do constitucionalismo e da dogmática jurídica em geral. Isso traz grandes desafios adicionais a uma teoria constitucional do impeachment.

Em termos gerais, não se pode ignorar que o impeachment quase sempre surge a partir de componentes políticos de grande insatisfação com o governo por parte de vários setores políticos, econômicos e sociais. Não foi diferente nos casos brasileiros, tanto de Fernando Collor como de Dilma Roussef, coincidindo com a ausência de êxitos econômicos, gestões administrativas problemáticas e denúncias de corrupção no governo. As profundas dificuldades de negociação política com o Congresso Nacional também foram evidenciadas em ambos os casos, o que ocasionou drástica diminuição no apoio do Parlamento aos Presidentes em questão.

As semelhanças, contudo, não vão muito além dessas. Em termos constitucionais, os dois processos foram bem diversos. Enquanto no Caso Collor as controvérsias foram mais voltadas a questões de fundo e não dividiram significativamente a comunidade jurídica, o Caso Dilma foi extremamente polêmico, causando divisões fractais a partir da própria existência ou não de justa causa ao processo. Em termos: a própria configuração dos atos da Presidente como crimes de responsabilidade segue sendo controversa, dadas as frequentes variações hermenêuticas realizadas pelos apoiadores do impeachment para justificá-lo juridicamente, e, de outro lado, a reação de boa parte da comunidade jurídica, que se voltou contra tais justificativas.

Politicamente, desde o início do segundo mandato da Presidente Dilma Roussef, a sua condenação em um processo de impeachment foi defendida por setores da oposição.[10] A constante deterioração nas relações políticas com o Congresso Nacional, as frequentes avarias à imagem do Governo nas investigações da Operação Lava Jato, aliadas às grandes dificuldades no campo econômico, mantiveram politicamente acesa a chama de um processo de impedimento. E, em termos jurídicos, isso ganhou considerável força com o Parecer Prévio do Tribunal de Contas da União que recomendou ao Congresso Nacional a reprovação das contas do Governo referentes ao exercício de 2014 face às chamadas "pedaladas fiscais". Tal opinativo, embora até o momento (agosto de 2017) não tenha sido aprovado pelo Congresso, foi um dos fundamentos da Denúncia protocolada pelos juristas Hélio Bicudo, Janaína Paschoal e Miguel Reale Júnior.[11] Contudo, o recebimento da Denúncia foi em termos mais restritos, limitando-se às "pedaladas" (prática ilegal de desinformações contábeis e fiscais) do ano de 2015 (Caso específico do Plano Safra) e de 6 Decretos de suplementação orçamentária sem autorização prévia do Congresso Nacional, em aparente violação à C.F., art. 85, V a VII, e à Lei 1079/1950, arts. 4º, V e VI; 9º, 3 e 7; 10, 6 a 9; e 11, 3.

Uma das dificuldades desse processo sempre foi a de realizar a devida filtragem hermenêutica dos dispositivos legais, interpretando-os à luz da Constituição e do Estado Democrático de Direito. Analisar a consistência dos principais argumentos da Denúncia recebida implica em contextualizá-los adequadamente, inclusive quanto aos seus elementos interpretativos, em especial os elementos histórico, genético, teleológico e sistemático. Ademais, a se considerar a genealogia

10. Cf. Martins: 2015, pp. 16-18.

11. Bicudo; Reale Jr. & Paschoal: 2015, p. 62.

da Lei 1079/1950 (o seu "DNA parlamentarista", em particular),[12] sua textura excessivamente aberta e os aspectos de direito comparado da questão e concluindo pela natureza político-criminal do processo de impeachment, em termos constitucionais, impõe-se uma interpretação restritiva da Lei dos crimes de responsabilidade.[13]

Contudo, os desdobramentos concretos do processo em relação à ex-Presidente Dilma em quase nada seguiram essa leitura hermenêutica constitucional.

As "pedaladas" de 2015 referentes ao chamado Plano Safra foram um dos fundamentos jurídicos do impeachment. É de se registrar que à época da conclusão do processo, em agosto de 2016, sequer havia sobre as ditas "pedaladas" Parecer Prévio opinativo da Corte de Contas, nem análise do Congresso Nacional. Aliás, outro Parecer, o do Ministério Público Federal, chega a expressamente afirmar a necessidade de, em relação à Tomada de Contas de 2015, "se aguardar o andamento dos trabalhos do TCU antes de se emitir uma opinião sobre a configuração penal dos fatos e delimitação de responsabilidades".[14]

O Parecer Ministerial indica ainda que no caso dos potenciais crimes tipificados no art. 359-A do Código Penal, de modo bastante assemelhado às regras previstas na Lei de Responsabilidade Fiscal e na Lei 1079/1950, não poderia haver ampliação do conceito de "operação de crédito", dentre outras coisas, em face do princípio da legalidade estrita e da proibição da analogia *in malam parte.* Assevera ainda a ausência de dolo e até mesmo a semelhança entre as "pedaladas" praticadas ao longo dos anos.[15]

Em verdade, isso já fora dito por vários renomados especialistas do cenário jurídico nacional, como Misabel Machado Derzi, Heleno Torres, Carlos Valder Nascimento, Ricardo Lodi Ribeiro, Geraldo Prado, Juarez Tavares e vários outros.[16] O próprio Min. Augusto Nardes, Relator do Parecer Prévio que recomendou a reprovação das Con-

---

12. Cf. Queiroz: 2015.
13. Galindo: 2016, pp. 81-82.
14. <*https://bit.ly/2UyVnxo*>, p. 34. Acesso: 10/09/2016.
15. Idem, pp. 29-31. Acesso: 10/09/2016.
16. Ribeiro: 2015a; Ribeiro: 2015b; Prado & Tavares: 2015.

tas de 2014, destacou em entrevista dada ao Jornal *O Estado de São Paulo* que se trata de uma efetiva mudança paradigmática da jurisprudência do TCU.[17]

Em casos como esses, em que o crime de responsabilidade é, no mínimo, algo duvidoso, a leitura hermenêutica constitucional exige do julgador a utilização de técnicas jurisprudenciais como o *prospective overruling*, que implica, com a mudança no precedente, uma mudança na solução para os casos futuros, como um alerta de que o TCU não mais toleraria a partir dali as ditas "pedaladas fiscais", sem, no entanto, retroagir com o novo entendimento, sendo tal técnica perfeitamente aplicável em casos como o das decisões e pareceres da Corte de Contas.[18]

No caso da abertura de créditos suplementares sem autorização legal, parece igualmente desacertado considerá-la como fundamento a um processo de impeachment, como é controversa até mesmo a própria ideia de que a abertura no caso tenha sido de fato à revelia da Lei Orçamentária Anual. Por mais que seja uma execução orçamentária problemática, as revisões de metas ocorridas durante a execução do orçamento são fator tacitamente autorizativo de abertura de créditos suplementares por decreto, já que o próprio Congresso Nacional, responsável pela aprovação da lei orçamentária, modifica a meta fiscal *a posteriori*, tendo sido, aliás, o que ocorreu no caso da ex-Presidente, acarretando a convalidação legal dos referidos Decretos.[19]

Ainda mais grave se afigura considerá-los como crime de responsabilidade se for considerado o fato de que 3 dos 6 Decretos inicialmente em questão foram excluídos do objeto do processo após minuciosa perícia técnica realizada pelo próprio Senado Federal. Foi verificado no laudo pericial que o valor total das suplementações foi de apenas R$2,3 bilhões. Assim, da denúncia original, cujos decretos somavam R$96 bilhões, apenas R$2,3 bilhões permaneceram sob sus-

---

17. Disponível em: <*https://bit.ly/2RzetSc*>, acesso em 21/12/2015.
18. Guedes & Pádua: 2015; cf. tb. Souza: 2006, pp. 160ss.
19. Cf. Ribeiro: 2015a.

peita de terem ofendido a meta fiscal. Os 3 Decretos remanescentes, portanto, representaram apenas 0,1% da despesa total.

Fazer uma leitura hermenêutica constitucional do impeachment implica em considerar alguns imprescindíveis elementos político--constitucionais e de teoria da constituição. A tripla opção histórica do próprio povo pelo sistema presidencialista de governo (plebiscitos em 1963 e 1993 e Assembleia Constituinte em 1987–1988) exige ao intérprete considerar esse sistema de governo, em que há a responsabilidade presidencial republicana, mas o chefe de Estado, com legitimação popular direta, não pode ficar vulnerável a maiorias parlamentares ocasionais. Igualmente, não há em nosso sistema presidencialista, por opção do constituinte (originário e derivado), mecanismos como o referendo revogatório de mandato ou a autorização constitucional do impeachment por "mau desempenho", como em Constituições como a colombiana, a boliviana ou a paraguaia. Em tal perspectiva, não se afigura razoável que a leitura hermenêutica da Carta de 1988 possa admitir que todo e qualquer ato presidencial que, p. ex., atente contra o cumprimento da lei ou o exercício de um direito individual seja automaticamente passível de impeachment. Muitas vezes, em torno de uma lei de constitucionalidade discutível o seu descumprimento poderia ser até mesmo uma atitude governamental de preservação da Constituição, o que pode vir a ser confirmado pela Suprema Corte caso, em julgamento definitivo de mérito, reconheça a inconstitucionalidade da lei descumprida.[20]

Em adendo, afirme-se que atos ilegais ou inconstitucionais cotidianamente são editados pelos poderes executivos nos 3 níveis da Federação. Mas, para eles, o sistema normativo possui meios regulares de impugnação das ilegalidades e inconstitucionalidades, como o controle de constitucionalidade, o controle judicial da legalidade e até

---

20. Tal situação ironicamente ocorreu em relação ao primeiro caso de impeachment que chegou a ser julgado nos EUA, em que o então Presidente Andrew Johnson escapou da condenação por um voto, em 1867. Posteriormente, lei de conteúdo bastante semelhante à que Johnson fora acusado de descumprir foi declarada inconstitucional pela Suprema Corte daquele país, em 1926, no Caso *Myers x United States* (Galindo: 2016, p. 30; Tribe: 2000, pp. 176-178; Ackerman: 2001, pp. 178ss.).

mesmo à sustação dos atos normativos do poder executivo que exorbitem do poder regulamentar (C.F., art. 49, V). Em tais situações, é claro que o presidente da República agiu de modo ilegal ou inconstitucional, mas nem por isso se cogita fundamentar um processo de impedimento contra o chefe do executivo nacional.[21]

Diante do exposto, vê-se que é extremamente controverso caracterizar as "pedaladas fiscais" do Plano Safra e os 3 Decretos de suplementação orçamentária, ao final convalidados pela Lei 13199/2015, como crimes de responsabilidade.[22] A sua reiterada e tolerada prática por governos anteriores e mesmo pelo da ex-Presidente Dilma no primeiro mandato, ainda que com diferenças quanto ao seu aspecto sistemático e quantitativo, não autoriza a sua inclusão no rol dos crimes de responsabilidade por via interpretativa em uma espécie de analogia e retroatividade *in malam partem.* Não condiz com o Estado Democrático de Direito adotar posições de ampliação hermenêutica de hipóteses criminalizantes.

Apesar disso, as "pedaladas" referentes ao Plano Safra e os 3 Decretos de suplementação orçamentária legalizados *a posteriori* foram formalmente admitidos e aceitos pelo Senado Federal como crimes de responsabilidade e fundamentaram juridicamente a condenação da ex-Presidente. Sem aplicação de um *prospective overruling*, sem observar a legalidade e a tipicidade estritas e promovendo analogia *in malam parte*, além da aplicação da retroatividade em prejuízo da ré, tudo muito distante do arquétipo hermenêutico do Estado democrático de direito e da Carta cidadã de 1988.

Por tais razões, a ex-Presidente ingressou com mandado de segurança no Supremo Tribunal Federal contra a decisão do Senado em destitui-la do cargo. Ao mesmo tempo, outros atores políticos, especialmente partidos que antes estavam na oposição, ingressaram com outros mandados de segurança contra a aplicação "fatiada" das penas do art. 52, parágrafo único, da C.F. Em ambos os casos, os Relatores,

21. Santos: 2015; Araújo, Santos & Teixeira: 2015; Neves: 2015, p. 31.
22. Ribeiro: 2015b, pp. 25-26.

Mins. Teori Zavascki e Rosa Weber, negaram as liminares pleiteadas, mantendo, na íntegra, a decisão do Senado em ambos os aspectos.

Entretanto, a decisão interlocutória dada pelo então Relator, o falecido Min. Teori Zavascki, gera certa perplexidade, pois não somente exprime uma já esperada posição política de autocontenção do STF,[23] negando-se a interferir na decisão de competência constitucional de outro poder, mas adentra o mérito da questão, estipulando pela via interpretativa, verdadeira mutação constitucional[24] da construção histórica política e jurisprudencial em torno do impedimento no sistema presidencialista de governo, pois no horizonte interpretativo da referida decisão vê-se pouca proximidade a uma hermenêutica jurídica afeita ao Estado democrático de direito preconizado pela Constituição de 1988.

Curiosamente, o Ministro inicia a partir de uma premissa correta: a de que a configuração isolada de uma das condutas da Lei 1079/1950 não seria suficiente à tipificação do crime de responsabilidade, apontando para a gravidade que teria que resultar da conduta típica. Porém, logo a seguir, afirma que a tipificação não deve se cingir aos tipos mais estritos oriundos do fechamento normativo do direito penal. Ao contrário, deve ter a possibilidade de uma imputação subjetiva alargada o suficiente para alcançar condutas diversas do Presidente da República que possam ferir a Constituição, sem se ater ao que denominou de "transposição acrítica" dos padrões jurídicos do direito penal. É de se observar especialmente essa passagem:

> Ocorre que a configuração, isoladamente, de uma das condutas previstas entre os arts. 5° e 11 da Lei 1.079/50, tampouco haverá de ser necessariamente suficiente para resultar na decretação do impedimento de um Presidente da República. A tipificação de um crime de responsabilidade deve capturar uma realidade que vai muito além da microdelinquência, para ser capaz de indicar um descompromisso grave com as responsabilidades inerentes ao cargo de Presidente da República, refletindo uma aguda perturbação de bens jurídicos cardeais para o funcionamento da República e da Federação. Justamente por

23. Sobre os conceitos de ativismo e autocontenção, cf. Lima: 2014.
24. Cf. Ferraz: 1986, pp. 56-57; Canotilho: 2002, pp. 1214-1216.

isso, ela não deve mimetizar à risca a racionalidade aplicada nos domínios do direito penal, que exige um fechamento normativo mais estrito das condutas hipotetizadas pelos "tipos incriminadores". O "tipo de responsabilidade", diferentemente, deve ser capaz de clinicar uma espécie de realidade aumentada, provendo elementos que permitam uma imputação subjetiva com suficiente clareza da conduta, sem perder a sensibilidade para as consequências que decorreram deste ato para preceitos fundamentais da Constituição Federal, dentre os quais aqueles sediados nos incisos do art. 85 da C.F. São estes os bens jurídicos imediatamente tutelados pelas normas que definem os crimes de responsabilidade e o processo de impeachment, o que torna inadequada a transposição acrítica, para esses institutos, do estreitamento dogmático que caracteriza os padrões jurídicos do direito penal, voltados à proteção de direitos pessoais fundamentais, notadamente os relacionados à liberdade de ir e vir.[25]

Ao privilegiar tais aspectos, parece que estiveram ausentes do horizonte hermenêutico do saudoso Ministro o princípio democrático, a soberania popular e a proteção constitucional ao exercício de determinados cargos contra a ingerência política indevida e sem presença de uma justa causa, incluídas aí garantias relevantes da sociedade em relação a esses cargos, como a vitaliciedade da magistratura, a estabilidade do servidor público efetivo e o mandato dos representantes e governantes eleitos pelo povo.[26] São bens jurídico-constitucionais

25. STF, MS 34371-MC, Rel. Min. Teori Zavascki, DJe 12/09/2016.

26. "O processo de crime de responsabilidade não pode atender ao interesse privatizado de um/alguns, uma vez que aquele que é acusado também possui a legitimidade advinda do voto popular. De igual forma, há que se lembrar de um princípio próprio ao sistema presidencialista, o da "impossibilidade de censura legislativa do Presidente da República", segundo o qual, no regime presidencialista, o Presidente – assim como o Governador e o Prefeito – não são responsabilizáveis ante o Parlamento, mas tão somente perante o público de cidadãos, pelo não cumprimento de planos/projetos de campanha ou pelo insucesso de políticas/ações tomadas, se essas não configurarem crime – comum ou de responsabilidade. Assim é que crises econômicas ou aumento do desemprego, por exemplo, não são causas constitucionais de retirada do Presidente de seu cargo. O impeachment, assim, não é meio de eternização da disputa eleitoral e nem deve ser usado como substituto da crítica parlamentar sobre os atos do Poder Executivo." (Bahia, Silva & Oliveira: 2016, p. 27).

tão relevantes quanto todos aqueles elencados no art. 85 da C.F. e não podem ser solenemente ignorados na interpretação de um mecanismo como o impeachment.

Na esteira da lição de Ingo Sarlet, faz sentido admitir conceitos constitucionais materialmente abertos quando tratamos de direitos fundamentais, especialmente a abertura preconizada por um dispositivo como o art. 5º, § 2º, da Carta de 1988, considerando direitos fundamentais implícitos e decorrentes do regime e dos princípios constitucionais, exatamente para incluir o que não foi expressamente previsto nos textos constitucionais, mas que se compatibilizam com suas diretrizes normativas.[27] Contudo, permitir essa "abertura material" no sentido inverso, parece demasiado perigoso para bens jurídico-constitucionais tão relevantes como os referidos.

Sendo a Lei 1079/1950 tão lacônica, o intérprete que tenha no horizonte hermenêutico o Estado Democrático de Direito preconizado pela Carta de 1988 precisaria adotar exatamente o oposto do que fez o Ministro: primar pelo respeito às garantias, à presunção constitucional de inocência (*in dubio pro reo*) e à soberania popular expressa nas eleições periódicas, pois pelo demonstrado, o impeachment presidencialista não se desenvolveu com a ideia de deixar o presidente vulnerável a maiorias parlamentares de ocasião, mas de possibilitar sua responsabilização em graves situações de convergência política e jurídica pela sua destituição, não se admitindo que apenas um desses dois aspectos esteja presente para que ocorra uma condenação.

Desse modo, a tendência demonstrada pela decisão interlocutória do Min. Teori Zavascki é a de uma mutação constitucional à paraguaia inspirada no precedente do ex-Presidente Fernando Lugo naquele país. Porém, com um agravante: diferentemente da Constituição do Paraguai que prevê expressamente o "*mal desempeño de sus funciones*" como justa causa ao seu *juicio politico* (art. 225), não há essa mesma previsão constitucional em nossa Carta, o que deixa ainda mais frágeis os fundamentos especificamente jurídicos do impeach-

27. Sarlet: 2006, pp. 92ss.

ment da ex-Presidente Dilma Roussef (cf. Galindo: 2016, pp. 35ss.; Balbuena Pérez: 2013, pp. 380ss.; Lezcane Claude: 2012).

Parece que resolvemos adotar uma espécie de "hermenêutica de resultados" na qual os postulados da interpretação constitucional do Estado Democrático de Direito são radicalmente relativizados, dando lugar a excessos de voluntarismo judicial, desconsiderando a essencial inegabilidade dos pontos de partida da dogmática jurídica (Ferraz Jr.: 2003, pp. 83ss.), que, no caso, é o arquétipo hermenêutico do Estado democrático de direito delineado pelo trabalho dos constituintes de 1987–1988.

INDAGAÇÃO FINAL: HERMES CONTROLARÁ ULISSES DESAMARRADO?

Imaginando que o Deus grego Hermes chegasse do Olimpo em plena travessia da nau grega pelo golfo das sereias descrita na Odisseia de Homero e, confiante na força da virtude do herói Ulisses, aceitasse seu pedido e o desamarrasse, permitindo-lhe plena liberdade ao ouvir o canto delas, o que aconteceria? Como seria a substituição da inteligibilidade e racionalidade da *hermeneia* pela sedução avassaladora do canto mágico letal das fadas marinhas?

Alegoricamente, é essa a encruzilhada em que se encontra o direito constitucional brasileiro após o impeachment e todo o recrudescimento teórico a uma hermenêutica constitucional de resultados, de cariz autoritário e baseada em argumentos de moral e de política *stricto sensu*, cada vez mais distante do modelo republicano, democrático e humanista preconizado pelo *rule of law* concebido pelos constituintes de 1987–1988. A elasticização das possibilidades de interpretação punitivista com base em uma confiança irrestrita nos agentes "da lei e da ordem" tem solapado o pouco que consolidamos em termos de hermenêutica constitucional do Estado Democrático de Direito e conduzir os direitos fundamentais e a democracia, binômio civilizatório constitucional essencial, a uma situação de significativa constitucionalização simbólica ou de efeitos "hipertroficamente simbólicos" das normas constitucionais em detrimento das "expectativas normativas congruentemente generalizadas".[28] Ou ainda, de uma guinada paradigmática no caminho de uma semantização loewensteiniana da Constituição de 1988.

E o STF, tal como ocorre com os tribunais de democracias não consolidadas e intérpretes de constituições nominalistas ou semânticas, comportou-se na maior parte do tempo de modo omissivo ou mesmo colaborativo com esse "estado da arte", com a exceção, talvez, de sua decisão na Arguição de Descumprimento de Preceito Fundamental 378 sobre parte dos procedimentos.[29] Assim também ocorreu em recentes crises políticas de idêntica controvérsia, como as de Honduras e do Paraguai, nos episódios da deposição de Manuel Zelaya e do *juicio politico* de Fernando Lugo. Não à toa, também nesses países se desenvolveu uma "narrativa de golpe de Estado", tal como vem ocorrendo também no Brasil, com sérios questionamentos acerca da legitimidade do processo.[30]

Em minha modesta percepção, o STF permitiu, conscientemente ou não, a abertura de uma "Caixa de Pandora" que pode consolidar essa mutação constitucional à paraguaia, sob a qual a decisão jurídica torna-se mera questão competencial e pode ser feita de acordo com argumentos de política e de moral *stricto sensu*, com cada vez menos espaço à leitura hermenêutica constitucional do Estado Democrático de Direito, tal como destacou Lenio Streck:

> Assim eu pergunto: qual a diferençada postura daquele que defende ser o ato de decisão do Congresso – no caso de impeachment – puramente político-ideológico, de um jurista que admite raciocínios puramente consequencialistas no ato de uma decisão judicial qualquer? Um parlamentar pode decidir o futuro da nação "conforme a sua consciência individual", ou melhor, "mera conveniência político-eleitoral"? Ele pode ignorar "o jurídico"? O político se basta? O discurso moral supera o direito?
>
> A partir da tese (aceita por considerável parcela dos juristas) de que o impeachment é um instituto político (e não jurídico), não há diferença alguma para o decisionismo historicamente praticado pelas cortes brasileiras,

28. Neves: 2007, pp. 95ss.; Galindo: 2006, pp. 144-145.
29. Galindo: 2016, pp. 96ss.
30. Proner: 2016, pp. 69-72.

e aquilo que é sustentado por muitos doutrinadores. Tudo se transforma em raciocínios consequencialistas, do tipo "decido e depois busco o fundamento para justificar a escolha (arbitrária).[31]

Embora tenhamos a esperança de ainda contar com Hermes para controlar Ulisses desamarrado e inebriado com o sedutor e mortífero canto das sereias de um constitucionalismo potencialmente semântico, os movimentos político-jurídicos ocorridos até o momento tem sido desanimadores. A "pós-democracia" parece forte, encampando novas e sofisticadas formas de autoritarismo, sem tanques nas ruas, mas com o esvaziamento concreto de muitas conquistas civilizatórias do modelo constitucional de 1988.

No 30º aniversário da instalação da Assembleia Constituinte, faz-se necessária a retomada do espírito democrático e humanista daqueles homens e mulheres e tentar reaprender e ensinar os caminhos do Estado democrático de direito contra pós-democracias e autoritarismos de todos os gêneros.

REFERÊNCIAS BIBLIOGRÁFICAS

LIVROS, ARTIGOS E TEXTOS

ACKERMAN, Bruce. *We the people 2 – transformations.* Cambridge/ Massachusets: Belknap Press of Harvard University Press, 2001.

ANASTASIA, Antonio. Relatório Final no Processo de impeachment da Presidente Dilma Roussef, 2016.

ARAÚJO, Marcelo Labanca; SANTOS, Gustavo Ferreira & TEIXEIRA, João Paulo Allain. *Sobre o impeachment.* In: <*https://bit.ly/2pDhQMp*>, (acesso: 16/12/2015), 2015.

BAHIA, Alexandre Gustavo Melo Franco de Moraes; SILVA, Diogo Bacha e & OLIVEIRA, Marcelo Andrade Cattoni de. *O impeachment e o Supremo Tribunal Federal: história e teoria constitucional brasileira.* Florianópolis: Empório do Direito, 2016.

31. Streck: 2016, p. 228.

BALBUENA PÉREZ, David-Eleuterio. El juicio político en la Constitución paraguaya y la destitución del Presidente Fernando Lugo. In: *Revista de Derecho Político*. Madrid: UNED, nº 87, pp. 355-398, 2013.

BICUDO, Hélio Pereira; REALE JR., Miguel & PASCHOAL, Janaína Conceição. Denúncia contra a Presidente da República Dilma Vana Roussef, 2015.

BROSSARD, Paulo. *O impeachment*. 3ª ed. São Paulo: Saraiva, 1992.

CANOTILHO, José Joaquim Gomes. *Direito Constitucional e Teoria da Constituição*. 6ª ed. Coimbra: Almedina, 2002.

DARDOT, Pierre & LAVAL, Christian. *A nova razão do mundo – ensaio sobre a sociedade neoliberal* (trad. Mariana Echalar). São Paulo: Boitempo, 2016.

FERRAZ, Anna Candida da Cunha. *Processos informais de mudança da Constituição*. São Paulo: Max Limonad, 1986.

FERRAZ JR., Tércio Sampaio. *Introdução ao Estudo do Direito – Técnica, Decisão, Dominação*. 4ª ed. São Paulo: Atlas, 2003.

GALINDO, Bruno. *Impeachment à luz do constitucionalismo contemporâneo*. Curitiba: Juruá, 2016.

GALINDO, Bruno. Constitucionalismo e justiça de transição: em busca de uma metodologia de análise a partir dos conceitos de autoritarismo e democracia. In: *Revista da Faculdade de Direito da Universidade Federal de Minas Gerais*. Belo Horizonte: UFMG, nº 67, pp. 75-104, 2015.

GALINDO, Bruno. *Direitos fundamentais (análise de sua concretização constitucional)*. Curitiba: Juruá, 2003.

GUEDES, Jefferson Gadús & PÁDUA, Thiago Aguiar de. Pedaladas jurisprudenciais do TCU ou prospective overruling? In: <*https://bit.ly/2Oaoshe*>, (acesso: 11/12/2015).

HOLMES, Pablo. Por que foi um golpe. In: <*https://bit.ly/2zTCrC3*>, (acesso: 04/09/2016), 2016a.

HOMERO. *Odisseia* (trad. Manuel Odorico Mendes). Digitalização da 3ª edição: eBooksBrasil, 2009.

LASSALLE, Ferdinand. *A essência da constituição* (trad. Walter Stönner). 4ª ed. Rio de Janeiro: Lumen Juris, 1998.

LEZCANO CLAUDE, Luis. Sobre el "juicio político" al Pdte. Fernando Lugo Méndez. In: <*https://bit.ly/2S3zroV*>, (acesso: 04/09/2016), 2012.

LIMA, Flávia Santiago. *Jurisdição constitucional e política (ativismo e autocontenção no STF).* Curitiba: Juruá, 2014.

LOEWENSTEIN, Karl. *Teoría de la Constitución* (trad. Alfredo Gallego Anabitarte). Barcelona: Ariel, 1964.

MARTINEZ, Rafael. El juicio político en América Latina: un golpe de estado encubierto. In: <*https://bit.ly/2UxTQa X*>, (acesso: 22/12/2015), 2013.

MARTINS, Ives Gandra da Silva. Responsabilidade dos agentes públicos por atos de lesão à sociedade – inteligência dos §§ 5º e 6º do artigo 37 da C.F. – improbidade administrativa por culpa ou dolo – disciplina jurídica do 'impeachment' presidencial (artigo 85 inciso V da C.F.) – Parecer, 2015.

MÜLLER, Friedrich. *Métodos de trabalho do direito constitucional* (trad. Peter Naumann). 2ª ed. São Paulo: Max Limonad, 2000.

NEVES, Marcelo. Parecer sobre impeachment, 2015.

NEVES, Marcelo. *A constitucionalização simbólica.* 2ª ed. São Paulo: WMF Martins Fontes, 2007.

PÉREZ-LIÑAN, Aníbal. *Presidential impeachment and the new political instability in Latin America.* Cambridge: University Press, 2007.

PRADO, Geraldo & TAVARES, Juarez. Parecer sobre impeachment, 2015.

PRONER, Carol. Golpe branco no Brasil: Dilma alerta na ONU. In: (orgs.: PRONER, Carol; CITTADINO, Gisele; TENENBAUM, Márcio & RAMOS FILHO, Wilson). Bauru: Canal 6, pp. 69-73, 2016.

QUEIROZ, Rafael Mafei Rabelo. Impeachment e Lei de Crimes de Responsabilidade: o cavalo de Troia parlamentarista. In: <*https://bit.ly/2S114Yi*>, (acesso: 17/12/2015), 2015.

RIBEIRO, Ricardo Lodi. Pedaladas hermenêuticas no pedido de impeachment de Dilma Roussef. In: <*https://bit.ly/2RxNZAL*>, (acesso: 11/12/2015), 2015a.

RIBEIRO, Ricardo Lodi. Parecer sobre o Pedido de impeachment da Presidente Dilma Roussef, 2015b.

SANTOS, Gustavo Ferreira. Processo de impeachment é político? In: <*https://bit.ly/2WzmQ41*>, (acesso: 20/12/2015), 2015.

SARLET, Ingo Wolfgang. *A eficácia dos direitos fundamentais.* 6ª ed. Porto Alegre: Livraria do Advogado, 2006.

SOUZA, Marcelo Alves Dias de. *Do precedente judicial à súmula vinculante.* Curitiba: Juruá, 2006.

STRECK, Lenio Luiz. A questão de teorias jurídicas meramente descritivas ou de como o positivismo jurídico influencia na crise política brasileira. In: *A resistência ao Golpe de 2016* (orgs.: PRONER, Carol; CITTADINO, Gisele; TENENBAUM, Márcio & RAMOS FILHO, Wilson). Bauru: Canal 6, pp. 221-228, 2016.

TRIBE, Laurence. *American constitutional law.* 3ª ed. New York: New York Foundation Press, vol. I, 2000.

SITES CONSULTADOS

<*https://bit.ly/2RzetSc*>, acesso: 21/12/2015.

<*https://abr.ai/2SoNfJo*>, acesso: 17/04/2017.

<*https://bit.ly/2UyVnxo*>, acesso: 10/09/2016.

<*https://bit.ly/2Bpicgf*>, acesso: 28/08/2017.

A atuação política do juiz:
Uma análise à luz da Operação Lava-Jato

Mariana de Carvalho Milet[1]

A Constituição Federal de 1988 consagrou, no art.2º, a separação dos poderes do Estado, os quais devem atuar independente e harmonicamente entre si. Ao longo do texto constitucional criam-se mecanismos de controle recíproco, sempre como garantia de perpetuidade do Estado Democrático de Direito.

O poder é soberano, entretanto, na esteira dos ensinamentos de Aristóteles na obra *A Política*, para o Estado bem exercer a sua soberania deve delegar suas funções. No Brasil, as funções do Estado são distribuídas entre os poderes Legislativo, Executivo e Judiciário.

O protagonismo do Judiciário tem aumentado ultimamente na esfera criminal. A Operação Lavajato[2] que tem desvendado e trazido à tona um enorme esquema de corrupção entre os políticos que exercem ou exerceram suas funções no Legislativo e no Executivo e os principais dirigentes de grandes empreiteiras que atuam no país, serve de mola propulsora para que os holofotes se voltem para o Judiciário.

Concomitantemente, observa-se que as leis não têm se atualizado na mesma velocidade em que surgem as demandas sociais. Cabe ao Judiciário, no exercício da Jurisdição transformadora, desempenhar um papel reformador, quando as estruturas sociais concretas já não atenderem razoavelmente aos princípios constitucionais maiores que cristalizam os grandes valores da vida social organizada.

---

1. Juíza do Trabalho do Regional do Trabalho da 6ª Região (TRT-PE).
2. Ao longo do texto utilizaremos a expressão "Lavajato", assim gravada por ser o modo que o juiz Sérgio Moro a escreve em seus textos.

Na antiguidade, os juízes governavam as cidades, confundindo-se a figura do político com a do juiz. Entretanto, desde o século XVI, com o aperfeiçoamento pela sociedade das ideias de Montesquieu acerca da tripartição dos poderes, o papel do juiz vem sendo modificado.

Cabe ao juiz, enquanto representante do Estado no que concerne à função julgadora, garantir a normatividade e a efetividade da regra jurídica. A atuação do juiz deve tornar o Direito tão democrático que será capaz de alcançar a realidade social. Dessa maneira, o Estado, na pessoa do juiz, deverá garantir a promoção da justiça, porquanto interpretará o direito considerando a pluralidade da sociedade contemporânea, na solução dos conflitos sociais.

Nem tudo o que é posto para ser decidido pelos juízes, seja na rotina da magistratura e especificamente em relação àqueles que atuam na Operação Lavajato, está literalmente colocado na lei. Estes juízes têm sido cada dia mais provocados a fazer interpretações legais que legitimem os seus atos de modo a buscarem a efetividade necessária para o combate à corrupção.

O presente trabalho se presta a apreciar como tem sido a ação do Judiciário ao longo da operação Lavajato, bem como se os magistrados que conduzem os processos estão se valendo do modelo ativista para decidir, analisando-se os reflexos sociais, políticos e econômicos da atuação.

Nesse diapasão, o objetivo precípuo desse texto é demonstrar até que ponto a atuação ativista de um juiz pode impactar em toda a estabilidade social, econômica e política de um país. Não temos qualquer pretensão de fazer uma abordagem ufanista, como se a Operação Lavajato viesse solucionar todos os problemas morais do país, tampouco pessimista, de modo que essa investigação não produza qualquer efeito no que concerne à garantia da apregoada moralidade perseguida pelo Estado Democrático de Direito. Tenta-se fazer uma explanação equilibrada e crítica do papel da operação Lavajato e de como a atuação do Judiciário pode impactar no contexto da sociedade contemporânea brasileira.

ATIVISMO JUDICIAL

SOBERANIA POPULAR E CONSTITUIÇÃO

Em um Estado Democrático é necessário assegurar ao povo a coexistência da soberania popular com as facções políticas inerentes ao exercício legítimo da Democracia. Entretanto, os precursores da ideia, Alexander Hamilton, James Madison e John Jay, nos artigos organizados no livro *O Federalista*, entendiam que para garantir a soberania popular era preciso estabelecer uma nova ordem jurídica.

Constatou-se que é inerente ao exercício da soberania a existência de grupos políticos que podem agir de encontro ao interesse coletivo. Era preciso controlar a ação desses grupos, sem que eles deixassem de existir, pois também deveria ser garantida a liberdade de expressão e associação. Para isso a vontade popular estaria posta e assegurada na Constituição.

Claramente influenciado pelas ideias do contrato social de Jonh Locke, onde as relações entre os indivíduos e o governo seriam asseguradas pelo exercício do poder através de um soberano representante dos ideais coletivos, o constitucionalismo norte-americano tinha por escopo assegurar o livre exercício dos interesses da maioria política, existente no Legislativo, e as minorias, os proprietários e donos do dinheiro.

A crítica que se faz a esse modelo representativo é que seria elitista e conservador, pois afasta os cidadãos comuns das decisões coletivas. O Estado correria o risco de abrir espaço para que os parlamentares pudessem agir de modo a se tornarem ditadores, através da utilização de leis para a imposição de interesses adversos aos da população. Esse seria o principal ônus do constitucionalismo representativo, sobre o qual a sociedade deveria estar sempre atenta.

Nesse contexto, o Judiciário surgiria como órgão composto por indivíduos que teriam as virtudes necessárias para garantir que as decisões em nome da coletividade prevaleçam. No modelo político constitucional norte-americano, o sistema de freios e contrapesos previa que o Judiciário tinha a função principal de limitar os abusos dos legisladores e, quando necessário, a estrutura prevista na Constituição.

Veja-se que a função intervencionista do Judiciário surge de uma relação de confiança entre sociedade e seus membros, posto que os juízes ascendem à sua função com base no conhecimento jurídico que possuem, demonstrado através da forma de ingresso no Poder e, ao longo da carreira, pelas garantias de atuação que lhes são resguardadas.

No Brasil, desde a Constituição de 1981, verifica-se a influência, guardadas as devidas proporções, do constitucionalismo estadunidense, posto que a democracia brasileira está construída sob os mesmos pilares da norte-americana, quais sejam, separação dos poderes, federalismo e controle de constitucionalidade. Sempre no sentido de equilibrar os ideais de exercício da soberania popular e normatividade, ao Judiciário é conferido o poder de anular os atos dos demais poderes.

A atuação dos juízes, no arranjo institucional brasileiro, como mediador de conflitos políticos, sempre foi reconhecida, posto que, tal como no modelo estadunidense, há uma tendência à instrumentalização dos conflitos sociais e políticos.

A Constituição Brasileira de 1988 é a que melhor retrata o papel do poder Judiciário na democracia brasileira, dado o seu viés redemocratizante. Segundo Flavia Danielle Santiago Lima:

> [...] neste modelo, ao assegurar autonomia ao Judiciário e expandir suas competências – exemplificada na adoção de um complexo sistema de controle de constitucionalidade –, fortalecer outras instituições do Direito (Ministério Público, Defensoria Pública, Advocacia Pública) e canalizar o acesso das demandas políticas através destes meios, tem-se as condições para a expansão deste poder.[3]

As várias Emendas Constitucionais aumentaram os poderes do órgão de cúpula do Judiciário brasileiro, o Supremo Tribunal Federal (STF). Atualmente, diariamente nos deparamos com decisões prolata-

---

3. LIMA, F. *Ativismo e autocontenção no Supremo Tribunal Federal: uma proposta de delimitação do debate.* Tese de Doutorado em Direito. Universidade Federal de Pernambuco, 2013, p. 190. Disponível em: <*https://bit.ly/2DNgtmb*>. Acesso em outubro de 2016.

das pelos Ministros, as quais, via de regra, demonstram a interferência direta do Judiciário nos demais poderes. O STF, ao se posicionar juridicamente na interpretação das Ações Diretas de Inconstitucionalidade e nas ações propostas por partidos políticos, tem tido a função de estabelecer as "regras do jogo", ao se posicionar favoravelmente ou não a determinado ato.

Podemos exemplificar a atuação do Ministro Luiz Roberto Barroso ao indeferir liminar em ação proposta pelo PT e pelo PCdoB para declarar a inconstitucionalidade da proposta de Emenda Complementar 241 (atual PEC 55). Partidos oponentes ao que está no Poder Executivo provocam o Judiciário a se pronunciar sobre a criticável proposta de modificação restritiva dos direitos individuais e coletivos e cabe ao Judiciário, através do STF, dizer se pode haver ou não a alteração constitucional, influenciando tanto na ação do Executivo e Legislativo, quanto na vida da população.

Percebe-se, pois, que o fundamento de validade da Constituição Brasileira é assegurar o pleno exercício da soberania popular, promovendo o equilíbrio entre os interesses do povo de uma maneira geral e a atuação política de uma minoria, detentora do capital produtivo. E, sobre essa premissa surge a noção de ativismo judicial no contexto jurídico político.

JUDICIALIZAÇÃO DA POLÍTICA

Ao se pensar em Direito e Política se tem logo a ideia de que os mesmos não se misturam, havendo um muro separando os dois conceitos. Entretanto, essa não é a realidade que vem sendo experimentada pela população brasileira, mormente com a Constituição Federal de 1988. Ao aplicar as normas jurídicas, direito e política influenciam um ao outro. O mundo da subjetividade e discricionariedade (política) interfere no plano da razão e da objetividade (direito) em diferentes nuances.

Considerando essa ideia, a expressão "judicialização da política" significa que o Poder Judiciário está atuando em questões relevantes do ponto de vista social, moral ou político, ao decidir sobre elas em caráter final.

Esse fenômeno é mundial e tem atingido todos os países, independente da forma de governo adotada ou sistema jurídico. No Brasil, o recente impeachment da presidente Dilma, em decorrência do desmonte da corrupção promovido pela Operação Lavajato. Na Colômbia, também pode se citar a atuação jurisdicional no combate à corrupção e modificação de práticas políticas, bem como a proteção a minorias. Na França, foi anulado o imposto do carbono, que incidiria sobre o consumo e a emissão de gases poluentes, com forte reação do governo.

Barroso[4] enumera como causas da plasticidade dos conceitos de política e direito, e surgimento da judicialização da política, a crise de representatividade e da funcionalidade do parlamento, a ascensão institucional dos juízes e tribunais, bem como o fato da preferência dos atores políticos, para que o Judiciário seja a instância decisória de certas questões polêmicas, em relação às quais exista desacordo moral razoável na sociedade, como por exemplo, a demarcação das terras indígenas.

No Brasil, o sistema de controle de constitucionalidade e o modelo de constituição analítico são os principais fatores que contribuem para o fenômeno em abrangência. Outrossim, uma vez provocado, o Judiciário não pode se furtar de promover a prestação jurisdicional e dar uma resposta ao postulante. Então, a judicialização surge, nesse contexto, como uma imposição aos juízes e tribunais, não sendo uma opção.

ATIVISMO JUDICIAL PROPRIAMENTE DITO

Qualquer definição de ativismo judicial pode ser considerada excludente, restritiva ou ampla, a depender do viés adotado, pois o con-

---

4. BARROSO, Luís Roberto. Constituição, democracia e supremacia judicial: Direito e Política no Brasil Contemporâneo. In: *Revista da Faculdade de Direito da UERJ*, nº 21, Rio de Janeiro, 2012, p. 7. Disponível em: <*https://bit.ly/2BfwL5A*>. Acesso em setembro de 2016.

ceito está pautado nos ideais progressistas ou conservadores de quem o analisa. Entretanto, é necessário expor qual a linha que iremos adotar para a busca dos aspectos empíricos que se pretendem analisar neste trabalho.

A primeira vez em que se tem notícia da utilização da expressão ativismo judicial foi no artigo jornalístico intitulado "*The Supreme Court: 1947*", publicado pelo historiador democrata Arthur Schlesinger Jr. na revista *Fortune Magazine.*

No artigo, o jornalista relata a divisão dos juízes da Suprema Corte dos Estados Unidos em dois blocos: aqueles que defendiam a interpretação restritiva dos casos postos em discussão, não cabendo ao Judiciário se imiscuir em questões políticas, e aqueles favoráveis a decisões que deveriam trazer em seu bojo preocupação com os efeitos políticos e sociais das mesmas.

O estudo constata que os magistrados, a partir de sua formação acadêmica e de visões particulares do direito, podem promover uma revisão judicial de caráter expansivo.

Entretanto, o artigo também é o marco de uma discussão que persiste até os dias atuais. Há aqueles partidários de que a atuação do magistrado pautada não apenas na lei, mas em aspectos ideológicos, seria um prejuízo para a democracia. De outra ponta, os simpatizantes da prática jurídica afirmam que tal prática assegura o exercício das liberdades civis. Em linhas gerais, o ativismo judicial representa a noção de uma participação mais ampla e intensa do Judiciário na concretização dos valores e princípios definidos na Constituição, com maior interferência no espaço de atuação dos outros dois Poderes. Seria uma intervenção para ocupar espaços vazios e nem sempre substituí-los ou exercer a atividade própria de outro poder.

No Brasil, o ativismo é recente e a doutrina tem tentado delimitar o espaço de atuação do magistrado para adotar tal postura. O respeito à Constituição de 1988 e ao arranjo democrático são princípios basilares e limitativos do ativismo judicial. Segundo Gustavo Ferreira Santos, o juiz, ao exercer o controle de inconstitucionalidade de uma norma, deve ter consciência do aspecto político da decisão, sem que crie o hábito de adentrar no espaço criativo que é próprio do Legislador.[5]

Também merece comentários a atividade oposta ao ativismo, qual seja, a autocontenção judicial. Ao agir desta maneira, o Poder Judiciário tenta interferir o mínimo possível na ação dos outros poderes.

Enquanto no ativismo judicial procura-se utilizar uma interpretação ampla da Constituição, buscando-se todas as suas potencialidades, inclusive criando regras a partir de enunciados jurídicos vagos. Na autocontenção busca-se conferir mais ação aos poderes Executivo e Legislativo para que atuem dentro de suas competências.

Um aspecto interessante do ativismo judicial é o fato de a mesma corte ou juiz poder prolatar decisões que respaldem o conceito e, em outras, partir para o exercício da autocontenção, evitando se imiscuir na atuação de outros poderes e restringindo suas decisões aos aspectos jurídicos.

Nesse sentido elucida Barroso:

> A principal diferença metodológica entre as duas posições está em que, em princípio, o ativismo judicial legitimamente exercido procura extrair o máximo das potencialidades do texto constitucional, inclusive e especialmente construindo regras específicas de conduta a partir de enunciados vagos (princípios, conceitos jurídicos indeterminados). Por sua vez, a autocontenção se caracteriza justamente por abrir mais espaço à atuação dos Poderes políticos, tendo por nota fundamental a forte deferência em relação às ações e omissões desses últimos.[6]

Merece destaque a crítica feita à adoção do ativismo judicial no sentido de que surgiria a possibilidade de quebra da harmonia constitucional no que diz respeito à separação entre os poderes, bem como a abertura para o magistrado adotar convicções pessoais e interesses escusos para direcionar as decisões proferidas, fazendo prevalecer convicções políticas pessoais em detrimento da imparcialidade.

---

5. SANTOS, Gustavo Ferreira. *Neoconstitucionalismo, poder judiciário e direitos fundamentais.* Curitiba: Juruá, 2001, p. 92.

6. Idem, p. 11.

Assim, como toda a atividade jurídica, caso esse respaldo de atuação voltado ao ativismo judicial conferido pelo STF seja bem utilizado pelos juízes, a sociedade poderá sim ver seus ideais democráticos e soberanos realizados. Entretanto, não se pode olvidar dos riscos da adoção do conceito, posto que os magistrados são seres humanos dotados de convicções políticas e sociais, podendo valer-se da técnica para expressá-las, sem que fique expressamente caracterizada a quebra da imparcialidade.

OPERAÇÃO LAVA-JATO

GÊNESE

A Polícia Federal de Londrina, no estado do Paraná, recebeu uma denúncia de Hermes Freitas Magnus, sócio da empresa Dunel Indústria e Comércio Ltda. Segundo Magnus, em 2008, a empresa começou a crescer rapidamente através do aumento de serviço. Era preciso expandir o negócio para poder atender a demanda e, para tal, a empresa precisava de sócios com condições de investir capital.

Foi então que o denunciante conheceu José Janene, deputado federal do PP, que aceitou investir um milhão de reais na empresa. Para tanto, foi feita uma transferência de recursos da empresa CSA Project Finance, a qual passou a deter 50% do capital da Dunel e pertencia a José Janene e ao doleiro Alberto Youssef. Em alguns meses Magnus percebeu que seu escritório estava sendo usado para entrega de dinheiro em espécie a políticos e a nova empresa associada participava de contratos superfaturados de obras públicas.

A Dunel estava envolvida em um esquema de lavagem de dinheiro e o sócio fundador resolveu procurar a Polícia Federal e formular a denúncia.

Ao dar início às investigações, a Polícia Federal e o Ministério Público Federal acharam estar diante de um dos tantos esquemas de lavagem de dinheiro já investigados. Entretanto, à medida que expandiam as investigações para atingir todas as empresas com participação de Alberto Youssef, foram percebendo que estavam em um dos maiores esquemas de corrupção já descobertos no Brasil.

É comum no mundo as operações policiais receberem nomes fictícios com o intuito de resguardar os fatos e o sigilo da operação. Inicialmente, a delegada Erika Mialik Marena denominou Lavajato a operação que investigava os crimes praticados pela quadrilha de Charter, mas, posteriormente, o nome passou a compor todas as investigações relacionadas.

Explica a delegada que propôs tal nome porque a quadrilha investigada utilizava a rede de postos de gasolina de Youssef e oferecia todo tipo de serviço de lavagem, de roupa a carros. Tudo que permitisse aumentar a oferta de serviços para atrair demanda e assim criar condições de realização do principal tipo de atividade, qual seja, lavagem de dinheiro.

O ESQUEMA

A Petrobrás é uma empresa pública e como tal, para a contratação de obras, submete-se às regras previstas na lei 8.666 de 1983, ou seja, apenas através de procedimento licitatório poderá contratar obras e serviços.

Os diretores das maiores e melhores empreiteiras atuantes no Brasil, entre elas Odebrecht, Engevix, OAS, Mendes Junior, Queiroz Galvão, UTC, Engesa, Iesa e Camargo Corrêa, reuniam-se para apresentarem valores superfaturados das obras, os quais teriam que serem aceitos pela Petrobrás. Isso porque, embora não fossem justos, eram os preços que tinham aparecido entre os licitantes e havia necessidade da contratação da obra.

Para o esquema receber a aparência de lícito e não despertar o interesse da sociedade, as empresas se alternavam e faziam um rodízio de modo que todas ganhassem alguma licitação. Em consequência assumiriam a responsabilidade pela execução de determinada obra.

Uma das obras mais superfaturadas foi a Refinaria Abreu e Lima em Pernambuco, a qual contava com a participação de todas essas empresas, que firmavam consórcio com a Estatal. O esquema era tão bem pensado que na maioria das obras quase todas as empreiteiras participavam, de modo que todas tivessem benefício.

Além da obra acima citada, o cartel também atuou na construção da Refinaria Presidente Getúlio Vargas, no Paraná e no Complexo Petroquímico do Rio de Janeiro.

E os agentes públicos que atuavam na Petrobrás e participavam do esquema eram remunerados com 1% a 5% do valor dos contratos e dos aditivos para que a prática do cartel permanecesse escondida.

Só esse esquema até o ponto acima descrito seria suficiente para deixar a sociedade perplexa, mas o pior ainda estava por vir.

A nomeação dos diretores da Petrobrás ocorre por indicação do governo. E, nesse ponto, entra a participação dos políticos. Eram nomeadas para os cargos de direção da estatal pessoas coniventes com a participação no esquema de corrupção e repasse de dinheiro obtido ilicitamente (propina) para os partidos políticos.

Desse fato decorre a participação de Nestor Cerveró, indicado pelo PMDB para ocupar a diretoria internacional entre 2003 e 2008. Assim como a de Renato Duque, ocupante da diretoria de serviços e indicado pelo PT, no período de 2003 a 2012, e de Paulo Roberto Costa, diretor de abastecimento entre 2004 e 2012, com interferência do PP.

AS CARACTERÍSTICAS DA LAVA-JATO

O juiz Sérgio Moro é o titular da 13ª Vara Criminal Federal de Curitiba e é a autoridade que, juntamente com a Polícia Federal e a equipe de procuradores da República, tem conduzido os principais processos da operação. Sérgio Moro já tinha atuado nas investigações envolvendo organizações criminosas como as do Banestado e do Mensalão, por exemplo.

O *modus operandi* da atuação dos Procuradores da República, juntamente com a Polícia Federal e a ação do juiz Sérgio Moro, tem tido destaque principalmente pela rapidez em que os fatos vão acontecendo no sentido de desmontar a corrupção e condenar os acusados.

O fio condutor da Lavajato tem sido as delações premiadas. O criminoso, em troca de ver sua pena diminuída, revela traços do esquema de corrupção denunciando detalhes dos fatos criminosos e, via de regra, envolvendo outras pessoas.

Os advogados de defesa dos réus nos diversos processos oriundos da Lavajato argumentam que nas delações os réus têm apenas mencionado os fatos que lhes convêm. Entretanto, o Ministério Público Federal tem ofertado e o juiz Sérgio Moro acolhido os depoimentos decorrentes de colaboração premiada, tendo se observado, inclusive, as comutações de diversas penas daqueles que aceitam fazer uso do instituto.

Interessante destacar a opinião de Sérgio Moro acerca da delação premiada:

> Sobre a delação premiada não se está traindo a pátria ou alguma espécie de "resistência francesa". Um criminoso que confessa um crime e revela a participação de outros, embora movido por interesses próprios, colabora com a Justiça e com a aplicação de leis de um país. Se as leis forem justas e democráticas, não há como condenar moralmente a delação; é condenável, nesse caso, o silêncio.[7]

Também Celso de Mello, ministro do STF, já se pronunciou sobre o instituto e sua importância para a Lavajato, ao declarar a validade da delação de Youssef:

> A delação possibilitou penetrar nesse grupo que se apoderou do aparelho do Estado, promovendo um assalto imoral, criminoso ao Erário e desviando criminosamente recursos que tinham outra destinação, a destinação socialmente necessária e aceitável. Os depoimentos desse agente como meio de obtenção de provas revelaram-se eficazes no afastamento desse véu que encobria esse conluio de delinquentes, que estão agora sofrendo a ação persecutória do Ministério Público.[8]

Acerca da delação premiada, os benefícios do instituto para o andamento da investigação em apreço têm sido válidos o suficiente para permitir que a sua utilização suplante e desconsidere os argumentos

---

7. MORO, Sérgio. Considerações sobre a Operação Mani pulite. *Revista CEJ (Brasília)*, v. 26, p. 56-62, 2004, P. 60.

8. SCARPINO, Luiz. *Sérgio Moro: o homem , o juiz e o Brasil.* Ribeirão Preto, SP: Novo Conceito, 2016, p. 76. A decisão está em sigilo no sítio do STF. Logo, não foi possível consultá-la em sua integralidade.

levantados pela defesa dos investigados, no sentido de que poderia ser conduzida pelo colaborador da maneira que melhor o aproveitasse.

A EVOLUÇÃO DA LAVA-JATO

Atualmente a operação está na 42ª fase e também chegou em um momento crucial, posto que começou a atingir políticos de renome no Brasil, tais como o ex-presidente da Câmara dos Deputados, Eduardo Cunha, o qual após ter seu mandato cassado, foi preso por ordem do juiz Sérgio Moro. Outrossim, o presidente em exercício Michel Temer figura como investigado após a homologação da delação premiada de Joesley Batista.

Não se sabe se agora, quando os "grandes nomes" de políticos brasileiros começarem a aparecer de modo a comprovar atitudes criminosas dos mesmos, a operação irá sucumbir ou se a corrupção será realmente detida. Mas, mesmo que encerrasse hoje, a Lavajato já tem o título de maior operação brasileira realizada para o combate à corrupção.

Tudo começou quando, com o auxílio de grampos telefônicos, tornaram-se públicas quatro organizações criminosas lideradas por Carlos Habib Chater, Nelma Kodama, Raul Srour e Alberto Youssef, em decorrência da denúncia de Hermes Magnus.

Após Sérgio Moro ter autorizado algumas interceptações telefônicas, descobriu-se que Youssef tinha doado um veículo Land Rover Evoque para Paulo Roberto Costa, então diretor de abastecimento da Petrobrás.

As primeiras medidas ostensivas da Lavajato, realizadas em março de 2014, destinaram-se a cumprir 81 mandados de busca e apreensão, 18 mandados de prisão preventiva, 10 mandados de prisão temporária e 19 mandados de condução coercitiva, em 17 cidades de 6 estados e no Distrito Federal.

Um desses mandados era destinado à empresa Costa Global, pertencente a Paulo Roberto Costa. Para não arrombar as portas da empresa, a Polícia Federal foi ao apartamento do proprietário pegar as chaves, enquanto câmeras do local flagraram a filha e o cunhado de

Costa entrando na empresa e saindo com sacos de provas. Tal fato foi considerado suficiente pelos Procuradores da República para denunciar Paulo Roberto Costa e seus familiares por crime de obstrução à investigação de organização criminosa.

Nesta primeira fase foram apreendidos 80 mil documentos, computadores e celulares, os quais, aliados às conversas decorrentes de interceptações telefônicas, culminaram em 12 denúncias, envolvendo 55 acusados pela prática de crimes contra o Sistema Financeiro nacional, organização criminosa, corrupção e peculato.

Concomitantemente foram propostas 15 medidas cautelares que culminaram no deferimento do pedido de bloqueio de todos os bens dos acusados.

Todo esse material foi analisado pela equipe de Procuradores da República e deu-se início às ações penais, com o deferimento dos pedidos de bloqueio, em apenas 1 mês.

Já em abril de 2014 foi noticiado outro momento importante da Lavajato, para aprofundar as investigações sobre os doleiros. No dia 11 foram cumpridos 23 mandados de busca e apreensão, 2 de prisão temporária, 6 de condução coercitiva e 15 de busca e apreensão, em cinco cidades.

Em maio de 2014, a equipe da defesa dos investigados apresentou reclamação perante o STF. Na reclamação houve a acusação pelos advogados de que o juízo da 13ª Vara Criminal de Curitiba estaria usurpando a competência do STF ao investigar políticos que detinham foro privilegiado. O Ministro Teori Zavascki negou a existência de inobservância do foro privilegiado, mas houve a paralisação das investigações por um período.

Nesta época foram descobertos 23 milhões de dólares depositados em bancos suiços em nome de Paulo Roberto Costa.

Já preso preventivamente, Paulo Roberto Costa decide, em agosto de 2014, oferecer a primeira delação premiada da Lavajato. Costa procurou o MPF e ofereceu-se a devolver toda a propina recebida, bem como informar fatos novos em troca de benefícios. Como a delação envolvia políticos em exercício e com foro privilegiado, o procurador geral da Republica Rodrigo Janot autorizou a delação, que foi homologada pelo STF.

Em seguida, Alberto Youssef também se ofereceu para falar. Nessa esteira, outros acordos também foram colhidos e homologados pelo juízo da 13ª Vara Criminal de Curitiba.

Em novembro de 2014 mais um avanço importante. Foram executados, pela Polícia Federal em conjunto com a Receita Federal, 85 mandados, sendo 4 de prisão preventiva, 13 de prisão temporária, 49 de busca e apreensão e 9 de condução coercitiva, em diversas cidades do país, especialmente em grandes e renomadas empresas de construção como Engevix, Mendes Júnior Trading Engenharia, Grupo OAS, Camargo Corrêa, Galvão Engenharia, UTC Engenharia, IESA Engenharia, Construtora Queiroz Galvão e Odebrecht Plantas Industriais e Participações.

Em dezembro do mesmo ano foram oferecidas mais 6 denúncias, incluindo o ex-diretor internacional da Petrobrás, Nestor Cerveró. Em janeiro de 2015, ao retornar de Londres com a família, Cerveró foi preso preventivamente.

De acordo com o juiz Sérgio Moro, a prisão foi decretada para assegurar a aplicação da lei penal, dada a possibilidade de Cerveró dissipar seu patrimônio, dificultando futura punição, bem como possuir cidadania espanhola, a qual teria sido omitida pelo denunciado. Também serviu de fundamento para a prisão a existência de evidências de que a empresa Jolmey, proprietária de imóvel em que o investigado residiu por vários anos, pertence de fato ao ex-diretor. Esta empresa também foi usada para que Cerveró usufruísse no Brasil a propina recebida, dando-lhe aparência de dinheiro legítimo. Ademais, foi constatada a existência de operações imobiliárias subvaloradas pela empresa.

Com o objetivo de produzir provas sobre pagamentos de propinas para agentes públicos relacionados à diretoria de serviço da Petrobras e à BR Distribuidora, subsidiária da empresa, em fevereiro de 2015 foi deflagrada nova fase da Lavajato, que culminou na denúncia de 47 parlamentares, a qual foi acolhida pelo ministro do STF Teori Zavascki em março de 2015. Deu-se início a uma linha paralela de investigação de agentes políticos com foro privilegiado.

Em outubro de 2015, Teori Zavascki determinou o desmembramento de parte dos processos da Lavajato que apuravam irregularidades em contratos para a construção da usina nuclear Angra 3. O que não foi, no entanto, uma decisão festejada pelo MPF, que entendia que o desmembramento de processos para além do Paraná e Brasília poderia comprometer o andamento da operação.

Paralelamente ao curso das ações existentes em Brasília e em Curitiba, e da ação penal instaurada na 7ª Vara Federal do Rio de Janeiro, o Ministério Público Federal no Rio de Janeiro deu início ao aprofundamento das investigações, pois se constatou que o esquema era mais amplo que o núcleo que foi objeto da denúncia inicial. Diante da complexidade das investigações, em junho de 2016 foi criada uma força-tarefa para investigar supostos crimes de corrupção, desvio de verbas e fraudes em licitações e contratos na Eletronuclear, subsidiária da Eletrobrás.

Dentre os acusados na operação estavam grandes nomes da política brasileira tais como Renan Calheiros, Eduardo Cunha, Delcídio Amaral e o ex-presidente Lula. Segundo o MPF, estes nomes estão diretamente envolvidos nos esquemas políticos ligados ao Partido Progressista, ao Partido dos Trabalhadores e ao Partido do Movimento Democrático Brasileiro.

A LAVA-JATO EM NÚMEROS

Oficialmente, a Lavajato teve início em 17/3/2014 e até o dia 1/8/2017 já foram instaurados 1.765 procedimentos. Foram realizadas 844 buscas e apreensões, 210 conduções coercitivas, 97 prisões preventivas, 104 prisões temporárias e 6 prisões em flagrante.[9]

O MPF formulou 279 pedidos de cooperação internacional, firmou 158 colaborações premiadas com pessoas físicas, 10 acordos de leniência e 1 termo de ajustamento de conduta.

---

9. BRASIL. Ministério Publico Federal. Disponível em: <*https://bit.ly/2qa4nvC*>. Acesso em 27/7/2017.

Como resultado das investigações foram feitas 65 acusações criminais contra 277 pessoas, sendo que já foram prolatadas sentenças condenatórias pela prática de crimes contra o Sistema Financeiro Internacional, corrupção, lavagem de dinheiro, tráfico de drogas, entre outros. Foram apresentadas 8 acusações de improbidade administrativa contra 50 pessoas físicas, 16 empresas e um partido político.

Até o momento contabilizam-se 157 condenações, as quais correspondem a 1.563 anos, 7 meses e 5 dias.

Financeiramente, a operação envolve a investigação de R$6,4 bilhões decorrentes de pagamento de propina, sendo que 10,3 bilhões são alvo por acordo de colaboração, R$756,9 milhões por repatriação e 3,2 bilhões decorrentes da apreensão de bens e valores.

A PUBLICIDADE DA LAVA-JATO

Dada a grandiosidade da operação, a Lavajato não é julgada por apenas um magistrado. Entretanto, o principal rosto condutor das decisões judiciais tem sido Sérgio Moro. Até agora vê-se uma tímida atuação do STF em relação aos políticos envolvidos, detentores de foro privilegiado, expedindo ordem restritiva de liberdade apenas para Delcídio do Amaral. Todos os outros mandados de prisão têm sido expedidos pelo juiz Sérgio Moro.

Então, não se pode olvidar que o magistrado é o representante da operação tanto na mídia brasileira quanto na internacional. E, por assim ser, em 2015 recebeu diversos prêmios, merecendo o destaque obtido pelo jornal *New York Times* como uma das dez pessoas mais influentes do mundo.

É fato, outrossim, que a mídia tem se colocado em favor da atuação do magistrado no combate à corrupção. Tal situação tem sido crucial para o sucesso da operação.

Embora seja discreto e não fale diretamente para os meios de comunicação, apenas ministrando palestras em eventos acadêmicos e aulas como professor concursado na Universidade Federal do Paraná,

Sérgio Moro menciona ser favorável a atuação da mídia no sentido de divulgar o andamento das investigações e cumprimento de ordens expedidas pela Justiça.

Entretanto, é preciso destacar que o papel dos meios de comunicação na sociedade se resume a informar ao público sobre o que acontece no mundo. O fato deve ser descrito e apurado da maneira mais verídica possível e isenta de opinião do profissional. Nesse sentido, dispõe o art. 4º do Código de Ética do Jornalismo.

Não tem sido essa a postura dos jornalistas no que tange à Lavajato. Embora os fatos descobertos sejam estarrecedores, o jornalista deve evitar propagar suas opiniões de modo a influenciar a opinião pública.

Notório é o interesse social no que se refere ao desvio de verbas públicas. E, utilizando esse entendimento, é latente a articulação da mídia com a Lavajato.

Pessoas públicas e políticos não investigados têm vindo a público ganhar a simpatia popular para que haja uma comoção no sentido de continuação das investigações. Mormente agora que a operação avança para atingir os grandes políticos brasileiros, ter o povo a favor da investigação pode assumir até o cunho eleitoreiro desejado pelos não investigados.

Por outro lado, merece destaque que também existe o grupo que critica e até ofende os atos praticados pela Lavajato.

Opiniões divergentes fazem parte do Estado Democrático de Direito. Entretanto, mesmo não se pronunciando diretamente na mídia, Moro tem dado respostas indiretas às críticas em suas decisões e cada vez mais alarmando a sociedade com a necessidade de tornar os atos da Lavajato públicos, a exemplo da decisão que retirou o sigilo das conversas telefônicas entre Lula e Dilma.

Sobre as investigações, o Ministério Público Federal tem página de internet atualizada em seu portal e o procurador Deltan Dallagnol usa o twitter para divulgar atos de combate à corrupção bem como a campanha do MPF de "10 medidas contra a corrupção".

Todas as operações deflagradas pela Lavajato, em questão de segundos, já são noticiadas e seguidas pelos jornalistas, e algumas são alvo de grande comoção, como ocorreu com a condução coercitiva do presidente Lula.

O juiz é movido por princípios, assim como a Ciência do Direito. Entretanto, toda ação judicial deve respeitar os limites éticos e morais. Não é porque o caso investigado seja totalmente imoral e mereça todo o combate que esteja ao alcance da humanidade que hão de serem desrespeitados os limites da atuação ética.

Nesse sentido, entendemos que devem os meios de comunicação receberem os freios necessários daqueles que atuam no caso, sob pena de estarmos diante de uma situação totalmente conduzida pelo clamor social ao arrepio dos limites jurídicos.

OS EFEITOS DA LAVA-JATO

Efeitos econômicos e sociais

A operação Lavajato atualmente é fato corriqueiro no cotidiano do brasileiro, seja pela desestabilidade que tem causado no contexto político brasileiro, seja pelas dificuldades que tem acrescentado no dia a dia material de todos.

Em razão de todo o esquema de corrupção ter se formado em torno da Petrobrás, a Lavajato acelerou o processo de desvalorização econômica da empresa. Em meados de 2015, a Petrobrás teve suas ações de mercado reduzidas a menos de metade do valor contábil da empresa.

Não se pode, porém, atribuir todo o desgaste da Petrobrás à Lavajato. A causa maior e direta da situação financeira da estatal decorre do abuso de poder pelo Governo Federal enquanto acionista controlador da companhia. Cabe ao governo, de acordo com o art. 238 da lei nº 6404 de 1976, estabelecer a política econômica e financeira das estatais.

Entre 2011 e 2014, a intervenção do governo na política de preços da companhia foi desastrosa. A empresa não tinha como sustentar por tanto tempo a baixa no preço de mercado dos combustíveis e paridade dos mesmos com o mercado externo e promover investimentos bilionários, com recursos próprios, no Programa de Aceleração do Crescimento (PAC).

Entretanto, a Lavajato, ao atingir diretamente a estrutura de comando da Petrobrás, serviu como catalisador de uma instabilidade que já vinha se desenvolvendo.

Outrossim, o impacto da paralisação nas obras e serviços que vinham sendo realizadas aumentou o desemprego de uma maneira gritante.

Apenas a título exemplificativo, em Pernambuco, os efeitos decorrentes do encerramento apressado das obras da Refinaria Abreu e Lima provocou a dispensa imotivada e sem custeio de verbas decorrentes do encerramento do pacto empregatício de aproximadamente 30.000 trabalhadores. A queda de 1% do PIB brasileiro é atribuída pelos membros do Poder Executivo à operação Lavajato.

Quanto aos efeitos sociais, como na maioria das crises históricas, quem sofre mais é o lado hipossuficiente da relação jurídica estatal, a sociedade.

Para controlar a crise econômica desencadeada no país, repita-se, da qual a Lavajato tem sido a mola propulsora, embora o pano de fundo tenha sido a política de coalizão iniciada na primeira gestão da presidente Dilma, cabe ao governo adotar medidas regressivas que impactam diretamente no poder econômico da população.

Os índices de desemprego têm crescido. Sem emprego a população em desespero tende a delinquir, o que impacta diretamente no crescimento da violência.

Sob os auspícios de baluarte da moralidade, a Lavajato tem causado um desequilíbrio financeiro e social sem precedentes na história do país. Ademais, a população tem experimentado momentos de retrocesso que há doze anos, tempo em que o governo social esteve no poder, não se imaginava.

Tudo isso nos faz questionar até que ponto uma investigação contra a corrupção deve ser feita de maneira tão veloz e açodada, sem que se leve em conta os impactos causados na população já tão desgastada com a corrupção. Vê-se, pois, que estamos duplamente punidos, seja pelos desvios de dinheiro público, seja pelas medidas adotadas pelo governo para controlar a situação sócioeconômica do país, os quais impactam diretamente na população.

Efeitos políticos

Ao destruir os esquemas corruptivos e começar a investigar um número indeterminado, ainda, de políticos, a Lavajato atingiu de tal forma o cenário da política brasileira que já é latente o fato de que se tornou uma investigação muito mais política que jurídica.

Desde a primeira eleição de Lula à Presidência, o país já estava dividido politicamente entre esquerdistas e direitistas. As tensões decorrentes da bipolarização aumentavam a cada eleição e, no primeiro ano da Lavajato, o candidato da direita, Aécio Neves, perdeu por menos de 1% de diferença de votos para a candidata da esquerda, Dilma.

Os resultados das eleições geraram um desespero na direita, no sentido de que eleitoralmente não seria possível o retorno ao poder. Pediu-se recontagem de votos, tentou-se anular a eleição via TSE. Até que a mídia traz a figura de Moro como o representante maior da direita e permite que seja traçado um poderoso discurso de combate à corrupção.

Com a operação Lavajato o discurso abstrato das jornadas de junho de 2013 concretizou-se. Agora, os direitistas conseguiram o apoio popular que buscavam há 16 anos. As pessoas iam para as ruas protestar pelo fim da corrupção, não apenas o povo, mas principalmente a elite que sempre vinha votando nos candidatos de direita.

Quanto à parcela carente da população que aderiu ao movimento pró-Moro, há de se dizer que o país já estava em crise, o governo tinha adotado uma agenda regressiva para contenção de gastos e já não era possível controlar a inflação e o surgimento de postos de trabalho tão bem quanto antes. Tudo isso enfraquecia a crença no desgastado governo esquerdista.

Nesse contexto, não restou outra alternativa à presidenta eleita que não aderir ao propalado discurso de que a moralidade venceria qualquer tipo de corrupção. Foi dado apoio irrestrito pelo governo às operações, até porque esse era o principal discurso de Dilma, o combate à corrupção, fazendo parte da agenda de governo.

Toda a situação política para o retorno da direita ao poder estava armada. Dilma foi acusada de praticar pedaladas fiscais e editar decretos sem numeração em afronta à lei de Responsabilidade Fiscal. Eduardo Cunha capitaneou a galope o processo de impeachment na Câmara dos Deputados. Dias após, teve seu próprio mandato cassado pelos seus pares e atualmente está preso por ordem do juiz Sérgio Moro, em razão da prática de diversas condutas ilícitas, entre elas recebimento de propina. No Senado Federal, o impeachment foi confirmado, tendo como líder Renan Calheiros, denunciado em 10 processos da Lavajato.

Entretanto, até hoje não foi efetivamente demonstrada a prática das referidas pedaladas fiscais.

Michel Temer, também investigado e já denunciado, assumiu o cargo de Presidente da República. Ressalte-se que a presidente Dilma não é investigada na operação, mas mesmo assim foi afastada pela ação dos inúmeros parlamentares investigados e denunciados, sem nenhuma credibilidade pública para a condução do processo de afastamento.

Percebe-se, pois, que o principal efeito político da Lavajato foi causar instabilidade também no campo político, a tal ponto de culminar no afastamento de uma presidenta legitimamente eleita. Situação esta que fere o Estado Democrático de Direito apregoado pela Constituição Federal de 1988

ANÁLISE DE ALGUMAS DECISÕES JUDICIAIS PROFERIDAS NO ÂMBITO DA OPERAÇÃO LAVA-JATO

Nessa sessão pretendemos estudar algumas das decisões de maior repercussão proferidas nos processos que compõem a operação Lavajato e se as mesmas expressam as características do ativismo judicial aqui já analisadas.

Os critérios de escolha das decisões foram a repercussão da mídia ao serem prolatadas, bem como os efeitos sociais aliados aos impactos no desmonte dos arranjos políticos voltados à prática da corrupção. Outrossim, a análise será restrita a constatação ou não de ativismo judicial no julgado em apreço, sem que seja feita qualquer valoração jurídica do teor da decisão.

Importante destacar que a análise da decisão condenatória do ex-presidente Lula, não obstante tenha sido uma das mais esperadas da operação, não será aqui analisada, seja pela estrutura da decisão, a qual foi proferida em 288 páginas, seja pela grandiosidade da mesma, a qual merece estudo apartado.

DECISÕES DO JUIZ SÉRGIO MORO

Condução coercitiva do ex-presidente Lula

Em março de 2016 a população brasileira acordou com a notícia de que o ex-presidente da República, Luís Inácio Lula da Silva, estaria sendo conduzido coercitivamente por agentes da Polícia Federal. Estes estariam cumprindo a ordem expedida pelo juiz Sérgio Moro, para prestar depoimento no inquérito policial referente à operação Lava-jato.

No despacho, o referido magistrado apresentou como razão para o deferimento do pedido a manutenção da ordem pública. Motiva a necessidade da medida da seguinte forma:

> [...] Embora o ex-presidente mereça todo o respeito, em virtude da dignidade do cargo que ocupou (sem prejuízo do respeito devido a qualquer pessoa), isso não significa que está imune à investigação, já que presentes justificativas para tanto, conforme exposto pelo MPF e conforme longamente fundamentado na decisão de 24/02/2016 (evento 4) no processo 5006617-29.2016.4.04.7000. Por outro lado, nesse caso, apontado motivo circunstancial relevante para justificar a diligência, qual seja evitar possíveis tumultos como o havido recentemente perante o Fórum Criminal de Barra Funda, em São Paulo, quando houve confronto entre manifestantes políticos favoráveis e desfavoráreis ao ex-Presidente e que reclamou a intervenção da Polícia Militar [...].[10]

---

10. BRASIL. 7ª Vara Criminal Federal de Curitiba. Processo nº 5007401-06.2016.4.04.7000/PR. Requerente: Ministério Público Federal. Requeridos Luís Iná-

A condução coercitiva está prevista no art. 201, §1º do Código de Processo Penal, e não há menção do mesmo na Constituição Federal de 1988, daí já começa a polêmica acerca da recepção ou não do instituto pelo ordenamento jurídico. Entretanto, iremos considerar que o referido artigo do CPP está em plena vigência e pode ser aplicado caso preenchidos os seguintes requisitos legais.

O que chama atenção na decisão é que o juiz de primeiro grau cita e transcreve excertos do julgamento proferido pelo STF no qual consta expressa menção à possibilidade de atuação do Judiciário como intérprete na aplicação da Constituição a situações não descritas expressamente em seu texto e sem que tenham sido contempladas pelo legislador ordinário. Assim decidiu o Ministro Ricardo Lewandowiski no teor do julgado constante na decisão do juiz Sérgio Moro:

> IV – Desnecessidade de invocação da chamada teoria ou doutrina dos poderes implícitos, construída pela Suprema Corte norte-americana e incorporada ao nosso ordenamento jurídico, uma vez que há previsão expressa, na Constituição e no Código de Processo Penal, que dá poderes à polícia civil para investigar a prática de eventuais infrações penais, bem como para exercer as funções de polícia judiciária [...].[11]

Ao transcrever o julgado do STF, o magistrado demonstra que, no que for preciso, utiliza a doutrina do ativismo judicial para interpretar a norma constitucional no que for conveniente para o andamento da investigação.

Sobre a decisão o Ministro Marco Aurélio Mello fez pronunciamento na mídia, esclarecendo que a medida da condução coercitiva é instituto que só deve ser utilizado em última instância, quando haja no processo demonstração expressa de que o intimado tenha se recusado a comparecer.[12]

---

cio Lula da Silva e Marisa Letícia Lula da Silva. Juiz Sérgio Fernando Moro. Curitiba, 29 de fevereiro de 2016. Disponível em: <*http://www.jfpr.jus.br*>. Acesso em 16/10/2016.

11. Idem.

12. GLOBO. Disponível em: <*https://glo.bo/2t3HpIa*>. Acesso em 16/10/2016.

Não há nos autos comprovação de que Lula tenha se recusado a comparecer para depor. Da análise da decisão vê-se, pois, que o juiz extrapolou os limites jurídicos para atingir o seu objetivo de oitiva, via inquérito policial, do ex-presidente da República. Juridicamente, a decisão é devidamente fundamentada e respaldada em julgado do STF, logo, carente de qualquer repreensão jurídica. Entretanto, para que conseguisse levar Lula para ser interrogado, o juiz preferiu fazer uma interpretação jurídica claramente ativista, posto que pautada em fundamento extralegal, qual seja a exclusiva alegação de manutenção de ordem pública. Ao invés de simplesmente determinar o comparecimento do político para prestar depoimento.

Finalmente, merece destaque, mais uma vez, o fato de o julgado transcrito pelo magistrado convalidar o entendimento já exposto no texto da prática ativista pelo STF de maneira expressa.

Liberação dos áudios da conversa do ex-presidente Lula com Dilma Rousseff, presidente à época

Inicialmente, cabe destacar o contexto em que a decisão a ser analisada foi proferida. Após a condução coercitiva de Lula, os políticos ligados ao PT temeram a prisão imediata do ex-presidente Lula, visto que um dos argumentos de defesa seria a condução parcial do processo pelo magistrado.

Para evitar tal decisão, a então Presidente da República, Dilma Rousseff, declarou que iria nomear Lula como Ministro da Casa Civil, a fim de que Lula passasse a gozar de foro privilegiado e qualquer decisão judicial em relação a ele fosse proferida por algum ministro do STF. O poder decisório seria retirado, assim, da tutela de Sérgio Moro.

O juiz, para evitar que tal situação se consolidasse, retirou o sigilo das interceptações telefônicas do número vinculado, teoricamente, a um assessor do ex-presidente Lula. Não obstante já existir requerimento antigo nos autos, formulado pelo Ministério Público Federal, o magistrado proferiu a decisão no dia em que teve notícia da aceitação do cargo de Ministro da Casa Civil pelo investigado.

Merece destaque no despacho o seguinte trecho:

> Como tenho decidido em todos os casos semelhantes da assim denominada Operação Lavajato, tratando o processo de apuração de possíveis crimes contra a Administração Pública, o interesse público e a previsão constitucional de publicidade dos processos (art. 5º, LX, e art. 93, IX, da Constituição Federal) impedem a imposição da continuidade de sigilo sobre autos. O levantamento propiciará assim não só o exercício da ampla defesa pelos investigados, mas também o saudável escrutínio público sobre a atuação da Administração Pública e da própria Justiça criminal. A democracia em uma sociedade livre exige que os governados saibam o que fazem os governantes, mesmo quando estes buscam agir protegidos pelas sombras. Isso é ainda mais relevante em um cenário de aparentes tentativas de obstrução à justiça, como reconhecido pelo Egrégio Supremo Tribunal Federal, ao decretar a prisão cautelar do Senador da República Delcídio do Amaral Gomez, do Partido dos Trabalhadores, e líder do Governo no Senado, quando buscava impedir que o ex-diretor da Petrobrás Nestor Cuñat Cerveró, preso e condenado por este Juízo, colaborasse com a Justiça, especificamente com o Procurador Geral de Justiça e com o próprio Supremo Tribunal Federal.[13]

Mais uma vez o magistrado, ao decidir, faz menção a ato praticado pelo STF e fundamenta sua decisão em artigos analíticos, de conceitos amplíssimos, da Constituição, bem como em princípios fundamentais, como, por exemplo, a publicidade e o interesse público, que têm suas aplicações reguladas por normas constitucionais.

Ressalte-se que o art. 8º da lei nº 9.296 de 24 de julho de 1996, ao tratar das interceptações telefônicas, prevê expressamente que deverão ser respeitados os sigilos das gravações, transcrições e interceptações telefônicas.

Lógico que a divulgação dos áudios, no sentido de tornar públicos e lançar para divulgação da mídia a conversa de uma presidente, cujo

---

13. BRASIL. PEDIDO DE QUEBRA DE SIGILO DE DADOS E/OU TELEFÔNICO Nº 5006205-98.2016.4.04.7000/PR. Requerente: Ministério Público Federal. Acusados: L.I.L.S. PALESTRAS, EVENTOS E PUBLICACOES LTDA., Instituto Luiz Inácio Lula da Silva, Elcio Pereira Vieira, Clara Levin Ant, Paulo Tarciso Okamoto e Luiz Inácio Lula da Silva. Juiz Sérgio Fernando Moro. Curitiba, 16 de março de 2016. Disponível em: <*http://www.jfpr.jus.br*>. Acesso em 1/11/2016.

processo de impeachment estava em curso, e de um ex-presidente, ligado ao mesmo partido da presidenta, tem um viés muito mais político do que jurídico. Ressalte-se que o fundamento de decisão exclusivamente em texto constitucional abre espaço para interpretações não pautadas exclusivamente na racionalidade jurídica, dado que a Constituição, por estar no topo do ordenamento jurídico e ser a norma fundamental, da qual todas as outras se originam, tem alguns conceitos amplos e vagos, tais como o da publicidade, tão evidenciado pelo magistrado.

Cabe esclarecer que tal interpretação da Constituição Federal de 1988, criando hipótese de retirada de sigilo de grampos telefônicos exclusivamente para garantir a publicidade de situação envolvendo a chefe do Poder Executivo, gerou um pedido de esclarecimentos do Ministro do STF Teori Zavascki para o magistrado de 1º grau.

Na resposta, Moro pede desculpas e esclarece que a decisão não teve o condão de causar constrangimento para nenhuma autoridade detentora de foro privilegiado. Sustenta que ainda que tenha feito uma interpretação jurídica equivocada, em nenhum momento ultrapassou os limites da investigação jurídico-criminal, a qual tinha como figura exclusiva a pessoa de Lula.[14] Embora tenha havido o pedido de desculpas, o juiz conseguiu manter o processo sob sua tutela, dado que Lula não foi empossado Ministro da Casa Civil.

Mais uma vez, da análise do conteúdo jurídico da decisão e do contexto histórico, constatamos a existência de uma interpretação da Constituição além do que está legislado, em prol da alegada satisfação do interesse público. Tal atitude, portanto, enquadra-se em hipótese de ativismo judicial.

DECISÕES DO STF

Em razão da investigação acerca do esquema de corrupção da Petrobrás ter atingido políticos no exercício do múnus público, entre eles deputados federais e senadores, existem ações da Lavajato em trâmite no STF.

---

14. ESTADÃO. Disponivel em: <*https://bit.ly/2TuxOG8*>. Acesso em 19/10/2016.

Ao analisarmos algumas das decisões proferidas pela máxima instância do Judiciário constatamos que, apesar do STF ser um órgão cujas decisões são voltadas em sua maioria para o ativismo judicial, no que concerne à Lavajato essa não tem sido a postura adotada, via de regra.

Verifica-se que as decisões proferidas pelo STF em relação às investigações, busca e apreensões, são facilmente prolatadas pelos Ministros. Entretanto, as medidas restritivas de liberdade dos políticos não têm merecido tanta atenção, principalmente, após a Lavajato estar atingindo políticos de renome na esfera pública. Em razão do Ministro Teori Zavascki ter falecido em acidente aéreo em dezembro de 2016, o Ministro Edson Fachin assume a relatoria dos casos que envolvem a Lavajato. O referido ministro tem proferido decisões mais arrojadas e ativistas. Entretanto, observa-se uma tendência à divisão dos processos da operação em debate entre os Ministros da casa. Tal atitude faz com que prevaleçam as decisões com aplicação restrita da lei, sem o viés do ativismo judicial.

Via de regra, o STF mantém as prisões decretadas por Moro e também prolata decisões em outros processos que respaldam a atuação de Moro. Nesse aspecto, merece destaque a decisão proferida nos autos do HC 126.292 que relativizou o princípio norteador da presunção de inocência. Segundo o STF, o réu condenado em segunda instância pode começar a cumprir a pena, sem que seja necessário o trânsito em julgado da decisão penal condenatória. O relator, Ministro Teori Zavascki, justificou a modificação da jurisprudência consolidada no STF no sentido de que os recursos de natureza extraordinária não comprometem o núcleo da não culpabilidade do réu, o qual já é devidamente exaurido até a decisão de segunda instância.

Até agora, após mais de três anos de Lavajato, só foi deferido um pedido de prisão preventiva de político no exercício da função, o então senador à época Delcídio do Amaral. O pedido de prisão de Eduardo Cunha só foi apreciado por Moro após a perda do mandato pelo político e consequente perda do foro privilegiado. Foi deferido pelo juiz de primeira instância pelos fundamentos já existentes há seis meses e expostos na petição apresentada ao STF.

Em sequência, apreciaremos as decisões que determinaram a prisão de Delcídio do Amaral, a que negou o pedido de restrição de liberdade dos senadores Renan Calheiros e Romero Jucá e do ex-presidente José Sarney e a que cassou os direitos políticos de Aécio Neves.

Ordem de prisão de Delcídio do Amaral

Na decisão proferida na ação cautelar nº 4039, o Ministro Teori Zavascki determina a prisão do senador Delcídio do Amaral. Fundamenta suas razões no conjunto probatório apresentado pelo Ministério Público Federal.

Segundo o Ministro, o Senador estaria em conluio com o advogado Edson Ribeiro para que Nestor Cerveró não firmasse acordo de colaboração premiada. Ofereceram pagamento de R$50.000,00 por mês à família de Cerveró, bem como traçaram um plano de fuga do preso, através do Paraguai, para que o mesmo chegasse à Espanha, país que Nestor Cerveró também tem nacionalidade. Para o Ministro houve a clara prática de obstrução à instrução criminal, dado que os atos praticados por Delcídio e Edson Ribeiro configuravam uma conduta mafiosa e visavam obstruir o andamento das investigações da Lava-jato. Nestor Cerveró foi nada menos que o diretor internacional da Petrobrás.

Todos esses fatos estão demonstrados na gravação de conversa mantida, em um quarto de hotel em Brasília, entre Delcídio do Amaral, Edson Ribeiro e Bernardo Cerveró, filho de Nestor. A gravação foi feita por Bernardo sem o conhecimento dos outros dois participantes.

É importante ressaltar que a Constituição Federal de 1988, assim como tem regras protetivas ao magistrado no exercício da função, estabelece condições para a prisão do parlamentar em exercício. Segundo o art. 53, §2º da Carta de 1988, apenas em caso de flagrante delito de crime inafiançável é possível a prisão de congressista. Numa interpretação literal do dispositivo em consonância com o art. 5º, LVII da C.F. de 1988, como a nova redação do Código de Processo Penal considera inafiançáveis apenas os crimes hediondos e equiparados, seria impossível a prisão de parlamentar antes do trânsito em julgado de decisão penal condenatória.

Entretanto, o Ministro Teori Zavascki, mesmo assim, decretou a prisão do senador Delcídio do Amaral. Desde 1985, foi a primeira prisão de membro do Congresso Nacional legitimamente eleito.

Na decisão, de 39 laudas, o Ministro considera que a regra constitucional deve ser relativizada, dado que foi elaborada no período de início da democracia, quando ainda havia medo do retorno da ditadura. Argumenta que neste momento do Brasil a democracia já estaria consolidada, não podendo o parlamentar ser investigado criminalmente e não poder estar sujeito à prisão cautelar. Não obstante o entendimento do Ministro, o texto do art. 53, §2º permanece escrito da mesma maneira que o constituinte originário previu.

Ademais, como fundamento da decretação da prisão, a decisão também considera a validade de uma gravação feita por Bernardo Cerveró. O Ministro também relativiza o disposto no art. 5º, LVI para considerar que não é prova ilícita a obtida sem conhecimento dos participantes, posto que ausente cláusula legal de sigilo ou reserva de conversação.

Nessa decisão, a qual consideramos a mais "agressiva" do STF no contexto da Lavajato, é possível vermos tanto no contexto da análise da aceitação da gravação ambiental como prova lícita, quanto nos fundamentos propriamente da prisão, uma postura ativista do STF no que tange a aplicação da Constituição a situações não descritas expressamente em seu texto e sem que tenham sido contempladas pelo legislador ordinário.

Indeferimento de pedido de prisão de Renan Calheiros, José Sarney e Romero Jucá

Em maio de 2016 o Ministério Público Federal ajuizou ação cautelar postulando o deferimento de ordem restritiva de liberdade em relação aos senadores Renan Calheiros, Romero Jucá e ao ex-presidente José Sarney. Argumenta que os três políticos estariam praticando manobras para impedir o andamento da Lavajato. A conduta estaria tipificada no art. 2°, § 1°, da lei n° 12.850/2013. Tais fatos foram colhidos de depoimentos decorrentes de colaboração premiada de José Sérgio de Oliveira Machado e filhos.

Na decisão, o Ministro Teori Zavascki entendeu que não havia materialidade da conduta. Sustenta que nos depoimentos colhidos a conduta dos políticos teria sido apenas indicar alguém para conversar com os Ministros envolvidos em processos da operação Lavajato no sentido de obter decisões favoráveis.

As provas colhidas pelo MPF neste requerimento decorrem de colaboração premiada, homologada pelo STF. Veja-se que na decisão anteriormente analisada, o juízo de convicção do Ministro foi baseado em gravação ambiental e depoimento prestado pelo filho de Nestor Cerveró, o qual poderia ter interesse na obtenção de algum benefício para o pai, que já estava preso.

Valorando o conteúdo das duas provas produzidas, sem adentrar no mérito da tipicidade das condutas ou da gravidade dos fatos, convém demonstrar como um mesmo tribunal pode adotar uma postura ativista ou conservadora, a depender da postura que o magistrado pretende adotar.

Renan Calheiros responde a 10 processos no STF por condutas potencialmente criminosas decorrentes da operação Lavajato. Mesmo assim, o Ministro entendeu que não havia prova contundente da materialidade da prática de ato ilícito. Já Delcídio do Amaral, à época não tinha nenhum processo e ainda nem tinha havido a colaboração premiada de Cerveró.

Sabe-se que a decretação da prisão em análise poderia causar um desequilíbrio político sem precedentes no que concerne à harmonia da atuação entre os três poderes. Entretanto, seria coerente com o discurso e atuação de Moro no que concerne ao combate à corrupção.

Decisão que limita o exercício dos direitos políticos por Aécio Neves

Em 19/5/2017, o ministro Edson Fachin determinou a prisão cautelar de Andrea Neves da Cunha, Frederico Pacheco de Medeiros e

Mendherson Souza Lima, aplicando medidas diversas da prisão ao Senador da República Aécio Neves da Cunha.

O senador é alvo de sete investigações no Supremo. Cinco delas já faziam parte da lista de Fachin,[15] abertas a partir de delações da empreiteira Odebrecht. Em uma delas, será investigado por ter pedido vantagens indevidas para a campanha dele à Presidência em 2014. Outras duas foram abertas a partir de delação do senador cassado Delcídio do Amaral, sobre Furnas e o Mensalão.

A decisão proferida pautou-se na delação premiada de Joesley Batista, que apresentou gravação do senador pedindo 2 milhões de reais para financiar sua defesa na Lavajato. O senador ficou impedido de praticar atos parlamentares, teve o passaporte apreendido e ficou proibido de ter contatos com outros parlamentares.

Até então nenhuma decisão do STF teve tal viés. O Ministro, com base nas disposições da lei penal e com uma interpretação dos fatos, não decretou a prisão do senador, mas restringiu o exercício dos direitos políticos e impôs medidas restritivas de liberdade diversas da prisão.

Entretanto, os autos da ação cautelar 4327 foram redistribuídos, ficando o Ministro Fachin com a relatoria apenas do Inquérito Policial que investiga o presidente Michel Temer, neste caso específico.

Com a redistribuição, o Ministro Marco Aurélio Mello, em 30/6/2017, sem que tivesse sido juntada qualquer prova diversa aos autos, reconsiderou a decisão do Ministro Fachin, restabelecendo todos os direitos políticos a Aécio Neves, bem como afastando as demais restrições de liberdade impostas.

Na decisão, fundamenta o Ministro Marco Aurélio:

> É mais que hora de a Suprema Corte restabelecer o respeito à Constituição, preservando as garantias do mandato parlamentar. Sejam quais forem as denúncias contra o senador mineiro, não cabe ao STF, por seu plenário e, muito menos, por ordem monocrática, afastar um parlamentar do exercício do mandato. Trata-se de perigosíssima criação jurisprudencial, que afeta de

15. <*https://bit.ly/2ofg8Ol*>.

forma significativa o equilíbrio e a independência dos Três Poderes. Mandato parlamentar é coisa séria e não se mexe, impunemente, em suas prerrogativas [...].

O Ministro acrescenta que é incabível o afastamento do exercício do mandato, em liminar, sem a existência de processo-crime contra o parlamentar, porquanto no momento da decisão do ministro Edson Fachin ainda não havia denúncia contra o senador Aécio referente ao caso em questão.

Observe-se que, diante dos mesmos fatos, os dois ministros tiveram posturas e interpretação legal diversa. Para o Ministro Fachin era mais importante a aplicação da lei penal em detrimento da garantia constitucional do exercício do mandato parlamentar e, tal interpretação, sendo legal – posto que pautada nos princípios da moralidade, publicidade e aplicação da lei penal, todos previstos constitucionalmente –, foi reconsiderada também com base na Constituição.

Estamos diante de duas decisões contrárias em um mesmo caso. Uma que representa um avanço na interpretação constitucional, a qual foi feita para garantir a moralidade, diante das provas coligidas e do clamor social de ver a atuação do juiz no sentido de garantir a ordem pública e demonstrar que o Judiciário estaria agindo politicamente na tentativa de justificar a vontade popular de combate a corrupção.

Já a decisão do Ministro Marco Aurélio afigura-se extremamente jurídica, respaldada apenas nos ditames constitucionais de cumprimento do mandato parlamentar. Ressalte-se que, nesse caso, se o povo, quem escolhe os seus representantes, soubesse de tais fatos, provavelmente não elegeria o senador Aécio Neves.

CONCLUSÃO

A Operação Lavajato colocou o país em um momento político diferenciado, porquanto movimenta todas as funções do Poder do Estado. As estruturas políticas do Brasil estão todas desequilibradas. Não existe mais estabilidade no Legislativo, cujos membros investigados atacam o Judiciário; enquanto o Executivo, que ascendeu ao poder por manobra do Legislativo, ao arrepio da escolha popular, tem suas ações limitadas por tal Poder.

Tudo isso reflete na sociedade, que se submete às ações dos três Poderes, que argumentam que estão assim agindo para equilibrar o Estado, sem de fato revelar o interesse real que os move.

Outro fato que merece destaque é que nos países desenvolvidos, os juízes têm uma conduta discreta na atuação e na vida social, até por uma exigência da função que exercem. A imparcialidade e a discrição social andam de mãos dadas e não tem como ser dissociadas da vida privada. Mas, na operação Lavajato, a imprensa atua como se fizesse parte do processo. Os juízes que atuam de forma colegiada, até mesmo antes de se pronunciarem nos autos, já concedem entrevistas, seja para mencionar como irão agir no processo, seja para criticar as decisões dos colegas.

Segundo Jessé de Souza,[16] a Lavajato fez eclodir no país não apenas a judicialização da política, mas a politização da Justiça. Sempre que houver predominância da política sobre o direito este perde sua autonomia.

De fato, o desmonte da teia de corrupção existente no Brasil era necessário. Diante de tantas distorções e por estarmos acostumados ao "jeitinho brasileiro" ou à ideia de que no Brasil "tudo acaba em pizza", é difícil crer que a Lavajato cumprirá o papel de acabar com a corrupção, como é a pretensão de Sérgio Moro.

A Operação Lavajato impôs ao país uma nova regra social, trocamos um governo corrupto por outro tão corrupto quanto, haja vista que também está sendo investigado. Mas também trocamos um governo social, que permitia que o pobre sonhasse como uma melhoria de vida, por outro que prega a estagnação das classes sem qualquer perspectiva de melhora. As medidas até então declaradas são retrógradas, conservadoras e resvalam diretamente no povo.

E se estivéssemos vivendo toda essa situação para que acabasse a corrupção poderíamos dizer que teria valido a pena vivenciá-la. Mas

---

16. SOUZA, Jessé. *A radiografia do golpe*. Rio de Janeiro, RJ: LeYa, 2016, p. 118.

não acabará, porque o problema da corrupção não é partidário, mas é social, endêmico e sistêmico.

Das lições do historiador Leandro Karnal[17] percebemos que não basta um juiz, com uma atuação ativista, tentar banir do poder os agentes corruptos. É preciso que haja uma reforma social, para que o povo seja educado a não corromper: a criança não ache normal colar na prova; o pai não pense que está fazendo um bem para o filho assinando um atestado médico que justifique a ausência na avaliação; ou que o adolescente não ache normal comprar a entrada do cinema primeiro que os colegas porque furou a fila.

Não é porque a corrupção está enraizada no Brasil desde a colonização, visto que os portugueses não vieram para cá visando o nosso bem, mas para enriquecer com nossos bens, como disse o Padre Antônio Vieira no sermão do Bom Ladrão, que não cremos que uma nova ordem social possa ser imposta.

A operação Lavajato não representará o termo da corrupção, pois esta só findará quando a sociedade estiver sendo educada para arcar com a responsabilidade de assumir seus erros e o compromisso com o social e não apenas com o individual. O modo como isso será feito é uma incógnita.

Entretanto, merece destaque o fato de que a Lavajato trouxe tal discurso à tona e plantou na sociedade o debate acerca da ética na atuação profissional, consubstanciada nas práticas anticorruptivas. Para que a semente germine é preciso que existam resultados efetivos na Lavajato, que seja validada a ideia de que vilipendiar a sociedade é uma atitude que nos atinge mediatamente.

Ante o exposto, percebemos que a atuação política dos juízes, embora consolidada mundialmente, deve existir de maneira a assegurar a existência da Democracia e a paz social, nunca a instabilidade. A Lavajato, embora tenha suas falhas e polêmicas, principalmente em decorrência da atuação ativista dos juízes ou de autocontenção do STF, despertou no povo a ideia de combate à corrupção. A população cada

---

17. BRASIL. Disponível em: <*https://bit.ly/2TErTOR*>. Acesso em 1 de novembro de 2016.

vez mais clama pela reconstrução de novas bases de Poder. Desejamos que o tempo seja aliado do povo e traga não apenas a esperança, mas meios para a reconstrução de um país voltado para a prática do social, com uma melhor distribuição de riquezas e educação.

REFERÊNCIAS BIBLIOGRÁFICAS

BARROSO, Luís Roberto. *Constituição, democracia e supremacia judicial: Direito e Política no Brasil Contemporâneo.* Revista da Faculdade de Direito da UERJ, nº 21, Rio de Janeiro, 2012. Disponível em: <*https://bit.ly/2Sjch6F*>. Acesso em setembro de 2016.

CALAMANDREI, Piero. *Eles, os juízes, vistos por um advogado.* São Paulo, SP: Martins Fontes, 1995.

GHIRARDI, André Garcez. *Petrobras: as causas da crise, além da Lava Jato.* Disponível em: <*https://bit.ly/2y 9y4lj*>. Acesso em outubro de 2016.

JORG, Janes e CARVALHO, Marcelo S. de. *Os trabalhadores diante da operação Lava Jato.* Disponível em: <*https://bit.ly/2TAl7Ko*>. Acesso em 11 de março de 2015.

LIMA, Flávia Danielle Santiago. *Ativismo e autocontenção no Supremo Tribunal Federal: Uma proposta de delimitação do debate.* Repositório Institucional da UFPE, fevereiro de 2013. Disponível em: <*https://bit.ly/2RPqJ16*>. Acesso em setembro de 2016.

NETTO, Vladimir. *Lava Jato: O juiz Sérgio Moro e os bastidores da operação que abalou o Brasil.* Rio de Janeiro: Primeira Pessoa, 2016.

SCARPINO, Luiz. *Sérgio Moro: O homem, o juiz e o Brasil.* Ribeirão Preto: Novo Conceito, 2016.

SOUZA, Jessé. *A radiografia do golpe.* Rio de Janeiro: LeYa, 2016.

A defesa desvirtuada

30 anos da Contituição Cidadã

Ademar Rigueira Neto[1]

Há trinta anos deixei a Casa de Tobias Barreto, a inesquecível Faculdade de Direito do Recife, para investir num mercado de trabalho estimulado pela recente vigência da carta cidadã. Vivíamos tempos de euforia, o Estado Democrático de Direito se consolidava com a promulgação da Constituição Federal. O exercício pleno da cidadania restava-se, para nós, garantido e assegurado com o elenco irremovível dos direitos individuais previstos no art. 5º da Lei Maior. Finalmente a luta, o denodo, o sacrifício pessoal de tantos, na intransigência necessária para se combater o arbítrio, parecia-nos compensada.

As crises antigas, no entanto, não foram remediadas, combatidas, tampouco extintas pela nova ordem constitucional. A vigência dos preceitos não impulsionou a normal e indispensável aplicabilidade dos institutos.

Ganhou corpo no Judiciário brasileiro a corrente daqueles que defendiam, de forma equivocada, a proteção desmedida do interesse público em detrimento das garantias individuais. A busca da verdade "real" passou a não ter limites, não se contrapondo ao necessário respeito às formalidades dos atos processuais. A prova descoberta passou a ser o único fim almejado, quase sempre na desconsideração cínica dos meios utilizados. O processo penal, antes empregado na salvaguarda dos interesses dos acusados em geral, transformou-se em rito de passagem para condenações que espelham unicamente o sentimento da justiça subjetiva do julgador.

---

1. Advogado criminalista e jurista, foi presidente da OAB-PE e é membro da Academia Pernambucana de Letras Jurídicas.

O réu deixou de ser cidadão de direitos e esse conceito não vem apenas da toga, mas é forjado por uma "moralidade média" que autoriza e contribui com o sacrifício dos direitos mais elementares da pessoa humana.

As pessoas e seus conceitos preestabelecidos impõem ao Judiciário "moderno" alternativas arrimadas em conceitos ressurgidos da França inquisitorial, retratadas com indignação por Fernando da Costa Tourinho Filho, de que "se o réu era inocente, não necessitava de defesa", entretanto, "se era culpado, era indigno de defesa".

Sabemos que só pode haver justiça dentro da lei, garantindo-se ao acusado o direito de defesa. Justiça fora da lei não é justiça; é vingança, acerto de contas com as próprias mãos, arbítrio, violência. O povo brasileiro, que em grande parte vive o tormento de um estado social de fato e não de direito, acaba muitas vezes aprovando transgressões legais em nome do que imagina ser justiça. Acostumou-se a viver sem proteção legal.

Malgrado todo um cabedal de direitos e proteções individuais, que disciplinam e protegem os acusados em processos criminais, criou-se uma mentalidade média que justifica, ou tenta justificar, que o direito coletivo deve se sobrepor às garantias individuais, elevando-se quase sempre provas ilícitas, ou obtidas de formas ilícitas, àquelas necessárias, ou mesmo indispensáveis, às investigações policiais.

Uma febre de prisões cautelares veio à tona no cenário do judiciário brasileiro, sempre enaltecida e acompanhada pela mídia nacional, reverberando discursos prontos, nos quais se alardeia a eficácia do Estado no combate à criminalidade.

Tudo é feito para desmoralizar – operações com títulos chamativos; algemas desnecessárias; exposição da imagem dos acusados; fornecimento clandestino aos órgãos de imprensa de provas obtidas mediante o sigilo processual na intenção de antecipar um julgamento, antes mesmo do início do processo judicial competente.

Não obstante os Tribunais tenham pacificado o entendimento de que as prisões de natureza cautelar – temporária e preventiva – só devam ser aplicadas em casos excepcionais, a exceção virou regra. O que se vê são prisões antecipadas fundadas em meras conjecturas acerca da possibilidade de o acusado tornar a delinquir ou ainda na probabilidade de frustrar a colheita de provas e a aplicação da lei penal.

Agora a situação se agrava, e o próprio Supremo Tribunal Federal legitima prisões antecipadas, abrindo o leque autorizador das execuções provisórias das penas.

O retrocesso desta feita não veio em conta-gotas. O salto, não só aniquilou o princípio da presunção de inocência – art. 5°, inc. LVII da novel Constituição –, mas invocou os tempos do Estado Novo – 1941 – quando se permitia a execução provisória da pena (CPP, art. 669, I). Como disse Alberto Zacharias Toron no prefácio do Livro *Do alto da tribuna*,[2]

> Pode até ser que o sistema estivesse disfuncional, como disseram alguns ministros do STF e que em outros países seja diferente. Todavia, temos lei e Constituição regulando a matéria. Não por acaso o antigo Subprocurador Geral da República, Guilherme Magaldi, redesenhou a pirâmide kelseniana para, acima da Constituição, colocar a Suprema Corte.[3] Não se trata, obviamente, de uma homenagem, mas do reconhecimento a um autoritarismo voluntarista dos que pensam que assim vão fazer o sistema funcionar melhor; talvez tenham razão, mas o respeito às leis e à Constituição deveria vir antes. Do contrário, temos os juízes da Suprema Corte, como os militares outrora, fazendo o que bem entendem...

O Supremo chegou ao ponto de afirmar que são os Tribunais de Apelação que fazem o exame sobre os fatos e provas da causa. É ali, segundo a novel decisão, que se exaure essa possibilidade, não se prestando o Supremo, tampouco o Superior Tribunal de Justiça ao debate da matéria fática probatória, não se justificando o impedimento antes imposto à execução provisória da pena. Não esclareceu a decisão que, não obstante os Recursos Especiais e Extraordinários não admitam reexame de provas, a valoração delas é plenamente admitida, principalmente na via do recursal especial.

---

2. NETO, Ademar Rigueira. *Do alto da tribuna*. São Paulo: Ed. Lumen Juris, 2017.
3. Publicado no JOTA, <*www.jota.com.br*>, em 7/10/2016.

A prova produzida e examinada pelos Tribunais de Apelação, que foi capaz de condenar e impulsionar a execução imediata da pena segundo o Supremo, poderá, por lógico, ser valorada pelos Tribunais Superiores, especialmente quando houver a necessidade de se atribuir um novo e devido valor jurídico a fato incontroverso. Aos Tribunais Superiores recaem em última análise a obrigação de zelar pela correta adequação das provas ao ordenamento jurídico, ou seja, em dizer se os fatos apurados podem ser considerados como uma conduta criminosa.

Não há de ser razoável uma justificativa – seja ela qual for – que imponha prematura pena privativa de liberdade a um acusado, quando ainda cabível recurso que possa retificar decisão anterior de Tribunal que condenou por *error in judicando* (equívoco do juízo na valoração das provas) ou com *error in procedendo* (erro no proceder, cometido pelo juiz).

Não há de ser razoável iniciar o cumprimento de uma pena quando, estatisticamente, segundo dados obtidos no voto do ministro Celso de Melo, 25% dos recursos interpostos nos Tribunais superiores são providos, modificando-se substancialmente os decretos condenatórios.

Para coroar o quadro, tivemos ainda uma recente tentativa, absurda e desconexa, de fuzilar as garantias constitucionais. Num denominado "pacote anticorrupção" apresentado pelo Ministério Público Federal (MPF) tentou-se nada menos do que restringir os efeitos e o cabimento do *habeas corpus.*

O remédio heroico, como deve ser efetivamente chamado o instituto, por ser uma ação autônoma de impugnação, tem lugar ainda que em concomitância com outro recurso ou mesmo no lugar deste. Deve ser utilizado quando houver ameaça, "ainda que remota, ao direito de ir e vir, garantindo a totalidade dos direitos do acusado relacionados com sua liberdade de locomoção, ainda que este, na simples condição de direito-meio, possa ser afetado apenas de modo reflexo, indireto ou oblíquo".[4]

Pois bem, a situação esteve posta e nela tentava o Ministério Público castrar o *writ*, transformando-o numa espécie de remédio apenas para dirimir questões diretamente ligadas à liberdade de ir e vir. Um absurdo inigualável, repudiado pelo Poder Legislativo.

De outra parte, potencializava-se sensivelmente a *investigação secreta*, realizada, como método de ação, pela Polícia Federal e, não raro, pelo Ministério Público, entregando-se os dois segmentos a perquirições que alcançam, seguidamente, parâmetros constitucionalmente inaceitáveis (chegam informações da existência de células oficiosas de escuta telefônica, devassamento e captação de dados, como estratégia de prospecção geral de delitos, tudo ao largo do controle jurisdicional). Tais procedimentos ofendem o ordenamento jurídico brasileiro, violentando o direito constitucional de intimidade e privacidade. Em suma, constituem hipóteses concretas de infrações penais.

Mas não é só. Trinta anos se passaram da Constituição e as investigações policiais continuam violando sistematicamente garantias individuais de âmbito constitucional - quebra do sigilo bancário, fiscal e telefônico, publicidade opressiva, além da utilização desmedida de delação premiada como forma de coação -, antes mesmo de uma análise mais criteriosa acerca do conteúdo da denúncia, antes mesmo até da busca de indícios justificadores da autoria, tentando-se obter, a qualquer custo, uma prova suficiente, capaz de dar azo a uma investigação criminal. E o que é pior, esses desmandos que violam os princípios da razoabilidade, proporcionalidade e da dignidade da pessoa humana são cotidianamente utilizados pela polícia judiciária do nosso país, sob o manto ratificador de decisões judiciais desfundamentadas.

Na verdade, no que ouso chamar de processo penal contemporâneo, as autoridades abusam da utilização de medidas cautelares com o fito de produzir provas com a mitigação de garantias individuais pro-

4. MELLO FILHO, José Celso. *Constituição Federal Anotada.* 2 ed. São Paulo: Saraiva, 1986.

tegidas constitucionalmente. As violações quase sempre são justificadas pelo reconhecimento da presença do interesse público/coletivo na investigação.

Este interesse público, fartamente utilizado como fundamento, também possui previsão constitucional ao estabelecer limites às proteções constitucionais. O art. 5º, inciso XII, da Constituição Federal determina ao final as suas próprias exceções: *é inviolável o sigilo da correspondência e das comunicações telegráficas, de dados e das comunicações telefônicas, salvo, no último caso, por ordem judicial, nas hipóteses e na forma que a lei estabelecer para fins de investigação criminal ou instrução processual penal.*

Trata-se de verdadeiro exercício de ponderação de princípios: afastam-se garantias constitucionais sobre direitos individuais à intimidade, privacidade, sigilo das correspondências e comunicações em prol do interesse público inerente à investigação de crimes, considerando-se o monopólio estatal do poder punitivo.

Malgrado se trate de exceção, aplicada portanto em última *ratio*, quando ao caso se verifique realmente que o interesse público deva se sobrepor aos outros preceitos constitucionais, massificaram, banalizando, o exercício da ponderação dos princípios, com o intuito único de produzir provas em processo penal contra cidadãos que há muito deixaram de ser detentores de direitos.

E não é só! Por ser banal, a produção de provas mediante a mitigação de direitos constitucionais passou a ser utilizada pelas autoridades investigativas como forma de pressão midiática em desfavor do cidadão investigado.

Se o interesse coletivo é fundamento para afastar garantias individuais com vistas à produção de provas no processo penal, também deve-se observar que a finalidade desta coleta de provas à revelia de direitos fundamentais é bastante restrita: instruir a investigação ou o processo penal no bojo do qual foi autorizada. Tanto que, repita-se, o inciso XII é claro em determinar a finalidade específica da mitigação de direitos fundamentais mediante autorização judicial "*para fins de investigação criminal ou instrução processual penal*".

A autorização para produzir provas mediante a quebra de garantias constitucionais, portanto, não inclui a divulgação livre ou utilização destas provas para outras finalidades, mas apenas para instruir a investigação ou o processo penal.

Não há dúvida que também são direitos e garantias fundamentais amparados na Constituição Federal: a livre manifestação do pensamento e das comunicações (liberdade de imprensa), bem como a garantia de publicidade dos atos processuais.

Todavia, com o vertiginoso aumento de investigações que contam com o deferimento de medidas cautelares assecuratórias e de produção de prova, uma nova questão se coloca no âmbito da ponderação destes princípios constitucionais (liberdade de imprensa e publicidade dos atos processuais x direitos fundamentais individuais).

Havendo nos autos de investigação provas produzidas mediante a flexibilização de direitos fundamentais do investigado, não se tem dúvidas de que, uma vez concluídas as diligências, o sigilo para as partes deve ser levantado, franqueando-se à defesa acesso a todo o seu conteúdo. Todavia, poderia este mesmo processo estar livremente à disposição do público e, em especial, poderiam as autoridades responsáveis por conduzir a investigação prestar declarações, entrevistas e, de qualquer forma, expor livremente estas provas encartadas aos autos, como se tem feito reiteradamente nos dias atuais?

Por ora, não há dúvidas de que os atos processuais, em geral, são públicos, em especial no interesse do acusado, conforme anteriormente esposado. Todavia, as provas cautelarmente produzidas diferem infinitamente das provas angariadas através de investigação comum, justamente por terem sido autorizadas judicialmente, na proteção do interesse público e mediante o afastamento de direitos fundamentais dos investigados (ponderação de princípios constitucionais).

A própria Constituição oferece um norte para o tema, quando define, no art. 5°, inciso LX, que a lei só poderá restringir a publicidade dos atos processuais quando a defesa da intimidade ou o interesse social o exigirem.

Não se pode olvidar que a preservação do *interesse social* também invoca a ideia de *justiça social*, e o direito coletivo de acesso à justiça e, por conseguinte, a julgamentos justos. A sociedade, como um todo, também precisa confiar no judiciário e na justiça como instrumento democrático e republicano, consubstanciado no acesso a um julgamento justo, mediante a obediência às regras processuais penais (ótica formal) mas também o mais protegido possível de influências externas (ótica material).

Um dos grandes desafios atualmente colocados ao Judiciário é justamente o esforço de não ser permeabilizado pela influência de agentes externos, notadamente a mídia, através da chamada publicidade opressiva. A doutrina atual tem se debruçado sobre esta potencial influência da mídia e dos vazamentos na imprensa de provas inseridas nos processos no resultado final do julgamento.

Neste contexto, a norma Constitucional também apresenta um norte: em contraponto ao interesse social, também tutela o *interesse individual*, através do limite à publicidade dos atos processuais com vistas a salvaguardar a intimidade do investigado, como direito fundamental que é.

Indo ainda mais além, o Pacto de São José da Costa Rica, do qual o Brasil é signatário, no art. 8º, nº 5, prevê a possibilidade de restringir a publicidade dos atos no processo penal para preservar os interesses da justiça.

Apresenta-se, portanto, o desafio de ponderar entre o direito fundamental do investigado à intimidade e vida privada (já mitigado para a produção da prova cautelar) e a publicidade dos atos processuais junto com a liberdade de imprensa constitucionalmente garantida.

Quando se chega a uma decisão judicial que autoriza a produção da prova cautelar de interceptação telefônica e telemática, evidentemente foram mitigados direitos fundamentais na consideração do interesse público na investigação, mediante uma ponderação legítima e também prevista na C.F.

Todavia, ao se admitir eventual publicização da prova amealhada, disponibilizando-a aos órgãos de imprensa, nova ponderação de princípios é realizada, desta feita em flagrante colisão com a finalidade estrita estabelecida na primeira ponderação, qual seja, instruir a investigação.

Ora, se foi necessário (I) obter autorização judicial para a coleta das provas, por força de determinação constitucional; (II) se tais elementos ainda deverão ser apresentados submetidos ao contraditório ao longo da instrução processual e (III) ainda serão submetidos também ao crivo de legalidade *a posteriori*, tendo em vista a possibilidade concreta de ter havido procedimentos de mácula à legalidade daquelas provas, não há absolutamente nenhuma razão para se admitir que, de forma antecipada e sem qualquer critério, as autoridades investigativas estejam autorizadas a veicular na imprensa seu conteúdo (!).

No ponto, cumpre mencionar o paradigmático caso relacionado ao então Governador do Rio de Janeiro Anthony Garotinho. O STF confirmou o posicionamento do Tribunal de Justiça do Rio Grande do Sul no sentido de proibir a veiculação pela imprensa do conteúdo de interceptações telefônicas reconhecidamente ilegais, aduzindo não haver qualquer inconstitucionalidade na decisão do Tribunal *a quo* que proibiu esta divulgação pela mídia (STF: Medida Cautelar na petição nº 2702-7).

À época, a imprensa argumentou que a "população teria o direito de informação" acerca do tema, todavia, o STF, cumprindo devidamente seu papel de instância contramajoritária de proteção aos direitos fundamentais, manteve firme a decisão e não cedeu à pressão pública.

Por outro lado, observam-se as nefastas consequências do paradigmático caso do vazamento ilegal de trechos de interceptação telefônica entre os ex-presidentes Lula e Dilma. Observe-se: a prova foi vazada quando ainda detinha presunção de licitude, todavia, foi declarada ilícita *a posteriori* pelo STF, mas era impossível restaurar o *status quo* anterior ao vazamento, qual seja, de preservação da privacidade dos interlocutores.

Realizando uma análise conjunta dos dois casos, se o STF já consignou a impossibilidade de se divulgar uma prova ilícita, não se pode admitir a divulgação de uma prova (mesmo que ainda detenha presunção de licitude) antes de manifestação judicial definitiva sobre seu conteúdo, após o devido contraditório e ampla defesa no processo, bem como sem controle posterior de legalidade.

Afinal, a análise da ilegalidade de uma prova cautelar não se limita a avaliar os fundamentos da decisão que a decretou, mas também envolve avaliar, dentre vários aspectos, (I) a forma de execução/coleta da prova em seus aspectos formais e materiais e (II) a preservação da cadeia de custódia desta prova nos autos. Desta forma, a prova pode ser considerada nula *a posteriori* mesmo que se reconheça a legalidade da decisão autorizativa.

Além disso, não se olvide que vem se tornando praxe no país não apenas a veiculação das provas produzidas mediante flexibilização de direitos fundamentais, mas também a concessão de entrevistas coletivas pelas autoridades investigativas, sempre acompanhadas de avaliação hermenêutica daquelas provas.

Em pronunciamento acerca dos habituais vazamentos de informação à imprensa ocorridos ao longo da Operação Lava Jato, em violação ao dever funcional de sigilo (tipo penal do art. 325 do CP), Gilmar Mendes pontuou que *investigações devem ter por objetivo produzir provas, não entreter a opinião pública ou demonstrar autoridade.*

A veiculação de provas produzidas em violação aos direitos fundamentais do acusado representa grave risco ao princípio constitucional da paridade de armas no processo penal, pois a tese veiculada na imprensa cinge-se às conclusões das autoridades investigativas e acusatórias, sem direito ao devido contraditório; ao direito a um julgamento justo, tendo em vista que a pressão midiática e a opinião pública representam fatores de pressão contra o judiciário.

O sigilo se faz necessário por si mesmo, em face da realização de uma *segunda* ponderação de princípios (publicização da prova x privacidade, intimidade e direito ao julgamento justo), sem prejuízo da ponderação anterior, realizada quando da própria autorização da prova (interesse público x privacidade e intimidade). Desta forma, estar-se-ia evitando eventual publicidade opressiva em detrimento do acusado, bem como a interferência de fatores externos no julgamento.

Observa-se claramente, por tudo que já foi exposto, que a visão utilitarista na produção probatória nos processos criminais contemporâneos vem sendo continuadamente renovada. No mais das vezes, as novidades legislativas são limítrofes ao desrespeito e ao sacrifício de preceitos estabelecidos com a Constituição de 1988.

A Lei nº 12.850/13 trouxe nova normatização às organizações criminosas, dispondo, além de sua própria definição, métodos de investigação criminal, meios de obtenção de prova e procedimento criminal. Criou, assim, um novo crime, e, em relação a este, dispôs sobre variada ordem de coisas. Entre elas, sobre o assunto que tomou de assalto as discussões do país: a noção de colaboração premiada.

Observe-se assim, que dentre os meios de obtenção de prova, a lei das organizações criminosas reiterou a permissão da utilização da colaboração premiada, matéria que, é verdade, já prevista em legislações anteriores, embora tratassem elas, do instituto apenas no aspecto material, fornecendo benefícios variados a quem, de qualquer forma, tivesse colaborado de maneira efetiva e voluntária com a investigação.

Assim, acurou o legislador na lei nº 12.850/13 em detalhar a forma da colaboração, traçando o procedimento para se alcançar o benefício. Inovou, ainda, quanto aos benefícios a serem ofertados ao colaborador, mencionando, portanto, modalidades de não denúncia, e outras, como o surgimento da possibilidade de se obter a substituição da pena privativa de liberdade pela pena restritiva de direitos, benefício que não estava disciplinado nas construções normativas anteriores, que apenas admitiam a possibilidade da redução da pena e do perdão judicial. Criou, textualmente, a oportunidade do Ministério Público deixar de oferecer denúncia quando preenchidos alguns requisitos atinentes à condição pessoal do colaborador. Sobre tais favores legais, estabeleceu-se certa falácia, a qual merece nova leitura.

Não há dúvida que a utilização da colaboração premiada pode gerar um benefício ao acusado, mesmo que interfira apenas e diretamente na redução das consequências negativas do crime. Independente da classificação que se dê à norma que instituiu a colaboração premiada na Lei nº 12.850/13 – norma de natureza processual, penal ou processual com conteúdo penal –, é certo que, por trazer benefício de ordem penal, a ela deve ser aplicado os atributos da retroatividade. No entanto, existem certos limites.

As normas atinentes à colaboração premiada, malgrado tenham um conteúdo essencialmente processual, também dizem respeito a medidas despenalizadoras, atingindo frontalmente o poder punitivo, o que lhe encaminha ao tratamento empregado nos casos de leis penais benéficas, impondo a sua adequação aos casos em apuração, mesmo que regidos no tempo por legislação anterior.

O grave problema na utilização da colaboração premiada, prevista na Lei nº 12.850/13 em relação a fatos pretéritos, não se finca na possibilidade de sua retroatividade. Esse, fato indiscutível.

A colaboração instituída pela Lei, malgrado possa trazer inúmeros resultados positivos, principalmente naqueles casos excepcionais que resultam da gravidade dos crimes e da complexidade das investigações, deve estar subordinada à reserva da lei, curvando-se, indeclinavelmente, ao princípio da legalidade, principalmente porque só a lei pode prever um crime e sua pena. Se a colaboração atenua ou exclui penas, já previamente definidas em lei, deve seguir o estrito caminho ditado pela vontade do legislador, especificamente no que dispõe a Lei 12.850/13.

O importante a se destacar é que o recriado instituto de colaboração premiada, na forma apresentada, claramente está voltado a disciplinar um dos meios de prova para a apuração do crime de *organização criminosa* e infrações penais correlatas. Ou seja, o legislador teve como intenção redefinir o procedimento e os benefícios da colaboração visando, exclusivamente, à apuração do crime de *organização criminosa*, definido e, portanto, tipificado, naquele mesmo diploma legal.

O problema é que a aplicação desmedida do instituto, com a vulgarização e o descontrole nos procedimentos adotados pelo Ministério Público e autoridades policiais põem em risco o princípio da legalidade instituído no nosso sistema constitucional. É inadmissível que o Ministério Público, e até mesmo o Poder Judiciário, possam se arvorar na condição de legislador para aplicar o instituto da colaboração, além dos limites estatuídos pela Lei 12.850/13.

Não há de se trilhar maiores caminhos para se obter, na própria lei, a intenção do legislador. O art. 4º ao estabelecer as condições para se alcançar os benefícios previstos no *caput*, condicionou tal *benesse* à obtenção de diversos resultados, *in verbis*:

> I A identificação dos demais coautores e partícipes *da organização criminosa* e das infrações penais por eles praticadas;
>
> II A revelação da estrutura hierárquica e da divisão de tarefas *da organização criminosa*;
>
> III A prevenção de infrações penais decorrentes das atividades *da organização criminosa*;
>
> IV A recuperação total ou parcial do produto ou do proveito das infrações penais praticadas *pela organização criminosa*;

E mais: quando o legislador no §4° trata dos casos em que o Ministério Público pode deixar de oferecer denúncia, estabelece no inciso I que o colaborador poderá receber o benefício desde que não seja o líder *da organização criminosa*.

Não resta dúvida, por conseguinte, que o benefício na forma como foi criado o instituto só pode ser aplicado aos casos em que o agente tenha promovido, constituído, financiado ou integrado, pessoalmente ou por interposta pessoa, *organização criminosa*.

J. J. Gomes Canotilho e Nuno Brandão, em artigo publicado recentemente na *Revista de Legislação e de Jurisprudência*, intitulado "Colaboração premiada e auxílio judiciário em matéria penal: a ordem pública como obstáculo à cooperação com a operação Lava Jato", são incisivos ao afirmar que a colaboração premiada da lei 12.850/13 tem o seu cerne na figura da organização criminosa. Há de se ver:

> Considerando esses fundamentos político-criminais e atento o dever estatal de estrita observância do princípio da proporcionalidade em sentido amplo, temos para nós que o regime legal da Lei n° 12.850 tem um âmbito normativo bem delimitado, circunscrevendo-se ao delito de organização criminosa e aos crimes a ele ligados, isto é, aos crimes da organização (as infrações penais correlatas a que se refere o art. 1° da Lei n° 12.850/13).

Crimes externos à organização criminosa caem fora da alçada da Lei nº 12.850/13 e não podem de objecto de perseguição criminal com recurso aos meios de obtenção de prova nela consagrados e definidos, designadamente, à colaboração premiada. Pois não foi para esses fenômenos criminais que tais meios foram especificadamente pensados e postos à disposição da investigação criminal pelo legislador federal. A não ser assim, ficaria aberto caminho para que meios de investigação excepcionais pudessem banalizar-se e ser usados para a repressão de crimes ou contextos criminais cuja gravidade de modo algum justificaria intromissões tão severas na esfera dos direitos de liberdade dos cidadãos como as que são inerentes aos meios de obtenção de prova enunciados no art. 3º da Lei nº 12.850/13.

Imaginando-se que a norma dispõe de benefícios, mas também de situação mais gravosa, vale dizer, da previsão de novo crime de organização criminosa, parece inconteste afirmar-se sua irretroatividade.

Os atributos da retroatividade no caso concreto, inerentes às normas penais benéficas, só poderiam ser aplicáveis aos fatos em apuração, consumados antes da vigência da lei, acaso já houvesse, no tempo da conduta praticada, a definição do crime de organização criminosa, já que o benefício só se aplica como meio de obtenção de prova com finalidade exclusiva: facilitar a apuração desse crime específico e as suas infrações correlatas.

Como de fato não havia definição anterior, e a própria Lei 12.850/13 foi a responsável por normatizar as condutas típicas previstas como crime de organização criminosa, não há que se falar na aplicação do instituto, de suas regras e procedimentos, benefícios e medidas despenalizadoras em favor de investigados, quando incidirem na prática de outras condutas criminosas, previstas em outras legislações ou no Código Penal, como de fato vem acontecendo.

O argumento irretorquível, não impossibilita, genericamente, a aplicação do instituto da colaboração premiada nesses outros casos, desde que o agente tenha praticado outros delitos, distintos ou que não sejam correlatos à organização criminosa, antes da vigência da Lei nº 12.850/13. O certo é que os benefícios e a forma de sua aquisição devem se submeter a outras legislações (anteriores à Lei nº 12.850/13), vigentes à época dos fatos criminosos praticados.

Não se deve perder de vista que as provas obtidas mediante colaboração premiada serão utilizadas contra terceiros delatados, possuidores de garantias fundamentais, contra os quais se exige a existência de um processo válido, no qual só se admite como prova lícita aquela que advenha da adequação lei-processo. E estes terceiros poderão ser partes legítimas para pleitear *a posteriori* a nulidade da delação e dos respectivos benefícios concedidos ao delator.

Não se olvida que, para além da Lei nº 12.850/13, no nosso ordenamento, o instituto da delação já possuía previsão na Lei nº 8.072/90 (crimes hediondos); Lei nº 7.492/86 (crime contra o sistema financeiro nacional); Lei nº 8.137/90 (crimes contra a ordem tributária e relações de consumo); Lei nº 9.613/98 (lavagem de capitais); Lei nº 9.807/99 (lei de proteção a vítimas e testemunhas); Lei nº 11.343/2006 (lei antitóxicos) e no próprio Código Penal. Contudo, os regimes não eram equivalentes e só podem ser aplicados em cada âmbito material típico. Defeso, pois, a cumulação destes, salvo quando se trata de acusações de delitos coincidentes.

Destarte, nas condutas criminosas não cingidas à Lei nº 12.850/13, os investigadores só poderiam se utilizar da colaboração premiada, como obtenção de meio de prova, em conformidade com a lei vigente à época dos fatos, no limite do regime aplicável a cada tipo, respeitando-se o procedimento válido para sua utilização.

É certo que tanto o Código Penal quanto as leis anteriores à Lei nº 12.850/13, por tratarem o instituto exclusivamente no aspecto material, descuraram de seu procedimento, impondo que os benefícios auferidos com a colaboração só, e unicamente, sejam analisados pelo julgador quando da sentença condenatória. Ou seja, independente do acordo firmado com os investigadores, o delator só poderá se beneficiar com a redução da pena ou o perdão judicial, após o transcurso normal do processo, no momento da sentença condenatória, ao critério e nuto do julgador, acaso preenchidos os requisitos previstos em lei.

Como conclusão lógica, em termos contemporâneos, não cabe aos crimes distintos da organização criminosa, quando da utilização da colaboração premiada como meio de obtenção de prova, a aplicação do §2º (os investigadores a qualquer tempo, poderão requerer ao juiz pela concessão do perdão judicial ao colaborador), §3º (o prazo para o oferecimento da denúncia poderá ser suspenso por até 6 meses), §4º (o Ministério Público poderá deixar de oferecer denúncia se o colaborador: I e II), §5º (se a colaboração for posterior a sentença, a pena poderá [...]), §7º (realizado o acordo, a colaboração será remetido ao Juiz para homologação [...]) e §10 (as partes podem retratar-se da proposta [...]), todos procedimentos atinentes à apuração e obtenção de meio de prova nos crimes de organização criminosa, posto que trazidos exclusivamente no bojo desse diploma legal.

Portanto, a utilização desses benefícios em procedimentos para apuração de crimes praticados antes da vigência da Lei nº 12.850/13, ou quando não se tenha a presença de uma organização criminosa, invalida o acordo de colaboração firmado tornando a prova ilícita, por ferir o princípio da reserva legal, haja vista a impossibilidade de o poder judiciário assumir a função do legislador para alargar e estender a períodos pretéritos a aplicação de regras e procedimentos que foram disciplinados apenas para apuração do delito de organização criminosa.

Mas esses exageros pontuais não esgotam o elenco das irregularidades trazidas com a delação premiada. Na verdade, tudo faz parte de um sistema adredemente montado – prisão provisória sem fundamentação, coação, delação e condenação – com o intuito de se produzir prova em desfavor de acusados num flagrante desrespeito aos preceitos constitucionais. Retomaram-se, nesta quadra histórica da nossa democracia consolidada, métodos utilizados pelo autoritarismo dos anos 70 contra os que eram reputados inimigos do regime militar. Os métodos de tortura antes praticados agora recebem contornos de legalidade e oficialidade. Se prende arbitrariamente num processo nítido de desmoralização, afastam o preso processual para outra unidade da Federação (normalmente num flagrante descompasso com o princípio do Juiz Natural) com o propósito de lhe "quebrar o moral". Pelo isolamento absoluto em local desconhecido, leva-se o recluso à fragilidade psíquica, logrando-se fazê-lo colaborar acerca do que talvez não colaborasse em condições de plena integridade psicológica.

Os conteúdos obtidos com as delações premiadas são acrescidos de acordo com a vontade dos gestores envolvidos. Agora, se voltam os delatores, manipulados ou não, contra seus próprios defensores, numa tentativa de se criminalizar a própria advocacia criminal. Nunca se viu tantos advogados citados em investigações como cúmplices ou réus.

No desenvolvimento de atividades investigatórias, os advogados militantes passaram a ser vistos como obstáculo à produção utilitarista da prova, e alguns setores das referidas instituições – Polícia, MP –, munidos de autorizações judiciais, concedidas sem maior critério, cuidado e prudência, têm invadido escritórios de advogados, violando-lhes os arquivos e o sigilo profissional, com a utilização de interceptações epistolares, telefônicas, de dados e telemáticas, na busca de possíveis indícios ou provas de atos de terceiros, transformando o exercício da defesa técnica da liberdade humana em atividade de alto risco. Desnecessário pontuar que tais ações, anômalas, sempre cercadas de grande estrépito junto à opinião pública, levam ao desmerecimento os profissionais visados, aviltando-os perante a comunidade profissional e o meio social.

A comunicação reservada do defensor com o cliente é burlada por escutas, oficiais e clandestinas, até nos parlatórios das casas de custódia, onde ela tem lugar em gaiolas envidraçadas equipadas com interfones, "grampeados"...

Mesmo com todos esses absurdos, a reação de juristas e de diminuta parcela da população não consegue reverberar essas manifestações em prol de uma declaração de vigência da Constituição, malferida pela recalcitrância do arbítrio cometido contra cidadãos em geral.

Chegou a hora e o momento de apontarmos nos 30 anos da Constituinte, que a nossa Constituição Federal foi vilipendiada, que essa agressão precisa ser remediada não só para garantir os direitos de um ou de outro acusado, mas, sobremaneira, para se garantir a normalidade do próprio Estado Democrático de Direito, impedindo que novas ofensas sejam cometidas.

A nossa Constituição não pode mais ser interpretada ao critério do leitor, na distorção de seus próprios interesses. As cláusulas do devido processo penal, a ampla defesa, o contraditório, a inadmissibilidade das provas ilícitas, a necessidade de fundamentação concreta de todas as decisões judiciais, valores constitucionais incidentes no processo penal, não carecem de interpretação, são princípios que se impõem à conclusão de que nessa área os fins não justificam os meios.

Em síntese, o texto apresentado é um testemunho de fé, no qual a palavra chave continua a ser cidadania. É a demonstração do bom combate em defesa da Constituição.

Nós advogados, militantes na área do direito criminal, protagonistas fundamentais da cena judiciária, temos não apenas o direito, mas o dever de sustentar essas bandeiras, ainda que ao custo eventual de incompreensões e retaliações por parte dos diversos poderes, da opinião pública incauta ou defensores do punitivismo estatal que teimam em não nos compreender. Nosso compromisso não é com eles, mas a com a sociedade – e a história.

A Constituição Federal das garantias dos direitos sociais e o golpe político desconstitutivo do trabalho no Brasil

Marcio Pochmann[1]

A longa e gradual jornada de efetivação da regulação do mundo do trabalho no Brasil encontrou o seu descenso com a interdição do governo democraticamente eleito em 2014. Com o impedimento da presidenta Dilma, em 2016, uma série de projetos liberalizantes da legislação social e trabalhista que se encontrava represada desde a ascensão da nova Constituição Federal, em 1988, passou a ser a descortinada.

Com isso, o Brasil passou a conviver com uma quarta onda de flexibilização do seu sistema de proteção social e trabalhista instituído a partir da Revolução de 1930, quando passou a se consolidar a transição da velha sociedade agrária para a urbana e industrial. Isso porque a constituição de mercado nacional de trabalho resultou de uma lenta transição de 80 anos, iniciada em 1850, com o fim do tráfico de escravos e a implantação da lei de terras, e finalizada em 1930, com a superação da condição de mercados regionais de trabalho.

Mesmo diante da passagem do Império para a República em 1889, a regulação do mercado de trabalho terminou sendo postergada frente à prevalência da situação de "liberdade do trabalho" definida pela primeira constituição republicana, em 1891. Nem mesmo a aprovação,

---

1. Professor do Instituto de Economia e pesquisador do Centro de Estudos Sindicais e de Economia do Trabalho, ambos da Universidade Estadual de Campinas.

em 1926, da Emenda Constitucional 29, que possibilitou ao Congresso Nacional legislar sobre o tema do trabalho, alterou a perspectiva liberal de manter o Estado fora da regulação social e trabalhista.

A partir da Revolução de 1930, contudo, a regulação do trabalho passou a ser uma novidade, difundida fragmentadamente, segundo pressão localizada em categorias mais fortes. Após uma década de embates, com avanços pontuais na implementação de leis dispersas de regulação do emergente emprego assalariado, foi implementada a Consolidação das Leis do Trabalho (CLT) no ano de 1942, em pleno regime político autoritário do Estado Novo (1937–1945).

Mesmo assim, a maior parte dos trabalhadores esteve excluída do código do trabalho frente à oposição liberal conservadora dos proprietários rurais, antiga força dominante na República Velha (1889–1930). Até o ano de 1963, com a aprovação do Estatuto do Trabalhador Rural, que abriu a possibilidade de incorporação lenta e gradual do trabalho nos campos, a CLT voltava-se tão somente às relações de trabalho urbanas.

Foi pela Constituição Federal de 1988, ou seja, 45 anos após a implementação da CLT, que os trabalhadores rurais passaram a ter direitos equivalentes aos empregados urbanos, embora ainda hoje tenham segmentos dos ocupados sem acesso à regulação social e trabalhista. Na década de 1940, por exemplo, a CLT atingia menos de 10% dos trabalhadores, atualmente superando dois terços dos ocupados.

Diante disso, destaca-se uma primeira onda de flexibilização da legislação social e trabalhista transcorrida a partir da segunda metade da década de 1960, com a ascensão da Ditadura Militar (1964–1985). Na oportunidade, a implantação do Fundo de Garantia por Tempo de Serviço (FGTS), por exemplo, não apenas interrompeu a trajetória de estabilidade no emprego, como inaugurou enorme rotatividade na contração e demissão da mão de obra no Brasil.

A taxa de rotatividade, que atingia a cerca de 15% da força de trabalho ao ano na década de 1960, rapidamente foi acelerada, aproximando-se da metade do empregos formais do País. Com isso, a generalização do procedimento patronal de substituir empregados de maior salário por trabalhadores de menor remuneração.

Na política salarial vigente entre 1964 e 1994, o resultado foi, em geral, a perda de poder de compra do rendimento dos trabalhadores, sobretudo no valor real do salário mínimo, que atende a base da pirâmide distributiva do País. Diante da significativa expansão da produtividade do trabalho, os salários perderam para a corrida para a inflação, o que contribuiu ainda mais para o agravamento da desigualdade de renda no Brasil.

Esta segunda onda de flexibilização se caracterizou por deslocar a evolução dos rendimentos do trabalho do comportamento acelerado da produtividade, trazendo, por consequência, a prevalência de uma economia industrial de baixos salários. Ao mesmo tempo, uma enorme desigualdade tanto intrarenda do trabalho entre altas e baixas remunerações como entre o rendimento do trabalho e as demais formas de renda da propriedade (juros, lucros, aluguéis e outras).

A terceira onda de flexibilização das relações de trabalho pode ser constatada na década de 1990, com a dominação de governos com orientação neoliberal. Dessa forma, assistiu-se à generalização de medidas de liberalização da contratação de trabalhadores por modalidades abaixo do estabelecido pela CLT. Entre elas, a emergência da terceirização dos contratos, em plena massificação do desemprego e precarização das relações de trabalho.

A partir da metade da década de 2010, todavia desencadeou-se uma quarta onda de flexibilização das leis sociais e trabalhistas. Com a recente e parcial derrota dos trabalhadores imposta pela Câmara dos Deputados pela aprovação da legislação para terceirização, a septuagenária CLT passou a ser rebaixada como antes jamais havia sido identificada.

A atualidade da lei da terceirização encontra-se inserida na lógica da desconstituição do trabalho tal como se conhece, pois integra o sistema da *uberização* do trabalho do início do século 21. Isso porque o modo Uber de organizar e remunerar a força de trabalho distancia-se crescentemente da regularidade do assalariamento formal, acompanhado geralmente pela garantia dos direitos sociais e trabalhistas.

Como esses direitos passam crescentemente a ser tratados pelos empregadores e suas máquinas de agitação e propaganda enquanto fundamentalmente custos, a contratação direta, sem direitos sociais e trabalhistas libera a competição individual maior entre os próprios trabalhadores em favor dos patrões. Os sindicatos ficam de fora da negociação, contribuindo ainda mais para esvaziamento do grau de organização em sua própria base social.

Ao depender cada vez mais do rendimento diretamente recebido, sem mais a presença do histórico salário indireto (férias, feriado, previdência, etc.), os fundos públicos voltados ao financiamento do sistema de seguridade social enfraquecem, quando não contribuem para a prevalência da sistemática do rentismo. A contenção da terceirização, em função disso, poderia estancar a trajetória difusora do modo Uber de precarização das contratações de trabalho.

A DESESTRUTURAÇÃO DA SOCIEDADE SALARIAL

A confirmação da interrupção do governo Dilma concedeu inédita força ao retorno da era da desregulação e flexibilização das políticas sociais e trabalhistas, conforme a Constituição Federal de 1988 terminou apontando. Com a decadência do padrão de industrialização e regulação fordista, o Brasil dá sequência ao movimento maior da desestruturação da sociedade salarial, especialmente aquela conformada pela maior proximidade entre a base e o cume da estrutura social. Assiste-se, assim, à transição das tradicionais classes médias assalariadas e de trabalhadores industriais para um novo e extensivo precariado, com importante polarização social.[2]

O vazio proporcionado pela desindustrialização vem sendo ocupado pela chamada sociedade de serviço, que constitui, neste sentido, uma nova perspectiva de mudança estrutural do mundo do trabalho. Mudança esta que torna cada vez maior o padrão de exploração do trabalho frente ao esvaziamento da regulação social e trabalhista e às promessas de modernidade pelo receituário neoliberal que não se realizam.

---

2. Cf. Standing, 2013; Beck, 2000; Pochmann, 2012.

Embalados certamente por certo determinismo tecnológico e saltos imaginados na produtividade do trabalho imaterial, uma nova gama de promessas foi forjada em direção à almejada sociedade do tempo livre estendida pelo avanço do ócio criativo, da educação em tempo integral e da contenção do trabalho heterônomo (apenas pela sobrevivência). Penetrados cada vez mais pela cultura midiática do individualismo e pela ideologia da competição, o neoliberalismo seguiu ampliando seu número de apoiadores no mundo.

Com isso, surgiu a perspectiva de que as mudanças nas relações sociais repercutiriam inexoravelmente sobre o funcionamento do mercado de trabalho. Com a transição demográfica, novas expectativas foram sendo apresentadas. A propaganda de elevação da expectativa de vida para próximo de 100 anos de idade, como exemplo, deveria abrir inédita perspectiva à postergação do ingresso no mercado de trabalho para a juventude completar o ensino superior, estudar a vida toda e trabalhar com jornadas semanais de até 12 horas.

A nova sociedade pós-industrial, assim, estaria a oferecer um padrão civilizatório jamais alcançado pelo modo capitalista de produção e distribuição.[3] E foi sob este manto de promessas de maior libertação do homem – em relação ao trabalho heterônomo, por meio da postergação da idade de ingresso no mercado de trabalho para somente depois do cumprimento do ensino superior, bem como da oferta educacional ao longo da vida – que o racionalismo neoliberal se constituiu.

Este, de certa forma, trouxe o entendimento de que o esvaziamento do peso relativo da economia nacional proveniente dos setores primário (agropecuária) e secundário (indústria e construção civil) consagraria expansão superior do setor terciário (serviços e comércio).[4] Enfim, estaria a surgir uma sociedade pós-industrial protagonista de conquistas superiores aos marcos do possibilitado desde a década de 1930.

Estas promessas, contudo, não resultaram efetivas e tão pouco aguardadas pela modernização neoliberal de realização. Em pleno

3. Cf. Masi, 1999; Reich, 2002; Santos e Gama, 2008.
4. Cf. Aron, 1981; Bell, 1973.

curso da transição para a sociedade de serviços, a inserção no mercado de trabalho precisa ser gradualmente postergada, possivelmente para o ingresso na atividade laboral somente após a conclusão do ensino superior, com idade acima dos 22 anos, e saída sincronizada do mercado de trabalho para o avanço da inatividade. Tudo isso acompanhado por jornada de trabalho reduzida, o que permite observar que o trabalho heterônomo deve corresponder a não mais do que 25% do tempo da vida humana.

Nesse sentido que se apresenta a perspectiva do trabalho humano. Destaca-se que, na antiga sociedade agrária, o começo do trabalho ocorria a partir dos 5 a 6 anos de idade para se prolongar até praticamente a morte, com jornadas de trabalho extremamente longas (14 a 16 horas por dia) e sem períodos de descanso, como férias e inatividade remunerada (aposentadorias e pensões). Para alguém que conseguisse chegar aos 40 anos de idade, tendo iniciado o trabalho aos 6 anos, por exemplo, o tempo comprometido somente com as atividades laborais absorvia cerca de 70% de toda a sua vida.

Na sociedade industrial, o ingresso no mercado laboral foi postergado para os 16 anos de idade, garantindo aos ocupados, a partir daí, o acesso a descanso semanal, férias, pensões e aposentadorias provenientes da regulação pública do trabalho. Com isso, alguém que ingressasse no mercado de trabalho depois dos 15 anos de idade e permanecesse ativo por mais 50 anos teria, possivelmente, mais alguns anos de inatividade remunerada (aposentadoria e pensão).

Assim, cerca de 50% do tempo de toda a vida estariam comprometidos com o exercício do trabalho heterônomo. A parte restante do ciclo da vida, não comprometida pelo trabalho e pela sobrevivência, deveria estar associada à reconstrução da sociabilidade, estudo e formação, cada vez mais exigidos pela nova organização da produção e distribuição internacionalizada.

Isso porque, diante dos elevados e constantes ganhos de produtividade, torna-se possível a redução do tempo semanal de trabalho de algo ao redor das 40 horas para não mais que 20 horas. De certa forma, a transição entre as sociedades urbano-industrial e pós-industrial tende a não mais separar nítida e rigidamente o tempo do trabalho do não trabalho, podendo gerar maior mescla entre os dois, com maior intensidade e risco da longevidade ampliada da jornada laboral para além do tradicional local de exercício efetivo do trabalho.

Dentro deste contexto, se recoloca em novas bases a relação do tempo de trabalho heterônomo e a vida. Em geral, o funcionamento do mercado de trabalho relaciona, ao longo do tempo, uma variedade de formas típicas e atípicas de uso e remuneração da mão de obra com excedente de força de trabalho derivado dos movimentos migratórios internos e externos sem controles.

CONSIDERAÇÕES FINAIS

Após sete décadas de construção de uma sociedade superior, consolidaram-se, com o golpe político de 2016, ingredientes inegáveis da regressão no interior da sociedade do capital em avanço no Brasil. Do progresso registrado em torno da construção de uma estrutura social medianizada por politicas sociais e trabalhistas desde a década de 1930 e sistematizadas pela Constituição federal de 1988, constata-se, neste início do século XXI, o retorno da forte polarização social no Brasil.

Por uma parte, a degradação da estrutura social herdada da industrialização fordista tem desconstituído a antiga classe trabalhadora da manufatura e ampla parcela da classe média, fortalecendo expansão do novo precariado. Por outra, a concentração de ganhos significativos de riqueza e renda em segmento minoritário da população gera contexto social inimaginável, onde somente parcela contida dos brasileiros detém parcelas crescentes da riqueza.

Desde 2016, o sentido da construção de padrão civilizatório superior encontra-se desfeito. O avanço possível concentra-se em poucos, enquanto o retrocesso observado serve a muitos.

REFERÊNCIAS BIBLIOGRÁFICAS

AGLIETTÀ, M. *Regulación y crisis del capitalismo.* México: Siglo XXI, 1979.

ALIER, J. *El ecologismo de los pobres*: conflictos ambientales y lenguajes de valoración. Barcelona: Icaria Editorial, 2005.

ALTVATER, E. *O preço da riqueza.* Pilhagem ambiental e a nova (des)ordem mundial. São Paulo: Ed. UNESP, 1995.

ANDERSON, C. *Makers: a nova revolução industrial.* Coimbra: Actual, 2013.

ARON, R. *Dezoito lições sobre a sociedade industrial.* Brasília: UNB/MF, 1981.

BECK, U. *Un nuevo mundo feliz*: la precariedad del trabajo em la era de la globalización. Buenos Aires: Paidós, 2000.

BEINSTEIN, J. *Capitalismo senil.* Rio de Janeiro: Record, 2001.

BELL, D. *O advento da sociedade pós-industrial.* São Paulo: Cultrix, 1973.

BOLTANSKI, L.; CHIAPELLO, E. *O novo espírito do capitalismo.* Rio de Janeiro: Martins Fontes, 2009.

COATES, D. *Models of capitalism.* Oxford: Polity Press, 2000.

DAVIS, S. *et al. The new capitalists.* Boston: HBSP, 2008.

DREIFUSS, R. *Transformações: matizes do século XXI.* Petrópolis: Vozes, 2004.

ELLSBERG, M. *The education of milionaires.* New York: Penguin, 2011.

FREIDEN, J. *Capitalismo global.* Madrid: M. Crítica, 2007.

GLATTFELDER, J. *Decoding complexity*: uncovering patterns in economic networks. Switzerland: Springer, 2013.

KUMAR, K. *Da sociedade pós-industrial à pós-moderna: novas teorias sobre o mundo contemporâneo.* 2. ed. Rio de Janeiro: Zahar, 1997.

LOJIKINE, J. *Adieu à la classe moyenne.* Paris: La Dispute, 2005.

MARX, K. *Grundrisse.* São Paulo: Boitempo, 2011.

MASI, D. *O futuro do trabalho: fadiga e ócio na sociedade pós-industrial.* Brasília: UNB/JOE, 1999.

MAZOYER, M.; ROUDART, L. *História das agriculturas no mundo.* São Paulo: Editora Unesp, 2009.

MELMAN, E. *Depois do capitalismo.* São Paulo: Futura, 2002.

MILBERG, W.; WINKLER, D. *Outsourcing economics: global value chains in capitalist development.* Cambridge: CUP, 2013.

NARODOWSKI, P.; LENICOV, M. *Geografia económica mundial: um enfoque centro-periferia.* Moreno: UNM, 2012.

O'CONNOR, M. Is capitalism sustainable? *In: Political economy and the politics of ecology.* New Cork: Guilfort, 1994.

OCDE – ORGANIZAÇÃO DE COOPERAÇÃO E DE DESENVOLVIMENTO ECONÓMICO. *Perspectives du développement mondial.* Paris: OCDE, 2010.

POCHMANN, M. *Classes do trabalho em mutação.* Rio de Janeiro: Revan, 2012.

POCHMANN, M. *O emprego na globalização.* São Paulo: Boitempo, 2001.

REICH, R. *O futuro do sucesso: o equilíbrio entre o trabalho e qualidade de vida.* Barueri: Manole, 2002.

ROTHKOPF, D. *Superclass: the global power elite and the world they are making.* London: L. B, 2008.

SANTOS, N.; GAMA, A. *Lazer: da conquista do tempo à conquista das práticas.* Coimbra: IUC, 2008.

STANDING, G. *O precariado: a nova classe perigosa.* Belo Horizonte: Autêntica, 2013.

REICH, R. *Supercapitalismo.* Rio de Janeiro: Campus, 2007.

Justiça de transição e usos políticos do Poder Judiciário no Brasil em 2016: Um golpe de Estado institucional?

José Carlos Moreira da Silva Filho[1]

Em relação aos demais países da América Latina que amargaram ditaduras civis-militares de segurança nacional na segunda metade do século XX, o Brasil apresentou uma peculiaridade que acabou por influenciar sobremaneira as características do regime democrático que se seguiu a partir de 1988: a redemocratização guiou-se sob o signo de uma anistia ambígua, que representou tanto as lutas da sociedade civil pela abertura do regime, como o empenho dos agentes da ditadura em garantir uma transição que não os responsabilizasse pelos crimes que praticaram. Este último aspecto encontrou solo fértil para prosperar, visto que ao longo de todo o período ditatorial houve um amplo e intenso processo de judicialização da repressão política, o que certamente cultivou no poder judiciário brasileiro uma grande resistência em revisar os termos dessa anistia, mesmo em período democrático. Argumenta-se neste artigo que o ambiente criado a partir do caráter ambíguo da anistia, em especial considerando a atuação do poder judiciário, contribuiu para a ruptura da democracia ocorrida no Brasil em 2016.

---

1. Professor da Escola de Direito da Pontifícia Universidade Católica do Rio Grande do Sul - PUC/RS (Programa de Pós-Graduação em Ciências Criminais e Graduação em Direito); Ex-Vice-Presidente da Comissão de Anistia do Brasil; Bolsista Produtividade em Pesquisa do CNPq.

Na primeira seção analisa-se a ambiguidade do processo de anistia e redemocratização do Brasil. Na segunda seção o foco é o papel do judiciário tanto na judicialização da repressão durante a ditadura quanto no processo de anistia. Na terceira seção é fornecida uma breve caracterização da ruptura institucional ocorrida no Brasil em 2016 e ao final, em tom conclusivo identificam-se relações entre os processos mencionados.

A AMBIGUIDADE DA ANISTIA NO BRASIL

No dia 28 de agosto de 1979, em plena ditadura, foi promulgada a lei de anistia no Brasil, a Lei Nº6.683. Esta lei reflete uma acentuada ambiguidade, e que se transmite ao próprio sentido da palavra "anistia" no contexto político brasileiro.

De um lado, a lei foi o resultado de uma ampla mobilização social em torno da pauta da anistia aos que estavam presos, no exílio ou na clandestinidade, acusados de terem praticado crimes políticos. A demanda pela anistia representou a demanda pela redemocratização do país.[2] O largo contingente de setores da sociedade que conseguiu mobilizar (trabalhadores, artistas, intelectuais, políticos, imprensa, igreja, presos políticos, entre outros) constituiu a base sobre

---

2. No ano de 1975 é desencadeada a campanha pela Anistia, com o lançamento do Manifesto da Mulher Brasileira pelo Movimento Feminino pela Anistia (MFPA). Este movimento começa forte em São Paulo, conduzido por D. Terezinha Zerbini, e, dali, espalha-se por todo o país. Era o ano internacional da mulher e foi principalmente pelo protagonismo das mulheres, esposas de maridos desaparecidos, presos ou foragidos, irmãs, amigas, militantes, que se deu início a uma das mais intensas movimentações políticas da sociedade civil brasileira. Sobre a movimentação popular em prol da anistia na segunda metade da década de 70 ver o aprofundado e detalhado estudo de Carla Rodeghero, Gabriel Dienstmann e Tatiana Trindade: RODEGHERO, Carla Simone; DIENSTMANN, Gabriel; TRINDADE, Tatiana. *Anistia ampla, geral e irrestrita: história de uma luta inconclusa.* Santa Cruz do Sul: EDUNISC, 2011. Também importa conferir a tese de Heloísa Greco: GRECO, Heloísa Amélia. *Dimensões fundacionais da luta pela Anistia.* 2003. 456f. [Tese de Doutorado] – Curso de Pós-Graduação das Faculdades de Filosofia e Ciências Humanas da Universidade Federal de Minas Gerais. Belo Horizonte. 2003.

a qual mais tarde viriam as mobilizações pelas Diretas Já em 1984 e a participação no processo Constituinte em 1987 e 1988.

Por outro lado, a lei representou uma vitória para o projeto de transição controlada idealizado pela cúpula do regime ditatorial,[3] já que conseguiu o feito de anistiar os agentes da ditadura, impedindo qualquer investigação sobre os seus crimes, sem sequer afirmar que tais agentes teriam praticado assassinato, tortura, desaparecimento forçado e outras graves violações de direitos humanos.[4] Do mesmo modo, excluiu a anistia para os presos políticos que estavam condenados por terem tomado parte na resistência armada. E, por fim, a promulgação da lei foi apresentada como uma benesse ofertada pelo governo militar sem que se promovesse o reconhecimento da ampla participação popular neste processo.

A redemocratização do país foi balizada pelo que a lei de anistia representou. O aspecto emancipatório e popular da luta pela anistia desaguou na ampla participação da sociedade civil no processo constituinte nos anos de 1987 e 1988 e na característica avançada da lei em termos de princípios e reconhecimento de direitos fundamentais.[5] Já o aspecto autoritário e reacionário da anistia refletiu-se no es-

---

3. A anistia fez parte de um projeto cuidadosamente delineado por estrategistas do regime, comandados pelo arquiteto intelectual da ditadura, o General Golbery do Couto e Silva. Fazia parte desse plano o esfacelamento das forças políticas de oposição, que àquela altura, apesar de todos os esforços dos governos militares em sentido contrário, haviam se agrupado em torno do partido de oposição consentida, o MDB (ALVES, Maria Helena Moreira. *Estado e oposição no Brasil (1964–1984)*. 3.ed. Petrópolis: Vozes, 1984. p. 269-270; SKIDMORE, Thomas. *Brasil: de Castelo a Tancredo*. 8.ed. Rio de Janeiro: Paz e Terra, 1988. p. 427-428).

4. No Art. 1º da Lei Nº 6683 de 1979, se afirma que estão anistiados os "crimes políticos ou conexos com estes", em seguida, o § 1º define que "consideram-se conexos, para efeito deste artigo, os crimes de qualquer natureza relacionados com crimes políticos ou praticados por motivação política", e o § 2º retira os benefícios da anistia para "os que foram condenados pela prática de crimes de terrorismo, assalto, sequestro e atentado pessoal".

5. Sobre a mobilização dos movimentos sociais em torno da Constituinte como um legado do enfrentamento com a ditadura ver: SOUSA JUNIOR, José Geraldo de. "Soberania e Direitos: processos sociais novos?" *Caderno CEAC/UnB*, Ano 1, Nº 1, 1987. p. 9-16. [Constituinte: temas em análise]; SOUSA JUNIOR, José Geraldo de. "Triste

quecimento institucional dos crimes contra a humanidade praticados e sua necessária responsabilização. Tal bloqueio, devidamente afirmado pelo Poder Judiciário em todas as tentativas que foram feitas de investigar e responsabilizar esses crimes,[6] também favoreceu a ausência de reformas institucionais que buscassem esclarecer a participação dos poderes constituídos no regime ditatorial, bem como de processos de responsabilização administrativa e judicial sobre os agentes e funcionários públicos que facilitaram ou praticaram diretamente tais crimes. Em outras palavras, militares, policiais, juízes, promotores, políticos e demais funcionários públicos que participaram ativamente do processo de perseguição política aos opositores do regime ditatorial continuaram nos seus postos de trabalho como se nada houvesse acontecido.

A Constituinte foi instalada em 1987 a partir de uma emenda constitucional produzida na ordem jurídica autoritária, uma emenda à Constituição outorgada de 1967, a Emenda Constitucional Nº 26/1985. Nesta mesma emenda a lei de anistia de 1979 foi reafirmada,[7] como que para sugerir que a nova Constituição a ser criada não pudesse rever os seus termos.

---

do Poder que não pode". *Caderno CEAC/UnB*, Ano 1, Nº 1, 1987. p. 25-31. [Constituinte: temas em análise]; COELHO, João Gilberto Lucas. "A Garantia das Instituições". *Caderno CEAC/UnB*, Ano 1, Nº 1, 1987. p. 37-45. [Constituinte: temas em análise]; BARBOSA, Leonardo Augusto de Andrade. "O legado do processo Constituinte". In: SOUSA JUNIOR, José Geraldo de; SILVA FILHO, José Carlos Moreira da; PAIXÃO, Cristiano; FONSECA, Lívia Gimenes Dias da; RAMPIN, Talita Tatiana Dias (Orgs.). *O Direito Achado na Rua: Introdução Crítica à Justiça de Transição na América Latina.* Brasília: UnB, 2015. p. 51-54. (Livro todo disponível em <*https://bit.ly/2N17gtt*>) (Acesso em 27/10/2017).

6. Especificamente sobre este ponto ver: SILVA FILHO, José Carlos Moreira da. *Justiça de Transição – da ditadura civil-militar ao debate justransicional: Direito à memória e à verdade e os caminhos da reparação e da anistia no Brasil.* Porto Alegre: Livraria do Advogado, 2015. p. 237-260.

7. A EC Nº 26/1985 repete a lei Nº 6.683/1979 quanto ao lapso temporal da anistia, e repete a anistia a crimes políticos ou conexos, contudo não reproduz a definição do que seriam crimes conexos nem a exclusão dos chamados "crimes de sangue" do alcance da anistia. A emenda ainda amplia as situações de recomposição para incluir estudantes, dirigentes sindicais, servidores e empregados civis.

A despeito dessa peculiaridade, o texto da nova Constituição não reproduz mais a anistia aos crimes conexos. Além disso, em seu Art. 8º do Ato das Disposições Constitucionais Transitórias, o constituinte firmou, com clareza inequívoca, que a anistia era devida aos que "foram atingidos, em decorrência de motivação exclusivamente política, por atos de exceção, institucionais ou complementares". Assim, a anistia aos agentes da ditadura não foi recebida pelo texto constitucional de 1988. Por outro lado, também não foi expressamente repudiada. De todo modo, ao não mencionar o tema e ao assinalar o forte repúdio à tortura, considerada crime inafiançável e insuscetível de graça ou anistia,[8] a partir dos seus princípios e direitos fundamentais, a Constituição revela-se um local muito pouco confortável para abrigar a anistia aos crimes conexos entendida como a anistia aos crimes dos agentes da ditadura. Há uma evidente contradição principiológica e valorativa no argumento de que a Constituição brasileira de 1988 endossa a anistia a tais crimes.

Além de excluir da sua apreciação a anistia aos crimes da ditadura, o Artigo 8º do Ato das Disposições Constitucionais Transitórias lançou as bases de uma verdadeira política de reparação aos ex-perseguidos políticos. O termo "anistia", mesmo na legislação produzida pela ditadura sempre trouxe alusão igualmente a algum sentido de reparação e de restituição do status anterior à perseguição política. Porém, como era de se esperar naquele ambiente ainda mutilado politicamente, contaminado pelo esquecimento forçado e seguido de perto pelo autoritarismo, a lei regulamentadora dessa política de re-

8. No Art. 5º, XLIII a Constituição Brasileira estabelece esta condição, complementada pela Lei 9.455/97. Importa mencionar, além disso, o Art. 5º, §4º que reconhece a submissão do Brasil ao Tribunal Penal Internacional. O Tratado de Roma penetra a ordem jurídica interna brasileira por força do Decreto Legislativo Nº 4.388/2002, estabelecendo explicitamente que a tortura praticada de forma sistemática a parcelas da população civil, ou seja, como prática de um crime contra a humanidade, é imprescritível. Por fim, a Constituição demarca no Art. 5º, XLIV que "constitui crime inafiançável e imprescritível a ação de grupos armados, civis ou militares, contra a ordem constitucional e o Estado Democrático". Como se sabe, foi exatamente isto que fizeram os militares e civis golpistas em 1964.

paração sinalizada pelo texto constitucional só viria à luz cerca de 13 anos depois, mais precisamente em 2001, via Medida Provisória depois convertida na Lei Nº 10.559/2002.

A nova lei de anistia, além de prever direitos como a declaração de anistiado político, a reparação econômica, a contagem do tempo e a continuação de curso superior interrompido ou reconhecimento de diploma obtido no exterior,[9] institui a Comissão de Anistia, vinculada ao Ministério da Justiça, e que fica responsável pela apreciação e julgamento dos requerimentos de anistia.[10] A Comissão de Anistia é, na verdade, uma comissão de reparação, mas que carrega consigo a própria ambiguidade do termo "anistia", forjada no processo de redemocratização do país.

Observando a atuação da Comissão de Anistia, desde a sua criação, e, especialmente, durante o segundo mandato do Presidente Lula, iniciado em 2007, quando o Ministério da Justiça foi conduzido por Tarso Genro e a presidência da Comissão de Anistia por Paulo Abrão, percebe-se uma radical mudança na concepção da anistia como política de esquecimento. Em primeiro lugar, ao exigir a verificação e comprovação da perseguição política sofrida,[11] a lei de anistia acaba

---

9. De acordo com o Art.1° da Lei Nº 10.559/2002.

10. De acordo com a lei, os Conselheiros e Conselheiras são escolhidos e nomeados pelo Ministro da Justiça, e liderados pelo Presidente da Comissão de Anistia, também escolhido pelo Ministro. Até 2016 sempre foi prática do Estado brasileiro, para fins da escolha dos membros da Comissão de Anistia, a consulta aos grupos e movimentos da sociedade civil em torno da pauta de verdade, memória e justiça em particular e de direitos humanos em geral. Dos membros da Comissão um necessariamente representa o Ministério da Defesa e outro representa os anistiandos. Os Conselheiros não recebem pagamento pelo seu trabalho, considerado, de acordo com a lei, de relevante interesse público. O conselho funciona como um tribunal administrativo, mas a responsabilidade final da decisão é do Ministro da Justiça, completando-se o processo de anistia apenas após a assinatura e publicação da Portaria Ministerial.

11. Em seu art. 2°, a Lei Nº 10.559/2002 prevê ao todo 17 situações de perseguição por motivação exclusivamente política que justificam o reconhecimento da condição de anistiado político e os direitos dela decorrentes. Aqui estão prisões, perda de emprego, ser compelido ao exílio, ser atingido por atos institucionais, entre outras situações.

suscitando a apresentação de documentos e narrativas que trazem de volta do esquecimento os fatos que haviam sido desprezados pela anistia de 1979. Passa a ser condição para a anistia a comprovação e detalhamento das violências sofridas pelos perseguidos políticos, circunstância que por si só associa anistia à memória.

Nas sessões de julgamento da Comissão de Anistia, os requerentes que estão presentes são convidados a se manifestarem, proporcionando em muitos casos importantes testemunhos, que são devidamente registrados. Os autos dos processos contêm uma narrativa muito diferente daquela que está registrada nos arquivos oficiais. Os processos da Comissão de Anistia fornecem a versão daqueles que foram perseguidos políticos pela ditadura civil-militar, contrastando com a visão normalmente pejorativa que sobre eles recai a partir dos documentos produzidos pelos órgãos de informação do período.

Para além da reparação econômica, a Comissão de Anistia também é conhecida internacionalmente por ter empreendido de maneira inovadora e sensível políticas públicas de memória e projetos vanguardistas como as Caravanas da Anistia,[12] as Clínicas do Testemu-

---

12. Até agosto de 2016 foram quase 100 Caravanas realizadas por todo o Brasil. Nelas, a Comissão se desaloja das instalações do Palácio da Justiça em Brasília e percorre os diferentes Estados brasileiros para julgar requerimentos de anistia emblemáticos nos locais onde as perseguições aconteceram, realizando os julgamentos em ambientes educativos como Universidades e espaços públicos e comunitários. O momento alto das Caravanas e de todas as sessões de apreciação de requerimentos de anistia é o pedido formal de desculpas em nome do Estado brasileiro aos que por ele foram perseguidos no passado. Longe de tal pedido significar que o Estado já fez todo o possível para reparar a perseguição que promoveu no passado, ele sinaliza para o necessário aprofundamento célere do processo justransicional brasileiro, incluindo-se aí as medidas de responsabilização e de reforma das instituições, que sempre foram duas bandeiras da Comissão de Anistia em inúmeras ocasiões (o que ficou registrado, por exemplo, em artigo de opinião escrito pelo então Vice-Presidente da Comissão de Anistia e publicado no jornal *Zero Hora* em 16 de abril de 2014. Ver: <*https://bit.ly/2tgQ6iH*>). Para um registro das Caravanas da Anistia, ver a obra editada e publicada pela Comissão de Anistia intitulada: COELHO, Maria José H.; ROTTA, Vera (orgs.). *Caravanas da Anistia: o Brasil pede perdão.* Brasília: Ministério da Justiça; Florianópolis: Comunicação, Estudos e Consultoria, 2012. Disponível em: <*https://bit.ly/2N3dklo*>. (Acesso em 27/10/2017).

nho,[13] o Projeto Marcas da Memória,[14] e por ter iniciado a construção do Memorial da Anistia,[15] realizado eventos e intercâmbios acadêmicos e culturais, além de inúmeras publicações que aprofundam

---

13. As Clínicas do Testemunho são um projeto inédito de assistência psicológica e psicanalítica às vítimas da violência do Estado ditatorial, e que já possui quase três anos de existência. O projeto Clínicas do Testemunho iniciou-se no ano de 2013 a partir de Edital Público publicado em 2012 e vinculado à Comissão de Anistia. Seu objetivo é propiciar atendimento psicanalítico às vítimas da repressão estatal promovida pela ditadura civil-militar no Brasil. Em sua primeira edição, o projeto contemplou duas iniciativas na cidade de São Paulo, uma no Rio de Janeiro e outra em Porto Alegre. Na segunda edição (2015 a 2017) o projeto foi ampliado graças à participação do Fundo Newton (que para aportar recursos tem como condição o aporte no mesmo valor por parte do Estado brasileiro), passando a contemplar também a cidade de Florianópolis. Entre as diversas ações já produzidas, além dos atendimentos, estão eventos e publicações. Eis a referência das publicações e os links para as respectivas versões digitais: SIGMUND FREUD ASSOCIAÇÃO PSICANALÍTICA (Org.). *Clínicas do Testemunho: reparação psíquica e construção de memórias.* Porto Alegre: Criação Humana, 2014. Disponível em <*https://bit.ly/2GGszzn*>; SIGMUND FREUD ASSOCIAÇÃO PSICANALÍTICA (Org.). *Os arquivos da Vô Alda.* Porto Alegre: Criação Humana, 2015. Disponível em <*https://bit.ly/2SsKr82*>; SILVA JR, Moisés Rodrigues da; MERCADANTE, Issa. *Travessia do silêncio, testemunho e reparação.* Brasília: Comissão de Anistia; São Paulo: Instituto Projetos Terapêuticos, 2015. Disponível em <*https://bit.ly/2GpjfRh*>; CARDOSO, Cristiane; FELIPPE, Marilia; BRASIL, Vera Vital (Orgs.). *Uma perspectiva clínico-política na reparação simbólica: Clínica do Testemunho no Rio de Janeiro.* Brasília: Comissão de Anistia; Rio de Janeiro: Instituto Projetos Terapêuticos, 2015. Disponível em <*https://bit.ly/2V2HMiv*>; OCARIZ, Maria Cristina (Org.). *Violência de estado na ditadura civil-militar brasileira (1964–1985) – efeitos psíquicos e testemunhos clínicos.* São Paulo: Escuta, 2015. Disponível em <*https://bit.ly/2StQbyk*>.

14. O Marcas da Memória é na verdade um amplo guarda-chuva no qual se abrigam políticas de memória diversas. Em seu bojo inserem-se todas as iniciativas da Comissão de Anistia aqui mencionadas, devendo-se ainda acrescentar o aporte de recursos para sustentar e promover iniciativas da sociedade civil em prol da memória política do país. Foram dezenas de filmes, publicações, peças de teatro e eventos culturais já apoiados. A primeira chamada ocorreu no ano de 2010, e eis aqui o link para conhecer alguns dos resultados iniciais: <*https://bit.ly/2BBEZoS*>. Para maior detalhamento do Projeto Marcas da Memória ver o artigo de Roberta Baggio, intitulado "Marcas da Memória: a atuação da Comissão de Anistia no campo das políticas públicas de transição no Brasil", disponível em: <*https://bit.ly/2GGTw6a*>.

15. O projeto Memorial da Anistia Política é fruto de um convênio entre o Ministério da Justiça e a Universidade Federal de Minas Gerais. O projeto prevê a constru-

o sentido da Justiça de Transição no Brasil e na América Latina.[16] Estes programas e projetos compunham até 2016 o Programa Brasileiro de Reparação Integral, reconhecido e celebrado internacionalmente, e faziam parte do rol dos direitos de todos aqueles que foram atingidos por atos de exceção durante a ditadura civil-militar – e dos seus familiares.

Ao longo desses anos de existência e atuação da Comissão de Anistia é possível identificar outros órgãos e comissões de Estado que reforçaram e seguiram o mesmo sentido de resgate da memória política da ditadura a partir da visão das vítimas, dentre os quais destacam-se em especial a Comissão Especial de Mortos e Desaparecidos Políticos, criada em 1995 ainda no governo de Fernando Henrique Cardoso, e a Comissão Nacional da Verdade, criada em 2011 e instalada em 2012, em meio ao primeiro mandato da Presidenta Dilma Rousseff.

JUDICIÁRIO BRASILEIRO ENTRE O AUTORITARISMO E O ATIVISMO

Em seu livro *Ditadura e repressão*, no qual promove um estudo comparado sobre a judicialização da repressão na Argentina, no Chile e no Brasil, Anthony Pereira identifica um curioso paradoxo no caso brasileiro.[17] De todos os três países, o Brasil foi aquele que mais se

ção na cidade de Belo Horizonte-MG de um espaço de exposição permanente localizado no antigo coleginho da FAFICH – local histórico de organização da resistência à ditadura –, de um parque e de um prédio novo que abrigará, além do acervo da Comissão de Anistia, um centro de pesquisas, para o público e de produção de pesquisas no campo da memória política brasileira e da Justiça de Transição. O projeto prevê ainda a constituição de uma Rede Latino-Americana de pesquisa sobre Justiça de Transição (já criada e que vem produzindo relatórios e eventos internacionais – ver o site da rede: <*http://rlajt.com*>). O projeto museológico, já pronto e no período em que se escreve este artigo ainda dependente da entrada dos recursos faltantes para ser inaugurado, pode ser conhecido neste vídeo: <*https://bit.ly/2UVguu3*>. (Acesso em 27/10/2017).

16. Grande parte das publicações promovidas pela Comissão de Anistia encontra-se no site: <*https://bit.ly/2UYdaOL*>.

17. PEREIRA, Anthony W. *Ditadura e repressão: o autoritarismo e o estado de direito no Brasil, no Chile e na Argentina*. São Paulo: Paz e Terra, 2010.

aprofundou na judicialização da repressão ditatorial e que construiu uma legalidade autoritária mais ampla, arraigada e vinculada à ordem jurídica anterior. Tal se deve, entre outros fatores, ao alto grau de coesão entre as elites judiciais e as forças armadas,[18] o que levou estas últimas à opinião de que o judiciário era "confiável", e que, portanto, os tribunais poderiam se prestar ao papel de intermediário entre a ação repressiva direta dos agentes de segurança pública e aqueles que eram perseguidos políticos, tidos no contexto da ditadura como criminosos e terroristas.

Se por um lado os milhares de julgamentos ocorridos na ditadura brasileira faziam vistas grossas em relação às denúncias de tortura e compactuavam com leis draconianas, como eram os Atos Institucionais e seus derivados, contando com juízes que defendiam e incorporavam a ideologia do regime, por outro, tais julgamentos contavam com um arsenal razoável de garantias e procedimentos e permitiam em grande parte dos casos evitar que os opositores políticos fossem simplesmente eliminados. Em sua pesquisa, Anthony Pereira notou também que no Brasil os advogados de defesa de presos políticos possuíam uma relativa liberdade e autonomia para atuar nas cortes políticas e conseguiram, por vezes, induzir os juízes a interpretarem a legislação autoritária de uma maneira mais benigna para os seus clientes.[19]

Na Argentina, a ausência de uma coesão entre os militares e a elite judicial levou os militares a considerarem o judiciário pouco ou de modo algum "confiável". Não havia, portanto, mediadores institucionais entre a violência direta dos agentes da repressão e os seus alvos. A estratégia adotada foi claramente a da eliminação e do desapareci-

---

18. Em sua tese de doutorado, Vanessa Shinke evidencia esse alto nível de coesão institucional entre o Poder Judiciário e as Forças Armadas. SCHINKE, Vanessa Dorneles. *Judiciário e autoritarismo: regime autoritário (1964–1985), democracia e permanências*. Rio de Janeiro: Lumen Juris, 2016.

19. Sobre este ponto específico, ver ainda: SPIELER, Paula; QUEIROZ, Rafael Mafei Rabelo (Coords.). *Advocacia em tempos difíceis – ditadura militar 1964–1985*. Curitiba: edição do autor, 2013. Disponível em: <*https://bit.ly/2DBB3F3*> (Acesso em 27/10/2017).

mento em massa dos opositores políticos. Contudo, se a forte coesão institucional ocorrida na ditadura civil-militar brasileira e a sua máscara de legalidade foram um dos fatores responsáveis por uma cifra menor de mortos e desaparecidos em relação à Argentina, elas contribuíram para manter mais arraigada no Brasil a continuidade da herança autoritária no período pós-ditatorial. Após a ditadura brasileira, nenhum juiz, por mais conivente que fosse com o regime, nenhum policial, por mais que tenha torturado e assassinado opositores, nenhum político ou dirigente, por mais que tenha aprovado, ordenado ou tenha sido conivente com a tortura, foi demitido, exonerado ou responsabilizado pelos seus atos. Muitos deles simplesmente continuaram a atuar no Poder Público, transferindo agora o foco da sua impunidade para os criminosos comuns e os suspeitos de o serem, que continuaram a ser barbaramente torturados nas delegacias e nos presídios.[20]

Com relação ao tema da anistia e da responsabilização dos agentes da ditadura, o judiciário brasileiro sempre foi reticente. No conhecido caso das mãos amarradas, no qual o sargento Manoel Raymundo Soares foi morto por agentes da ditadura por afogamento e encontrado boiando com as mãos amarradas no Rio Jacuí em 1966,[21] a provocação ao Poder Judiciário foi vã.

Após a Constituição de 1988, houve a tentativa do Ministério Público de São Paulo de abrir um inquérito civil para apurar, em 1992, a morte do jornalista Vladimir Herzog e a tentativa de reabrir a investigação do caso Riocentro,[22] em 1996, no Superior Tribunal Militar.

---

20. Este fato, notório e registrado em diferentes estudos e levantamentos, é palpável, por exemplo, no Relatório da Anistia Internacional lançado em fevereiro de 2017 (ver páginas 82 a 87, que tratam do Brasil – disponível em: <*https://bit.ly/2BNuuAk*>. Acesso em 27/10/2017).

21. Para mais informações sobre o caso ver, entre outros: ASSUMPÇÃO, Eliane Maria Salgado (org.). *O Direito na História: o caso das mãos amarradas.* Porto Alegre: TRF 4a. Região, 2008; e o próprio relatório da Comissão Especial de Mortos e Desaparecidos Políticos: *Direito à verdade e à memória.* Brasília: Secretaria Especial dos Direitos Humanos, 2007, p. 75-77.

22. O caso Riocentro diz respeito a um atentado a bomba frustrado ocorrido na noite do dia 30 de abril de 1981 contra uma casa de espetáculos situada na cidade do Rio de Janeiro na qual se comemoraria o dia do trabalho. A bomba explodiu

Em ambos os casos houve o indeferimento dos pleitos pela mesma razão: incidência da anistia "bilateral" de 1979.[23] O curioso é que, no segundo caso, referente ao atentado ocorrido em 1981 no Riocentro, mesmo reconhecendo indícios de autoria de militares no crime, os Ministros do STM – agindo em desacordo com a própria Lei Nº 6.683/1979 – justificaram o arquivamento do procedimento pela incidência da anistia a crimes cometidos após 1979. A construção de uma "anistia para frente" representou um verdadeiro estelionato jurídico que contribuiu para fortalecer a noção de que – no Brasil – não haveria responsabilização dos agentes do Estado de exceção: como pensar em punir os crimes de tortura, sequestro e homicídio ocorridos antes de 1979 se sobre aqueles que ocorreram depois (como o atentado ao Riocentro) também incidia – legitimamente, conforme o poder Judiciário – a malfadada causa de extinção da punibilidade?

---

no colo de dois militares, vitimando um e ferindo o outro, antes que pudesse ser instalada no local dos shows. A intenção era atribuir o atentado a grupos de luta armada, àquela altura já eliminados, para com isto buscar justificar a continuidade do fechamento do regime político. Este caso ainda foi judicializado uma vez mais no ano de 2014 por iniciativa do Ministério Público Federal. A juíza federal da 6ª Vara Federal Criminal do Rio de Janeiro aceitou a denúncia, mas os réus obtiveram o trancamento da ação no Tribunal Regional Federal da 2ª Região, com o pretexto da prescrição, não mais da anistia. O MPF recorreu e a questão segue pendente.

23. A decisão de trancar o inquérito policial do caso Herzog veio da Quarta câmara do Tribunal de Justiça de São Paulo (TRIBUNAL DE JUSTIÇA DE SÃO PAULO. *Habeas Corpus Nº 131.798-3/2*. Relator Péricles Piza) e foi mantida pelo Superior Tribunal de Justiça (SUPERIOR TRIBUNAL DE JUSTIÇA. *Recurso Especial Nº 33.782-7-SP*, j.18/08/1993, 5ª Turma, unânime, Relator Ministro José Dantas). Já a decisão de trancar as investigações do caso Riocentro com base na Lei de Anistia foi tomada pelo Superior Tribunal Militar em 1988, quando declarou de ofício a extinção da punibilidade dos autores (Representação Nº 1.067-7/DF) e quando negou em 1996 novo pedido de abertura da investigação (Representação Criminal Nº 4-0/DF). Maiores detalhes sobre ambos os casos podem ser vistos em: SANTOS, Roberto Lima; BREGA FILHO, Vladimir. "Os reflexos da "judicialização" da repressão política no Brasil no seu engajamento com os postulados da justiça de transição". In: *Revista Anistia Política e Justiça de Transição*. Brasília, Nº 1, p. 152-177, jan./jun. 2009. No momento em que se escreve este artigo, o caso Herzog encontra-se judicializado pela Corte Interamericana de Direitos Humanos, já tendo ocorrido a audiência junto à Corte no dia 24 de maio de 2017.

Assim, seja antes, seja depois do estabelecimento da ordem democrática pela Constituição de 1988 a tentativa de se construir o pilar da "responsabilização" no processo transicional brasileiro sempre esteve presente como reivindicação dos que sofreram com os atos de exceção. No entanto, como se constatou, os termos da interpretação dada ao instituto da anistia impediram qualquer análise de mérito que viabilizasse alguma providência no sentido da investigação e da responsabilização. Somente após a virada do século, a partir de 2008, é que houve uma nova mobilização, por parte de organismos da sociedade civil e de órgãos vinculados ao Estado, que buscou questionar a validade da interpretação da anistia como "acordo bilateral" perante o Supremo Tribunal Federal.[24]

---

24. No dia 31 de julho de 2008 a Comissão de Anistia organizou uma audiência pública no prédio sede do Ministério da Justiça em Brasília para discutir as possibilidades jurídicas de julgamento dos torturadores que atuaram em prol do governo ditatorial. A reação da imprensa foi imediata e incessante, e, apesar da tentativa inicial de desqualificar o debate, pautou o tema com elevada frequência em jornais, revistas e outros meios de massa. Artigos a favor e contra a possibilidade do julgamento eram publicados e não paravam de surgir nas páginas dos principais jornais do país. Até então este parecia um assunto proibido (sobre a cobertura midiática feita sobre o tema ver SILVA FILHO, José Carlos Moreira da. "A Comissão de Anistia e a concretização da justiça de transição no Brasil – repercussão na mídia impressa brasileira: jornal *O Globo*, 2001 a 2010". In SILVA FILHO, José Carlos Moreira da; ABRÃO, Paulo; TORELLY, Marcelo D. (Orgs.) *Justiça de Transição nas Américas – olhares interdisciplinares, fundamentos e padrões de efetivação.* Belo Horizonte: Fórum, 2013. p. 181-226).

O então Presidente do Conselho Federal da OAB, Cezar Britto, compareceu à audiência e meses depois, sob a influência da discussão, mobilizou o Conselho e propôs, com a assinatura de Fábio Konder Comparato, a Arguição de Descumprimento de Preceito Fundamental Nº 153 no STF.

Importante também mencionar a corajosa e importante sentença do juiz Gustavo Santini Teodoro, de outubro de 2008, confirmada pelo Tribunal de Justiça paulista em agosto de 2012, e que, embora só tenha efeitos declarativos, foi a primeira (e única) manifestação judicial que reconheceu explicitamente um ex-agente público brasileiro como torturador: o Coronel Carlos Alberto Brilhante Ustra, apontado em dezenas de relatos de ex-perseguidos como torturador e que foi comandante da temida Operação Bandeirante em São Paulo na década de 70.

Tal questionamento foi feito através da Ação de Descumprimento de Preceito Fundamental (ADPF) Nº 153, julgada em abril de 2010 em dois dias de sessão e cujo resultado foi o de sete a dois pelo indeferimento, com votos que trouxeram fundamentos bastante questionáveis, inclusive sob o ponto de vista histórico,[25] chegando-se a afirmar, por exemplo, que na década de 70 a sociedade foi às ruas pedir uma anistia ampla, geral e irrestrita com o sentido de estendê-la aos tor-

---

Esquentando ainda mais o ambiente para o julgamento da ADPF Nº 153 no STF, em janeiro de 2010 a Secretaria Especial de Direitos Humanos lança o III Plano Nacional de Direitos Humanos, inaugurando uma Diretriz inexistente nos planos anteriores, aquela que cuida do Direito à Memória e à Verdade. Entre outras deliberações, o Plano propugnou a instituição de uma Comissão Nacional da Verdade, que veio a ser constituída em 2012, e uma série de outras políticas públicas em torno da memória, dano espaço para as opiniões desfavoráveis ao bloqueio da Lei de anistia quanto à investigação e responsabilização dos crimes de lesa humanidade praticados pelos agentes da ditadura.

25. Para a crítica da decisão do STF e seus fundamentos ver: MEYER, Emilio Peluso Neder; CATTONI, Marcelo. "Anistia, história constitucional e direitos humanos: o Brasil entre o Supremo Tribunal Federal e a Corte Interamericana de Direitos Humanos". In CATTONI, Marcelo (org.). *Constitucionalismo e História do Direito.* Belo Horizonte: Pergamum, 2011, p. 249-288. MEYER, Emilio Peluso Neder. *Ditadura e Responsabilização – Elementos para uma justiça de transição no Brasil.* Belo Horizonte: Arraes, 2012; TORELLY, Marcelo D. *Justiça de Transição e Estado Constitucional de Direito – Perspectiva teórico-comparativa e análise do caso brasileiro.* Belo Horizonte: Fórum, 2012; SILVA FILHO, José Carlos Moreira da. "O Julgamento da ADPF 153 pelo Supremo Tribunal Federal e a Inacabada Transição Democrática Brasileira". In: FILHO, Wilson Ramos (Org.). *Trabalho e Regulação – as lutas sociais e as condições materiais da democracia.* Belo Horizonte: Fórum, 2012, v. 1, p. 129-177; SILVA FILHO, José Carlos Moreira da; CASTRO, Ricardo Silveira. "Justiça de Transição e Poder Judiciário brasileiro – a barreira da Lei de Anistia para a responsabilização dos crimes da ditadura civil-militar no Brasil". *Revista de Estudos Criminais*, Nº 53, p. 50-87; VENTURA, Deisy. "A Interpretação judicial da Lei de Anistia brasileira e o Direito internacional". In: PAYNE, Leigh; ABRÃO, Paulo; TORELLY, Marcelo (orgs.). *A Anistia na era da responsabilização: o Brasil em perspectiva internacional e comparada.* Brasília: Ministério da Justiça, Comissão de Anistia; Oxford: Oxford University, Latin American Centre, 2011. p. 308-34; PAIXÃO, Cristiano. *The protection of rights in the Brazilian transition: amnesty law, violations of human rights and constitutional form* (01. September 2014), in *forum historiae iuris*, <*https://bit.ly/2ByAdc2*>. (Acesso em 27/10/2017).

turadores do regime de força, quando em verdade o famoso bordão se referia aos presos políticos condenados pela atuação na resistência armada, e que, no final, acabaram não sendo mesmo anistiados pela Lei Nº 6.683/1979.[26]

Um dos argumentos mais tortuosos que apareceu tanto no voto do relator, Ministro Eros Grau, como no voto do Ministro Gilmar Mendes, foi o de que o impedimento formado pela anistia de 1979 à investigação e responsabilização dos crimes da ditadura vinha de uma imposição de compromisso da EC Nº26/1985 à Constituinte de 1987, isto é, afirmaram que uma das bases da ordem democrática de 1988 vinha justamente de uma Emenda à Constituição autoritária e outorgada de 1967, o que limitava a soberania da Constituinte.

Talvez esta decisão do STF seja um dos pontos de inflexão mais nítidos em direção à ruptura institucional que se consumou no dia 31 de agosto de 2016 com a conclusão do processo de impedimento da então Presidenta Dilma Rousseff. Ao reproduzir em pleno regime democrático a mesma interpretação que a ditadura forjou para a Lei de Anistia de 1979, pode-se dizer que o STF alojou o "golpismo" em seus gabinetes e decisões.

Após a decisão do STF na ADPF 153, tomada em abril de 2010, o Brasil sofreu em novembro de 2010 a condenação na Corte Interamericana de Direitos Humanos no Caso Gomes Lund e outros, também conhecido como Caso Guerrilha do Araguaia. A decisão deixa claro que o Supremo Tribunal Federal não fez o devido controle de convencionalidade e que a sua decisão na ADPF 153 contraria as obrigações internacionais brasileiras, já que "as disposições da Lei de Anistia brasileira que impedem a investigação e sanção de graves violações de direitos humanos carecem de efeitos jurídicos".[27]

---

26. Acrescente-se ainda o fato de que nas frequentes assembleias realizadas pelos diversos Comitês Brasileiros pela Anistia (CBA's) as resoluções finais sempre pediam a responsabilização dos crimes da ditadura, conforme anota Heloísa Grecco em sua tese (GRECO, *op. cit.*), e também RODEGHERO *et al.*, *op. cit.*, p. 160-162.

27. CORTE INTERAMERICANA DE DERECHOS HUMANOS. *Caso Gomes Lund e outros vs. Brasil.* Sentencia de 24 de novembre de 2010. § 174. Disponível em: <*https://bit.ly/1FCE8PO*>. (Acesso em 27/10/2017).

A partir da condenação do Brasil na Corte, o Ministério Público Federal assumiu a orientação interna de levar adiante ações de responsabilização penal dos crimes da ditadura junto ao Poder Judiciário brasileiro. Foram dezenas de ações penais iniciadas pelo Ministério Público Federal a partir da condenação do país no Caso Araguaia, mas o poder judiciário tem negado sistematicamente o seguimento das ações, ora apoiado no argumento da anistia, ora no da prescrição,[28] contando inclusive com algumas decisões que chegam a fazer apologia ao regime ditatorial.

Argumenta-se neste artigo que, no âmbito do poder judiciário brasileiro, a reafirmação em tempos democráticos de uma certa tolerância e complacência, para não dizer, em alguns casos, defesa da tomada do poder pelos militares em 1964, e o bloqueio a medidas justransicionais de responsabilização e de pleno repúdio à ditadura civil-militar, representaram um claro flanco pelo qual alojou-se a participação do poder judiciário em novo processo de ruptura institucional, ocorrido agora em 2016, há quase 30 anos da promulgação da Constituição democrática.

A RUPTURA INSTITUCIONAL NO BRASIL EM 2016: GOLPE PARLAMENTAR COM APOIO JUDICIAL?

O que aconteceu no Brasil no ano de 2016, com a saída de Dilma Rousseff da Presidência da República, pode ser explicado sob diferentes ângulos e a partir de uma multiplicidade de fatores,[29] mas revela

---

28. Para um registro recente do volume de ações do MPF para responsabilizar os crimes praticados pela ditadura e as teses jurídicas adotadas, ver <*https://bit.ly/2rN4oJr*> (Acesso em 27/10/2017).

29. Várias análises já foram feitas sobre o contexto e o sentido desse golpe: CITTADINO, Gisele; PRONER, Carol; RAMOS FILHO, Wilson; TENEMBAUM, Marcio (Orgs.). *A resistência ao golpe de 2016*. Bauru: Canal 6, 2016; RAMOS, Gustavo Teixeira; MELO FILHO, Hugo Cavalcanti; LOGUERCIO, José Eymardt; RAMOS FILHO, Wilson (Orgs.). *A classe trabalhadora e a resistência ao golpe de 2016*. Bauru: Canal 6, 2016; PRONER, Carol; CITTADINO, Gisele; NEUENSCHWANDER, Juliana; PEIXOTO, Katarina; GUIMARÃES, Marilia Carvalho (Orgs.). *A resistência internacional ao golpe de 2016*. Bauru: Canal 6, 2016; JINKINGS, Ivana; DORIA, Kim; CLETO, Murilo (Orgs.). *Por que gritamos golpe?: Para entender o impeachment e a crise política no Brasil*. São Paulo: Boitempo,

inegavelmente uma grave ruptura institucional que traz diversos paralelos com aquela ocorrida em 1964 com o golpe civil-militar que depôs o Presidente João Goulart.[30] Diferentemente de 1964, em 2016 não houve a deposição pelas armas e a participação das Forças Armadas. Seguiu-se um caminho semelhante àquele já percorrido por Honduras e Paraguai.

Em Honduras, no ano de 2009 o Poder Judiciário, provocado pelo Ministério Público hondurenho, emitiu ordem de prisão ao então Presidente Manuel Zelaya, que, retirado de pijamas da sua casa pelo Exército, foi ilegalmente deportado para a Costa Rica. No Paraguai, no ano de 2012, o então Presidente Fernando Lugo foi deposto pelo Parlamento em um processo relâmpago de impeachment no qual teve apenas duas horas para se defender de acusações vagas e atípicas relativas a um suposto fraco exercício das suas funções. No Paraguai não foi difícil obter o impeachment, visto que o Congresso estava dominado pela oposição conservadora.

O que há de comum entre esses casos recentes, incluindo-se aí o brasileiro, é o fato de serem países latino-americanos, de os governos atingidos serem considerados de esquerda, com políticas populares voltadas ao combate das desigualdades sociais, e de terem sido utilizadas as instituições estatais para ao mesmo tempo retirar tais governantes do poder e ostentar uma aparência de legalidade e normalidade institucional. Em todos esses casos, igualmente, tratou-se de implantar uma agenda de reformas de cunho neoliberal, com fortes restrições de direitos sociais conquistados nas últimas décadas.

Em obra recente, Anibal Pérez-Liñán identifica na América Latina, após as transições realizadas com o fim das ditaduras civis-militares de segurança nacional, a tendência de interrupção de mandatos presidenciais por meio de juízos políticos. Tal tendência acentuou-se a

---

2016; GENTILI, Pablo (Ed.). *Golpe en Brasil – genealogía de una farsa.* Buenos Aires: CLACSO; Octubre Editorial, 2016.

30. Para um sucinto paralelo entre ambos os processos ver: SILVA FILHO, José Carlos Moreira da. "O Jogo dos Sete Erros – 1964–2016". In: PRONER, Carol; CITTADINO, Gisele; TENEMBAUM, Marcio; RAMOS FILHO, Wilson (Orgs.). *A Resistência ao Golpe de 2016.* Bauru: Canal 6, 2016, p. 196-203.

partir dos anos 90 e indica um novo modo de instabilidade política na região.[31] Entre a derrubada do Presidente brasileiro Fernando Collor em 1992 e o ano de 2004, Pérez-Liñán catalogou a deposição de dez presidentes latino-americanos. Em seu estudo comparativo, Pérez-Liñán identifica a confluência de quatro fatores desse novo processo: a ausência de participação das forças armadas, a existência de protestos sociais de grande expressão em face de denúncias de corrupção ou diante de crises econômicas, a presença da mídia como uma espécie de vigilante moral público da sociedade e um baixo nível de apoio parlamentar ao presidente eleito, além da participação decisiva do parlamento na deposição do Presidente na moldura constitucional.

A pergunta que fica aqui indicada é se esta nova modalidade pode ser considerada em alguns casos um golpe de Estado. Carlos Barbé assinala que nos anos 70 do século XX a forma mais frequente de golpe de Estado foi a que envolveu a participação de militares,[32] do que pode se deduzir, em acordo com a definição do autor, que não é um elemento obrigatório e necessário a ativa participação militar.

Conforme Barbé, na história do conceito de golpe de Estado, que inicia com a obra de Gabriel Naudé (*Considérations politiques sur le coup d'État* – 1639), identifica-se uma mudança de atores quanto à sua promoção ativa. Originalmente o conceito apontava para atos de exceção praticados pelo soberano. Com o advento do constitucionalismo, o conceito passou a abranger também situações de mudança do governo ocorridas com a violação da Constituição vigente, e praticada pelos próprios detentores do poder político, normalmente com violência. E, por fim, o golpe militar.

Partindo dessa moldura conceitual, é possível identificar a ocorrência de um golpe de Estado quando ocorre a mudança do governo a partir de uma violação das regras constitucionais, sendo também

---

31. PÉREZ-LIÑÁN, Anibal. *Juício político al presidente y nueva inestabilidad política en América Latina.* Buenos Aires: Fondo de Cultura Economica, 2009, p. 282.

32. BARBÉ, Carlos. "Golpe de Estado". In: BOBBIO, Norberto; MATTEUCCI, Nicola; PASQUINO, Gianfranco (orgs.). *Dicionário de Política.* 5. ed. Tradução de Carmen C. Varrialle... [*et al.*]. Brasília: Universidade de Brasília, 1993, p. 545-547.

importante a participação de grupos políticos poderosos na sua realização, ainda que não ocorra a participação dos militares.

Também é possível delimitar o caráter de golpe para os recentes processos de deposição de governantes na América Latina recorrendo à ideia de que em Estados formalmente democráticos, ainda que de baixíssima intensidade especialmente para as camadas mais periféricas das sociedades latino-americanas, podem ser utilizadas de maneira mais ampla e "criativa" medidas de exceção, isto é, medidas autoritárias, apoiadas no decisionismo, sem amparo legal ou constitucional. Tais medidas de exceção podem promover a retirada dos governantes eleitos e deflagrar mudanças bruscas de orientação política no governo, sem que para isso seja necessária a instauração de um Estado de exceção declarado e sem que se rompa ostensivamente com os mecanismos de democracia formal,[33] contrariamente ao que ocorreu nas ditaduras civis-militares de segurança nacional.

No caso brasileiro de 2016 nota-se uma diferença crucial em relação ao padrão proposto por Pérez-Liñán, qual seja o papel decisivo do poder judiciário na ruptura institucional, fazendo às vezes de guardião moral da sociedade apoiado e reverberado pela mídia hegemô-

33. Essa é a leitura proposta por Pedro Serrano para interpretar os eventos ocorridos em Honduras em 2009, no Paraguai em 2012 e no Brasil em 2016. Com apoio no conceito de exceção de Carl Schmitt, o autor caracteriza a exceção como o poder soberano que decide sobre a suspensão do direito, e que pode ser identificado quando o governante ou grupos políticos poderosos utilizam as ferramentas e processos democráticos para suspenderem as garantias legais e imporem a exceção, não raramente atribuindo ao ato de exceção o caráter de aplicação regular e correta da norma democrática. Um claro exemplo dessa estratégia segundo o autor seria o *Patriot Act* nos EUA, instituído após a queda das torres gêmeas. No caso dos recentes processos latino-americanos de deposição de governantes, a exceção estaria presente pontualmente no apoio judicial aos processos irregulares e inconstitucionais de interrupção de mandatos eletivos. Afirma textualmente Serrano: "Em Honduras e no Paraguai, regimes democráticos foram inconstitucionalmente interrompidos, golpeando presidentes legitimamente eleitos por obra ou com apoio das respectivas cortes supremas. Trata-se da jurisdição funcionando como fonte da exceção, e não do direito." (SERRANO, Pedro Estevam Alves Pinto. *Autoritarismo e golpes na América Latina – breve ensaio sobre jurisdição e exceção.* São Paulo: Alameda, 2016. p. 168).

nica, e com isso "justificado" em seus decisionismos violadores de cláusulas constitucionais.

A partir dos fundamentos expostos, se apresenta razoável e adequada a utilização da categoria "golpe" para tratar do processo de impeachment sofrido pela Presidenta Dilma Rousseff em 2016.

No dia 02 de dezembro de 2015 o Presidente da Câmara dos Deputados Eduardo Cunha aceitou pedido de impedimento contra a Presidenta Dilma Rousseff pela prática de crime de responsabilidade contra a lei orçamentária (hipótese do Art.85, VI da Constituição Federal de 1988). A aceitação do pedido deu-se em circunstâncias polêmicas, pois ocorreu momentos depois que os deputados do Partido dos Trabalhadores (PT), partido da Presidenta, declararam que votariam contra o Presidente da Câmara em causa de cassação do seu mandato em andamento na Comissão de Ética da casa legislativa. No dia 17 de abril de 2016 ocorreu sessão plenária de votação do parecer favorável, aprovado pela Comissão Especial constituída, ao impedimento da Presidenta. O pedido foi aprovado pela Câmara com 367 votos a favor, 137 contra, 7 abstenções e 2 ausências. Nas manifestações dos parlamentares para justificar o voto pouco se tratou da acusação da prática de crime de responsabilidade pela Presidenta. O que a esmagadora maioria dos deputados disse foram homenagens a membros da família, acusações de corrupção à Presidenta (não mencionadas no pedido cuja aceitação se votava) e até homenagens a notórios torturadores da ditadura civil-militar, espetáculo que chocou a sociedade, até mesmo aqueles favoráveis à deposição. A aprovação do pedido na Câmara representou o momento culminante para o afastamento da Presidenta pelo Senado Federal, tornando-o praticamente irreversível sob o ponto de vista político. O placar do impedimento no Senado foi de 61 votos a favor e 20 contra, em um parlamento com ampla maioria oposicionista e conservadora, o que confere à ruptura institucional um inegável caráter parlamentar.

A denúncia que foi apreciada no Parlamento foi oferecida pelos juristas Hélio Bicudo, Janaína Paschoal e Miguel Reale Jr. Examinando-se a peça inicial, bem como as alegações finais e o relatório do Senador Antonio Anastasia do PSDB,[34] que foi designado relator no Senado do pedido aprovado na Câmara, vê-se uma doutrina absolutamente permissiva do impeachment no Direito brasileiro, que abre espaço a uma indevida fiscalização ordinária dos atos do Presidente eleito e potencializa a criminalização de atos de gestão e administração, quando deveria ser um processo excepcionalíssimo e rigoroso, adstrito às hipóteses constitucionais.

Embora a hipótese do impeachment esteja prevista na Constituição de 1988, a lei que regulamenta o seu rito e detalha as suas hipóteses é uma lei de 1950, a Lei Nº 1.079/50. Esta lei teve como um dos seus redatores e entusiastas o político Raul Pilla, conhecido por seu fervor parlamentarista, e que havia sido previamente derrotado em sua campanha para que a Constituição de 1946 adotasse o sistema. A aprovação da lei dos crimes de responsabilidade, a Lei Nº1.079/50, figurou como uma espécie de prêmio menor ao bloco político parlamentarista, criando-se assim uma lei moldada por um viés parlamentarista vigente em um sistema presidencialista.[35] Interessante notar que foi Raul Pilla quem redigiu a emenda que adotou o sistema parlamentarista pra retirar os poderes presidenciais de João Goulart em 1961[36] diante da pressão dos inumeráveis grupos golpistas daquela época, militares e civis.

---

34. BRASIL. CÂMARA DOS DEPUTADOS. Denúncia Nº1 de 2016. Autores: Hélio Bicudo, Janaína Conceição Paschoal, Miguel Reale Jr. e outros; BRASIL. SENADO FEDERAL. Parecer Nº1, de 2016. Da Comissão Especial do Impeachment, referente à admissibilidade da DEN Nº 1, de 2016. Relatoria do Senador Antonio Anastasia; BRASIL. SENADO FEDERAL. Alegações Finais na Denúncia Nº1 de 2016. Autores: Hélio Bicudo, Janaína Conceição Paschoal, Miguel Reale Jr. e outros. Todas as três peças referidas podem ser encontradas em: <*https://bit.ly/2TRy6ac*> (Acesso em 27/10/2017).

35. QUEIROZ, Rafael Mafei Rabelo. "Impeachment e lei de crimes de responsabilidade – o cavalo de tróia parlamentarista". In: *Blog Direito e Sociedade*. Publicado em 16 de dezembro de 2015. Disponível em: <*https://bit.ly/1PFUJDO*> (Acesso em 27/10/17).

36. A autoria da proposta de emenda constitucional que viria a ser aprovada em 1961 e revogada em 1963 pode ser comprovada nos registros da Câmara dos Deputados. Ver: <*https://bit.ly/2C9tshA*> (Acesso em 27/10/2017).

Vê-se, portanto, que o espírito que animou a lei do impeachment foi o parlamentarista. Contudo, o sistema no Brasil é o presidencialista. Se no primeiro a perda da maioria parlamentar pode destituir o governante, no segundo a sua destituição legal só pode ocorrer em circunstâncias excepcionais e restritas, não sendo suficiente a desconfiança da maioria parlamentar oposicionista. Necessário é que se configure um crime de responsabilidade. Afrouxar esta condição tornando-a permissiva para nela incluir múltiplas hipóteses determinadas por leis infraconstitucionais, incluindo até mesmo raciocínios extensivos e de analogia, como ocorreu no caso do impeachment da Presidenta Dilma Rousseff, é fragilizar a cláusula democrática, substituindo o numeroso e expressivo respaldo popular que sustenta o mandato do Presidente da República pelo malabarismo hermenêutico de parlamentares com muito menos votos e de funcionários públicos sem representatividade alguma, como o são juízes e procuradores.

O Brasil alargou ainda mais o flanco de fragilidade democrática institucional ao submeter a Constituição de 1988 à lógica parlamentarista de uma Lei editada em 1950, e mesmo após o sistema parlamentarista ter sido rejeitado no plebiscito de 1993 por quase 70% da população. Na ausência de uma nova lei, que esteja mais adequada tanto ao sistema presidencialista como ao marco constitucional instituído a partir de 1988, seria ao menos necessário uma interpretação judicial que submetesse a legislação ordinária à lógica e à supremacia constitucional. De todo modo, mesmo considerando a existência da Lei de 1950, o processo de impeachment da Presidenta Dilma Rousseff não conseguiu de modo consistente identificar qualquer crime de responsabilidade.

No caso das célebres "pedaladas fiscais",[37] o inciso VI do Art.85 da C.F. de 1988 afirma que são crimes de responsabilidade atos que atentem contra a "lei orçamentária". As peças da acusação no processo de impeachment afirmam que nesta expressão dever-se-ia incluir a

37. Pedaladas Fiscais designam a prática de o Tesouro público atrasar o repasse de verbas, que foram utilizadas para programas públicos e sociais, a instituições financeiras públicas ou privadas, produzindo com isso uma melhor situação fiscal no fechamento de um determinado período.

Lei de Responsabilidade Fiscal (Lei Complementar Nº 101/2000). No entanto, a questão fiscal não se confunde com a orçamentária, ainda que estejam relacionadas, existindo uma lei diferente para cada qual. Querer incluir uma lei que não é orçamentária em um dispositivo excepcional e com consequências drásticas para o mandato presidencial é dar uma amplitude muito questionável e temerária.

Indo além, o Senador Anastasia afirmou em seu parecer de admissibilidade ao processo de impedimento no Senado que, como a Lei de Responsabilidade Fiscal diz no seu Art.73 que as infrações a esta lei serão punidas com base, entre outras leis, na Lei de 1950, violar qualquer dispositivo da Lei de Responsabilidade Fiscal implica em crime de responsabilidade. A partir daí o Senador indica que a Presidenta violou o Art.36, que veda a realização de empréstimo entre o ente da federação e instituição financeira por ele controlada. No entanto, em nenhum lugar da lei se diz que a infração a este artigo é um crime de responsabilidade. Mas ainda que fosse, atrasar o pagamento de recursos aplicados para subvenção de programas que garantem direitos sociais, como ocorreu no Plano Safra, um plano público de concessão de crédito para a agricultura familiar, não é uma operação de crédito, não existindo sequer precedente judicial ou doutrinário neste sentido.

Com base na falsa premissa anterior, partiu-se para a identificação do que seria outro suposto crime de responsabilidade: a edição de decretos de crédito suplementar fora da meta fiscal, já que se a premissa fosse verdadeira não haveria superávit a autorizar os créditos, condição prevista na Lei de Orçamento de 2015. Deixando a falsa premissa de lado, a edição desses decretos seguiu rigorosamente as condições exigidas em lei, e é recurso comum utilizado por governos anteriores.

Ademais, todos os atrasos de pagamentos do tesouro às instituições financeiras federais foram quitados em janeiro de 2016 e o ano de 2015 fechou com a meta compatível aos gastos realizados, tendo a meta sido alterada em dezembro diante dos efeitos recessivos da crise econômica mundial.[38] No entanto, isso parece não ter qualquer rele-

38. Caso a meta não houvesse sido alterada dentro do ano fiscal aí sim se configuraria o gasto acima da meta sem autorização do parlamento. De todo modo, é

vância para os denunciantes do impeachment e os que os apoiaram, sob o pretexto de que se a Lei de Responsabilidade Fiscal é uma lei que protege a precaução, então qualquer ato considerado temerário vira um crime de responsabilidade, ainda que não tenha havido prejuízo aos cofres públicos e os passivos tenham sido saldados. É um "crime formal de mera conduta", conforme está assinalado no parecer do Senador Anastasia e nas Alegações Finais dos denunciantes. Não interessa o resultado.

Em homenagem aos princípios mais elementares do Direito Penal e da cláusula democrática, exige-se que o crime ensejador da perda do mandato presidencial popular seja estritamente previsto na Constituição ou a partir dela, restando vedado qualquer juízo de analogia ou alargamento. Querer afastar essa condição para que o Parlamento decida o que quiser, com a desculpa de que se trata de um juízo eminentemente político, é violar a lógica e a Constituição.

Não só o crime identificado foi fruto de um verdadeiro atentado hermenêutico à Constituição e à legislação financeira como também não se conseguiu apontar sua autoria com clareza e coerência. A Presidenta Dilma foi ao mesmo tempo acusada por ato omissivo e comissivo, como se depreende da denúncia e das alegações finais. Somente restou aos defensores do impeachment, em suas alegações finais, invocarem a "personalidade enérgica e controladora" da Presidenta para afirmar que ela foi autora dos crimes criados, ou atestarem que a Presidenta era "íntima" do Secretário do Tesouro, a ponto de não se saber "onde começava um e terminava o outro".[39]

Para além do protagonismo parlamentar na deposição da presidenta eleita, o Poder Judiciário teve também participação crucial nesse processo. O STF se negou a exercer o seu papel de limitar os

---

sintomático que apenas dois dias após a consumação do impeachment, o Senado tenha aprovado uma lei que flexibiliza a edição de decretos de crédito suplementar sem autorização do Congresso, a Lei Nº 13.332/2016.

39. Esta frase foi dita por Miguel Reale Jr., um dos juristas signatários do pedido de impeachment de Dilma Rousseff, quando realizava sua manifestação na Comissão Especial do Impeachment no Senado Federal, no dia 28 de abril de 2016. Disponível em: <*https://abr.ai/2GONsJ5*> (Acesso em 27/10/17).

abusos do Parlamento ao longo do processo fraudulento de impeachment, mesmo quando provocado,[40] sob o argumento de que se tratava de uma decisão "política" e de que não deveria intervir, lavando as suas mãos.

Ademais, para que o processo de impeachment da Presidenta Dilma fosse possível, foi necessário um intenso processo de criminalização do seu partido e do seu governo, proporcionado por intensa campanha midiática e por ação seletiva e arbitrária do Judiciário federal, da Polícia Federal e do Ministério Público Federal.

Ao longo do ano de 2016 o jornal *O Globo* estampava sucessivas manchetes e editoriais de apoio ao golpe parlamentar, assim como fizeram também quase todos os jornais da grande mídia (e entre eles a *Folha de São Paulo*, o *Estadão* e a revista *Veja*). A *Rede Globo de Televisão* teve papel decisivo e protagonista por meio principalmente dos seus programas de notícias e jornalismo. O *Jornal Nacional* dedicou edições inteiras para noticiar e analisar vazamentos seletivos e escutas ilegais enviados diretamente pelo juiz Sérgio Moro, responsável pela Operação Lava-Jato.[41] Também deu destaque para investigações ainda em andamento do Ministério Público Federal voltadas contra o Ex-Presidente Lula, seu partido e o governo da Presidenta Dilma, ao mesmo passo em que dava pouco espaço e importância às denúncias e delações envolvendo empresários e políticos ligados à oposição, en-

---

40. Logo após consumado o impedimento da Presidenta Dilma, a sua defesa impetrou um Mandado de Segurança no STF pedindo a anulação do processo. A liminar foi negada e a ação, até os dias nos quais se escreve este artigo, dormita nas gavetas da Corte.

41. A Operação Lava-Jato é uma mega operação deflagrada pela Polícia Federal no ano eleitoral de 2014 e que no âmbito do judiciário federal vem sendo centralizada e coordenada pelo juiz federal Sérgio Moro, com atuação do STF nos casos de políticos com foro privilegiado. O foco central é a investigação sobre esquemas de propina praticados na Petrobras envolvendo políticos e empreiteiras. Trata-se de uma operação polêmica, ainda não concluída quando da redação deste artigo, que tem se tornado notória pelo uso explícito que faz de delações premiadas obtidas de suspeitos mantidos indefinidamente em prisão preventiva, de vazamentos ilegais à imprensa, de atuação em parceria entre promotoria e magistratura contra os réus, de cerceamento de direitos da defesa, de ações espetaculares cobertas pela mídia e de condenações severas que em muitos casos baseiam-se tão somente em delações.

tre eles o candidato do Partido da Social Democracia Brasileira (PSDB) derrotado em 2014, Aécio Neves. O auge do espetáculo midiático ocorreu na noite de 16 de março quando Moro enviou grampos ilegais de conversas entre a Presidenta Dilma e o Ex-Presidente Lula, feitos na própria Presidência da República, diretamente à Rede Globo de Televisão, contendo conversas particulares e privadas que são manipuladas e expostas à execração pública em pleno *Jornal Nacional*.[42] O crime praticado por Moro é ignorado pelo Conselho Nacional de Justiça e pelo STF, contentando-se este último com um simples pedido de desculpas.

Amplos setores da Polícia Federal, em trabalho conjunto com o Judiciário e o Ministério Público Federal, no bojo da Operação Lava-Jato, levaram adiante Operações de investigação, conduções coercitivas,[43] prisões e de execução de mandados de busca e apreensão que se voltaram prioritariamente contra o próprio governo da presidenta eleita e seu partido, por mais frágeis e inconsistentes que fossem as

---

42. Na conversa ilegalmente gravada e divulgada a Presidenta Dilma avisava o Ex-Presidente Lula de que um emissário levaria até ele o termo da sua posse como Ministro da Casa Civil, para que pudesse utilizá-lo "em caso de necessidade" até a sua chegada a Brasília para efetivamente tomar posse no cargo. À época o Ex-Presidente não era réu em qualquer processo, não havendo portanto qualquer impedimento para que Dilma o nomeasse Ministro, estando tal atitude dentro da sua legítima discricionariedade como governante eleita. Com a sua nomeação como Ministro, o Ex-Presidente adquiriria foro privilegiado e teria eventuais denúncias apreciadas e formuladas a partir da Procuradoria Geral da República diante do Supremo Tribunal Federal. No STF, o Ministro Gilmar Mendes em decisão monocrática e liminar simplesmente suspendeu a posse do Ex-Presidente, situação que não mais foi revertida, mesmo com a ausência de qualquer razoabilidade ou fundamento legal para sustentá-la.

43. Um dos momentos mais tensos em toda a escalada judicial-midiática que preparou o golpe foi a condução coercitiva do Ex-Presidente Lula no dia 04 de março de 2016. Sem que fosse réu, sem que houvesse sido intimado ou se negado a prestar depoimento no âmbito das investigações, com todo o aparato repressivo e midiático, Lula foi levado coercitivamente do interior do seu apartamento para o aeroporto de Congonhas em São Paulo, onde por fim acabou por fazer o seu depoimento e ser liberado em seguida. Havia aparato já designado para que ele fosse levado à Curitiba, mas, ao que parece, a forte reação popular no próprio aeroporto ou algum outro motivo não esclarecido, impediu que assim ocorresse.

acusações, enquanto os documentos e delações que envolveram políticos dos partidos favorecidos com a deposição da Presidenta Dilma, em especial o PSDB e o PMDB (Partido do Movimento Democrático Brasileiro), foram sistematicamente ignorados. A operação assumiu explicitamente um viés seletivo[44] apoiado basicamente em delações de corrupção obtidas a partir de prisões provisórias sem prazo para acabarem, além de terem praticado inúmeras ações ilegais e irregulares como vazamentos para a imprensa, prisões baseadas em indícios frágeis e escutas ilegais, inclusive de escritórios de advocacia que representavam os réus. Quando provocado, o STF e outras instâncias superiores convalidaram todas as evidentes ilegalidades praticadas na Operação Lava Jato, em especial pelo juiz Sérgio Moro.

O episódio mais intenso neste sentido foi a decisão do Tribunal Regional Federal da 4a Região em representação disciplinar feita por advogados contra este juiz, tomada em setembro de 2016. Por 13 votos a 1, os juízes deste Tribunal decidiram que a Operação Lava-Jato está lidando com situações excepcionais e que portanto exigem "soluções excepcionais", e não podem ser tratadas pelo direito comum.[45]

---

44. Importa esclarecer que não se pretende nesse artigo negar ou afirmar o envolvimento de políticos do Partido dos Trabalhadores, assim como de outras siglas, em práticas de corrupção. O ponto que aqui interessa é notar a instrumentalização do sistema de justiça em prol de objetivos políticos que contam com a necessidade de rupturas institucionais e de expedientes de exceção e antidemocráticos, adotando como bandeira assumida a perigosa fórmula de que os fins justificam os meios.

45. Eis o trecho da decisão que autoriza a suspensão do direito (exceção) no caso da Lava-Jato, sem que o relator pareça ter qualquer ideia mais apurada do que isto significa. É patente a confusão que ele faz entre casos especiais ou excepcionais e Estado de exceção:

De início, impõe-se advertir que essas regras jurídicas só podem ser corretamente interpretadas à luz dos fatos a que se ligam e de todo modo verificado que incidiram dentro do âmbito de normalidade por elas abrangido. É que a norma jurídica incide no plano da normalidade, não se aplicando a situações excepcionais, como bem explica o jurista Eros Roberto Grau:

> *A 'exceção' é o caso que não cabe no âmbito da 'normalidade' abrangida pela norma geral. A norma geral deixaria de ser geral se*

O relator chega até mesmo a citar Giorgio Agamben para definir o Estado de exceção, embora o faça indevidamente já que interpreta ser a sua descrição do Estado de exceção uma hipótese necessária em alguns casos e não uma denúncia do alastramento do seu padrão pelo mundo.

A deposição da Presidenta Dilma Rousseff, assim como todas as consequências que vieram depois para o país em termos de retrocessos e fragilização democrática, necessitou de um ambiente institucional de normalização do abuso de poder por parte do Judiciário, bem

---

> *a contemplasse. Da 'exceção' não se encontra alusão no discurso da ordem jurídica vigente. Define-se como tal justamente por não ter sido descrita nos textos escritos que compõem essa ordem. É como se nesses textos de direito positivo não existissem palavras que tornassem viável sua descrição. Por isso dizemos que a 'exceção' está no direito, ainque que não se encontre nos textos normativos do direito positivo. Diante de situações como tais o juiz aplica a norma à exceção 'desaplicando-a', isto é, retirando-a da 'exceção [Agamben 2002:25]. A 'exceção' é o fato que, em virtude de sua anormalidade, resulta não incidido por determinada norma. Norma que, em situação normal, o alcançaria (*GRAU, *E. R. Por que tenho medo dos juízes (a interpretação/aplicação do direito e os princípios). 6ª ed. refundida do Ensaio e Discurso sobre a Interpretação/Aplicação do Direito. São Paulo: Malheiros, 2013. p. 124-25).*

Ora, é sabido que os processos e investigações criminais decorrentes da chamada "Operação Lava-Jato", sob a direção do magistrado representado, constituem caso inédito (único, excepcional) no direito brasileiro. Em tais condições, neles haverá situações inéditas, que escaparão ao regramento genérico, destinado aos casos comuns. Assim, tendo o levantamento do sigilo das comunicações telefônicas de investigados na referida operação servido para preservá-la das sucessivas e notórias tentativas de obstrução, por parte daqueles, garantindo-se assim a futura aplicação da lei penal, é correto entender que o sigilo das comunicações telefônicas (Constituição, art. 5º, XII) pode, em casos excepcionais, ser suplantado pelo interesse geral na administração da justiça e na aplicação da lei penal. A ameaça permanente à continuidade das investigações da Operação Lava-Jato, inclusive mediante sugestões de alterações na legislação, constitui, sem dúvida, uma situação inédita, a merecer um tratamento excepcional. (Brasil. Tribunal Regional Federal (4a Região). P.A. CORTE ESPECIAL Nº 0003021-32.2016.4.04.8000/RS. Relator Des. Romulo Pizzolatti. Disponível em: <*https://bit.ly/2d59oib*> (Acesso em 27/10/2017).

como da sua convergência com abusos de poder praticados por outros agentes públicos, entre os quais membros do Ministério Público, da Polícia Federal e parlamentares.

CONSIDERAÇÕES FINAIS

No processo de justiça transicional brasileiro, ainda em curso, muitas ações importantes foram realizadas, ainda que tardiamente, mas o bloqueio da pauta da responsabilização, tanto administrativa quanto penal, e a ausência de reformas públicas e legais mais efetivas no repúdio à instrumentalização das instituições estatais e de setores estratégicos, como a mídia e o sistema de justiça, parecem ter contribuído significativamente para a interrupção do processo democrático iniciado em 1988.

É por demais simbólico que logo no segundo dia após consumado o processo fraudulento de impeachment, mais precisamente no dia 2 de setembro de 2016, o então Ministro da Justiça Alexandre de Moraes operou um desmantelamento da Comissão de Anistia, com a dispensa unilateral e não justificada de seis dos seus membros mais antigos e a nomeação de vinte novos membros, dos quais nenhum é reconhecido por atuar no campo dos Direitos Humanos, o que fez sem qualquer consulta à sociedade civil organizada, como movimentos de familiares de mortos e desaparecidos políticos, organizações de direitos humanos, movimentos sociais, e sem a anuência dos conselheiros dispensados. Em toda a sua existência a mudança na composição do conselho sempre se deu a partir da espontânea decisão dos membros mais antigos em saírem e a partir da consulta aos movimentos e organizações mais envolvidos com a pauta.

Houve nas primeiras reuniões do novo grupo uma clara tentativa por parte da atual equipe administrativa e de alguns dos novos membros em alterar em desfavor dos anistiandos uma série de entendimentos já consolidados na Comissão de Anistia. O ápice deste processo foi a declaração à imprensa do então novo Conselheiro Alberto Goldman de que não deveria haver a reparação pecuniária aos perseguidos, já que a reparação teria sido a própria redemocratização do país.[46] Movimentos brasileiros por verdade, memória e justiça reagiram em notas,[47] e devido à pressão o referido Conselheiro acabou pedindo o desligamento da Comissão, mas o seu entendimento, hostil ao programa de reparações brasileiro, é compartilhado por alguns dos novos Conselheiros e pela própria equipe administrativa da Comissão, empossada tão logo Alexandre de Moraes assumiu o Ministério da Justiça.

Desde que Michel Temer assumiu o poder, a Comissão tem estado praticamente estagnada em todas as suas atividades. Foram pouquíssimas as sessões ocorridas até o primeiro semestre de 2017. O Conselho, incluindo-se aí a Presidência da Comissão, perdeu completamente a ingerência sobre as sessões, estando todo o andamento e todos os projetos da Comissão nas mãos da equipe administrativa, constituída de modo completamente independente em relação à própria Presidência do Conselho, o que contrasta com o modo anterior de funcionamento da Comissão desde as suas origens.

As Caravanas da Anistia foram interrompidas. O Edital Marcas da Memória não foi renovado e não há qualquer perspectiva na sua continuidade. O Projeto Clínicas do Testemunho não conta no horizonte com qualquer indício de renovação pelo governo brasileiro. E a construção do Memorial da Anistia resta interrompida e inconclusa.[48]

O golpe de 2016 articula simbolicamente um esforço revisionista de suavização do golpe civil-militar de 1964. Para além dos efeitos óbvios neste sentido que a paralisação de toda a pauta justransicional acarreta, as manifestações civis que pediram a derrubada da Presidenta eleita trouxeram consigo setores expressivos que pediam a volta da ditadura militar, tida por eles como um período sem corrupção e duro para com os comunistas ou membros da esquerda (agora

---

46. Ver aqui a reportagem: <*https://glo.bo/2TTzDg8*> (Acesso em 27/10/2017).

47. Ver: <*https://bit.ly/2A19Drv*>; <*https://glo.bo/2ys2gYc*>; <*https://bit.ly/2pMouND*>; e também: <*https://bit.ly/2NwIUGL*>. Nota Pública da Comissão Estadual da Memória e Verdade Dom Helder Câmara (CEMVDHC): disponível em <*https://bit.ly/2pJrqgM*> (Acesso em 27/10/2017).

48. Por óbvio, tais fatos apresentam o estado da questão à época de finalização deste artigo, mais precisamente no mês de outubro de 2017.

identificados com o Partido dos Trabalhadores). Toda a forte campanha de estigmatização do PT e das suas principais lideranças, conduzida ao longo desse processo, teve o condão de suavizar as ilegalidades e abusos de poder praticados contra eles, bem como justificar um juízo político sem amparo constitucional, em claro paralelismo com a ruptura sucedida em 1964.

Nessa chave, ainda é preciso mencionar que a despeito da ampla base parlamentar do governo instalado em 2016, e justamente por isto capaz de operar retrocessos antipopulares e antissociais na legislação, a instabilidade política e econômica apenas se agravou. Nesse cenário, um general da ativa das Forças Armadas, Hamilton Mourão, depois apoiado pelo então Comandante do Exército brasileiro, General Eduardo Villas-Bôas, invocou em uma palestra tornada pública pelos meios virtuais, a possibilidade de uma "intervenção militar" caso o judiciário brasileiro não afaste os políticos envolvidos em maus feitos, e na mesma ocasião fez uma defesa do papel das Forças Armadas durante a ditadura vivida pelo país.[49] O fato teve repercussão nacional e encontrou amplo apoio nas redes sociais, não raro com discursos revisionistas sobre o significado da ditadura civil-militar.[50]

De todas as forças que continuam a operar pela normalização do golpe parlamentar e das suas consequências, uma das maiores responsabilidades cabe ao Poder Judiciário, na medida em que claramente abriu mão do seu papel contramajoritário e de defensor dos direitos e garantias constitucionais.[51]

---

49. Cf. <*https://bit.ly/2TMGbNi*> e também: <*https://bit.ly/2DIFspt*> (Acesso em 27/10/2017).

50. Cf. <*https://bit.ly/2zgXa4w*> (Acesso em 27/10/2017).

51. Entre tantas decisões polêmicas de chancela de retrocessos de direitos e garantias, cabe mencionar o caso notório da autorização de prisão por condenação não transitada em julgado. Confirmando decisão em caso específico que havia sido tomada em 17 de fevereiro de 2016, o STF decidiu permitir a execução provisória da pena de prisão após condenação em segundo grau mesmo com recurso às instâncias superiores ainda em trâmite. E o fez a despeito dos Art.5°, LVII da Constituição Federal e do Art.283 do Código de Processo Penal que fixam a necessidade do trânsito em julgado para que alguém possa ser considerado culpado e cumprir a sua pena, permitindo-se apenas as excepcionalidades da prisão preventiva e da

A par da ausência de depurações administrativas no corpo do Poder Judiciário após o regime autoritário, seja em relação ao pessoal integrante do aparato burocrático seja em relação aos próprios magistrados, importa aqui destacar a manutenção no regime democrático de uma expectativa moralizante a respeito da atuação jurisdicional combinada com sua presença cada vez maior nas funções de mediação institucional e social.

Para um diagnóstico coerente com os que poderiam ser apontados como os cânones democráticos mais básicos, sejam eles relativos à soberania popular ou ao espaço conferido à participação da sociedade civil organizada e à permeabilidade às demandas populares, não basta partir-se apenas das definições conceituais reservadas ao papel do Poder Judiciário em um Estado de Direito. É preciso problematizar suas continuidades históricas, sua estrutura elitista, hierárquica e pouco permeável ao exercício democrático, o que assume cores especiais no contexto latino-americano.[52]

Como lembra Cittadino[53] em um país como o Brasil, dificilmente se pode invocar a existência de uma comunidade de valores que possa ser perscrutada pela inteligência e sensibilidade superiores de algum magistrado, ou que esteja afinada a alguma tradição constitucional. A história constitucional brasileira é permeada por rupturas e continuidades que não autorizam a pressuposição quanto à existência de algum tipo de tradição. Tampouco é factível supor-se uma comunidade ética de valores compartilhados no contexto de sociedades profunda-

---

provisória. Esta decisão foi reforçada no dia 05 de outubro de 2016 com efeito geral no julgamento da Ação Declaratória de Constitucionalidade 43. Na sua manifestação o Ministro Gilmar Mendes chegou a dizer que a resposta à preocupação dos advogados com a presunção da inocência seria a Lava-Jato, visto que a decisão do STF possui o efeito prático de antecipar a prisão de políticos presos pela Operação já referida. Note-se que a cláusula constitucional relativizada e restringida é uma cláusula pétrea, assim declarada pela própria Constituição no Art.60, parágrafo 4°.

52. ZAFFARONI, Eugenio Raúl. *Poder Judiciário: crise, acertos e desacertos*. São Paulo: *Revista dos Tribunais*, 1995.

53. CITTADINO, Gisele. *Poder judiciário, ativismo judicial e democracia*. Alceu (PUCRJ), v. 5, nº 9, p. 105-113, jul./dez. 2004.

mente marcadas pela desigualdade e pela assimetria nas relações de poder (se é que seria possível fazê-lo em relação a qualquer sociedade contemporânea), sem falar no intenso pluralismo que as caracterizam.

Em contextos assim, o compromisso maior e necessário do Poder Judiciário deve ser, de um lado, o de concretizar a Constituição a partir dos seus próprios marcos republicanos, abrindo mão da busca de um denominador moral objetivo que esteja para além ou para aquém da referência constitucional, e controlando com especial atenção os seus próprios arroubos ativistas, e de outro, a abertura e a permeabilidade aos grupos sociais populares organizados voltados a pautas emancipatórias de diminuição das desigualdades históricas e ao respeito e ampliação dos direitos fundamentais. Como bem adverte Ingeborg Maus,

> Quando a justiça ascende ela própria à condição de mais alta instância moral da sociedade, passa a escapar de qualquer mecanismo de controle social – controle ao qual normalmente se deve subordinar toda instituição do Estado em uma forma de organização política democrática. No domínio de uma Justiça que contrapõe um direito "superior", dotado de atributos morais, ao simples direito dos outros poderes do Estado e da sociedade, é notória a regressão a valores pré-democráticos de parâmetros de integração social.[54]

Não se trata de negar ao judiciário a necessidade de que exerça a interpretação da lei ou de querer regressar a parâmetros positivistas ou de literalidade, especialmente em um marco constitucional principiológico, mas sim que se abstenha de ostentar as categorias objetivas da moralidade social e da escuta do "clamor popular", acabando por confundir interpretação com subjetivismo ou decisionismo. Autonomia e independência judiciais não devem ser compreendidas como pretextos para abusos de poder. Dado o seu histórico de complacência autoritária, é imprescindível que se opere uma democratização na própria estrutura administrativa do poder judicial[55] e em relação à sua

---

54. MAUS, Ingeborg. "Judiciário como superego da sociedade – o papel da atividade jurisprudencial na "sociedade orfã". Tradução de Martonio Lima e Paulo Albuquerque. *Novos Estudos*, Nº 58, p. 183-202. nov. 2000, p. 187.

55. A esse respeito, ver o sucinto artigo de ESCRIVÃO FILHO sobre o caráter centralizador, verticalizante e oligárquico da estrutura judicial no Brasil, citando-se por

atividade, ampliando os controles sociais e democráticos, buscando-se criar verdadeiras pontes de diálogos e construção entre a magistratura e os movimentos sociais, sem o que se esvaem a legitimidade e a soberania popular.

Independentemente dos interesses e forças internacionais que influenciam a ruptura institucional ocorrida em 2016 no Brasil, ao examinar-se o processo a partir das próprias contradições e dificuldades internas do país, nota-se, por tudo o que já se descreveu aqui, um claro destaque para o papel concomitante do poder judiciário em omitir-se no controle dos atos parlamentares e em praticar atos de abuso de poder e de violação dos marcos legais e constitucionais, aspecto este combinado à realização de uma justiça de transição parcial e bloqueada nas pautas da responsabilização e da reforma das instituições, que seguiu de perto[56] a própria ambiguidade do processo de anistia no Brasil.

---

exemplo: a inexistência do sufrágio direto exercido pelos magistrados e servidores para a escolha dos presidentes dos tribunais de justiça; órgãos de corregedoria controlados pelos tribunais e conformadores de uniformidades condizentes com o padrão político e ideológico adotado; presença diminuta de representantes das minorias sociais na composição dos quadros (mulheres, negros, indígenas, LGBT's, etc); controle externo limitado, tímido, tardio, incompleto e claudicante. Ainda relativamente ao processo de escolha dos juízes da instância judicial nacional mais elevada, o autor aponta para uma diferença nos critérios de composição dos juízes da Corte Suprema argentina e nos do Supremo Tribunal Federal no Brasil. Enquanto naqueles se prevê expressamente o compromisso do futuro magistrado do Tribunual com os Direitos Humanos (em acordo com o Decreto Presidencial Nº 222/2003), exemplo também presente na Constituição boliviana de 2009, nestes nada se menciona sobre a necessidade de tal compromisso. (ESCRIVÃO FILHO, 2015, p. 39-40).

56. Paulo Abrão e Marcelo Torelly apresentam em minúcias o argumento que o processo justransicional brasileiro foi conduzido pelo processo da anistia. Ver: ABRÃO, Paulo; TORELLY, Marcelo D. "O programa de reparações como eixo estruturante da justiça de transição no Brasil". In: REÁTEGUI, Félix (Org.). *Justiça de Transição – manual para a América Latina.* Brasília: Comissão de Anistia; New York: International Center for Transitional Justice, 2011, p. 473-516.

REFERÊNCIAS BIBLIOGRÁFICAS

ABRÃO, Paulo; TORELLY, Marcelo D. "O programa de reparações como eixo estruturante da justiça de transição no Brasil". In: REÁTEGUI, Félix (Org.). *Justiça de Transição – manual para a América Latina.* Brasília: Comissão de Anistia; New York: International Center for Transitional Justice, 2011. p. 473-516.

ALVES, Maria Helena Moreira. *Estado e oposição no Brasil (1964–1984).* 3.ed. Petrópolis: Vozes, 1984.

ASSUMPÇÃO, Eliane Maria Salgado (org.). *O Direito na História: o caso das mãos amarradas.* Porto Alegre: TRF 4a. Região, 2008.

BARBÉ, Carlos. Golpe de Estado. In: BOBBIO, Norberto; MATTEUCCI, Nicola; PASQUINO, Gianfranco (orgs.). *Dicionário de Política.* 5.ed. Tradução de Carmen C. Varrialle... [et al]. Brasília: Universidade de Brasília, 1993. p. 545-547.

BRASIL. Secretaria Especial dos Direitos Humanos. Comissão Especial sobre Mortos e Desaparecidos Políticos. *Direito à verdade e à memória.* Brasília: Secretaria Especial dos Direitos Humanos, 2007.

CITTADINO, Gisele. *Poder judiciário, ativismo judicial e democracia.* Alceu (PUCRJ), v. 5, Nº 9, p. 105-113, jul./dez. 2004.

CITTADINO, Gisele; PRONER, Carol; RAMOS FILHO, Wilson; TENEMBAUM, Marcio (Orgs.). *A resistência ao golpe de 2016.* Bauru: Canal 6, 2016.

COELHO, João Gilberto Lucas. A Garantia das Instituições. *Caderno CEAC/UnB,* Ano 1, Nº1, 1987. p. 37-45. [Constituinte: temas em análise].

COELHO, Maria José H.; ROTTA, Vera (orgs.). *Caravanas da Anistia: o Brasil pede perdão.* Brasília: Ministério da Justiça; Florianópolis: Comunicação, Estudos e Consultoria, 2012.

GRECO, Heloísa Amélia. *Dimensões fundacionais da luta pela Anistia.* 2009. 456f. [Tese de Doutorado] – Curso de Pós-Graduação das Faculdades de Filosofia e Ciências Humanas da Universidade Federal de Minas Gerais. Belo Horizonte. 2003.

MAUS, Ingeborg. "Judiciário como superego da sociedade – o papel da atividade jurisprudencial na 'sociedade orfã'". Tradução de Martonio Lima e Paulo Albuquerque. *Novos Estudos,* Nº58, p. 183-202. nov. 2000.

PEREIRA, Anthony W. *Ditadura e repressão: o autoritarismo e o estado de direito no Brasil, no Chile e na Argentina.* São Paulo: Paz e Terra, 2010.

PÉREZ-LÍÑÁN, Anibal. *Juício político al presidente y nueva inestabilidad política en América Latina.* Buenos Aires: Fondo de Cultura Economica, 2009.

RODEGHERO, Carla Simone; DIENSTMANN, Gabriel; TRINDADE, Tatiana. *Anistia ampla, geral e irrestrita: história de uma luta inconclusa.* Santa Cruz do Sul: EDUNISC, 2011.

SANTOS, Roberto Lima; BREGA FILHO, Vladimir. "Os reflexos da 'judicialização' da repressão política no Brasil no seu engajamento com os postulados da justiça de transição". In: *Revista Anistia Política e Justiça de Transição.* Brasília, Nº1, p. 152-177, jan./jun. 2009.

SCHINKE, Vanessa Dorneles. *Judiciário e autoritarismo: regime autoritário (1964–1985), democracia e permanências.* Rio de Janeiro: Lumen Juris, 2016.

SPIELER, Paula; QUEIROZ, Rafael Mafei Rabelo (Coords.). *Advocacia em tempos difíceis – ditadura militar 1964–1985.* Curitiba: edição do autor, 2013.

SERRANO, Pedro Estevam Alves Pinto. *Autoritarismo e golpes na América Latina – breve ensaio sobre jurisdição e exceção.* São Paulo: Alameda, 2016.

SILVA FILHO, José Carlos Moreira da. *Justiça de Transição – da ditadura civil-militar ao debate justransicional: Direito à memória e à verdade e os caminhos da reparação e da anistia no Brasil.* Porto Alegre: Livraria do Advogado, 2015.

SILVA FILHO, José Carlos Moreira da. "A Comissão de Anistia e a concretização da justiça de transição no Brasil – repercussão na mídia impressa brasileira: jornal *O Globo*, 2001 a 2010". SILVA FILHO, José Carlos Moreira da; ABRÃO, Paulo; TORELLY, Marcelo D. (Orgs). *Justiça de Transição nas Américas – olhares interdisciplinares, fundamentos e padrões de efetivação.* Belo Horizonte: Fórum, 2013.

SKIDMORE, Thomas. *Brasil: de Castelo a Tancredo.* 8.ed. Rio de Janeiro: Paz e Terra, 1988.

SOUSA JUNIOR, José Geraldo de. "Soberania e Direitos: processos sociais novos?" *Caderno CEAC/UnB*, Ano 1, Nº1, 1987. p. 9-16. [Constituinte: temas em análise].

SOUSA JUNIOR, José Geraldo de." Triste do Poder que não pode". *Caderno CEAC/UnB*, Ano 1, Nº1, 1987. p. 25-31. [Constituinte: temas em análise].

SOUSA JUNIOR, José Geraldo de; SILVA FILHO, José Carlos Moreira da; PAIXÃO, Cristiano; FONSECA, Lívia Gimenes Dias da; RAMPIN, Talita Tatiana Dias (Orgs.). *O Direito Achado na Rua: Introdução Crítica à Justiça de Transição na América Latina.* Brasília: UnB, 2015.

ZAFFARONI, Eugenio Raúl. *Poder Judiciário: crise, acertos e desacertos.* São Paulo: *Revista dos Tribunais*, 1995.

Réquiem para a Constituição de 1988

Rafael Valim[1]

O projeto de democracia no Brasil, a exemplo dos demais países latino-americanos, é constantemente interrompido por golpes de Estado. Após mais de vinte anos de ditadura militar (1964 a 1985), as brasileiras e os brasileiros viveram mais um curto período de *governo* eleito por vias democráticas, cujo término se deu em 31 de agosto de 2016, data em que se afastou definitivamente do cargo a Presidenta eleita Dilma Rousseff.

Nas lições de Guillermo O'Donnell, no Brasil já se instalaram *governos* democraticamente eleitos, mas ainda não se ultrapassou a "segunda transição", mais complexa e demorada, para um *regime* verdadeiramente democrático, em que compareça uma sólida sociedade democrática.[2] Persiste uma sociedade profundamente autoritária, hostil aos mais elementares avanços em termos de direitos humanos, o que, naturalmente, *explica a facilidade com que a exceção não só é assimilada, como também dissimulada em seu seio.* Nas palavras de Paulo Sérgio Pinheiro, "o autoritarismo é tão socialmente implantado que o regime de exceção tem condições de gozar, durante certos períodos, de larga capacidade de dissimulação e de ocultação de grande parte dos seus feitos, mantendo-se quase que totalmente imune à efetiva autodefesa dos cidadãos".[3]

---

1. Doutor e Mestre em Direito Administrativo pela PUC/SP. Professor de Direito Administrativo da Faculdade de Direito da PUC/SP. Advogado.

2. O'DONNELL, Guilherme. "Democracia delegativa?". In *Novos estudos*, São Paulo: Cebrap, nº 31, pp. 25-40, out. 1991, nº 31, p. 26.

3. PINHEIRO, Paulo Sergio. "Estado e Terror". *In*: NOVAES, Adauto (coord.). *Ética*. São Paulo: Companhia das Letras, 2007, p. 114.

Desta vez a democracia não foi abatida por um golpe militar, com tanques e fuzis, mas sim pelo que vem sendo chamado de um "golpe institucional", gestado e levado a efeito sob uma aparência de legalidade. Instaurou-se um processo, ouviram-se as partes e as testemunhas, elaboraram-se relatórios, mas tudo não passava de uma grande farsa, um simulacro de devido processo legal encenado por parlamentares toscos e venais, sob o impulso decisivo da mídia nativa.

Apesar de nos parecer sumamente interessante, não cabe nos propósitos do presente trabalho a pormenorização da conjuntura que levou à queda da Presidenta Dilma Rousseff, tampouco os eventos que sucederam ao golpe de Estado. Limitar-nos-emos a narrar os fatos que demonstram, de maneira irretorquível, a proliferação do estado de exceção no Brasil atual.

De qualquer modo, é fundamental desde já compreender que o golpe de Estado de 2016 é tão só *um* exemplo das múltiplas exceções que, se já não sepultaram por completo o combalido Estado de Direito brasileiro, estão em vias de fazê-lo. Na realidade, como restará claro, o principal e mais perigoso agente da exceção no Brasil é o Poder Judiciário.

Com efeito, a partir de novembro de 2014, com o início da chamada "Operação Lava jato", uma série de prisões cautelares de empresários e de agentes públicos, revestidas de grande espetacularização, somadas aos chamados "vazamentos seletivos" de informações, em absoluta orquestração com grandes veículos de comunicação social, criaram as condições sociais e políticas para a instauração do processo de impeachment e a posterior destituição da Presidenta eleita.

Além da evidente ilegalidade das prisões cautelares, fundadas, no mais das vezes, em conceitos indeterminados como "defesa da ordem pública", pouco antes da instauração do processo de impeachment chegou-se ao cúmulo de uma conversa da Presidenta da República ser interceptada por um juiz de primeira instância – manifestamente incompetente no caso – e, este mesmo juiz, não satisfeito com a gravíssima ilegalidade que acabara de cometer, ordenar a *divulgação* do diálogo, em claríssima violação do art. 8º da Lei nº 9.296/96, cujos termos seja-nos permitido transcrever: "a interceptação de comunicação telefônica, de qualquer natureza, ocorrerá em autos apartados, apensados aos autos do inquérito policial ou do processo criminal, preservando-se o *sigilo* das diligências, gravações e transcrições respectivas".[4] Para agravar este quadro tétrico, o Supremo Tribunal Federal reconheceu posteriormente a ilegalidade da conduta do aludido magistrado[5] – ou seja, restou configurado o cometimento de *crime*, à luz do art. 10 da mencionada Lei nº 9.296/96 –, mas nenhuma providência de ordem criminal ou disciplinar foi tomada contra ele até o presente momento.

Deveras, não só se deixou de punir o magistrado pelo evidente crime que praticou, senão que o Tribunal Regional Federal da 4ª Região, sob a relatoria do Desembargador Federal Rômulo Puzzollatti, consagrou explicitamente *um estado de exceção jurisdicional*, para o escárnio universal do Judiciário brasileiro:[6]

Ora, é sabido que os processos e investigações criminais decorrentes da chamada "Operação Lava-Jato", sob a direção do magistrado representado, constituem caso inédito (único, excepcional) no direito brasileiro. Em tais condições, neles haverá situações inéditas, que escaparão ao regramento genérico, destinado aos casos comuns. Assim, tendo o levantamento do sigilo das comunicações telefônicas de investigados na referida operação servido para preservá-la das sucessivas e notórias tentativas de obstrução, por parte daqueles, garantindo-se assim a futura aplicação da lei penal, é correto entender que o sigilo das comunicações telefônicas (Constituição, art. 5º, XII) pode, em casos excepcionais, ser suplantado pelo interesse geral na administração

---

4. O art. 9º da mesma lei ainda estabelece que "a gravação que não interessar à prova será inutilizada por decisão judicial, durante o inquérito, a instrução processual ou após esta, em virtude de requerimento do Ministério Público ou da parte interessada".

5. Medida Cautelar na Reclamação nº 23.457 – Paraná, sob relatoria do Min. Teori Zavascki. Decisão prolatada no dia 22 de março de 2016.

6. P.A. nº 0003021-32.2016.4.04.8000/RS – Corte Especial. Neste caso, não se pode deixar de saudar, sob pena de grave injustiça, o eminente Desembargador Federal Rogério Favreto, único membro da Corte Especial do Tribunal Regional Federal da 4ª Região que votou pela abertura de processo disciplinar contra o Juiz Federal Sérgio Moro.

da justiça e na aplicação da lei penal. A ameaça permanente à continuidade das investigações da Operação Lava-Jato, inclusive mediante sugestões de alterações na legislação, constitui, sem dúvida, uma situação inédita, a merecer um tratamento excepcional.

A propósito, na persecução criminal deflagrada contra o Ex-Presidente Lula encontramos uma síntese eloquente das grosseiras e aberrantes inconstitucionalidades que vêm sendo cometidas em nossa atual quadra histórica no exercício da função jurisdicional.[7] Os princípios do juiz natural, da imparcialidade e da presunção de inocência vêm sendo solenemente desconsiderados, sob os olhares cúmplices da mídia e a atenção de uma turba ignara que, a cada nova arbitrariedade, destila seu ódio nas ruas e nas redes sociais. A isto se somam as graves violações às prerrogativas profissionais dos advogados do Ex-Presidente, também vítimas – para ficar com apenas um exemplo – de interceptações telefônicas ilegais.[8]

Não se imagine, contudo, que o atual estado de exceção no Brasil se circunscreva a juízes provincianos. Até mesmo a mais alta Corte do país, o Supremo Tribunal Federal, por ação ou omissão, curvou-se à exceção, conforme comprova, de maneira irrefutável, a decisão emitida no dia 17 de fevereiro de 2016, no bojo do *habeas corpus* nº 126.292, na qual se admitiu, em claríssimo contraste com o art. 5º, inc. LVII, da Constituição Federal – segundo a qual ninguém será considerado culpado *até o trânsito em julgado de sentença penal condenatória* –, a possibilidade de início da execução de sentença penal condenatória após a sua confirmação em segundo grau. Em outras palavras, o Supremo Tribunal Federal, a título de aplicar a Constituição, violou-a às escâncaras, na medida em que extraiu do texto constitucional um sentido nele não comportado.

---

7. Para um exame aprofundado do caso, consultar: ZANIN MARTINS, Cristiano; ZANIN MARTINS, Valeska Teixeira; VALIM, Rafael (coord.). *O Caso Lula: a luta pela afirmação dos direitos fundamentais no Brasil.* São Paulo: Editora Contracorrente, 2017.

8. Todos estes ilícitos levaram o Ex-Presidente Lula a formular um comunicado individual ao Comitê de Direitos Humanos da ONU.

Em outro dizer, a Constituição foi *sequestrada* pelo Supremo Tribunal Federal, o que nos faz lembrar um trecho do famoso discurso de Franklin Delano Roosevelt, ao apresentar um projeto de reforma da Suprema Corte estadunidense: "We have, therefore, reached the point as a nation where we must take action to save the Constitution from the Court and the Court from itself (...). We want a Supreme Court which will do justice under the Constitution and not over it".[9]

A degradação do Poder Judiciário é tão grave que um juiz do 3º Tribunal do Júri do Estado do Rio de Janeiro, para o fim de conceder a liberdade de dois policiais militares presos em flagrante por conta do brutal homicídio de dois suspeitos feridos, invocou explicitamente em sua decisão a "voz das ruas".[10] Ou seja, não é mais a voz do povo, plasmada na Constituição Federal e nas leis, senão que uma insondável "voz das ruas", cujo conteúdo é determinado, arbitrariamente, pelos espíritos "iluminados" de determinados juízes. A propósito, não é demais recordar a advertência do Ministro Eros Grau ao Ministro Carlos Britto quando este, também afeito ao "clamor das ruas", pretendeu deslocar o julgamento de um *habeas corpus* ao Pleno do Supremo Tribunal Federal:[11] "(...) embora seja novo no Tribunal, para mim todos os casos têm repercussão idêntica. Porque o meu compromisso é aplicar o direito. O fato de a imprensa tocar ou não no assunto, a mim não incomoda. Já estou imune ao clamor público. Para mim, o que importa é o clamor da Constituição. Isso em primeiro lugar".

Ocioso observar que todas estas demonstrações de desfaçatez do Poder Judiciário são um convite ao desrespeito à ordem jurídica. Nesse sentido, testemunha-se uma aluvião de cenas explícitas de violência de agentes de segurança pública contra jornalistas, grupos vulneráveis e movimentos sociais, de que é um triste exemplo a absurda e truculenta invasão da Escola Nacional Florestan Fernandes, mantida

---

9. "Nós chegamos, pois, em um ponto enquanto nação no qual temos que agir para salvar a Constituição da Corte e a Corte de si mesma (...). Nós queremos uma Suprema Corte que faça justiça sob a égide da Constituição, não sobre ela." [N. do E.]

10. Autos nº 0076306-12.2017.8.19.0001. Juiz Alexandre Abrahão Dias Teixeira.

11. Questão de ordem em habeas corpus 85.298-0 – São Paulo.

pelo Movimento dos Trabalhos Sem Terra (MST), pela Polícia Civil do Estado de São Paulo.

É neste ambiente de completa arbitrariedade que se insere o golpe de estado de 2016.

Os motivos invocados para a deflagração do processo de impedimento foram as chamadas "pedaladas fiscais" – apelido atribuído à sistemática mora do Tesouro Nacional nos repasses de recursos ao Banco do Brasil e à Caixa Econômica Federal para que estes paguem benefícios sociais como o "Bolsa Família" e "Minha Casa, Minha Vida" – e a abertura de créditos suplementares sem autorização legal. Ambas as condutas, a teor do que dispõe a legislação brasileira, *jamais* poderiam ser consideradas *crime de responsabilidade* e, portanto, seriam de todos imprestáveis a justificar o impeachment do Chefe do Poder Executivo Federal.

Apesar disso, a Câmara dos Deputados admitiu a acusação contra a Presidenta da República e, em 12 de maio de 2016, o Senado, por 55 votos a 22, determinou a instauração do processo, com o consequente afastamento da Presidenta de suas funções, à luz do art. 86, § 1°, inc. II, da Constituição Federal.

A partir deste momento, assumiu, interinamente,[12] o então Vice-Presidente Michel Temer, quem, de imediato, não só compôs um novo governo, mediante a substituição de Ministros e outras autoridades, como também promoveu uma aberta e despudorada campanha junto ao Senado em favor da condenação da Presidenta afastada. É dizer: a norma constitucional que determina o afastamento do Presidente da República, cujo evidente objetivo é evitar a interferência daquele no desfecho do processo, prestou-se à interferência explícita do Vice-Presidente *em prol* do impedimento.

Finalmente, em 31 de agosto de 2016, após outras tantas inconstitucionalidades e demonstrações de misoginia, consumou-se a destituição da Presidenta Dilma Rousseff.

---

12. Sobre o período de interinidade, consultar, por todos: SALGADO, Eneida Desirée. *Um diário do governo interino*. Curitiba: Íthala, 2016.

A partir daí, o governo ilegítimo, em aliança com o Parlamento, inicia uma avassaladora estratégia de desfiguração do modelo de Estado Social de Direito consagrado na Constituição de 1988, diante de um povo domesticado pelos grandes veículos de comunicação social, cujas verbas publicitárias cresceram exponencialmente desde a chegada dos golpistas ao poder.

Tal estratégia inclui a adoção, por meio de Emenda Constitucional (Emenda Constitucional nº 95/2016), de um programa de austeridade *seletivo*, com duração de vinte anos, em que se sacrificam as despesas sociais e se preservam as despesas com o setor financeiro; a alteração da Lei nº 13.365/2016, para o fim de extinguir a exclusividade da Petrobras como operadora do Pré-sal; a aprovação de uma Reforma Trabalhista que promove escandalosos retrocessos sociais; a formulação de uma reforma da Previdência Social que, se aprovada, sacrificará, uma vez mais, os trabalhadores; a proposta de facilitação de venda de terras a estrangeiros, com sérios riscos à soberania social.

Esta breve narração histórica nos permite identificar, com chocante clareza, os três elementos centrais do estado de exceção: o *soberano*, o *inimigo* e a *superação da normatividade*.

A agenda neoliberal imposta pelo governo ilegítimo – cujos contornos se amoldam perfeitamente à *doutrina do shock* exposta por Naomi Klein[13] – somada à devastação da indústria nacional operada pela Operação Lava Jato, apontam, univocamente, para o verdadeiro *soberano* no Brasil: o *mercado*, encarnado em uma elite que, apenas em 2015, apropriou-se, através de pagamento de juros e amortizações da dívida pública, de novecentos e sessenta e dois bilhões de reais do povo brasileiro, ou seja, quarenta e dois por cento do orçamento da União.

---

13. Afirma Naomi Klein: "(...) *particularmente en países en los que la clase dirigente ha perdido su credibilidade ante el público, se dice que sólo un shock político enorme y decidido puede lograr 'enseñar' al público esta dura lección*" [Particularmente em países nos quais a classe dirigente perdeu sua credibilidade ante o povo, se diz que apenas um choque político enorme e decidido pode "ensinar" ao público essa dura lição] (KLEIN, Naomi. *La doctrina del shock: el auge del capitalismo del desastre*. Barcelona: Paidós, 2007, p. 118).

Já o *inimigo* está plasmado na figura do *corrupto*, a quem são negadas as mais óbvias garantias processuais enfeixadas no princípio do devido processo legal, em uma guerra que desconhece limites. Nesse contexto, o enfrentamento da corrupção, enquanto desafio fundamental das democracias contemporâneas, passa a constituir um *cavalo de troia* dentro do Estado de Direito, sendo usado em favor de interesses inconfessáveis.[14]

Na lição de Jessé Souza,

> Como em toda a história republicana brasileira, o mote da corrupção é sempre usado como arma letal para o inimigo de classe da elite e de seus aliados. Isso sempre ocorre quando existem políticas que envolvam inclusão dos setores marginalizados – que implicam menor participação no orçamento dos endinheirados e aumento do salário relativo dos trabalhadores, o que também não os interessa – ou condução pelo Estado de políticas de desenvolvimento de longo prazo.[15]

Em outra passagem, Jessé Souza revela, com agudeza, a razão da configuração do corrupto como inimigo:

> Como o combate à desigualdade é um valor universal, que não se pode atacar em público sem causar forte reação, tem-se que combater essa bandeira inatacável com outra bandeira inatacável.[16]

Por fim, assiste-se a um fenômeno de maciça *superação da normatividade*, especialmente por parte do Poder Judiciário, o que, sem sombra de dúvida, confere maior gravidade ao estado de exceção brasileiro, porquanto se origina, fundamentalmente, do órgão que, em tese, seria a última fronteira de defesa da ordem constitucional. Todo

---

14. VALIM, Rafael; COLANTUONO, Pablo Ángel Gutiérrez. "O enfrentamento da corrupção nos limites do Estado de Direito". *In*: ZANIN MARTINS, Cristiano; ZANIN MARTINS, Valeska Teixeira; VALIM, Rafael (coord.). *O Caso Lula: a luta pela afirmação dos direitos fundamentais no Brasil.* São Paulo: Editora Contracorrente, 2017, pp. 74.
15. SOUZA, Jessé. *A radiografia do golpe*. São Paulo: LeYa, 2016, p. 112.
16. SOUZA, Jessé. *A radiografia do golpe*. São Paulo: LeYa, 2016, p. 112.

o catálogo de direitos fundamentais é atingido – individuais, sociais e políticos –, em um acelerado *processo desconstituinte*.[17]

A esta altura, cumpre-nos perguntar se há alguma saída para a crise estrutural[18] que atravessa a sociedade brasileira. Apesar do desalentador quadro atual e dos falaciosos discursos deterministas que pregam o "fim da história", é imperioso construir um projeto de resistência à racionalidade neoliberal.[19]

Sob o aspecto *político*, impõe-se recuperar o sentido da *política* como veículo de assimilação e resolução coletiva da conflitividade social, em que o outro é visto como um *semelhante* e não como um *inimigo*. Assim, pois, deve-se substituir a lógica da *guerra*, própria da necropolítica neoliberal,[20] pela lógica da *solidariedade*. No dizer de Wendy Brown, "in its barest form, this would be a vision in which justice would not center on maximizing individual wealth or rights but on developing and enhancing the capacity of citizens to share power and hence to collaboratively govern themselves".[21]

Isto implica, inelutavelmente, uma radical transformação da relação hoje existente entre economia e política. Aquela deve ser subal-

---

17. FERRAJOLI, Luigi. *A democracia através dos direitos: o constitucionalismo garantista como modelo teórico e como projeto político*. São Paulo: *Revista dos Tribunais*, 2015, p. 162.

18. Merecem transcrição as palavras dos Professores Luiz Gonzaga Belluzzo e Gabriel Galípolo: "Desconfiamos que o mundo não padeça apenas sofrimentos de uma crise periódica do capitalismo, mas, sim, as dores de um desarranjo nas práticas e princípios que sustentam a vida civilizada" (BELLUZZO, Luiz Gonzaga; GALÍPOLO, Gabriel. *Manda quem pode, obedece quem tem prejuízo*. São Paulo: Editora Contracorrente, 2017, p. 206).

19. SANTOS, Milton. *Por uma outra globalização: do pensamento único à consciência universal*. 15ª ed. São Paulo: Record, 2008, p. 159; AVELÃS NUNES, António José. *A crise atual do capitalismo: capital financeiro, neoliberalismo, globalização*. São Paulo: *Revista dos Tribunais*, 2012, p. 184.

20. MBEMBE, Achille. "Necropolitics". *Public Culture*, 2003, vol. 15, nº 1, pp. 11-40.

21. [Em sua forma mais crua, essa é uma visão na qual a justiça não estaria centrada em maximizar a riqueza ou os direitos individuais, mas em desenvolver e engrandecer a capacidade dos cidadãos de repartir o poder, e, por consequência, governar a si mesmos colaborativamente]. BROWN, Wendy. *Edgework: critical essays on knowledge and politics*. Princeton: Princeton University Press, 2005, p. 58.

terna a esta, ou, em outras palavras, a economia deve servir às pessoas e não o contrário. Daí emergirão as condições para o enfrentamento da criminosa desigualdade social que, em rigor, inviabiliza qualquer projeto de sociedade democrática.

Malgrado a racionalidade neoliberal não se esgote na disciplina do mercado, espraiando-se para todos os domínios da vida social, parece-nos que, para confrontá-la, é decisiva esta reconquista da economia pela política.

Sob o ângulo *jurídico*, é fundamental, de um lado, *descolonizar* o conhecimento jurídico, investindo a Ciência do Direito, no léxico de Luigi Ferrajoli, de um papel *crítico e projetual*,[22] em que a *descrição* do direito positivo seja acompanhada da *denúncia* dos desvios na aplicação normativa e da *proposição de estratégias* de colmatação das lacunas que impedem a plena realização da Constituição.

Com isso, serão criadas as condições para *criar* a confiança no Direito. O povo, justificadamente, sempre desconfiou das leis, vendo nelas um instrumento de dominação habilmente manejado pelas elites, por isso se trata de *criar* e não *recuperar* a confiança no Direito.[23] É preciso levar o Direito a sério, o que significa libertá-lo dos grilhões da exceção e devolvê-lo ao povo, único titular da soberania.

---

22. FERRAJOLI, Luigi. *A democracia através dos direitos: o constitucionalismo garantista como modelo teórico e como projeto político.* São Paulo: *Revista dos Tribunais*, 2015, p. 162.

23. ZAFFARONI, E. Raúl. *El derecho latinoamericano en la fase superior del colonialismo.* Buenos Aires: Ediciones Madres de la Plaza de Mayo, 2016, p. 91.

A classe trabalhadora e a luta em defesa intransigente da Constituição Brasileira

Carlos Veras[1]

Parto do princípio de que o trabalho é um elemento definidor do próprio ser humano, ou de sua dimensão ontológica como, destacadamente, defende Karl Marx. Nessa perspectiva, o trabalho seria determinante do ser, considerando que este produz as condições reais de sua existência. Ou seja, o trabalho mediaria a relação *entre o sujeito e o objeto do seu carecimento.* Tal conceito tem grande relevância por não se aprisionar dentro da naturalidade do ser, já que os objetos da necessidade humana se transformam ao longo da história, como também os modos de satisfação destes, conforme argumenta o citado autor. Nessa ótica, o trabalho seria o bem mais importante do ser humano e aliená-lo, isto é, transferir o direito de proveito dos frutos desse trabalho para outra pessoa, seria o mesmo que alienar o direito à própria vida. Foi por essa razão que o sociólogo definiu a força de trabalho como o bem "inalienável" do ser humano.

Ao nos debruçarmos sobre os períodos históricos anteriores – na Idade Média, por exemplo –, constataremos que o trabalho rural era a principal forma de labor da época. A produção de alimentos ou de outros bens de consumo estava diretamente ligada à necessidade daqueles que o produziam. Assim, os(as) trabalhadores(as) do campo não produziam em função de lucro ou da moeda corrente, mas para consumo próprio. O comércio estava circunscrito a formas elementares de troca de bens produzidos por outros trabalhadores(as), de

1. Presidente da CUT-PE, foi eleito Deputado Federal pelo PT em 2018.

modo que o trabalhador(a) mantinha contato direto com o que produzia. Tratava-se de uma relação próxima entre produto, produção e consumo.

Com o advento da Revolução Industrial (1760–1840), houve uma mudança significativa nas relações sociais e nas relações de trabalho. O surgimento das cidades deslocou para os centros urbanos o indivíduo que dependia da terra para a sua sobrevivência, no movimento acachapante de êxodo rural. Segundo Marx, esse novo indivíduo urbano perdeu seu acesso à terra a partir do momento no qual surge uma classe de trabalhadores que deveria vender sua força de trabalho. Para ele, marca-se então uma diferença histórica entre as relações de produção capitalistas e as relações de produção pré-capitalistas. O modo de produção capitalista caracteriza-se pela impessoalidade do(a) trabalhador(a) com o que produz, isto é, ele não possui nenhuma ligação pessoal com o que está produzindo, uma vez que não encadeia o processo produtivo. Já nas relações de produção pré-capitalistas, o produto do trabalho estava intrinsecamente relacionado ao(à) trabalhador(a), que era o(a) protagonista de toda a cadeia produtiva. Segundo o filósofo, essa característica rege as relações de trabalho em uma sociedade capitalista, na qual o(a) trabalhador(a) que não possui os meios de produção para produzir o que necessita para sobreviver passa a vender a única "mercadoria" que detém: sua força de trabalho. É essa nova forma de se relacionar com o trabalho que transforma as relações sociais em todos os aspectos. O sujeito, antes integrado ao seu labor, agora, encontra-se apartado do que produz, nunca colhendo os frutos de seu trabalho. Esse trabalho, por sua vez, passa a ser comprado por um salário, que, na maior parte das vezes, é insuficiente para uma vida digna.

É nesse contexto histórico que também estava inserida a classe trabalhadora na segunda metade do século XX no Brasil. A construção de uma Constituição Cidadã para os(as) trabalhadores(as) brasileiros(as) configurou-se nesse período como uma frente estratégica de uma luta iniciada no século XVI, com uma colonização marcada pela resistência dos povos negros e dos povos indígenas, passando pelo Império. E, já na República Brasileira, o embate dos(as) trabalhadores(as) rurais e urbanos entram em cena. A Carta Magna não foi uma benesse do tempo e nem muito menos uma concessão da Casa Grande, mas resultado de uma febril luta de bravos(as) trabalhadores(as) brasileiros(as) do quilombo, da aldeia, do campo e da cidade. São milhões de marias e de joãos que fizeram greves e marchas camponesas, colocando suas vidas em risco para afirmação dos direitos da classe trabalhadora tendo em vista a criação de um ambiente político favorável à construção da democracia no País.

Debatida e produzida no fim de uma década marcada por acontecimentos políticos e econômicos que mudariam o Brasil – encerramento do regime militar, fundação do Partido dos Trabalhadores (PT), criação da Central Única dos Trabalhadores (CUT), realização da primeira eleição direta para presidente da República –, a Constituição de 1988 é considerada por especialistas, entre todas as sete, a mais avançada da história brasileira em relação aos direitos sociais e às garantias e individuais. Quando promulgada em outubro daquele ano, acreditávamos ter garantido avanços sociais sem precedentes para a classe trabalhadora e de ter sido resultado de uma Assembleia Constituinte que promoveu um rearranjo institucional do País em substituição à Carta Magna imposta pelo regime militar em 1967. Sabíamos que ainda seria necessária muita luta por regulamentações e emendas que ratificassem seus avanços em favor da classe trabalhadora e lutamos para garantir que seus artigos fossem de fato implementados no campo e no chão da fábrica.

No calor da Assembleia Constituinte instalada em 1985 e que duraria 18 meses até a promulgação, ao tempo em que ocorriam os debates sobre as mais de 70 mil emendas populares aditivas ao texto dos parlamentares, explodiam grandes greves, como a dos eletricitários, que atingiu sete Estados; petroleiros, em mais oito, e a dos servidores federais, que mobilizou 400 mil trabalhadores em todo o País.

Indiscutivelmente, a Constituição de 1988 registrou progressos importantes. Contudo, poderia ter avançado mais, particularmente quanto à ampliação da participação popular e do controle da cidadania sobre os Poderes, como forma de avançar na democracia participativa, assim como poderia ter sido mais ampla no capítulo relativo às relações de trabalho e direitos dos(as) trabalhadores(as).

Hoje, 30 anos depois da promulgação da Carta Magna, a classe trabalhadora brasileira trava desafiantes batalhas contra inimagináveis retrocessos impostos a partir do golpe de 2016, representado pelo ilegítimo, corrupto e majoritariamente rejeitado Michel Temer. Seu programa ultraliberal e entreguista desvirtua mais de cem artigos constitucionais, o que nos remete ao século passado, não apenas no campo das relações de trabalho, mas nos direitos sociais de modo geral.

Centenas de milhões de pessoas que começaram a sonhar com uma vida digna, hoje se encontram diante de uma década perdida e destroçada por uma recessão econômica gerada a partir de uma política econômica austera com o povo brasileiro e benevolente com a elite capitalista nacional e internacional.

Em verdade, as tais medidas ditas austeras atendem pelo nome de Estado Mínimo que reduz drasticamente investimentos em saúde, educação e seguridade social, além de entregar a autonomia econômica do País nas mãos do mercado financeiro. Isto significa o desmonte do Estado de Bem-Estar Social que vinha sendo construído no Brasil há pouco mais de uma década. Aliás, a instalação do projeto ultraliberal em curso é a contrapartida de Michel Temer e seus apaniguados para a decrépita e descontente Casa Grande e para o capital internacional que financiaram a deposição de um governo legitimamente eleito pelo povo para impor o projeto liberal que vinha sendo derrotado nas urnas pela quarta vez consecutiva, sem dar sinais de êxito pelos próximos dez anos, no mínimo. A raivosa e medíocre elite brasileira já não mais suportava assistir à ascensão da classe trabalhadora em redutos tipicamente dominados por homens brancos e ricos, enquanto que o capital internacional ambicionava fincar novamente suas garras afiadas nas riquezas nacionais, especialmente na área de petróleo que crescia exponencialmente com a exploração da camada do pré-sal.

O chefe Michel Temer não decepcionou seus fiadores. Logo tratou de aprovar a Proposta de Emenda à Constituição do Teto dos Gastos Públicos, que congela por 20 anos os investimentos sociais com cortes letais em setores fundamentais para os(as) brasileiros(as), especialmente populações com baixa renda. A sanha ultraliberal logo fez aprovar a Lei da terceirização e a reforma trabalhista do jeito que desejavam os patrões. Em curso, um leilão para a venda de mais de 50 empresas estatais. Os bancos públicos também estão sob ameaça de privatização com a implementação de processos de reestruturação que esvaziam seus papéis sociais, fatiam setores e desligam empregados. Já a reforma do Ensino Médio pretende restringir o acesso dos(das) filhos(as) dos(as) trabalhadores(as) às universidades públicas e formatar mão de obra barata para servir às grandes corporações empresariais. Para bater o Teto dos Gastos Públicos, o governo golpista ainda novamente colocará em pauta a reforma da Previdência sob o argumento de que o setor queda-se deficitário.

As tragédias social e econômica trazidas por este governo golpista não poupam nem mesmo a Amazônia já prometida às mineradoras internacionais. O fato causou repercussões e polêmicas entre vários setores da sociedade, inclusive dos ambientalistas em níveis nacional e internacional. Pois bem: houve recuo. O congelamento do plano de exploração privada em reserva mineral respondeu a críticas. Agora, eles querem promover "um amplo" debate com a sociedade sobre o tema, por 120 dias. E sabemos que, se depender do Congresso mais reacionário e corrupto da história do Brasil, nosso maior patrimônio ambiental será rifado.

Os ventos privatistas sopram nas janelas do Palácio do Governo do Estado de Pernambuco. A Companhia Pernambucana de Gás (Copergás) está na mira do setor privado. É uma empresa que vem gerando lucros cada vez maiores a cada ano, mesmo com a situação de crise econômica no País. A empresa é importante para indústrias, residências, automóveis, comércios e até para a Refinaria de Abreu e Lima (PE). Embora a estatal tenha acumulado um lucro de R$ 70,9 milhões em 2016, o Executivo estadual revela interesse de vendê-la.

Tal pacote de austeridade vem trazendo consequências nefastas aos(às) trabalhadores(as) brasileiros e vultosos lucros para o mercado financeiro. Não é à toa que mesmo envolvido em grandes escândalos de corrupção, o (des)governo Temer ainda usufrui da confiança do setor de capitais, cuja economia vai muito bem, enquanto o povo pena para sobreviver.

Os cortes na área social têm reduzido drasticamente os investimentos em áreas vitais para a população brasileira, especialmente, para o imenso segmento com baixa. A navalha neoliberal vem mutilando políticas públicas indispensáveis como os programas de distribuição de renda, habitação popular, acesso ao ensino superior, obtenção de microcrédito e desenvolvimento da agricultura familiar.

Com as medidas, mais de 50 milhões de brasileiros(as) que eram beneficiados(as) pelas políticas sociais podem voltar à situação de pobreza extrema. Atualmente, mais de 14 milhões de pessoas estão desempregados ou veem diminuir sua renda, vivendo na incerteza em relação ao trabalho e à proteção social. Em razão da regulamentação da terceirização e da reforma trabalhista, os ainda empregados já sofrem ameaça de demissão para contratação de profissionais terceirizados precarizados com redução salarial de cerca de 30%, sem definição de salário-mínimo, sem direito a férias, horas extras, 13º salário, delimitação de carga horária, seguro-desemprego etc. Em caso de admissão ou demissão, não há mais a exigibilidade de o sindicato intermediar a negociação, já que o acordado prevalecerá sobre o legislado, ou seja, o acordo será fechado entre patrão e empregado numa correlação de força desigual onde o poder estará todo concentrado nas mãos do empregador. Quantos aos(às) trabalhadores(as) rurais, esses vão ficar no campo, exercendo suas atividades de produção, sem ter direito à aposentadoria, sendo permitido apenas que eles ganhem moradia e alimentação, remontando à época da escravidão. Sem condições de trabalho, sem direitos a créditos financeiros, inúmeros chefes de famílias virão para as grandes cidades que não comportarão um número excessivo de trabalhadores(as), aumentando desta forma o desemprego, o trabalho infantil, a miséria e a violência. O impacto será desastroso, considerando que a agricultura familiar se destaca como um dos setores da economia que mais cresce na produção de alimentos, geração de riquezas e em distribuição de renda, contribuindo para o desenvolvimento rural e sustentável. A atividade é uma das principais geradoras de trabalho e renda na América Latina e Caribe, segundo o relatório "Perspectivas da Agricultura e do Desenvolvimento Rural nas Américas 2014: uma visão para a América Latina e Caribe" produzido pela Organização das Nações Unidas para Alimentação e Agricultura (FAO) e pelo Instituto Interamericano de Cooperação para a Agricultura (IICA). As reformas supracitadas pretendem desidratar o setor e lançar mais investimentos no agronegócio que cria poucos empregos e apenas gera *"Royalties"* que não são servidos na mesa dos(as) trabalhadores(as) brasileiros(as) como o arroz e o feijão.

Após arruinadas as políticas sociais e extirpados os direitos da classe trabalhadora, é chegada a hora de entregar as riquezas nacionais ao capital estrangeiro. O programa que deve ser finalizado até 2018 inclui 58 estatais, entre elas, aeroportos, portos, áreas de exploração de petróleo, Eletrobras – Centrais Elétricas Brasileiras S.A, Companhia Hidroelétrica do São Francisco (Chesf) e até a Casa da Moeda. Conforme o histórico das privatizações no Brasil, as contas públicas pioraram substancialmente, enquanto que o desempenho das empresas sob a responsabilidade do setor privado avançou consideravelmente. Em apenas um decênio, por exemplo, a quantidade de empregados nas empresas privatizadas caiu 70,5% (de 95 mil, em 1995, para 28 mil, em 2005), enquanto a lucratividade foi multiplicada por 10 vezes (de R$ 11 bilhões, em 1995, para R$ 110 bilhões, em 2005). Ademais da ação voltada para a redução de custos, como a demissão em massa, as empresas privadas elevaram radicalmente o lucro por meio do significativo crescimento dos seus preços acima da inflação. No setor elétrico, por exemplo, o preço médio da energia elétrica ao consumidor subiu próximo de 120% acima da inflação entre 1995 e 2015, ou seja, 4% em média de aumento real ao ano. Em síntese, a privatização tornou-se um mito neoliberal. Não contribui na melhora da contabilidade pública, mas eleva o custo de produção com preços de bens e serviços de empresas privatizadas crescendo acima da inflação. Ou seja, lucros de países ricos combinados com preços e qualidade dos bens e serviços de país pobre, sem tocar no crescimento econômico, nem na melhora das contas públicas.

A onda privatista também ameaça os bancos públicos que têm como missão primordial fomentar o desenvolvimento social, além de funcionarem como órgãos reguladores da economia. O desmonte tendo em vista a venda já começou com os processos de reestruturação, que na prática significam fechar agências e setores e desligar milhares de empregados, com já fizeram com a Caixa, o Banco do Brasil e o Banco do Nordeste do Brasil. Essa desestruturação não apenas eleva o número de desempregados, como piora o atendimento ao público. Mas, a real motivação é conceder ao mercado rentista a parte lucrativa desses bancos, como por exemplo, a administração do Fundo de Garantia do Tempo de Serviço (FGTS) que somam mais de R$ 500 bilhões. Até então, esse fundo vem sendo investido em programas como Minha Casa, Minha Vida, Financiamento do Ensino Superior (Fies), Bolsa Família, em infraestrutura das cidades e tantas outras áreas imprescindíveis ao desenvolvimento social e econômico do País. Já o Banco do Brasil, por exemplo, é o principal fomentador do Programa Nacional de Agricultura Familiar (Pronaf), que é responsável pela produção de 70% dos alimentos que chegam à mesa do(a) brasileiro(a). Enquanto que o Banco do Nordeste do Brasil (BNB) é o maior banco de desenvolvimento regional da América Latina e é responsável por fomentar o desenvolvimento social e econômico da Região Nordeste. O operador do Fundo Constitucional de Financiamento do Nordeste (FNE), beneficia a economia de cerca de 2 mil municípios com linhas de financiamento para micro e pequenas empresas e microempreendedores individuais. É certo que esses ativos nas mãos do mercado especulativo serão utilizados para a prática de agiotagem com juros elevadíssimos, tendo em vista, meramente, a obtenção do lucro. Sua concretização trará prejuízos irreparáveis aos(às) trabalhadores(as) com impactos nefastos sobre os programas de habitação popular, de distribuição de renda, de segurança alimentar, de acesso ao ensino superior, de obtenção do microcrédito e para a autonomia econômica do País.

É inegável que a CUT se constituiu um ator social importante, não apenas na defesa dos direitos da classe trabalhadora, mas, ativista intransigente na luta pelas liberdades democráticas. Assim atuou contra o Regime Militar, contra a flexibilização nas Leis Trabalhistas nos anos 2000. É chegada a hora de novamente recobrarmos o espírito libertário, a força e a coragem que explodiram na década de 1980 para desta vez defendermos com unhas e dentes todas as nossas conquistas constitucionais. Temer e seus comparsas não têm história política e nem legitimidade popular para alterar uma linha sequer do maior patrimônio da nação brasileira: a Constituição de 1988.

Imbuída dessa vital missão, a classe trabalhadora brasileira novamente ocupa as ruas desse País. Registramos importantes momentos de resistência que certamente constarão nos capítulos de nossa história contemporânea. Iniciaremos pela página 28 de abril, cuja greve geral tomou uma dimensão nunca vista ao se enraizar por todo território nacional, com centenas de categorias cruzando os braços nos 26 Estados e no Distrito Federal, dispostas a barrar as temerosas reformas. A mobilização prosseguiu vibrante nos dias 8 e 15 de março de 2017, para denunciar e repudiar a reforma da Previdência, que pretende acabar com a seguridade social no Brasil. Saímos novamente às ruas para denunciar e repudiar a reforma trabalhista, que rasga a Consolidação das Leis Trabalhistas (CLT) e precariza as relações de trabalho. Fomos para as ruas repudiar o Projeto de Lei (PL) 4.302, aprovado na Câmara dos Deputados numa manobra espúria do presidente da casa, Rodrigo Maia (DEM), que fragiliza a organização sindical e permite a terceirização da atividade-fim, condenando os(as) trabalhadores(as) a "viverem de bico", sem nenhuma garantia dos direitos básicos, como férias, 13º salário, jornada de trabalho delimitada, descanso remunerado, pagamento de horas extras, entre outros direitos fundamentais conquistados após décadas de lutas.

Desde as manifestações do Grito dos Excluídos, em dia 7 de setembro de 2017, a CUT esteve nas ruas de todo o País com a Campanha pela Anulação da Reforma Trabalhista, que coletou 1,3 milhão de assinaturas para um Projeto de Lei de Iniciativa Popular que propõe a revogação da reforma trabalhista, que entrou em vigor no dia 11 de novembro de 2017.

Após o recolhimento das assinaturas, o projeto foi entregue à Câmara dos Deputados. O objetivo do Projeto de Lei de Iniciativa Popular é fazer com que essa medida se some a outras 11 leis revogadas por meio desse instrumento.

A campanha pela anulação da reforma trabalhista foi aprovada pelas confederações, federações e sindicatos da CUT, durante o recente Congresso Extraordinário e prevê também a criação de comitês por essas entidades.

No dia 11 de novembro de 2017, dia em que entrou em vigor a reforma trabalhista, os movimentos sindical e social protestaram em Brasília (DF). Na ocasião, a Central apresentou o projeto pela revogação do ataque aos direitos da classe trabalhadora. A luta é pela revogação não só da reforma trabalhista, mas de todas as decisões tomadas durante esse governo golpista, nocivas aos trabalhadores e à soberania nacional. A CUT tem feito enfrentamento extraordinário contra o golpe e pelo restabelecimento democrático do País. Contra essa política de Estado Mínimo, a CUT propõe a anulação dos atos do governo ilegítimo de Michel Temer, a restauração da democracia e a retomada de um projeto soberano e sustentável de crescimento do País.

Em Pernambuco, juntos com a Frente Brasil Popular (FBP), faremos a segunda etapa da Caravana Popular em Defesa da Democracia e dos Direitos e contra as privatizações. Todas as medidas tomadas a partir do golpe de 2016 são inaceitáveis. Vamos à luta! A CUT e os movimentos sociais seguem firmes. Estamos articulando grandes ações e estratégias para construir uma nova Greve Geral. Nós vamos parar novamente e quantas vezes forem necessárias este País, sem ódio e sem medo. A classe trabalhadora não vai baixar a cabeça e permitir novos ataques promovidos por este (des)governo e, sobretudo, por este Congresso golpista, ilegítimo e corrupto que está surrupiando nossos direitos.

Nosso compromisso, nossa obrigação: defender cada vez mais os(as) trabalhadores(as) pela liberdade e autonomia sindical, para que nenhuma mulher ganhe menos numa mesma função que os homens, para que os índios sejam respeitados, os negros sejam valorizados e que cada vez mais tenhamos uma central sindical pujante com grande capacidade de mobilização e com propósito de melhorar a vida de milhões de brasileiros.

Nesse contexto do golpe concatenado entre os Poderes, o capital e a mídia corporativa, sabemos o quanto é desafiante reverter os retrocessos, pois nosso movimento não se alimenta de fábulas, mas de lutas históricas cujos frutos, muitas vezes, são colhidos por gerações futuras. Mas, a disputa do projeto de sociedade se faz com o verbo lutar no presente do indicativo, conjugado em todas as pessoas. É hora de atualizarmos coletivamente a nossa análise de conjuntura, as estratégias, as forças e o plano de luta construindo a unidade com os movimentos sociais para enfrentarmos e lutarmos ainda mais contra os retrocessos, em defesa da democracia e por um País mais igualitário e justo. O grande desafio da CUT é manter o foco de luta e fortalecer a democracia, juntamente a todas as forças autênticas, democráticas e resistentes.

Fora Temer! Nenhum direito a menos!

No esteio de toda nossa luta está a defesa intransigente da Constituição Brasileira como premissa para a afirmação dos nossos direitos humanos, políticos, econômicos, culturais, ambientais, trabalhistas e de outros campos que ainda precisamos construir e avançar. É amparada no escopo constitucional que a classe trabalhadora busca resgatar o trabalho, hoje alienado do trabalhador, como o bem mais importante do ser humano intrinsecamente ligado ao direito à própria vida no sentido mais amplo e mais profundo da existência humana. É esse sonho que nos inspira fé e coragem para seguirmos firmes na luta.

Os 30 anos da Constituição Brasileira
A resistência popular vai parir a reconstrução democrática nas ruas e nas urnas

Carmen Foro[1]

A SEDE SOCIAL POR DEMOCRACIA

A Constituição Federal de 1988 trouxe avanços extremamente significativos, ainda que ela ainda estivesse aquém dos anseios das classes populares, especialmente do movimento sindical e social.

A participação, fruto da efervescência social da época, deu o tom da Constituinte de 1987. Movimentos organizados do campo, da cidade e da floresta elaboraram propostas, articularam parlamentares e defenderam direitos constituintes da Carta Magna.

A base da CUT e da Contag teve participação ativa e decisiva nos os rumos que tomou a Constituição de 1988 no que se refere aos direitos trabalhistas e previdenciários e aos avanços do campo. Assim como um sem número de organizações urbanas e rurais e partidos no campo da esquerda que se fizeram ouvir pelos parlamentares constituintes.

Aqui quero destacar a importância dos movimentos feministas e de mulheres na luta para a efetivação da igualdade de direitos e oportunidades. Em 1988, a luta das mulheres concentrou-se no envio da Carta das Mulheres Brasileiras aos Constituintes. As mulheres estavam na liderança das reivindicações e das manifestações e asseguraram no texto um dos princípios fundamentais: "promover o bem estar

1. Vice-Presidenta da Central Única dos Trabalhadores.

de todos sem preconceito de origem, sexo, raça, cor, idade e quaisquer outras formas de discriminação" é uma diretriz que tem muito da participação comprometida delas.

Vale resgatar que vivíamos no país as consequências de um momento histórico de mudanças estruturais na dinâmica do capitalismo mundial. Altas taxas de juros, os Tigres Asiáticos, a reestruturação produtiva iniciada no final dos anos 70 e inicio dos anos 80 no Brasil e com ela, o pacote de desregulamentação do trabalho, precarização, rotatividade, achatamento de salários e, claro, demissões em massa.

O NOVO SINDICALISMO

Como resposta, surge no Brasil o Novo Sindicalismo. Vigoroso, autônomo, combativo e classista, veio na missão de enfrentar e reverter o ataque e a repressão sofrida pelos sindicatos e movimentos organizados desencadeados pela ditadura, além de enfrentar o arrocho salarial estabelecido nos anos de chumbo e conquistar avanços e direitos trabalhistas.

Foi um sindicalismo que chegou para ficar, fortaleceu e intensificou a abertura política e os rumos da transição de uma ditadura civil-militar para uma democracia com a inclusão dos trabalhadores. E que, além disso, revelou inúmeras lideranças que ajudaram a formar uma esquerda aguerrida no país, dentre elas Luís Inácio Lula da Silva, que, anos depois de operário e sindicalista, torna-se Presidente da República, numa trajetória que nos orgulha imensamente.

A Internet mal havia chegado ao Brasil – nós nem conhecíamos, era restrita a algumas universidades –, mas nós acompanhávamos o que acontecia mundialmente à classe trabalhadora por intermédio das inestimáveis parcerias e solidariedade do sindicalismo internacional, que sempre nos colocou a par das ameaças e avanços da exploração perpetrada na "gestão" internacional do trabalho.

Naquele momento, estávamos construindo a redemocratização, após 21 anos de chumbo, de ditatura civil-militar com assassinatos, torturas, desagregações familiares, pessoas desaparecidas (até hoje) e outras tantas traumatizadas. Portanto, havia em nós uma sede gigante por avanços, por democracia. A sociedade ainda se reorganizava nos espaços de luta por direitos. Mas não nos contentaríamos com pouco.

1980: UMA DÉCADA HISTÓRICA

Construir a nova Constituição era, então, o nosso terceiro grande aporte de esperança na transformação da sociedade daquela importante década para o povo brasileiro. O primeiro foi a Fundação do Partido dos Trabalhadores em 1980, o segundo a Fundação da Central Única dos Trabalhadores, em 1983, e o terceiro, a possibilidade concreta de que nossos direitos estivessem reconhecidos na Constituição da República Federativa do Brasil, em 1988.

A abertura democrática ratificada pela Constituição Federal era um valor sobre o qual sabíamos que tínhamos que nos debruçar, propor, resistir e aprovar. Cabia a nós, a sociedade civil organizada, este enfrentamento. Foi absolutamente necessária a radicalização na defesa de propostas que trouxessem concretamente a inclusão dessas maiorias, que, na prática, eram invisibilizadas enquanto sujeitos sociais.

Fez a diferença a participação popular massiva de nós mulheres, e de nossas lutas por igualdade de direitos. De nós, negras e negros historicamente escravizados, que geramos com nossa força de trabalho a riqueza deste país, mas que não éramos reconhecidos enquanto sujeitos detentores de direitos.

Foi essencial dar visibilidade aos direitos das crianças e adolescentes, à juventude, assim como ao reconhecimento e às demarcações das terras indígenas, quilombolas e de populações tradicionais, compreendendo sua importância histórica para o nosso país, sua cultura e identidade.

Foi, portanto, um momento em que a sociedade também se enxergou de maneira mais coletiva: mais do que apenas se enxergar, foi o momento da sociedade se perceber, se tatear, construir junto o que de fato nós, povo brasileiro, queríamos ser enquanto nação. Com instituições fortes, com democracia, com direitos, nesse sentido também o movimento sindical teve papel fundamental na conquista desses avanços.

Destaco aqui parte da resolução do 2º Congresso Nacional da CUT, realizado de 31 de julho a 3 de agosto de 1986:

> O 2º Congresso da CUT conclama os trabalhadores da cidade e do campo a uma ampla mobilização unitária, uma campanha nacional de lutas, com as seguintes bandeiras:
> - Terra, salário, emprego e liberdade
> - Direito irrestrito de greve, liberdade e autonomia sindical (Convenção 87 da OIT)
> - Não pagamento da dívida externa
> - Participação popular na Constituinte.

A CONQUISTA DE AVANÇOS HISTÓRICOS, APESAR DA CORRELAÇÃO DE FORÇAS

Dois anos antes, portanto, a CUT prepara suas bases para essa importante missão. Na sociedade havia também essa expectativa de avanços na legislação no que tangia aos direitos sociais, dos quais estávamos abortados e que perpassavam questões centrais para a classe trabalhadora nos aspectos dos direitos humanos e da justiça social, trabalhista, ambiental, dentre outras. E, com essa responsabilidade latente de transformação histórica, passamos a constituir, do nosso jeito, a nossa expressão na nova Constituição.

A correlação de forças era extremamente desfavorável em um Congresso Nacional com forte presença conservadora, como a UDR, a bancada religiosa fundamentalista, os representantes das empresas e dos bancos. Eles eram, como hoje, maioria naquele Congresso.

Com todos os limites que podem ser apontados, apesar de não ser a Constituinte livre, democrática, soberana e exclusiva que defendíamos, ela trouxe inúmeros avanços, e conseguimos assegurar caminhos progressistas. Um exemplo no campo dos direitos foi o estudo, pesquisa e a pressão popular aliado ao trabalho intenso e dedicado dos parlamentares comprometidos com a classe trabalhadora que resultou na Seguridade Social na Constituição Federal.

A Seguridade Social é o sistema tríade que envolve a Assistência, a Saúde e a Previdência Social.

A Assistência Social depôs o que historicamente se convencionou ser "comiseração", "clientelismo" e outras desassistências que davam ares de caridade e generosidade ao que a Constituição de 1988 regula, passando a tratar enquanto direito social.

Por meio de um aparato normativo com uma Política Nacional de Assistência Social (PNAS) e um Sistema Único de Assistência Social (SUAS) foram definidas as diretrizes da política à partir do direito cidadão, ressignificando, assim, a relação com a assistência social brasileira.

Capítulo à parte na Constituinte foi a militância dos movimentos populares de saúde, em que participavam profissionais de saúde, estudantes, membros da comunidade, e religiosos com visões progressistas. Se debatia sobre saúde, mas também sobre direitos e, de lá, surgiram lideranças que defendiam outra visão de saúde pública e de sociedade.

Os movimentos populares de saúde havia muitos anos já defendiam a bandeira da luta antimanicomial, a universalização do atendimento público e o controle social, ou seja, a saúde enquanto direito e de forma descentralizada. Surge o Sistema Único de Saúde, o SUS, um modelo exitoso e admirado internacionalmente, que, ainda que com muitas limitações em sua implementação, precisa ser defendido incondicionalmente, pois representa o acesso universal e público à saúde, com qualidade.

A exitosa bandeira da Seguridade Social fecha o ciclo com a Previdência. Dentre outros avanços vou me ater aos da Previdência Rural à Constituição de 1988: aposentadoria aos 55 anos para mulher e 60 para os homens, e o salário maternidade para as mulheres rurais.

Cito a experiência e a construção histórica da Seguridade Social como exemplo, dada sua grandeza e abrangência do conceito de garantia do Estado à proteção social como direito universal, e em uma prática de melhoria de vida da população brasileira. Orgulha que construção se dê a partir da histórica luta popular até a conquista de espaço no texto da Constituição de 1988.

Da mesma forma, isso ocorre com outras categorias, sobre outras questões. A universalização da educação pública, o direito de greve, a retomada da representação sindical, os avanços no campo, todos frutos de lutas populares, da força e do poder transformador que emana dos movimentos sociais.

Quando conquistamos espaços na Constituinte, esses movimentos estavam prontos para apresentar propostas sólidas e viáveis. Estavam, principalmente, prontos enquanto ferramenta de pressão popular, para influenciar decisivamente na elaboração da Constituição.

O mesmo posso dizer sobre a questão da preservação ambiental e sobre o direito dos povos da floresta. Naquele momento tínhamos já um forte movimento sindical e social, em torno dessas bandeiras e como membro da Direção Nacional da CUT, símbolo e liderança, o querido e saudoso sindicalista e ambientalista Chico Mendes. Conhecido e premiado no mundo inteiro, ele representou as demandas sociais e ambientais dando visibilidade aos povos e movimentos da floresta, o que em muito ajudou a colocar o debate ambiental, sindical e social num novo patamar, internacional e de significativo respeito à floresta, a quem vive nela e a tudo o que dela se recebe.

À época da Constituinte, em 1987, Chico veio à São Paulo, e com companheiros seringueiros do Acre lançou a estratégia da "Aliança dos Povos da Floresta". Quanto à Constituição, Chico viu sua promulgação, o nascimento da Carta Magna brasileira. Pouco mais de dois meses depois, em 22 de dezembro de 1988, foi assassinado, e a Aliança dos Povos da Floresta só viria a se concretizar 2 anos depois.

Óbvio que as mudanças na sociedade brasileira não se deram pela simples promulgação da Carta Magna. Ao longo desses 30 anos são inúmeras legislações intraconstituição que exigiram enorme fôlego e disposição da sociedade para o enfrentamento de sua aprovação. A negociação coletiva para o setor público é um dos muitos exemplos de lutas que não foram regulamentadas com a Constituição, até porque a correlação de forças dentro do Congresso Nacional é a mesma que antes impedia tais avanços.

SOCIEDADE CIVIL FORTE E RESISTENTE

Até hoje, muitas das conquistas lá registradas não se tornaram realidade, sem falar que vivemos um momento da nossa história em que querem revogá-la aos trancos e barrancos. O que quero chamar atenção aqui é para o fato de que os movimentos sociais, os movimentos feministas, de mulheres e o sindical, de tão bem articulados e preparados, inclusive do ponto de vista teórico e intelectual, conseguiram, em grande medida, dobrar a resistência daquele Congresso, majoritariamente conservador.

Foram abaixo-assinados, emendas, greves, passeatas, protestos, caravanas à Brasília em direção ao Congresso Constituinte, cartazes de denúncia dos traidores da Constituição, corpo a corpo com os parlamentares, uma luta hercúlea.

Insisto nesse resgate, para que tomemos como exemplo nossas iniciativas e nossa própria luta à época como alavanca para mais um longo período de resistências que se farão necessárias à partir dos novos ataques à Constituição Federal, aos direitos trabalhistas e previdenciários, às suadas conquistas do povo brasileiro.

Cabe lembrar, entretanto, que há uma diferença substantiva entre aquele momento e este que vivemos. Lá, saíamos de um cenário de obscuridade e estávamos unidos pela esperança. Foram necessários outros 20 anos para que chegássemos a um período que foi uma espécie de catarse, a eleição do primeiro governo democrático e popular.

Hoje, vivemos uma situação inversa. Saímos de um período de grandes conquistas – ainda que com as limitações e erros do exercício de governar – para adentrarmos num amargo retrocesso, violentados por um processo criminoso de ataque à democracia e pelo desrespeito ao voto de mais de 54 milhões de brasileiros.

Das mãos de um Congresso Nacional de maioria vendida e corrupta, surge um impeachment comprado, um presidente golpista, um judiciário cúmplice, uma imprensa manipuladora e perversa, empresários que financiaram eles próprios o golpe para beneficiarem-se da fragilidade política a que se submete o país e fazerem valer seus interesses, derrubando conquistas históricas. E tudo isso somado a uma operação policial parcial, que quebrou na base as estruturas de desenvolvimento do país, comprometendo, inclusive, sua soberania.

Diante disso, é preciso que saibamos que o que une as duas épocas é que temos o acúmulo das lutas e que vivemos, novamente, um período de necessidade de reconstrução.

DO GOLPE ÀS REFORMAS: O DESMONTE DOS DIREITOS CONSTITUCIONAIS

No apagar das luzes da democracia causada pelo golpe de 2016, já em 15 de dezembro, uma primeira medida dá o tom dos retrocessos: A promulgação da Emenda Constitucional 95 conhecida como PEC do Teto. Trata-se de uma emenda que, dentre outras questões e impactos, congela por 20 anos os investimentos públicos. Sob a desculpa de "limitar gastos" e trazer "equilíbrio às contas", será aplicada nos orçamentos fiscais e da seguridade social, o que traz imensos retrocessos ao povo mais pobre e dependente das políticas públicas no país.

É preciso que reflitamos com maior profundidade sobre o que de fato representa esse ataque aos direitos. Estamos sofrendo intensas investidas do capital internacional por todos os lados. São escutas telefônicas, compras de terras por grupos estrangeiros, ataques à nossa soberania, ameaças às nossas riquezas e bens naturais, pressões no parlamento, um sem fim de sinais que nos indicam mais uma face da disputa entre o capital e o trabalho em que o capital internacional e nacional buscam baratear a mão de obra, destruir a organização sindical e, principalmente, ressignificar o papel do Estado, reduzindo direitos constitucionais por nós conquistados.

O PACOTE DE DESMONTES: A REGULAMENTAÇÃO PREDATÓRIA DA TERCEIRIZAÇÃO

A prova final de que o objetivo do conluio era o desmonte de políticas públicas, direitos trabalhistas, sociais e civis conquistados no Brasil no mínimo nos últimos 100 anos – a partir da primeira greve geral em 1917 até a Constituição Federal de 1988 – foi apresentada.

Medidas como a Emenda Constitucional 95 fixando teto e, na prática, congelando os investimentos públicos, ancoraram-se na alegação da urgência por programas de ajuste fiscal, "necessários para a geração de emprego e desenvolvimento econômico" e, portanto, na pseudomodernização das relações de trabalho.

A partir de então foi desferido o segundo ataque pós-golpe de 2016 aos direitos da classe trabalhadora: a aprovação da regulamentação predatória e legitimadora da terceirização desenfreada, inclusive na atividade fim.

UMA HISTÓRIA CLASSISTA E COLETIVA

Os impactos da precarização advinda da terceirização já vinham sendo sentidos no cotidiano laboral e enfrentados pelas entidades sindicais havia um bom tempo – em especial desde os anos 80 e 90 – quando sob o argumento da necessidade de especialização, qualificação, focalização, modernização, inovações tecnológicas e competitividade, muitas empresas passaram a se valer do artifício da terceirização somada ao trabalho temporário para o desenvolvimento de atividades que em tese seriam sazonais.

As denúncias decorrentes da terceirização são inúmeras e vastas, sendo que vários e especializados estudos se dedicaram a estudá-las: vão desde assédio moral, extrema vulnerabilidade laboral, adoecimento, mortes, péssimas e inferiores condições de trabalho e salários, rotatividade, "falência" repentina de empresas intermediárias de mão de obra para deixar de pagar direitos, trabalhadoras e trabalhadores submetidos a jornadas extenuantes e a anos seguidos sem férias, multiplicidade de exercício de funções diferentes daquelas para as quais houve a contratação e muitas outras atrocidades. Enfim, as exceções para as quais a terceirização poderia ser aplicada viram regra geral para situações em que essa forma de contratação é a maquiagem da quebra de direitos e da exploração ilegal do trabalho.

O fato é que a terceirização avança fortemente nas relações de trabalho, com o objetivo (nem sempre dito) de cortar os custos do trabalho e ampliar a margem de lucro do capital. A terceirização inclusive adentra no terreno da atividade-fim, porém, até então, sem conseguir a desejada validação jurídica.

O foco empresarial é a derrubada da Súmula 331 do TST – Tribunal Superior do Trabalho, que proíbe a terceirização na atividade-fim, assim como o desejo da eliminação de reclamações trabalhistas sobre a usurpação de direitos nos processos de terceirização.

Na Central Única dos Trabalhadores, instalamos em 2004 o "GT sobre Terceirização", envolvendo vários ramos de atividade com trabalhadores do campo e da cidade, por meio de suas federações e confederações, com o objetivo de pensar uma estratégia mais bem estruturada, para além das denúncias e medidas judiciais, e com base em três frentes de ação: *organização sindical, negociação coletiva e legislação.*

Vários projetos de lei com interesses patronais subjacentes tramitavam no Congresso Nacional. Decidimos, portanto, fazer um com a visão e os interesses classistas. Em 2007, após a conclusão dos debates do "GT Sobre Terceirização", o deputado federal Vicente Paulo da Silva, o Vicentinho, em diálogo com sindicalistas da Central, apresentou uma propositura na Câmara dos Deputados: o projeto de lei 1621 de 2007, com base na proposta elaborada em grupo.

O PL 1621 enfrenta explicitamente os nós críticos e deflagradores dos processos de precarização das relações de trabalho embutidos na terceirização. Obviamente, é atacado pelo parlamento composto em sua maioria por representantes patronais e no meio sindical não alcança apoio integral, pois parte do sindicalismo defendia uma legislação mais flexível e permissiva para a terceirização, talvez levados pelo engodo de que haveria perda de postos de trabalho caso uma boa e forte legislação enfrentasse e coibisse efetivamente este processo.

A MAIORIA GOLPISTA DO PARLAMENTO ATACA NOVAMENTE

Nos últimos anos, o PL 4330/2004, do deputado Sandro Mabel, tramita e avança ameaçadoramente no Congresso Nacional. O movimento sindical, a Anamatra (Associação dos Magistrados do Trabalho) e o Ministério Público do Trabalho se mobilizam pela sua não aprovação e tentam construir alterações e emendas para enfrentar seu conteúdo que objetiva eliminar as travas que garantem os direitos trabalhistas. Ele é aprovado na Câmara e segue para o Senado como PLC30/2015, cujo relator é o senador Paulo Paim. O senador, em diálogo com diversos segmentos, realiza audiências públicas objetivando sua melhoria e alteração.

Porém, em 23 de março de 2017, é aprovado no Congresso Nacional algo inusitado: é desengavetado o PL 4302/98 do Executivo, enviado por Fernando Henrique Cardoso quando presidente da República, e que vai flexibilizar e regulamentar dispositivos da lei 6019/1974 e regulamentar o trabalho temporário, a intermediação de mão de obra por prestadoras de serviços nos processos de terceirização. Este projeto havia tramitado em regime de urgência sendo que a mensagem 389/2003 do Presidente Luís Inácio Lula da Silva havia pedido o seu arquivamento, o que nunca foi apreciado, mas retirou-se o regime de urgência. Porém, com o golpe, os setores conservadores ganham força, ele é retomado e aprovado. Sua redação final fica bastante prejudicial à defesa dos direitos trabalhistas e vem chancelar amplamente a terceirização, no campo e na cidade, no setor privado e público.

E então nos deparamos com a terceirização, antes abordada com base em entendimento jurisprudencial (Súmula 331 do TST) – segundo o qual apenas era lícita quando abrangendo atividade-meio –, passará a estar regulada por lei, com possibilidade de terceirização de qualquer atividade.

Estabelece critérios formais para a validade dos contratos e para o funcionamento das empresas de prestação de serviços terceirizados ou temporários, além da possibilidade de contratação de trabalho temporário por empresas rurais, ampliando o prazo legal para contratação de um mesmo trabalhador temporário – que passa de 90 dias (corridos) prorrogáveis por mais 90, para 180 dias (consecutivos ou não) prorrogáveis por mais 90.

O GOLPE NO GOLPE: A REFORMA TRABALHISTA E SINDICAL

Mal começamos a administrar os dilemas causados pela terceirização, a precarização nas relações de trabalho atinge seu grau máximo. Recebemos a fatura do "pato amarelo", e não saiu nada barata.

A Reforma Trabalhista *e Sindical* aprovada pelo Congresso que deveria defender os interesses do povo brasileiro, sancionada pelo presidente ilegítimo Michel Temer, elimina direitos históricos, além dos conquistados pelas trabalhadoras e trabalhadores na Constituição de 1988, retrocedendo, muitos deles, para antes da grande Greve de 1917.

São mudanças profundas na legislação trabalhista que, alterada em mais de 100 pontos, ficou destroçada, pondo abaixo anos de lutas e conquistas históricas dos trabalhadores ante os conflitos inerentes às relações entre o capital e o trabalho, passando a atender sobremaneira aos interesses dos patrões. Estas mudanças impactam profundamente os direitos e a vida da trabalhadora e do trabalhador brasileiros.

Este golpe enfiado goela abaixo dos trabalhadores provoca uma completa desproteção dos seus direitos conquistados, enquanto promove um profundo desmonte do papel do Estado do ponto de vista social, eliminando sua proteção e interferindo, inclusive, na organização sindical.

UMA SÍNTESE DAS MAIS IMPORTANTES ALTERAÇÕES NA LEGISLAÇÃO

Altera dois princípios elementares do Direito do Trabalho, que deveria assegurar proteção à parte mais frágil da relação capital e trabalho: *princípio da hipossuficiência* bem como o *princípio da prevalência da norma mais favorável*, ao trabalhador, enquanto institui a *"intervenção mínima na autonomia da vontade coletiva"* que parte da falsa ideia de que as partes (empresa e indivíduo) são equivalentes em poder e meios para realizar acordos, o que já seria uma completa inverdade no pleno emprego, imagine em uma realidade de mais de 14 milhões de desempregados no país. A mudança prevê, portanto, uma chancela que passará a tornar juridicamente legal tudo o que vai contra os interesses dos trabalhadores.

A Reforma Trabalhista afeta as condições de trabalho na sua essência:

Na *contratação* com o Regime de Tempo Parcial, trabalho temporário, intermitente, estabelecendo convenientemente para o patrão o teletrabalho, dentre outros.

Nas *jornadas de trabalho*, alterando regras em prejuízo dos trabalhadores como na hora extra, jornada 12x36, intervalos intrajornada, nos bancos de horas, desconsiderando a jornada *in itinere* (do itinerário do trabalhador de casa para o trabalho e vice-versa).

Alterando as *condições de trabalho e salário*: reduzindo o conceito de salário, permitindo o parcelamento de férias em 3 vezes, a redução da incorporação das gratificações, a presença de lactantes em locais insalubres, e transferindo ao Estado o que seria responsabilidade da empresa, como as expensas de afastamento da trabalhadora, colocando em negociação individual entre a trabalhadora e o patrão as pausas para a amamentação.

E nos casos de *demissão*, revoga direitos à assistência nos casos de rescisão, desobriga a presença do sindicato, inclusive em casos de demissão coletiva, permite a quitação de débitos de demissão voluntária e legitima o que se convenciona chamar de "comum acordo". Essas são algumas das alterações que vão todas, sem exceção, contra os direitos da classe trabalhadora brasileira.

A Reforma prevê, ainda, alterações profundas nas negociações coletivas, flexibilizando direitos (prevalência do negociado sobre o legislado), promovendo a negociação individual com patrões em uma relação que não estabelece condição de igualdade, alterando profundamente as normas de regulação do trabalho e inclusive prevalecendo o acordo coletivo sobre a convenção coletiva, além de proibir a ultratividade.

Na *organização sindical* elimina a contribuição sindical sem estabelecer uma taxa negocial a ser defendida pelos trabalhadores em assembleia, como historicamente é bandeira da CUT, e permite a representação no local de trabalho, porém proibindo o vínculo com o sindicato, cerceando assim a organização por local de trabalho.

Além disso, reduz o papel e o acesso da *Justiça do Trabalho* nas negociações coletivas, reduz o acesso gratuito à Justiça do Trabalho, estabelece multas e custos judiciais aos trabalhadores reclamantes. Como se pode perceber nesse breve resumo, a Reforma Trabalhista é devastadora quanto aos direitos e sentencia a necessidade urgente da luta de classes, que se faz necessária para o enfrentamento a esse retrocesso.

E AGORA, O QUE VEM POR AÍ?

O cenário é de um governo ilegítimo que aprova questões estruturantes para a sociedade e os rumos do país, decidindo legislações que irão modificar por 20 anos a realidade do povo brasileiro a exemplo da EC 95 que com um teto limitador impedirá a melhoria de salários, e potencializará a queda da qualidade dos serviços públicos prestados, restringindo direitos, impedindo novas oportunidades e acessos a quem mais necessita, especialmente à saúde e educação públicas.

Aprova a péssima regulamentação irrestrita e ampla da terceirização, nos crava uma Reforma Trabalhista que é mais que um pesadelo. E como temos reagido a tudo isso?

A CUT, em março de 2015, foi a primeira entidade do campo sindical e popular a ir para as ruas, a despeito de ter críticas e divergências com o Governo, denunciar que a intenção de derrubar o Governo da Presidenta Dilma Rousseff, sob alegação de "pedaladas fiscais", era pautada no objetivo – obviamente não explicitado – do desmonte de políticas sociais de inclusão e equidade e na destruição de direitos trabalhistas.

Está tendo luta, resistência, e ainda mais haverá. As pesquisas de intenção de voto, bem como as pesquisas de índices de popularidade do governo ilegítimo, mostram que está ficando cada vez mais nítido para o povo brasileiro que a atuação golpista de tirar e impedir uma presidenta eleita de exercer seu legítimo mandato tinha na verdade a intenção de ressuscitar o projeto neoliberal, derrotado por 12 anos seguidos nas urnas.

A rejeição ao golpista Michel Temer é a maior da história republicana. E os setores progressistas acumulam forças em defesa da democracia e do respeito à Constituição. O fato é que para eles, ainda falta desferir o golpe fatal do desmonte das Políticas Públicas para o povo brasileiro: A Reforma da Previdência.

Tratada falsamente como vilã para os governos antidemocráticos, a Previdência Pública é falsamente tratada como deficitária. No entanto, especialistas comprovam por meio de uma Comissão Parlamentar de Inquérito que a previdência é superavitária e que seu déficit ocorre devido a desonerações às empresas, manipulações contábeis e incentivos fiscais.

O governo ilegítimo se contradiz ao alegar rombo nos caixas da Previdência Pública enquanto desonera setores de seus interesses, reduz a dívida previdenciária de ruralistas e estimula setores ligados à Previdência Privada.

As perdas com o pacote de generosidade do governo ilegítimo para determinados setores chega a 10 bilhões de reais, segundo dados da CPI. A Reforma da Previdência é mais um golpe que se aproxima. O povo brasileiro, já está escaldado pelas reformas anteriores precisa impedir com firmeza e determinação.

Maior vitória para o campo na Constituição de 1988, a Previdência Rural e Especial reduziu as históricas desigualdades no campo, incluindo cidadãos ao acesso a este direito. A luta por sua manutenção terá que partir de todas as partes do país, organizações, segmentos e movimentos da sociedade civil organizada.

O povo brasileiro deve dar uma resposta à altura do descaso, desrespeito e desvalorização dos parlamentares que votaram contra os direitos da classe trabalhadora e da população em geral. Dentre elas, a privatização das estatais, sendo este mais um ataque à soberania brasileira e mais uma manifestação do entreguismo deste governo.

A CUT que desde o começo posicionou-se incondicionalmente na defesa da classe trabalhadora, recusando-se a negociar com esse governo, dentre tantas outras iniciativas contra todos esses ataques lançou sua *Campanha Nacional pela Anulação da Reforma Trabalhista*, que coletou assinaturas para um Projeto de Iniciativa Popular, e entregou na Câmara Federal no dia 11 novembro de 2017, dia que entrou em vigor da Lei 13.467 de 13 de julho de 2017. A Reforma Trabalhista tem gerado desemprego e a miséria aos que estão na base da pirâmide social, a classe trabalhadora que sustenta com sua força de trabalho essa nação. O povo brasileiro deve reagir e a resposta mais fácil de ser compreendida mais uma vez virá das ruas e das urnas. Quem viver verá.

REFERÊNCIAS BIBLIOGRÁFICAS

MOTTA DAU, Denise; RODRIGUEZ, Iram Jácome; CONCEIÇÃO, Jefferson José da (Orgs.). *Terceirização no Brasil: do discurso da inovação à precarização do trabalho (atualização do debate e perspectivas).* São Paulo: Annablume; CUT, 2009.

TEIXEIRA, Marilane Oliveira; RODRIGUES, Hélio; COELHO, Elaine D'Ávila (Orgs.). *Precarização e Terceirização: faces da mesma realidade?* São Paulo: Sindicato dos Químicos, 2016.

Reforma trabalhista: desafios para o sistema brasileiro de relações de trabalho. Subsídio Curso Dieese sobre Reforma trabalhista. Curso realizado em 27 de setembro de 2017.

CUT. *Resoluções do 2º Congresso Nacional da CUT.* Disponível em <*https://bit.ly/2N6ZOoo*> (Acesso em 2/10/2017).

DIEESE. *Privatização do setor de saneamento no Brasil.* Nota Técnica: Nº 183 – junho de 2017. Disponível em <*https://bit.ly/2N7nLEA*> (Acesso em 5/10/2017).

STAL; ÁGUA DE TODOS; PSIRU; MULTINACIONAIS OBSERVATORY. *Veio para ficar: A remunicipalização da água como uma tendência mundial,* 2014. Disponível em <*https://bit.ly/2kTPGfq*> (Acesso em 05/10/2017).

CUT. *Campanha Nacional pela Reforma Trabalhista.* Disponível em <*https://bit.ly/2f8VXmR*> (Acesso em 4/10/2017).

O fenômeno do *Lawfare* sobre as óticas do direito e da política: *Uma análise do caso Lula*

Victor Fialho[1]

O termo *lawfare* foi cunhado, em 2001, em artigo escrito pelo general Charles Dunlap, membro da *Duke Law School* e da Força Aérea norte-americana, quando buscou legitimar as ações e estratégias militares através do uso da lei, com finalidade totalmente pragmática, que possibilitou que o país pudesse atingir seus objetivos de guerra adaptados ao século XXI. Tais objetivos fizeram com que setores da inteligência e da espionagem de Washington pudessem intensificar a guerra contra o terror, após o atentado de 11 de setembro de 2001.

A partir do anúncio de guerra contra o terrorismo, os Estados Unidos iniciaram um processo de perseguição contra a rede al-Qaeda e o seu líder, Osama Bin Laden – antigo aliado nas disputas geopolíticas locais. Desta forma, os Estados Unidos expandiram seu campo de batalha no mundo oriental, a partir de uma estratégia de defesa e de segurança nacional, atendendo principalmente aos objetivos comerciais e políticos, pressionando governos e induzindo mudanças de regime.

A definição de *lawfare* foi muito além da incorporação de um hiper-legalismo nas operações militares, pois, o próprio autor do termo o definiu como "o uso da lei como uma arma de guerra" e "um método de guerra em que a lei é usada como meio de realizar um objetivo militar".[2] No entanto, como transformar a adesão à lei como

1. Jurista e chefe de gabinete da deputada federal Marília Arraes, é vice-líder da bancada do PT na Câmara Federal.

2. DUNLAP, 2008.

uma estratégia que atenda aos propósitos do combatente? A resposta pode ser encontrada no trabalho de Carl von Clausewitz em sua análise tripartite: o povo, o governo e as forças armadas. Na sua visão, não bastava ter o controle das forças armadas ou do governo, teria de ter adesão popular para obter o sucesso da estratégia de guerra.[3]

Em seu livro *Guerra do tesouro*, Juan Zarate relata como o poder estatal dos Estados Unidos se utilizou de uma variedade de legislações para atacar financeiramente os adversários do século XXI, desencadeando uma nova estratégia para consolidar uma guerra financeira e fiscal com o mesmo objetivo que todas as outras guerras em contextos semelhantes: aniquilar o inimigo.[4] A partir do lançamento do *Lawfare Institute*, em Londes, há agora uma concentração de estudos desse fenômeno de aniquilação do inimigo com fins políticos.

Na América Latina, o processo de judicialização da política emana do consenso sobre a corrupção como um problema endêmico do aparelho estatal.[5] Para obter sucesso, requer-se uma articulação com a mídia que opera para fabricar o consenso contra ou a favor de certas personalidades, grupos ou setores políticos. A aceitação ou desmoralização do adversário político são especialmente verdadeiras ao nível da opinião pública.[6]

No Brasil, o estudo do fenômeno *lawfare*, aplicado ao caso do ex-presidente Luiz Inácio Lula da Silva, faz parte de um processo de Supremacia do Poder Judiciário que ocorre desde a instalação da Operação Lava Jato no Brasil, cujo objetivo tinha o combate ao crime institucionalizado na Petrobras, envolvendo políticos, diretores e funcionários de carreira. A ação moralizante anticorrupção ocorreu com a unidade entre juízes, promotores, a Polícia Federal e a grande mídia, que foi grande responsável por aumentar o apoio popular da operação. O Poder Judiciário tornou-se, nos últimos anos, um poderoso instrumento para implantar, quase sem limitações, estratégias de deses-

3. WERNER, 2010.
4. WATERS, 2008.
5. DOS SANTOS, 2017.
6. BERGER, 2018.

tabilização e perseguição política; este é o único dos demais poderes que não deriva da vontade popular.

A operação Lava Jato foi gestada a partir de um programa de aconselhamento oferecido pelo governo dos Estados Unidos para membros do Poder Judiciário do Brasil, trazendo métodos de obtenção de evidências e do uso da figura incomum de denúncia em larga escala. Além do destaque do juiz Sérgio Moro como um dos alunos desses programas de treinamento.[7] Vale ressaltar que é impossível tratar sobre o *lawfare* no Brasil sem citar a importância que o juiz Sérgio Moro adquiriu durante todo o processo de investigações.

Moro passou a atuar como parte interessada no processo, sem isenção, exercendo o papel de um juiz acusador, provocando apelo popular para que a população saísse às ruas em defesa da Operação Lava Jato, nos diversos atos convocados pelo Movimento Brasil Livre – MBL, por todo o Brasil. Ao pedir demissão do seu cargo, abandonou a Magistratura para ocupar o cargo de Ministro da Justiça e Segurança Pública do governo do atual presidente do Brasil Jair Bolsonaro, que reposiciona o país no contexto global de guinada à direita em forte aliança com os Estados Unidos da América e Israel.

Concomitantemente a todo o processo de perseguição política e judicial contra o ex-presidente Lula, é cabível também chamar a atenção para o que vem ocorrendo com o Brasil desde o impeachment, em 2016, da sucessora de Lula, a ex-presidente Dilma Rousseff, quando o seu vice Michel Temer assumiu a presidência e tomou medidas focadas na redução substancial dos gastos sociais em longo prazo e na eliminação dos direitos trabalhistas.

O ex-presidente Michel Temer retomou a discussão sobre antigas privatizações em diversos setores, além de ter aliado a lei de partilha do petróleo após a crise com a Petrobras, o que fez com que multinacionais estrangeiras avançassem na divisão do poder do pré-sal. No atual governo, do presidente Jair Bolsonaro, além da pauta econômica muito identificada com o presidente anterior, há uma pauta mais con-

7. LUBAN, 2017.

servadora perante os costumes e de bastante confronto com os direitos humanos e da preservação do meio ambiente.

Rubens Casara, juiz do Tribunal de Justiça do Estado do Rio de Janeiro, sustenta, em seu livro *Estado pós-democrático: neo-obscurantismo e gestão dos indesejáveis*, que o atual momento é de um contexto de pós-democracia, que pode ser compreendido como uma consequência da desconsideração dos valores democráticos observada no contexto atual de diversos países, desaparecendo limites éticos e jurídicos para uma elevação da concepção neoliberal. Os interesses dos que detêm o poder econômico passaram a ser incompatíveis com a manutenção da concepção democrática que surgiu após a Segunda Guerra e, por consequência, direitos e garantias constitucionais tornaram-se desinteressantes ao desenvolvimento do mercado e à consolidação do projeto capitalista de Estado, passando a extinguir direitos e assumindo uma feição pré-moderna, visto que o poder econômico volta a se identificar com o poder político.

Dessa forma, o discurso de combate à corrupção e toda a abordagem midiática sobre as investigações durante a operação Lava Jato serviram para a não valorização da democracia no Brasil,[8] quando nos momentos de denúncia das perseguições políticas cometidas contra o ex-presidente Lula. E o objetivo? O impedimento do ex-presidente Lula em disputar as eleições presidenciais de 2018 e a derrota de seu candidato.

---

8. DE SOUZA RODRIGUES, 2017.

REFERÊNCIAS BIBLIOGRÁFICAS

DUNLAP JR, Charles J. Lawfare today: A perspective. *Yale J. Int'l Aff.*, v.3, p. 146, 2008.

WERNER, Wouter G. The curious career of lawfare. *Case W. Res. J. Int'l L.*, v. 43, p. 61, 2010.

WATERS, Christopher. Beyond Lawfare: Juridical Oversight of Western Militaries. *Alta. L. Rev.*, v. 46, p. 885, 2008.

DOS SANTOS, Adelino Pereira. O ofidiário e as jararacas: acontecimento midiático, discurso político e deslizamento de sentido. *A cor das Letras*, v. 16, n. 1, p. 103-111. 2017.

BERGER, Christa. O golpe da mídia: a crítica ao jornalismo no discurso de intelectuais. *Revista Observatório*, v. 4, n.1, p. 307-326, 2018.

LUBAN, David. Lawfare and Legal Ethics in Guatanamo. *Stan. L. Rev.*, v. 60, p. 1981, 2007.

CASARA, Rubens. *Estado Pós-Democrático – Neo-Obscurantismo e Gestão dos Indesejáveis.* 2017.

Entrevistas

Fernando Henrique Cardoso[1]

CLEONILDO CRUZ: *Presidente Fernando Henrique Cardoso, vamos mergulhar na história e falar sobre a abertura da Assembleia Nacional Constituinte, em 1987. No dia 1º de fevereiro é instalada a* ANC. *O governo do então presidente Sarney* (PMDB-MA) *sofria várias críticas e a* Folha de S. Paulo *noticiava: "Crise marca a abertura da Constituinte". Como foi a abertura dos trabalhos?*

FERNANDO HENRIQUE CARDOSO: Foi muito confuso. Havia ali um momento de muita dificuldade. Primeiro porque o governo era de transição. Havia morrido o Tancredo Neves (PMDB-MG), que fora eleito pelo Congresso, e o Sarney ainda não tinha muito controle sobre todos os aspectos do governo. Segundo porque o Sarney entrara recentemente no PMDB para ser presidente. Até então ele era do outro lado, então havia certa desconfiança e isso refletia dentro do Congresso. Terceiro, porque havia um espírito libertário forte, cada constituinte queria fazer tudo. Não queriam aceitar disciplina, um ponto de partida, um documento de base.

Era um clima bonito, de aspiração democrática. E havia os interesses políticos, sociais, medo dos setores econômicos do que a Constituinte iria fazer. A Constituinte era soberana – pelo menos era essa a aspiração – e os outros poderes se sentiam constrangidos, limitados pela possibilidade de a Constituinte tomar decisões que não fossem

---

1. Sociólogo formado pela Universidade de São Paulo (USP), onde também lecionou, Cardoso exerceu o cargo de senador entre 1983 e 1992. Eleito pelo PMDB, fundou o PSDB (1988) em meio ao processo constituinte (1987–88). Ocupou ainda os cargos de ministro de Estado e das Relações Exteriores (1992–93), ministro da Fazenda (1993–94) e presidente da República Federativa do Brasil (1995–2002).

do agrado deles. Foi assim até que o Ulysses Guimarães (PMDB-SP), a grande figura, firmasse a sua posição e desse um rumo. Foi muito difícil.

O senhor foi relator do regimento interno. Como se deu a arquitetura, a negociação do Regimento e sua aprovação, em meio às disputas partidárias e ideológicas no âmbito da ANC?

Na verdade a decisão de me colocar como Relator do regimento interno foi do Ulysses Guimarães, que tinha todo o poder na Câmara e no Congresso. E eu era líder do PMDB no Senado e tinha um relacionamento fluído com ele. Eu chamei imediatamente o deputado Nelson Jobim (PMDB-RS) para relator-substituto, porque era um jovem advogado, muito ligado à OAB, que tinha posições muito claras sobre a questão da Constituinte.

O regimento interno era algo difícil de fazer. Organizar o processo legislativo e, de alguma maneira, pré-ordenar a Constituição. Diante daquela aspiração de todos os parlamentares, que não aceitavam que ninguém botasse uma decisão em cima deles, nós tínhamos que imaginar um processo de discussão que permitisse pouco a pouco chegar a uma Constituição.

Ao criar as comissões e dar os nomes a elas, dividiu-se a Constituição. Cada qual cuidou de um aspecto da Constituição. Nas comissões entraram todos os constituintes, cada um ficava pelo menos numa comissão. E nós pegamos de Portugal a ideia de uma Comissão de Sistematização, que seria a mais importante, pois centralizaria os trabalhos. Depois houve debates importantes sobre a aceitação ou não das emendas populares, a existência ou não de um líder da Constituinte. A discussão sobre o regimento levou dias e eu levei muita crítica, muita paulada. Diziam "o senador quer botar disciplina aqui, limitar o que a gente pode falar". As pessoas não estavam acostumadas. Tem que ter um processamento. Mas graças à mão forte do Ulysses nós aprovamos. Depois é que as diferenças ideológicas se apresentaram com mais força.

Na composição das comissões já foi uma briga. Porque a decisão estava nas mãos do líder da Constituinte que nós elegemos, o Mário

Covas (PMDB-SP), e só ele poderia determinar quem seria de que Comissão. A briga política e ideológica foi muito grande.

O senhor foi membro e relator adjunto da Comissão de Sistematização, que tinha o poder de definir o texto básico a ser submetido ao plenário da ANC. *No processo de definição desta comissão houve vários momentos de tensão. Quais foram os mais complicados?*

O presidente da Comissão foi o senador Affonso Arinos (PFL-RJ), que era um homem respeitado por todos nós. O vice-presidente era o Aluízio Campos (PMDB-PB). Os dois eram pessoas de idade avançada. Não tinham o pulso necessário para fazer aquilo funcionar. E as brigas estavam começando. Eu fiz um discurso forte dizendo: "não dá".

Os que jogavam contra a Constituinte usavam, para criticar, o fato de que a comissão não avançava. Em função disso houve uma intervenção e o senador Jarbas Passarinho (PSD-PA) e eu fomos eleitos vice-presidentes executivos da comissão. Nós tocamos a Comissão de Sistematização. A disputa principal foi entre parlamentarismo ou presidencialismo. O Affonso Arinos era parlamentarista, convenceu a muitos de nós, inclusive a mim, e o parlamentarismo ganhou na Comissão de Sistematização.

Eu acho que o presidente da República, o Sarney, no fundo era parlamentarista, mas tinha um pouco de medo do que poderia acontecer, então não aceitou o parlamentarismo. O relator-geral da Constituinte foi o deputado Bernardo Cabral (PMDB-AM), um homem que variava de posição sobre o parlamentarismo. No texto que apresentamos ganhou o parlamentarismo. E depois, quando o Cabral apresentou o texto dele, também foi parlamentarista. Isso levou a uma crise muito séria e foi preciso uma intervenção do presidente da República.

Mas não foi só isso. Houve briga no que diz respeito ao papel das Forças Armadas. A Comissão Affonso Arinos tinha uma proposta que dizia que as Forças Armadas tinham um papel no que dizia respeito apenas às defesas externas do Brasil. E não podia haver qualquer referência à política interna, porque temiam ações intervencionistas. Eu apresentei a proposta da Comissão Affonso Arinos na Comissão de Defesa Nacional, mas perdemos.

Depois, na Comissão de Sistematização, eu disse que nós havíamos perdido e, além do mais, não era muito sensato, por que em todas as eleições nós chamávamos o Exército e não poderíamos mais chamar? Então ficou uma coisa híbrida. O presidente do Congresso e o presidente do Supremo Tribunal Federal podem chamar o Exército Nacional para assuntos específicos. Hoje as Forças Armadas estão aí e não intervêm na política, mas havia esse temor na época.

E havia vários problemas de natureza econômica e social. Tudo isso provocou brigas na Comissão de Sistematização. Eu era ao mesmo tempo vice-presidente da Comissão de Sistematização, relator-adjunto do Bernardo Cabral e líder do PMDB. Então eu tinha muitas responsabilidades.

Na Comissão de Sistematização formaram-se vários grupos suprapartidários. Grupo centrista com cinco partidos e 32 parlamentares – entre eles os deputados Roberto Cardoso (PMDB-SP), José Lourenço (PFL-BA), Fernando Lyra (PMDB-PE), Carlos Sant'anna (PMDB-BA). Havia o grupo do consenso esquerda positiva, do qual o senhor fez parte com o deputado Euclides Scalco (PMDB-PR). No grupo conservador havia o Israel Pinheiro (PMDB-MG). Como se dava a engenharia desses grupos? Por que a questão partidária ficou de lado e os grupos eclodiram no seio da ANC e as discussões deixaram de ser entre partidos, mas entre grupos?

Acontece o seguinte, o grande partido era o PMDB, ele era majoritário. Mas ele não tinha coesão interna. Então esses grupos representam tentativas de fazer funcionar independentemente dos partidos. O José Richa (PMDB-PR) era muito importante, porque fazia a ponte entre a esquerda construtiva e os mais conservadores. O Mário Covas que era a figura principal na Constituinte, o Luiz Henrique (PMDB-SC), eu, o Nelson Jobim, o Miro Teixeira (PMDB-RJ) e vários outros fazíamos uma mediação. O tempo todo.

Se um grupo do setor muito conservador se colocava contra a redução da jornada de trabalho, e a esquerda mais vocal, mais ofensiva, dizia "vamos reduzir para trinta e quatro", saia trinta e oito. Mesmo em questões mais delicadas como a reforma agrária. Nós fazíamos o que dava para fazer avançando. E, no fundo, o Ulysses dava respaldo a esse setor que fazia avançar. Foi assim que funcionou a Constituinte.

Com todas as disputas, o resultado da Comissão de Sistematização foi um resultado progressista, inclusive aprovando o parlamentarismo. Mas o Centrão, antevendo o que estava prestes a ocorrer na primeira sessão simultânea da Comissão de Sistematização, e do plenário da ANC, promove a virada regimental com o argumento de que a maioria não poderia ficar à mercê das decisões de apenas 93 Membros dos líderes. O que, de fato, aconteceu? Aquilo foi um balde de água fria em todo o trabalho construído em praticamente um ano.

O que aconteceu foi uma disputa de poder. O presidente Sarney e seus mais próximos aliados ficaram temerosos, no fim do mandato, do parlamentarismo. Então o Centrão foi criado, e aí, ao redor disso, se colocaram as forças econômicas. Nessa época os setores empresariais eram muito ativos e tinham muito medo de avanços nos direitos de propriedade, e a reforma agrária foi muito discutida sobre esse ângulo. Então eles se organizaram ao mesmo tempo para dar sustentação ao presidente da República e evitar que houvesse avanços que eles consideravam excessivos. Então fizeram um bloco que de fato ganhou no primeiro round.

Eles mudaram a forma de votar de tal maneira que o plenário podia anular mais facilmente o que tinha sido decidido pela Comissão de Sistematização. Mas foi uma vitória de Pirro, porque depois que eles ganharam essa eleição, perderam todas as demais.

Analisando o conteúdo vemos que eles não conseguiram mexer muito no que havia sido feito. Nunca alguém analisou a Constituinte sob esse aspecto. Houve uma vitória política do pessoal do governo, que estava ao redor de um mandato. Vitória do temor das forças econômicas, do temor de uma virada que não fosse conservadora, que fosse progressista. E ganharam. Mas depois não. No embate diário nós ganhamos quase tudo. Mas perdemos nas questões das eleições. Na reforma agrária perdemos relativamente, porque a reforma foi sendo feita depois.

A movimentação do Centrão foi fundamental para o governo garantir a vitória do mandato do presidente Sarney de cinco anos e o presidencialismo?

O que se dizia na época é que foi por pressão, envolvendo inclusive doações de canais de televisão, rádios. É difícil comprovar, mas o que se dizia abertamente era isso, que havia uma organização muito grande do governo para puxar para o lado dele. E aí esqueceu-se de PMDB, PFL, o que fosse. Ficou governo e não-governo, mas só mesmo nessa questão do mandato do presidente. No resto a Constituição tem um espaço bom de avanço.

O senhor afirmou, em 25 de março, após vitória do mandato de Sarney: "Voltamos à situação de pré-Nova República. Foi um retrocesso mesmo. Estamos sem alternativas senão recomeçar a luta".

No começo houve muita tensão, até do presidente Sarney comigo, porque no regimento interno pusemos uma cláusula que dizia que a Constituinte era soberana e tinha poder de bloquear decisões que contrariassem seu espírito. Disseram que havíamos feito alguma coisa contra o Executivo. Não esqueça que antes da Constituinte houve uma discussão enorme sobre se faríamos a Constituinte pura ou uma eleição normal. Então era difícil acomodar tudo isso.

As forças mais conservadoras foram se reagrupando. Quando eu dei essa declaração foi em função disso. Deram um passo para trás. Mas a verdade é que nós fomos lutando e voltando, pouco a pouco, a ganhar na batalha diária no Congresso. Voltamos a ganhar a maior parte dos pontos que foram negociados.

E a partir desse momento da vitória do mandato de Sarney, do sistema de governo, o senhor afirmou: "Nós não estamos dispostos a respaldar mais o governo Sarney. Até agora houve uma situação de ambiguidade. Agora é uma situação de ruptura. Vamos assumir uma posição crítica e de independência".

É. Isso resultou no PSDB. Foi o começo do que terminou na criação do PSDB. Não dava para apoiar um governo que não aceitava uma decisão democrática. É claro que naquele embate nós estávamos todos exagerando. O Sarney foi bastante democrático. Ele queria um mandato, achava que tinha direito aos seis anos. O Tancredo foi posto por seis anos. Então ele acha que abriu mão de um ano, para cinco.

Mas nós achávamos que não, que ele havia imposto pela vontade presidencial o não ao parlamentarismo. Então realmente ficamos todos muito frustrados e muito irritados. Mas recomeçamos e, no final, a Constituição saiu boa.

Foi aí que começou a surgir a ideia de formar um novo partido, o PSDB?

A questão central, que mais nos irritou, foi a da reforma agrária, porque era um programa do PMDB. E na hora da votação as pessoas não acompanharam o programa. É verdade que acabou ficando uma coisa razoável. Está posto lá que o direito de propriedade não é ilimitado, que tem que cumprir a função social da propriedade. Também foram postas certas garantias para evitar a arbitrariedade na confiscação de terras, ficou equilibrado. Mas, no começo, deu a impressão de que estavam traindo o programa do partido.

O clima entre o governo Sarney e a ANC, que já era complicado, tornou-se pior. O presidente Sarney, em junho e em julho de 1988, fez vários ataques ao Congresso Nacional. E o Ulysses respondeu. Essa relação política do governo ficou a partir daí permanentemente conturbada?

Havia razões programáticas, porque nós achávamos que as coisas não estavam indo para o lado do programa do PMDB. E havia razões políticas, sobre quem iria mandar, porque contávamos com vários potenciais candidatos a presidente da República. Havia o Ulysses, obviamente, o Mário Covas, que estava surgindo como um nome possível. Então as questões políticas começam também a se complicar. E o Sarney também tinha muita dificuldade, porque se elegeu indiretamente e não foi muito natural. Ele era o presidente do PDS, o partido que sustentava o regime militar. Quando Ulysses fez o pedido para as Diretas Já ele foi para a tribuna do Senado dizer "não". Então para nós era complicada aquela situação. E o Sarney não tinha a maioria. O Tancredo me designou para ser líder no Congresso. E quando o Tancredo morreu, logo depois que o Sarney tomou posse, eu disse que não havia mais sentido, e ele me disse "pelo amor de Deus, não vá embora, ou acreditarão que estou aqui para corromper o monte".

Fiquei um ano como líder do governo. Ao mesmo tempo havia tentativas de me tirar, de botar outro líder, mas nunca tiveram força para fazer isso, só no finalzinho quando se botou outro líder. Mas o Sarney, naquele momento, teve que se afirmar. E o Ulysses, então presidente da Câmara, convocou um jantar na casa dele, convocando todos os ministros que eram do PMDB, ou seja: todos, menos o Francisco Dornelles (PFL-RJ). Era uma tentativa de mostrar que o poder estava ali. Então houve uma disputa permanente de quem detinha o poder: se era o Ulysses, que era o chefe do partido e tinha o Congresso, ou se era o Sarney, o presidente da República. No meio daquilo tudo, o Sarney avançou com a democracia. Uma coisa que eu sempre digo: o Sarney foi o primeiro que convidou o João Amazonas, do PCdoB, para ir tomar um café lá no Palácio da Alvorada. Quer dizer, o Sarney teve uma posição respeitável. Na briga não, nós queríamos mais. Mas ele foi um presidente democrático.

Havia ainda a pressão militar por trás. A pressão militar só acabou em meu governo e no governo Itamar foi diminuindo. Mas no tempo do Sarney nós tínhamos essa preocupação e, quando havia uma crise, pode ver nos jornais, aparecia uma fotografia do Sarney ao lado dos militares para mostrar que o poder é uma coisa mais complicada do que o Congresso. Havia uma disputa real. Havia também candidatos, mas era uma disputa real sobre o papel do Executivo e do Congresso. Isso era muito vivo e o presidente Sarney não possuía muita força política, só passou a ter depois do Centrão. Foi quando ele deu as cartas.

Presidente, qual a importância das Emendas Populares, dessa efervescência do povo na Assembleia?

Foi muito grande. Inclusive foi uma coisa nova, porque não só podiam fazer a emenda como também podiam defendê-la do Parlamento. Quer dizer, alguém que não é parlamentar vai ao Parlamento, assume a tribuna e defende uma emenda. Além disso houve uma mobilização popular enorme. Se alguém for estudar esse período olhando o que está arquivado, vai verificar que o Brasil todo sonhou naquele momento.

Todo mundo possuía ideias, todo mundo queria propor coisas. A sociedade toda foi para lá. Quando eu fui senador, ainda no regime militar, no governo Figueiredo, o Senado era vazio, a Câmara era vazia. Ali começou uma movimentação enorme e a Constituinte teve um papel fundamental nisso. As Emendas Populares eram um elo entre o Congresso e o país. Pelo menos as pessoas se sentiam participando.

Acompanhando todo esse processo contra o regime militar, pela redemocratização, a anistia, e como presidente da República, o senhor considera que o período da Assembleia Nacional Constituinte foi o período mais rico do Parlamento brasileiro?

Eu não tenho dúvidas. Mesmo constatando que no meu período de presidente houve muita riqueza de planos, reformas, discussões e tudo mais, aquele foi o momento crucial do Brasil. O Brasil apontou para outro rumo na Constituinte. O que aconteceu na década anterior, na luta contra o regime militar, greves, Diretas Já, criação de muitas organizações da sociedade civil, tudo aquilo se consubstanciou na Constituinte. A Constituição nova abriu espaço para a participação efetiva. Por exemplo: era difícil apelar ao Supremo para várias medidas. Nós demos acesso a vários sindicatos e a partidos, que podem contestar a legalidade das leis. Separamos a Defensoria da União e a Consultoria da República foi dividida: a Advocacia da União para um lado e a Procuradoria para outro. O Ministério Público passou a zelar pela lei em nome da sociedade e não do Poder Executivo. São avanços muito importantes. Eu acho que a Constituição é um marco.

Sobre a criação do PSDB, o senhor foi, junto com o Mário Covas, o grande ideólogo de criação da sigla. O senhor imaginava, naquele momento, que seria presidente do país?

Não. Nem de longe. Naquele momento eu era líder do Senado e comecei a dar declarações que era preciso criar outro partido. O Covas era Líder Constituinte. Eu fui muito vocal, falava muito, falava muito de um partido mais coerente, mais social democrático, com ideias. Quando eu fui me despedir do Ulysses dizendo que eu sairia do PMDB – eu era muito amigo do Ulysses, gostava imensamente dele e o respeitava – ele disse: "mas você também? Você podia ser presidente do Senado". Eu disse: "mas eu já podia antes. Eu não quis e não quero. Realmente eu cansei. Não estou saindo por razões pessoais, mas por razão de posição". Ele não gostou muito, mas não tinha o que fazer.

Acreditávamos que devíamos criar um partido que não fosse uma geleia geral. Derrubado o regime militar, nós precisaríamos de um partido com mais coerência. O Mário foi muito importante, porque não era formulador, mas tinha mais pressão política. Ele hesitou, porque o grupo dos "autênticos" do PMDB, que já tinha outro nome àquela altura, não queria que o Mário saísse, mas que fosse candidato à Presidência da República pelo PMDB. Mas a maioria não apoiaria o Mário, então pressionaram. O Mário no último momento decidiu pelo PSDB. Ele tinha visto que não havia mais saída.

Sem o Mário nós não teríamos feito o PSDB, porque nós precisávamos de um nome para ser candidato à Presidência da República e ele teve uma boa votação. 14,15% é muito. Chegou perto do Brizola e do Lula. Eu nem sonhava com a Presidência da República. E eu queria era isso, um partido que organizasse o Brasil.

O Brasil, no golpe de 1964, entrou num processo de luta pela reabertura política. Com o MDB e a eleição de vários senadores, a luta pela Anistia foi mais forte. E ela veio, enfim. Depois, tivemos a eleição do Tancredo, o governo Sarney, a primeira eleição direta em 1989, o impeachment, Itamar. Então o senhor é eleito pelo voto direto e tem oito anos de governo. Depois o governo Lula, por mais oito anos e, agora, a Presidenta Dilma. A democracia está avançando?

A democracia é, por um lado, um processo institucional, regras estabelecidas e a Constituição que regula. Por outro lado, é um processo social que vai ter que ser reiterado permanentemente. Nós temos avançado. Hoje ninguém vai discutir a ideia de que os presidentes sejam eleitos. Não vejo pela frente risco de um golpe militar. Mas o sentimento democrático é menos forte que as instituições. Por exemplo: o ponto de partida de qualquer democracia é a igualdade formal perante a lei. As pessoas são desiguais de riqueza, de cor de pele, de inteligência, de capacidade, são desiguais em tudo. Mas perante a lei tem que ser tudo igual, cidadão. Nós não somos.

O presidente Lula disse recentemente que "o presidente Sarney, meu Deus do céu... fez tanta coisa...". Como se estivesse acima da lei. Custa na nossa mentalidade, patrimonialista, que é hierárquica, aceitar a igualdade perante a lei. Você não consegue botar na cadeia certo tipo de gente porque tem posição social. Então temos que avançar muito.

Eu lembro que o Joaquim Nabuco andou na Inglaterra e nos Estados Unidos como diplomata. Ele disse que a Inglaterra é um país onde tem monarquia, é cheio de diferenças sociais, mas se a Justiça Inglesa chamar o mordomo do duque e o duque, não irá distinguí-los. Essa igualdade está assegurada. Nós ainda não asseguramos isso, mas é um processo. Pouco a pouco vamos avançando. A política nunca está resolvida, está sempre em processo.

Hoje, quando o senhor olha para trás, após ser professor, senador e presidente, acha que valeu a pena? O país tem melhorado?

Eu não tenho dúvida. Tenho 81 anos e quando eu nasci, isso aqui não se compara com o que é hoje. Mudou materialmente e mudaram também as instituições. Quando eu nasci, uma em cada três crianças ia para a escola. E hoje não é mais assim. Mudou para melhor.

Podem dizer: "Ah, mas ninguém leva a sério o Congresso hoje". Não! Não é bem isso, houve um processo de democratização. Podem gostar ou não de quem esteja lá, mas não importa. Representa outras camadas. Houve uma abertura social no Brasil. Uma mobilidade social muito intensa, garantias pessoais... Falta muito. Tem violência, tem desigualdade como mencionei, tem pobreza. Mas nós avançamos. Valeu a pena.

Luiz Inácio Lula da Silva[1]

ENTREVISTADORES: O senhor tinha 43 anos e exercia o seu primeiro cargo público quando chegou a Constituinte. Compareceu a 95% das sessões, o que foi uma das médias mais elevadas de comparecimento, e aprovou sete de 41 emendas apresentadas. Vinte anos depois, olhando aquela experiência, o senhor faria alguma coisa diferente, um voto ou uma conduta durante a Constituinte?[2]

LUIZ INÁCIO LULA DA SILVA: Primeiro é importante lembrar que o PT possuía, na época, apenas 16 deputados e que nós chegamos na Constituinte com uma proposta de Constituição pronta e acabada, que se tivesse sido aprovada tal como eu queria, certamente seria muito mais difícil de governar o país do que é hoje.

Nós chegamos também com uma proposta de regimento interno pronta. Acontece que nós só possuíamos 16 deputados, mas fazíamos barulho como se tivéssemos 50 ou 60. Mas a chance de aprovar todas as coisas que nós queríamos estava muito distante. Fato concreto é que o PT não aprovou a Constituição. O PT votou contra a Constituição e há uma confusão que de vez em quando dizem que o PT não assinou. O PT assinou.

Como foi essa discussão na qual vocês resolveram assinar de última hora?

---

1. Nascido no semi-árido pernambucano, Lula inicia sua trajetória política no Sindicato dos Metalúrgicos de São Bernardo do Campo e Diadema, estado de São Paulo. Liderança popular na oposição ao regime ditatorial (1964–85), fundador do PT (1980) e da CUT (1983), tornou-se o primeiro operário a assumir a Presidência da República Federativa do Brasil (2003–2010).

2. A entrevista com o então presidente Lula foi realizada pela assessoria de comunicação do Governo Federal.

Nós não concordávamos com a questão dos direitos sociais, porque embora houvesse um avanço extraordinário, a verdade é que tudo ficou para ser regulamentado pela Lei Ordinária e isso nós já havíamos visto na Constituição de 1946, na qual o que ficou de ser regulamentado teve muita dificuldade de ser regulamentado e, ao mesmo tempo, achávamos que poderíamos ter regulamentado algo.

Como a maioria não quis, nós nos sentimos obrigados a votar contra. Mas na hora de votar houve uma discussão dentro do PT: "Assina ou não assina?". Eu era o líder da bancada e disse: "Nós temos que assinar. Nós participamos, trabalhamos aqui, votamos, ganhamos e perdemos, dirá a quantidade de horas de reunião que tivemos aqui, agora temos que deixar nosso nome na história e assinar". E assinamos a Constituição.

O que é que eu penso da Constituição: eu penso que nós fizemos uma Constituição extremamente avançada, uma Constituição que foi menos sabedoria dos constituintes e mais sabedoria popular, como jamais houve na história desse país. Eu lembro das inúmeras pessoas que circulavam por dentro da Câmara do Congresso Nacional, fazendo reunião com todos os líderes e fazendo pressão. E nós conseguimos retratar na Constituição um pouco da cara do que a sociedade pensava naquele momento, sobretudo a sociedade organizada. E acho que isso foi extremamente importante para o país, porque ela está hoje balizando e garantindo que nós tenhamos o maior período de democracia contínua no Brasil.

O senhor não acha que a Constituição de 1988 envelheceu muito rapidamente? Ela tinha apenas 20 anos e mais de 50 emendas.

Penso que a Constituição sofreu algumas mudanças que eu, particularmente, não tomaria a iniciativa de fazer nunca. No capítulo de ordem econômica, por exemplo, aquela mudança de capital nacional e capital internacional, a questão do monopólio da Petrobras, que foi quebrado, eu não faria isso. Entretanto, acho que a Constituição sofreu modificações que as exigências políticas exigiram até agora. A década de 1990 foi um período em que a queda do Muro de Berlim e o Consenso de Washington fez com que os políticos daquele instante achassem que ser moderno era abandonar até coisas que interessavam a soberania nacional. Hoje isso já mudou um pouco. Mas penso que as mudanças que aconteceram se tornam pequenas diante da grandiosidade da nossa Constituição. Hoje eu diria o que disse Ulysses Guimarães (PMDB-SP) num pronunciamento às três horas da manhã no dia 5 de outubro: "é a Constituição Cidadã".

Então o senhor acha que embora os setores conservadores do país, a partir da emergência do Centrão, tenham obtido importantes vitórias, como na questão da terra, ao colocar na balança o senhor acha que houve mais avanço que conservantismos?

É importante lembrar por que que surgiu o Centrão. Ele surgiu porque nós estávamos muito articulados. Fazíamos muitas reuniões com o Mário Covas, com o Bernardo Cabral e eu penso que os setores progressistas e os movimentos sociais foram conquistando muitas coisas. De repente, como a gente queria cada vez mais, eu acho que os setores mais conservadores se organizaram e constituíram o Centrão, passando outra vez a dar a tônica do que viria a ser o relatório final da Constituição. Mas de qualquer forma nós já havíamos avançado um pouco e acho que não retrocedemos tanto na questão dos direitos sociais.

O senhor disse que não mudaria a questão do monopólio do petróleo ou o conceito da empresa nacional, por exemplo. O que o senhor acha que não deu certo na Constituição?

Se tivesse que dizer hoje o que mudar na Constituição, eu diria que nós temos que ter uma Constituição mais presidencialista, já que o regime é presidencialista e ela é muito parlamentarista.

O senhor votou contra o mandato de cinco anos. Já nas eleições, afirmou que quatro eram muito pouco. Esse era um voto que o senhor teria dado diferente?

Eu diria diferente. Se você perguntar para mim qual é o modelo de mandato, o tempo de mandato, eu diria que poderíamos ter cinco ou seis anos sem reeleição. Entretanto, hoje, com a experiência que eu tenho, posso dizer que quatro anos é muito pouco. Num país que tem eleições a cada dois anos você tem muito pouco tempo para cumprir um programa de governo. Num país que você tem uma estrutura de fiscalização que não existia na década de 1950, na década de 1960. Hoje você tem um Tribunal de Contas e um Ministério Público muito mais fortes, muito mais atuantes. Tem as questões ambientalistas muito mais fortes e exigentes. Uma coisa que o presidente decidia e fazia, hoje ele decide, manda para o Congresso, depois tem o julgamento do Tribunal de Contas, tem o Ministério Público. Quando parece estar tudo resolvido, tem uma ação popular, tem o Poder Judiciário.

Esta é a grandeza da democracia brasileira, é tudo mais demorado, mas quando as coisas acontecem, acontecem de verdade. Por isso é que eu acho que a gente não tem que temer essas dificuldades que a gente enfrenta. Isso é um processo de construção democrática. E a gente só aprende a fazer democracia vivenciando ela todo o santo dia, enfrentando obstáculos, vencendo alguns, perdendo outros. Eu aprendi muito com as três derrotas que tive para a vaga de presidente da República. Muito. Eu fico imaginando se tivesse chegado à Presidência em 1989 com um partido inexperiente. Em vez de programas de governo, a gente muitas vezes fazia uma pauta de reivindicação, como se nós nunca fôssemos chegar ao governo, sabe? Todo mundo com muita vontade, mas todo mundo muito novo, muito inexperiente. De lá para cá, nas três derrotas, nós elegemos prefeitos, governadores. Aprendemos. Em 2002 eu cheguei infinitamente mais preparado, muito mais calejado do que eu chegaria em 1989.

O senhor foi constituinte ao lado do Covas (PMDB-SP), José Serra (PMDB-SP), FHC (PMDB-SP). Na época, a democratização da política brasileira era de partidos progressistas à esquerda e conservadores à direita. Isso foi uma evolução para o país?

Naquele tempo eu estava mais na esquerda. O Mário Covas, o Fernando Henrique Cardoso, o Serra, quando deixaram o PMDB, estavam mais ao centro do que eu tinha à direita. Obviamente que há evolução. Uns evoluem para melhor, outros não evoluem. Esse é o mundo em que vivemos e é bom que seja assim. Hoje estou mais maduro e com a responsabilidade de governar o país. Embora continue tendo a mesma vontade que tinha antes, a pessoa, na hora de fazer as coisas, tem que medir a correlação de força política, a situação econômica do país, as possibilidades do país. Amadurece, quer queira, quer não. Na Presidência da República se você tiver compromissos de origem e não quiser traí-los, consegue ficar maduro e fazer as coisas acontecerem como estão acontecendo hoje no Brasil.

Então eles estão mesmo mais maduros?

Eu acho que todo mundo está mais maduro. Sobretudo quando a gente completa 60 anos: cada ano vale cinco daqui para frente, então você vai ficando mais maduro, sabe? Eu lembro de uma discussão eu, Genoíno (PT-SP) e Plínio de Arruda Sampaio (PT-SP). Fomos conversar com Nelson Carneiro (PMDB-RJ) sobre se entrava Jesus Cristo na Constituição ou não. Se entrava Deus na Constituição. E o Genoíno dizia: “Não. Nós temos que defender um estado laico, a Constituição tem que ser laica”. E lá fomos nós conversar com o Nelson Carneiro. Eu, o Plínio e o Genoíno. O Plínio era a favor, o Genoíno era contra e eu era o mediador. Quando chego lá o Nelson Carneiro olhou para as nossas caras e disse: “Escuta aqui, vocês acham que com a idade que eu tenho eu vou brigar com Deus? Eu vou colocar Deus e acabou!”.

O senhor vinha da vitória da linha sindicalista, era seu primeiro cargo eletivo e foi ali que o senhor conheceu a elite política. Com quem o senhor mais aprendeu na Constituinte?

Primeiro eu queria lembrar: sabe que eu nunca tive vontade de ser deputado?! Nunca quis ser deputado. Eu não queria. Só queria ser constituinte. Eu não queria ser deputado sabe por quê? Porque para quem vem de fazer assembleia na porta de fábrica com 20, 40, 80 mil trabalhadores, viajar esse país falando com trabalhadores rurais, falando com sindicalistas na porta de fábrica... vir para dentro do Congresso é quase que colocar uma mordaça na boca! Porque você perde a essência da tua política que é de falar com os trabalhadores e as massas. Você tinha que fazer discurso no plenário, muitas vezes com o presidente da mesa cochilando.

Lá no plenário havia 50 deputados, cada um numa reunião dentro do grupo, cada um num grupo de 10 e um ou outro amigo ainda prestava atenção no que você estava falando. Só no auge das grandes votações é que fazia algum sentido você falar, mas também era um jogo de cartas marcadas. Porque quando se construía a maioria você já sabia que a maioria iria ter "tantos votos", nós vamos ter "tantos votos". Muitas vezes nós tínhamos menos, porque nós dividíamos. Lembro que numa votação quando se foi discutir uma questão que envolvia os negros e eu lembro do discurso que a Benedita da Silva (PT-RJ) fez...

Foi a proibição de relações diplomáticas com países que praticassem a discriminação racial?

O discurso da Bené foi uma coisa exuberante, de muita gente chorar em plenário. Se tivéssemos colocado em votação naquele momento, certamente nós teríamos ganho. Mas como havia outros deputados negros e que vieram falar, se inscreve um, se inscreve outro, o que aconteceu? Esfriou o ânimo dos constituintes e, quando se colocou em votação, nós perdemos. Lembro perfeitamente do discurso do Alceni Guerra (PFL-PR) sobre a questão da licença-paternidade. Era algo que, teoricamente, cinco minutos antes não passaria. Mas ele fez um discurso brilhante e nós aprovamos o auxílio-paternidade. Então teve essa coisa maravilhosa. Ulysses Guimarães (PMDB-SP), por exemplo. Às vezes falo que todos os presidentes da Câmara deveriam ser igual ao Ulysses Guimarães, porque o Ulysses às vezes enrolava a gente uma semana, quatro dias... A gente ia lá e nunca tinha votação. Quando ele articulava o que ele queria votar, ele sentava naquela cadeira e a maioria aprovava as coisas.

Mesmo não gostando o senhor aprendeu, não foi?

Aprendi porque aquilo foi uma escola extraordinária e a convivência de adversários do mesmo espaço político... é como se você estivesse numa sala com um monte de adversários. Mais dia, menos dia, você começa a conversar. Então o Congresso Nacional foi uma coisa atípica. E você se relaciona com extrema direita, com direita, com o centro, com extrema esquerda, porque são todos cidadãos brasileiros acreditando em coisas diferentes, mas muitas vezes objetivando construir um país melhor e que convivem democraticamente ali.

Eu acho que aquela é uma área de onde se tiram lições de vida. Aprendi muito. Mas confesso que não gostei. Não voltaria a ser deputado. Tanto é que depois que eu perdi as eleições em 1989 o pessoal queria que eu fosse candidato e recusei, também porque queria dar uma lição no PT. Naquele tempo se dizia que só tinha força no partido quem era deputado. E eu resolvi dizer que mesmo sem deputado a gente tem força.

Volta e meia surge uma proposta de Revisão Constitucional, Assembleia, de Constituinte. O senhor vê clima para isso?

Eu acho que de vez em quando, quando a maioria entender que é preciso adequar a Constituição – afinal de contas, em 20 anos a sociedade evoluiu muito – você pode mudar. O que não se pode mudar são os princípios fundamentais da Constituição, mas você fazer uma Emenda Constitucional para melhorar, por exemplo, a questão do tributo, é uma coisa impressionante.

Eu lembro de quantas vezes a gente brigou, de quantas guerras, de quantas noites acordado, só para determinar que os juros reais seriam a 12%. Hoje os juros reais estão bem menos que isso. Ao passo que se a gente tivesse, quem sabe, brigado menos, a gente não teria perdido tanto tempo no capítulo dos juros. Mas é que naquele momento ele era extremamente importante. Para alguns constituintes era quase que sagrado e eu confesso que valeu a pena. Acho que eu vou carregar na minha biografia o direito de ter sido deputado constituinte, de ter participado e trabalhado como nunca na vida. Acho que o Congresso nunca trabalhou tanto como naquele período. A gente ficava lá a semana inteira, de segunda a domingo, às vezes ficava quinze dias sem ir para casa, trabalhando.

Do dia 3 ao 5 de outubro de 1988 ela foi gestada de forma grandiosa. Eu muitas vezes ficava nervoso porque a gente ficava trabalhando na Constituição o dia inteiro, reunião às 9 horas, reunião às 11, reunião às 3 da tarde, reunião às 5 da tarde, reunião do partido às 19h para a gente aprovar. Chegava na bancada do PT, a briga estava mais forte, porque as pessoas não concordavam. Quando você chegava, ligava a televisão, o que é que estava passando? Gente que não tinha feito nada, que nem estava na Constituinte dando palpite. Aí você falava: "O que eu ganhei no dia de hoje? Nada!". Mas eu penso que foi um momento grandioso para o Brasil. Graças a Deus eu passei por isso e estou muito agradecido.

Marco Maciel[1]

CLEONILDO CRUZ: *Marco Maciel, a Frente Liberal liderada pelo senhor foi criada como uma dissidência do* PDS *e indicou José Sarney (então no* PDS, *posteriormente no* PFL) *como vice na chapa de Tancredo Neves* (PMDB-MG). *A articulação da Frente já tinha em vista esta indicação?*

MARCO MACIEL: Na verdade o que nós fizemos foi algo mais amplo, de grande impacto político. Nós queríamos dar um novo rumo ao processo sucessório, porque Paulo Maluf (PDS) se lançara candidato e empolgara grande parte do então PDS. Como atitude de reação nós organizamos um grupo que proclamou que não compareceria à Convenção para a escolha do Maluf. Começamos a constituir, portanto, uma dissidência que a imprensa batizou de Frente Liberal. Isto não foi proposta nossa. Foi a imprensa que disse: "Vocês estão fazendo um jogo de abertura", então deram o nome de Frente Liberal.

Depois vocês terminaram criando o PFL.

Exatamente. Houve na sequência a conversão da Frente Liberal no Partido da Frente Liberal. O passo mais lógico era também fazer um entendimento com o PMDB, que se deu primeiramente no apartamento do Sarney. Um dia eu fui à casa do Sarney e me encontrei com Ulysses Guimarães, que era o presidente do PMDB. Então nós acertamos que nos entenderíamos e, como consequência, deveríamos

1. Advogado e professor universitário, Maciel filiou-se à ARENA ainda na juventude. Iniciou sua carreira política como deputado federal (1971–1979), presidindo a Câmara nos últimos dois anos. Foi indicado como governador de Pernambuco (1979–1982) e senador (1983–1994), havendo se licenciado para assumir o Ministério da Educação (1985–1986). Foi eleito vice-presidente da República (1995–2002) e senador (2003–2010).

aprovar um documento para que a sociedade soubesse por que nós, embora tivéssemos sido adversários no passado, estávamos agora unidos.

Nós estávamos fazendo essa coligação pensando no país, em mudar o eixo da sucessão, evitando a eleição de Paulo Maluf e criando condições para eleger uma chapa comprometida com as mudanças que o país esperava, inclusive a realização da Constituinte. Então, o que se estabeleceu, logo no início, foi que a candidatura à Presidência ficaria com alguém do PMDB. O Tancredo Neves brotou candidato naturalmente porque era tido como uma pessoa muito conciliadora.

Ulysses era um grande líder, mas não era tão conciliador. Às vezes radicalizava em certos pontos e algumas pessoas reagiam. Mas Tancredo era uma certa unanimidade nacional. Ficou estabelecido ainda que a Vice-Presidência seria indicação da Frente Liberal, que, ao final, terminou sendo José Sarney. Ele, inclusive, era o presidente do PDS, mas deixou a Presidência do PDS e passou a integrar a nossa coligação.

E o que foi feito a partir da escolha dos nomes de Tancredo e Sarney?

A partir daí nós começamos a visitar os estados para mobilizar, porque a eleição era indireta, através de um colégio eleitoral. Eu visitei muitos estados com o Tancredo e ele sempre dizia: "Eu sou candidato por um processo indireto, para destruí-lo", como querendo dizer assim: "Com minha eleição pelo colégio eleitoral, se fará uma nova Constituição, que acabará com esse negócio de eleição indireta". Noutro momento Tancredo me disse assim: "Olhe, Marco, Maluf está dizendo em todo canto que tem um programa de governo e que nós não temos". Ele tinha feito em São Paulo com uma pessoa especializada em fazer programas de governo e era uma coletânea com uns 40 volumes. Aí Tancredo sugeriu que nós fizéssemos um texto básico, que se intitulou "Compromisso com a Nação". Este foi o pacto constitutivo da chamada Aliança Democrática, que reunia o PMDB e a Frente Liberal.

Esse documento, que foi distribuído para o país todo, inclusive em comício, foi assinado no auditório da Câmara dos Deputados por quatro pessoas: Ulysses e Tancredo pelo PMDB, Aureliano e eu pela Frente

Liberal. Era um texto relativamente curto, quatro laudas, se isso. Na hora em que foi assinado eu disse: "Doutor Tancredo, eu sou o mais novo dos membros. O senhor, o Ulysses, o Sarney são pessoas com bem mais idade do que eu". E ele disse: "Não. Você coordenou, então você deve assinar". Depois esse pacto foi divulgado no país todo. Foi ele que tornou possível viabilizar a eleição de um candidato comprometido com a abertura política, com a Constituinte, com uma série de princípios básicos que estão elencados no "Compromisso com a Nação" e que tornou possível, consequentemente, o retorno das eleições diretas, o pluralismo partidário, a Lei da Anistia e a pluralidade sindical.

Alguém poderá perguntar: "E a censura?". A censura, na realidade, não constava de lei. O que se estabeleceu foi que, tão logo Tancredo tomasse posse, ele mandava cessar a atividade de censores. A bem da verdade, aconteceu um pouco antes, porque o próprio Figueiredo achava que não tinha razão de ter censores nos jornais. Tudo isso criou, então, um clima para a Constituinte, que foi um marco muito decisivo para que nós voltássemos ao chamado Estado Democrático de Direito.

Em 1986, um ano antes da Constituinte, tivemos eleições para a Câmara dos Deputados. Em 1985, já sabendo-se que haveria a ANC em 1987, havia uma discussão sobre se ela deveria ser exclusiva ou congressual. Esse debate continuou até a abertura da Assembleia. Quando o ministro José Carlos Moreira Alves (STF) abriu, José Genoíno (PT-SP) e Roberto Freire (PCB-PE) se pronunciaram pedindo a impugnação de 23 senadores eleitos em 1982, entre eles, o senhor. Eles diziam que vocês não poderiam participar porque eram senadores do período ditatorial. Foi um debate muito acalorado, muito forte, que tomou tempo. Como o senhor via esse debate na época?

Na época essa questão se colocou, mas logo se esclareceu que, na verdade, a Constituinte não era exclusiva, quer dizer, não se iria convocar eleições gerais no país para eleger um Congresso Constituinte. Ou seja: participariam dela os deputados eleitos ou reeleitos e os senadores que foram eleitos na legislatura anterior e cujos mandatos permaneciam. Então não se tinha, àquela ocasião, outro caminho a não ser referendar essa solução e dar ao parlamentar o Poder Constituinte também, ainda que não seja o Poder Constituinte originário, posto que era um Poder Constituinte derivado, no exercício do mandato.

Um outro caminho seria muito mais complicado e, talvez, retardasse muito mais até que se fizesse uma eleição, etc. E, de alguma forma, já eram pessoas que estavam ali, que tinham participado do processo sucessório em 84, quando se fez a chamada Aliança. Então já havia muitas pessoas que tinham um certo protagonismo nesse processo, o que permitiu fazer com que logo se começassem os trabalhos.

Alguém pode dizer que demorou quase dois anos, mas o processo seria muito mais longo se fosse uma Constituinte exclusiva. Se chegassem de uma hora para outra pessoas vindas de diferentes partes do país, que não haviam participado do processo anterior, então tudo seria uma coisa de maior complexidade. Então o que se fez foi algo semelhante ao que aconteceu com a Constituição de 1946.

Quando Getúlio foi deposto, em 1945, foram convocadas as eleições para a Câmara e o Senado. De 1937 até 1945 não havia Congresso e os eleitos passaram a ser constituintes originários. Fizeram a Constituição de 1946, que durou até 1964, e foi uma Constituição que teve conquistas, estabilizou os partidos políticos. Foi um momento de grande afirmação democrática no país e liberdades. Mas quero fazer agora um raciocínio: hoje nós já vamos fazer 21 anos da Constituição de 1988. A Constituição de 1946 não chegou a vigorar todo esse tempo, vigorou somente 18 anos, o que prova que a experiência se consolidou para ninguém questionar mais no Brasil que vivemos sob o chamado Estado Democrático de Direito e consequentemente vivemos sob a égide da lei, do devido processo legal. A sociedade logo percebeu também que esse era o melhor caminho.

Como foi a discussão sobre o sistema de governo presidencialista ou parlamentarista na Constituinte?

Uma pessoa que teve papel importante foi Humberto Lucena (PMDB-PB), que era o presidente do Senado à época. Ele era presidencialista e inclusive fez uma emenda presidencialista. Quando o doutor Ulysses me comunicou que tomaria o caminho do parlamentarismo eu já tinha sinalizações de que isso poderia acontecer.

Por que Ulysses mudou de posição?

Eu acho que ele foi procurado pelo pessoal do PSDB, por outras forças que veem com simpatia o parlamentarismo. E aí eu disse para o doutor Ulysses: "Vou respeitar a posição do senhor, mas vou subscrever a Emenda Humberto Lucena e trabalhar para que ela seja acolhida", o que, ao final, foi o que aconteceu. Eu acho que podemos ter um parlamentarismo no futuro no Brasil. Mas não adianta se nós não fizermos a reforma política, se não fizermos verdadeiros partidos políticos, com propostas claras.

No Brasil você tem muitos partidos, muitos dos quais você não é capaz de entender o que priorizam. Eu, às vezes, digo brincando que aqui no Brasil a gente tem maioria, minoria e "unoria", quando o partido só tem um representante no Congresso. Então nós precisamos aprofundar nesse campo, no sentido de dar um caráter programático aos partidos e para isso tem que ter lei de fidelidade partidária também. Salvo nas questões de consciência, se a pessoa adere a um programa, tem que votar de acordo com esse programa.

Sobre a questão da duração do mandato de Sarney, a Comissão de Sistematização aprovou quatro anos e houve até comemoração. O pessoal de Mário Covas foi para o Restaurante Piantelo. E o bloco do PFL, que o senhor defendia havia 4 anos, foi para casa do deputado Saulo Queiroz (PFL-MS). Disseram que foram comer um Pato a Zé Lourenço (PFL-BA). O senhor e o Aureliano Chaves (ministro de Minas e Energia, PFL) não foram, mas houve essa comemoração dos dois lados. A razão dessa vitória era a campanha de Aureliano Chaves para presidente? O PFL já trabalhava com essa perspectiva?

Nós pensamos na candidatura de Aureliano antes daquele entendimento com Tancredo, àquela época. No PDS havia mais quatro propostas. Havia o Hélio Beltrão (ex-presidente da Petrobras), o Mário Andreazza (ex-ministro dos Transportes). Este último foi até o fim, foi à Convenção com Maluf. É lógico que Maluf derrotou porque era um político mais hábil e mais tarimbado. Andreazza nunca tinha disputado uma eleição, era um coronel da reserva, não tinha experiência política.

O meu nome também foi lançado e cheguei a fazer algumas viagens porque muita gente estimulava. Em alguns lugares até a recepção era muito grande. Então o Aureliano surgia como o nome mais forte e eu, inclusive, cheguei a fazer umas viagens também com o Aureliano Chaves. Passado esse episódio, se pensava que o partido pudesse retomar a candidatura de Aureliano Chaves, mas aí vieram outras questões e o próprio Aureliano foi ser ministro de Minas e Energia e, no final, terminou com uma votação muito pouco significativa porque haveria uma grande dispersão de candidaturas, em função de um grande número de partidos. Depois não quis mais disputar nada. Praticamente encerrou a vida pública dele.

Quando aconteceu a vitória, no plenário, dos 5 anos para Sarney, saiu uma matéria no jornal Folha de S. Paulo *dizendo que a vitória esmagadora dos cincoanistas confirmava que quem manda realmente no partido é o ministro das Comunicações, Antônio Carlos Magalhães (PFL-BA), responsável pela distribuição de concessões de rádio e TV, e não o presidente nacional do partido. Quem realmente mandava no PFL? Antônio Carlos ou Marco Maciel?*

Nesse processo o Antônio Carlos apoiara Andreazza. Ele foi para Convenção, diferente de nós que fizemos a chamada Frente Liberal. Antônio Carlos só passou para o PFL mais de um ano depois. Eu acho que foi em dezembro de 1985 que ele me procurou. Eu fui com ele ao presidente Sarney, num sábado à tarde, no Palácio da Alvorada. Reunimo-nos ali naqueles jardins, ali atrás e conversamos um pouco. Foi quando ACM disse: "Estou achando que não devo continuar no PDS, eu gostaria de passar a integrar a aliança que apoiava Sarney" e que era o PFL. A partir daí ele veio para as nossas hostes.

Eles já não estavam apoiando o Tancredo?

É verdade, mas ele não saira do PDS. Tancredo nos comícios disse assim: "Estou aqui com os meus colegas, meus companheiros do PMDB, com meus companheiros do PFL e os dissidentes do PDS". Os "dissidentes" do PDS, no caso, era Antônio Carlos. Ele não foi para o PFL no primeiro momento. No entendimento que ele fez com Tancredo, Tancredo o nomeou ministro das Comunicações. Quer dizer, o nomeou, mas na realidade, nós temos no decreto de nomeação de ministro duas cópias: uma assinada por Tancredo e outra por Sarney. Como Tancredo não chegou a tomar posse, eu tinha o Decreto já assinado de véspera, porque era de praxe, no cerimonial, que os decretos fossem assinados na véspera, e não no dia da posse. Tancredo o havia nomeado ministro das Comunicações e, a partir daí, no fim do ano ele vem finalmente para o Partido da Frente Liberal, onde ficou até falecer.

Em julho de 1988, o presidente Sarney faz um pronunciamento em rede nacional de televisão e diz que a Constituição deixaria o país "ingovernável". Preocupava o governo o tema da reforma tributária, porque tinha o processo da descentralização dos recursos e impunha perdas à União. No outro dia Ulysses Guimarães vai à televisão e procura desmentir Sarney. Como o senhor viu esse momento crucial?

Esse ponto de vista era exposto pelo então ministro da Fazenda, Maílson da Nóbrega. Ele achava que a Constituinte estava fazendo muitas concessões, atribuindo muitos direitos e poucos deveres e que, uma vez promulgada, poderia levar o país a um retrocesso, a uma ingovernabilidade. E, também, a conflitos federativos. Cada vez mais há uma concentração de poderes na União, em detrimento dos estados e municípios. Uma Federação geralmente é uma associação de estados e de um Distrito Federal. No Brasil nós avançamos, além de considerarmos que a Federação é constituída pela União, pelo Distrito Federal, pelos estados, incluímos também os municípios. Mas em que pese em ter havido essa enorme descentralização, os mecanismos não expressam essa intenção do Legislador Constituinte. E daí muitos prefeitos vão ao meu gabinete ou ao gabinete de qualquer outro senador ou deputado reivindicando coisas porque eles acham que, da forma como é o centralismo tributário, os governantes estaduais e sobretudo os municipais não tem condições de executar os seus programas de trabalho.

Então, vem a questão mais uma vez referente à reforma política: a gente precisa fortalecer a Federação e as instituições republicanas que, a meu ver, estão em crise também. Isso não é novidade.

Falando um pouco da questão do Centrão e da virada regimental que ajudou o grupo em torno do PFL a aprovar os cinco anos e zerou tudo, como se deu a formação desse bloco e qual o papel de Ricardo Fiúza (PFL-PE) nessa articulação?

Ele tem um papel muito importante, como também o de Luís Eduardo Magalhães. Um dia, fim de tarde, estava no meu gabinete e Luís Eduardo me telefona. Disse: "Olha, eu estou querendo lhe falar um assunto e eu não queria tomar uma decisão sem antes lhe falar. Será que você poderia me receber?". Eu disse: "Passe aqui". Ele levou mais umas duas ou outras três pessoas, e expuseram a história da criação do Centrão. No Parlamento sempre a proporcionalidade é que pesa, então ficou claro para eles que se organizassem o Centrão, teriam um peso maior nas deliberações finais da Constituinte porque eles entendiam que estavam sendo ultrapassados por grupos que eram minoritários e que, ao final, estavam tendo uma participação maior do que o cacife que dispunham. Aí foi criado o Centrão.

Inclusive eu assinei o documento do Centrão. Não naquele momento, porque era um momento inicial, mas depois eu assinei também o documento.

A estratégia deu certo?

Alterou-se um pouco o eixo, porque se dizia que o eixo estava muito à esquerda. Se bem que uma vez uma jornalista me procurou, isso já no fim da Constituinte, e eu disse que o problema não estava entre esquerda e direita, mas em quem se organizou e quem não se organizou. Quem se organizou levou a melhor. Quem não se organizou, perdeu. Os banqueiros perderam porque não se organizaram. O pessoal de Ronaldo Caiado, que naquela época presidia a União Democrática Ruralista, ganhou as paradas por quê? Porque estavam organizados. Fizeram uma votação. Botaram a tropa no plenário, conseguiram fazer uns acordos políticos e conseguiram a maioria. Então, na verdade, o Centrão teve esse papel – em linguajar do judiciário

– de chamar o feito à ordem, discutir como é que o jogo seria feito. Então, sob esse aspecto o Centrão teve um sentido positivo, mesmo porque não alterou basicamente muita coisa.

Muita coisa já havia sido votada. O Centrão ordenou um pouco o processo. Vou fazer uma afirmação que não tem nenhuma fundamentação empírica: eu diria que o Centrão, talvez sem querer, contribuiu para terminar mais cedo a Constituinte, porque as grandes questões foram logo elucidadas. O Centrão provocou um certo tremor de terra, um certo terremoto no Congresso que ajudou, talvez, a que as coisas começassem a ter uma definição.

O senhor disse que boa parte da Constituição estava aprovada neste momento. O que o senhor pensa sobre o texto constitucional?

Eu quero fazer uma observação de natureza formal e não material: A Constituinte terminou produzindo um texto muito longo. Os constitucionalistas geralmente dizem que as constituições podem ser divididas entre sintéticas e analíticas. Vou dar um exemplo de uma sintética: Eu citei a Constituição de 1891, a primeira Constituição Republicana, foi uma Constituição sintética, só tinha 91 artigos e 8 ou 9 disposições transitórias, então era uma Constituição mais ou menos concisa. A mesma coisa eu poderia dizer com relação à Constituição do Império, que foi uma Constituição outorgada, mas de toda maneira não era uma Constituição longa e acolhia um poder novo, que era o chamado Poder Moderador. A Constituição de 88, ao final, terminou sendo uma Constituição analítica. Ela incorporou no seu texto matérias que não são constitucionais.

Isso ocorreu em função do processo ditatorial?

Em função da abertura, todo mundo queria colocar na Constituição coisas que achavam relevantes. Era como se pensassem assim: "Agora temos liberdade, agora podemos colocar tudo". Muita coisa não era para estar em Constituição. Eu citei o exemplo agora dos 8% de juros. Aquilo não era para matéria de Constituição, isso é matéria para o Banco Central. No máximo uma lei ordinária, mas nunca estar na Constituição, porque se há uma alteração de conjuntura econômica, você vai ter que reformar a Constituição, então se gera uma certa ingovernabilidade e terminou a Constituição sendo enorme. Se você fizer uma decantação, vai observar que tem mais de 1.200 comandos e então é muito difícil você decorar a Constituição Brasileira. Por exemplo, em alguns países da Europa, que têm constituições mais concisas, dá quase para decorar. A nossa é impossível decorar e já tem 63 emendas. Para vinte anos de Constituição é muita emenda. Pense bem: e quando fizer 100 anos? A Constituição americana é de 1787, só tem 26 emendas.

Para alguns especialistas, os países da América Latina que passaram por processos ditatoriais têm incertezas tão grandes que é até compreensível que as constituições sejam detalhadas.

Eu não quero radicalizar, mas acho que a Constituição muito longa termina sofrendo muitas emendas, sendo muito questionada. Termina não sendo uma boa técnica legislativa porque a "boa constituição" é aquela que a pessoa leia como se lê um romance, que tenha uma lógica, um encadeamento. Se você pega a Constituição de 1946 e compara com a Constituição de 88 vai verificar que a de 1946 tem uma boa técnica, entendeu? Até o encadeamento das disposições etc, é uma coisa muito diferente, como se a história tivesse começo, meio e fim.

Mauro Benevides[1]

CLEONILDO CRUZ: *A Assembleia Nacional Constituinte foi instalada no dia 1º de fevereiro de 1987. O dia da instalação foi de festa cívica. Ao mesmo tempo, o jornal* Folha de S. Paulo *exibia num de seus cadernos a manchete "Crise marca a instalação da Constituinte". Por que foi difícil o início dos trabalhos?*

MAURO BENEVIDES: Naturalmente, no primeiro momento, o presidente José Sarney entendeu que ofereceram à Assembleia Constituinte um projeto perfeito e acabado. Uma comissão de juristas, integrada inclusive por um que seria Constituinte, Affonso Arinos (PFL-RJ), foi oferecida. Portanto, uma mesa da Assembleia com um projeto que consubstanciava naquele momento, no entender dos juristas, algo representativo para o acolhimento das aspirações do povo brasileiro, após tantos anos de arbítrio instalado em nosso território.

Então houve uma recusa para que nós passássemos a trabalhar nesse documento confeccionado por juristas, elaborado por juristas, mas que a Assembleia não entendeu como indispensável ao processo de elaboração constituinte. Por isso surgiu um pequeno incidente, superado logo depois do pronunciamento do ministro José Carlos Moreira Alves (STF), que, como presidente do Supremo, instaurou a Assembleia naquele 1º de fevereiro de 1987, numa sessão memorável.

A partir desse momento iniciamos o nosso trabalho com a eleição da mesa da Assembleia Nacional Constituinte, para a qual se elegeu o Ulysses Guimarães numa unanimidade consagradora. E em função do prestígio do Ulysses, eu me vi também eleito primeiro vice-presidente

1. Profissional de letras, iniciou sua carreira política no PSD sendo eleito vereador de Fortaleza (1956–1959) e deputado estadual no Ceará (1959–1975). O bipartidarismo (1966) imposto pelo regime militar (1964–1985) levou-o ao MDB, partido pelo qual foi senador (1975–1982 e 1987–1994) e deputado federal (2007–2014).

da Assembleia, porque se ele era deputado e passaria para o cargo de presidente, era normal que um senador pudesse ser escolhido para exercer a primeira vice-presidência. Pude com isso coadjuvar o trabalho notável que o Ulysses Guimarães realizou, que foi sem dúvida a maior expressão da Constituinte e a quem se atribui merecidamente a condição de reconstrutor do Estado Democrático de Direito.

A relação política do governo Sarney (PMDB-MA) com a Assembleia Nacional Constituinte foi conturbada, visto que os temas da duração do mandato de Sarney e o sistema de governo tiveram destaques na mídia.

Foi questionado, no momento, se seriam 6 anos, 4 anos ou se seriam 5 anos (de mandato). Mas eu acredito que o grande empecilho que se registrou não foi exatamente a fixação da duração do mandato. Foi, sobretudo, o fato de que o presidente José Sarney, diante de conquistas sociais que estavam sendo inseridas no texto em elaboração, entendeu que aquilo exorbitava a potencialidade do Tesouro Brasileiro, que seriam gravames que atingiriam seriamente, digamos, "o poder de cumprimento" daqueles encargos por parte do Poder Executivo.

A partir desse momento, sobretudo quando se aprovou a licença-paternidade, de autoria do deputado Alceni Guerra (PFL-PR), houve uma mobilização para que o presidente (da Câmara) Ulysses respondesse ao presidente da República, defendendo naquele momento o que era fundamental para a soberania do Poder Constituinte. Assim foi feito através de uma cadeia de radio e televisão e permaneceu até o final o nosso trabalho nessa diretriz, que foi fundamental e perseguida obstinadamente por todos nós. Eu na condição de senador e os outros companheiros que integravam a Câmara dos Deputados, a qual pertenço hoje com muita honra.

O presidente Sarney desferiu vários ataques ao Congresso Constituinte. No dia 15 de julho de 1987 a imprensa noticiou: "Ulysses Guimarães (PMDB-SP) rebate as críticas de Sarney contra a Constituição". Segundo ele, as populações não estavam aqui, no Distrito Federal, no Palácio do Planalto, na sala do presidente e muito menos na mesa de Getúlio Vargas, onde o presidente resolve os problemas. As críticas do presidente Sarney eram infundadas?

Não. Ao longo do trabalho da Constituinte houve esses desencontros de formulações, mas sempre as pessoas procuravam interferir para que não surgissem entre o Legislativo Constituinte e o Executivo algo que se contrapusesse aos objetivos maiores do que nós estávamos incumbidos por força do poder originário, aquele que emana do próprio povo na manifestação soberana da ajuda, dado então naquele ano de 1986. Esses desencontros surgiam e se esvaziavam em função da grande preocupação, dedicação e do nosso esforço para a tarefa da Constituinte, para legar ao país algo que consubstanciasse, naquele momento, as aspirações mais justas e legítimas da comunidade.

O regimento da ANC acolheu o pedido do Plenário Nacional em prol da participação popular na Constituinte. O direito de apresentar 122 emendas e mais de 12 mil assinaturas foi uma grande vitória, bem como a participação de todos os grupos sociais e patronais nos corredores da Assembleia Nacional Constituinte?

Perfeitamente. A participação popular foi significativa. Eu recebi algumas dessas Emendas Populares a pedido do presidente Ulysses Guimarães. Aquelas lideranças que traziam documentos com 200 mil assinaturas, 300 mil assinaturas. Eu recordo de algo que era da criança e do adolescente, que cheguei a receber e, depois, nos incumbíamos de fazer a constatação daquelas assinaturas para que entendêssemos a ponderabilidade daquelas manifestações. Elas valeram substancialmente porque, aceitas pela Assembleia, foram distribuídas por assunto para as comissões temáticas e, naturalmente, a manifestação conclusiva era do plenário com a Comissão de Sistematização, que tinha como expressão maior o grande Affonso Arinos. Ele a presidiu e dirimia aquelas dúvidas numa sequência de entendimentos dos quais era partícipe maior o próprio presidente Ulysses Guimarães, que conduzia os entendimentos e buscava nas lideranças um consenso para que nós tivéssemos um rendimento bastante razoável e acolhêssemos aquilo que pudesse, no momento, se ajustar às aspirações mais justas e legítimas da coletividade.

Durante o processo, vários embates entre os progressistas e os conservadores. Pontos polêmicos como sistema de governo, reforma agrária, definição de empresa nacional, papel das Forças Armadas, reforma tributária, estabilidade no emprego, questões de ordem econômica, entre outros. Como foi lidar com várias frentes partidárias e depois os grupos suprapartidários? Foi possível o diálogo entre opostos?

Bom, nós tivemos uma grande dificuldade para estabelecer os diálogos com as correntes que ideologicamente se digladiavam no plenário. O grande momento realmente que tivemos foi quando o Centrão, pela manifestação do seu líder maior que era o saudoso deputado Cardoso Alves (PMDB-SP), fez algumas imposições ao próprio presidente Ulysses, da tribuna da Assembleia, e isso compelia a mesa a aceitar algumas daquelas ponderações que só seriam viabilizadas caso se processasse uma ponderação do regimento da Casa. A elaboração do primeiro regimento coube ao então senador Fernando Henrique Cardoso (PMDB-SP).

Depois de composta a mesa da Assembleia, entretanto, a alteração pretendida teria que ser a cabo dos membros da mesa. Foi então que o presidente Ulysses Guimarães, entendendo que eu possuía condições de compatibilizar aquelas divergências que transbordavam nos debates – uns debates mais acesos, outros mais compreensivos – entendeu de conferir a mim a tarefa de promover a reformulação do regimento, pedido do Centrão. Mas os membros daquele grupo não participariam dos trabalhos de elaboração da Constituinte, o que praticamente inviabilizava o nosso projeto ou então delongaria exageradamente aquela tarefa a que fomos incumbidos pela manifestação do próprio povo brasileiro.

Depois da criação do Centrão, no dia 10 de novembro de 1987, e da aprovação de sua proposta de mudança, como se deu a organização da qual o senhor falou? O que de fato aconteceu? Houve vitórias e derrotas de lado a lado?

Não. O que houve foi o seguinte: nós buscávamos consensuar aquelas opiniões divergentes. Foi um trabalho exaustivo. Nós também tivemos que utilizar toda a sistemática de persuasão para garantir que, com a reformulação regimental, naquilo que fosse possível, não se aceitaria exclusivamente a imposição consequente do Centrão, mas que se fizesse aquela concessão possível, porque muito mais importante do que divergências ocasionais seria, sem dúvidas, a elaboração da Carta a que nós estávamos incumbidos. E isso efetivamente ocorreu.

O que de fato aconteceu nessa questão do Centrão?

Não o Centrão, por exemplo, ele queria que nós tivéssemos que aceitar os destaques. Tivemos que inovar para aceitá-los. E, muito mais do que isso, que nós determinadamente só admitíssemos a aprovação de qualquer matéria com 280 votos. Sem isso, sem esse quórum qualificado de 280 votos, nenhuma matéria seria considerada aprovada. Então lógico que nós tivemos que gestionar para que nós seguíssemos os trabalhos e soubéssemos fazê-lo com a maior tranquilidade, fazendo concessões aos grupos conflituosos naquele momento. Nós buscávamos sobretudo a elaboração desse trabalho, no esforço extraordinariamente levado ao efeito, que resultou na elaboração de uma carta que o Ulysses Guimarães entendeu de considerar a "Carta Cidadã".

No dia 22 de março o presidencialismo foi aprovado com 5 anos para Sarney. Houve compra de votos, obtenção de cargos no governo e barganhas? O que foi feito para garantir a vitória do governo com uma votação de 344 a 212?

Não. A divergência numérica ocorreu preponderando a fixação em 5 anos com entendimento próprio do presidente Sarney. Nós chegamos a esse entendimento e ele se processou naturalmente por uma compreensão daqueles que pensavam contrariamente. Uns queriam 6 e outros queriam 4, até que se chegou à média de 5 anos – o que prevaleceu.

Em julho de 1988 tivemos um momento muito tenso em relação à Assembleia, envolvendo o Dr. Ulysses, o senhor e também o presidente Sarney. Em cadeia nacional, Sarney discursou durante 28 minutos contra o texto constitucional e afirmou que, se aprovado sem modificações, o texto levaria o país à "ingovernabilidade". Ulysses o contradisse no dia seguinte, também em rede nacional, afirmando que "a Carta seria, sim, uma guardiã da governabilidade". Nesse momento crítico, o que de fato aconteceu?

Este foi, talvez, o momento mais delicado do relacionamento entre Constituinte e o Poder Executivo, naquela época nas mãos do presidente José Sarney, que tinha realmente a incumbência de decidir os destinos nacionais. A manifestação do presidente José Sarney foi discutida numa reunião que se instaurou na residência oficial da Câmara dos Deputados, que era do presidente da Assembleia Constituinte, o Ulysses Guimarães. Nós sugerimos ao presidente da Constituinte que, com a autoridade que encarnava admiravelmente, respondesse ao presidente da República através da televisão, numa cadeia que foi requisitada pela Assembleia Constituinte. Não precisava ser um diálogo que distanciasse os dois poderes, mas que ele mostrasse à sociedade que as inovações jamais comprometeriam a governabilidade do país.

Até porque se algo fosse inserido a inconsequência seria daqueles segmentos sociais que reivindicavam num momento de expectativa nacional. Eles reivindicavam o atendimento daquelas postulações que eram tão viáveis que em nenhum momento a nação deixou de cumprir todos aqueles compromissos, significando claramente que nós não estávamos realizando um trabalho irresponsável, estávamos absolutamente conscientes do nosso encargo, das nossas responsabilidades e como as conquistas se ajustariam à realidade daquela época cognominada seguidamente de "ingovernabilidade do país". Nós, da Constituinte, não queríamos atentar contra a governabilidade por um motivo muito claro: nós queríamos viabilizar no país aquelas conquistas que se tornaram presentes ao longo da elaboração do processo Constituinte. Foi isso o que ocorreu. Os episódios foram gradualmente superados e proclamada a Carta, numa fotografia histórica. O presidente Sarney me tendo ao seu lado, ele ao lado do presidente Ulysses e eu como vice-presidente ao lado do presidente Sarney. Ele jurou cumprir a Constituição, o que ele fez durante o seu mandato, recebendo, ao final, os aplausos e conseguindo ainda todos os espaços que posteriormente lhe garantiram inclusive a eleição de senador pelo estado do Amapá. Em 1990 ele conquistou o mandato de senador e, em 1991, passou a exercê-lo com proficiência, com dedicação, alçando-se por duas, três vezes, agora à Presidência do Senado e, consequentemente, à chefia do Poder Legislativo Brasileiro.

Por que as medidas provisórias representam para o texto constitucional um calcanhar de Aquiles?

Porque naquele momento estávamos vivenciando, como ainda agora, algo complexo na tramitação de matérias do governo. Este se queixava que depois da extinção do famigerado decreto-lei, precisava buscar algo que assegurasse uma maior celeridade ao processo legislativo.

Então houve excesso de todos os presidentes. Não foi só do presidente Lula (PT). Todos os presidentes, a começar por José Sarney (PMDB), Fernando Collor (PRN), Itamar (PMDB), Fernando Henrique Cardoso (PSDB) e o presidente Luís Inácio Lula da Silva. Todos foram utilizadores exacerbados da medida provisória. Sofre aqui e ali uma limitação, mas, no fim, ela continua prevalecendo. Até porque entenderam os presidentes da República que sem um instrumento capaz de agilizar o processo legislativo realmente o poder executivo ficaria desarmado para aprovar políticas públicas. Significaria um impulso para favorecer o povo brasileiro.

Em defesa dos fundos constitucionais o senhor atuou durante a ANC no desenvolvimento do Nordeste, o senhor lutou pela aprovação dele, onde o próprio gabinete do senhor serviu como infraestrutura para o trabalho. Como se deu essa articulação em defesa do Nordeste?

Eu naturalmente trazia para a Assembleia Constituinte aquela experiência que adquiri como presidente do banco. Visualizara a necessidade de garantir recursos substanciais para atender as áreas subdesenvolvidas do país ou em desenvolvimento. O Nordeste, o Norte e o Centro-Oeste se ressentiam de instrumentos capazes de impulsionar uma expectativa de desenvolvimento. Daí surgiu a emenda da qual eu sou o primeiro signatário, que foi subscrita por vários parlamentares, todos instituídos no Fundo Constitucional de Financiamento do Nordeste (FNE), no Fundo Constitucional de Financiamento do Norte

(FNO) e no Fundo Constitucional de Financiamento do Centro-Oeste (FCO). Tais fundos foram constituídos com o recurso do Imposto sobre Produtos Industrializados (IPI) e do Imposto de Renda (IR).

Foi uma vitória extraordinária que me identificou com o comércio brasileiro. Daí porque diversas vezes tenho recebido manifestações sensibilizadoras desse segmento, que é aquele que detém o maior número de empregos diretos e, consequentemente, pelo menos em relação ao meu estado, a maior contribuição para os cofres do tesouro estadual. Portanto nós conseguimos incluir os fundos e eles estão aí atingindo os objetivos com os bancos de desenvolvimento, como o Banco da Amazônia (BASA) na região Norte, o Banco do Nordeste do Brasil (BNB) na região Nordeste e com o Banco do Brasil no Centro-Oeste funcionando também como banco de desenvolvimento. Os fundos estão sendo aplicados, os recursos estão sendo transferidos e nós acreditamos que essa foi uma das grandes conquistas da Assembleia Nacional Constituinte e ainda aquelas outras que estavam intrinsicamente vinculadas aos aspectos institucionais do nosso próprio país.

Vinte anos após a promulgação da Constituinte ainda temos muito a fazer?

Acredito que sim, porque aprovaram mais de 60 emendas até agora. Nós, constituintes, tivemos a previsibilidade de admitir que a Carta não era perfeita. Previmos que em 5 anos nós deveríamos realizar o processo revisional. Nesse momento eu não estava presidindo mais o Senado. E o Congresso estava como líder da maioria no Senado, por extensão, no Congresso. Conduzimos o processo revisional tendo como Relator o deputado Nelson Jobim (PMDB-RS), que viria a ser ministro da Justiça e ministro do Supremo Tribunal Federal.

Entendemos que a Carta deve ser alterada naquilo que seja fundamental. Mas mencionar, como às vezes se escuta, que é preciso uma Assembleia Nacional para discutir, por exemplo, a reforma tributária e a reforma política, isso é uma incongruência jurídica que não pode ser admitida, porque uma Constituinte implica uma ruptura institucional e nós não queremos mais que o Brasil vivencie um quadro de ruptura institucional.

Nelson Jobim[1]

CLEONILDO CRUZ: *A instalação da Assembleia Nacional Constituinte aconteceu em 1º de fevereiro de 1987. O tema da soberania nacional foi bastante debatido. Por quê?*

NELSON JOBIM: Não era bem a soberania nacional. O que mais se debatia era, além da soberania nacional, a soberania da Constituinte. Porque no momento anterior havia a sustentação da Constituinte Exclusiva, pela OAB, e, no final, quando o presidente Sarney mandou o projeto de emenda constitucional que convocou a Assembleia Constituinte, o deputado Flávio Bierrembach (PMDB-SP), que fora relator da emenda constitucional em 1985, fez um projeto substitutivo da emenda constitucional dando absoluta autonomia à Assembleia Constituinte. Ele acabou derrotado e foi aprovado aquele modelo simbiótico, um modelo tipicamente brasileiro. No Brasil você não encontra rupturas. O Brasil é um país de transição. Quando um regime se supera, de dentro do próprio regime surgem as fórmulas de superação do regime. E foi o que aconteceu. Ou seja, se você falar tecnicamente e a rigor, ortodoxamente o problema jurídico, você verifica o seguinte: os deputados e senadores eleitos, uns em 1982 e outros em 1978, aprovaram uma emenda constitucional convocando uma Assembleia Constituinte e dando poderes a essa Assembleia Constituinte para fazer uma nova Constituinte com lei absoluta em sessão unicameral.

---

1. O advogado, jurista e professor iniciou a carreira política na eleição para a Assembleia Nacional Constituinte, sendo eleito deputado federal (1987–1994). Foi ministro da Justiça (1995–1997), ministro do Supremo Tribunal Federal (1997–2006), ocupando a Presidência do STF (2004–2006), e ministro da Defesa (2007–2011).

Se pegarmos isso em termos técnicos encontraremos o seguinte: o poder de fazer a nova Constituição, o chamado constituinte originário, ele veio, foi outorgado pelos constituintes derivados, que votaram em Emenda Constitucional, que convocou a Constituinte em 1985... Isso já cria um *frisson* dentro da dogmática constitucional, porque os constituintes de 1987–1988 eram nada mais nada menos que os deputados e senadores eleitos sob a égide da Constituição, da emenda constitucional de 1969. Tanto é que eu apresentei, na bancada do PMDB, dois projetos que eu chamava de decisões constitucionais. Um era para que nós não jurássemos a Constituição de 1969, já que nós iriamos fazer uma nova constituição e, portanto, não poderíamos jurar a permanência da Constituição de 1969. E apresentei um outro projeto dentro da bancada que era para definir a autonomia da Constituinte. Inclusive dava regras ao decreto lei, mudava o sistema do decreto lei, estabelecia uma série de restrições ao Poder Executivo para o funcionamento da Assembleia Constituinte. Depois o doutor Ulysses achou que aquilo poderia gerar radicalizações e acabei afastando. Mas o texto ficou lá e eu não apresentei formalmente – apresentei na bancada do partido.

E a coisa começou no dia 1°. Na posse foi suscitado um problema de forma indireta pelo Plínio de Arruda Sampaio (PT): o problema do terço do Senado que havia sido eleito em 1982 – porque na eleição de 1986 o senado se renovou em dois terços, mas o terço do senado que continuava era os eleitos de 1982. E o Plínio, que era líder do PT, suscitou uma questão de ordem para o presidente da Constituinte daquele momento, que era o presidente do Supremo, o José Carlos Moreira Alves. E o José disse "olha, a emenda constitucional disse que os deputados e senadores reunir-se-ão a partir de 1987 em fevereiro em sessão unicameral. Logo, deputados e senadores são todos, não só os dois terços do Senado que foram eleitos em 1986, mas também os eleitos em 1982". Durante todo esse período e durante todo o desenvolver do processo constituinte sobrou uma tensão: uma tensão do Executivo com a Constituinte – e é exatamente esse o problema da autonomia, da soberania.

A ANC foi instalada numa conjuntura de crise de sustentação do governo Sarney e marcada pela crise do PMDB?

A crise do PMDB e a crise do governo Sarney eram: primeiro, o Plano Cruzado fracassara, inclusive houve toda aquela afirmação do Brizola (PDT-RJ) na época, de que havia um estelionato eleitoral, que o PMDB ganhou as eleições de 1986 e a reforma do Plano Cruzado só se deu depois das eleições. Quando começou o processo Constituinte se estabeleceu, dentro do PMDB, uma disputa. E essa disputa era a seguinte: de um lado o presidente Sarney com o grupo "sarneyista" do PMDB, grupo dirigido e liderado por Carlos Sant'anna (PMDB-BA), o líder do governo na Câmara. Do outro lado o doutor Ulysses e seu grupo, o qual integrei. Eu fui do segundo time.

O conflito se deu primeiro na eleição do líder do PMDB na Constituinte. Depois que o doutor Ulysses disse que seria o presidente da Constituinte e da Câmara – e ele tinha razão, porque se não a Constituinte iria ficar sem infraestrutura administrativa e iria ser uma dificuldade enorme, com o presidente da Constituinte pedindo ao presidente da Câmara ou do Senado que desse estrutura –, então o doutor Ulysses, com a dupla eleição, ficava como presidente da Câmara e da Constituinte. Dessa forma a estrutura da Câmara ficou servindo à Constituinte. Na eleição para presidente da Câmara, que antecedeu a eleição da Constituinte, o doutor Ulysses teve uma disputa com o Fernando Lyra (PMDB-PE), que decidira ser candidato a presidente da Câmara

Fernando Lyra fez várias críticas. Chegamos a entrevistá-lo e ele disse que o doutor Ulysses "rasgou" o regimento interno, que ele não poderia ser presidente da Constituinte e presidente da Câmara dos Deputados.

Não é verdade. A discussão na época não era essa, mas era se ele poderia ser presidente da Câmara por haver sido presidente da Câmara na legislatura anterior. E o entendimento que se deu e que se dá até hoje é de que não pode haver eleição para presidente da Câmara e do Senado dentro da mesma legislatura. Então se entendeu que o sujeito que é presidente no primeiro biênio de uma legislatura não pode ser reeleito para o segundo biênio. Mas, quando se abre uma legislatura nova, mesmo que ele tenha sido presidente da Câmara do segundo biênio da legislatura anterior, ele está numa legislatura nova. Então isso que foi levantado por Fernando Lyra e por outros foi resolvido, porque na verdade era uma legislatura nova e os novos legisladores não ficavam vinculados às decisões tomadas pelos antigos. Esse assunto foi vencido.

O problema do Fernando Lyra se deu em consequência dessa disputa, porque o Lyra desenterrou um anteprojeto, um esboço de anteprojeto para a Constituinte. E esse esboço de anteprojeto fora feito pela Assessoria da Câmara a pedido do doutor Ulysses, em 1986, e que mais ou menos copiava, ajustava o regimento interno que regeu a Constituinte de 1946 e criava uma grande comissão. Na Constituição de 1946 houve uma grande comissão, a Comissão Nereu Ramos, que elaborou um projeto de constituição e a Constituinte de 1946 votou em cima desse projeto. Em 1987 havia um problema: o governo não tinha como mandar um projeto de constituição porque era um governo fraco. Havia dois modelos de fazer constituição no Brasil. O primeiro é o Executivo mandando um projeto, como fizeram Deodoro da Fonseca para a Constituição de 1981 e Getúlio Vargas para a Constituinte de 1934. O outro modelo foi o adotado em 1948, após a derrubada do Getúlio: o presidente do Supremo Tribunal assumiu o governo, mas não tinha condições de mandar projeto, então fizeram uma comissão dentro da própria Constituinte e essa comissão fez um projeto de constituição.

A Assessoria da Câmara fez isso para o doutor Ulysses pressupondo que o presidente Sarney não possuía condições políticas de mandar um projeto de constituição. E de fato não mandou, só mandou aquela comissão do Affonso Arinos (PFL-RJ) como sugestão, como elemento de pesquisa, mas não como projeto propriamente dito. O que aconteceu foi que, na eleição, o Lyra usou esse desenho, esse anteprojeto, um rascunho de regimento interno para a Constituinte, dizendo assim: "Olha, vocês estão vendo o que o velho quer fazer. O velho quer pegar o grupo do 'poar'" – que era um grupo ligado a ele – "fazer a Constituição e deixar vocês em segundo time". E, com isso, criou a figura dos constituintes de primeira categoria, que eram os membros da comissão, e os de segunda categoria.

Isso deu alguns votos. O Fernando Lyra acabou se elegendo, mas queimou a possibilidade de fazer o regimento interno que fosse do modelo de 1946. Daí tivemos que inventar quando o doutor Ulysses nomeou o Fernando Henrique (Cardoso, PSDB) como relator do regimento interno. E a briga do PMDB era a briga Ulysses de um lado e Sarney do outro. Isso ficou muito claro na luta da liderança do PMDB na Constituinte. O Ulysses tinha um candidato para ser líder do PMDB na Constituinte e que era o líder do PMDB na Câmara, que era o Luíz Henrique da Silveira (PMDB-SC), que viria a ser o governador de Santa Catarina e também senador.

O Luís Henrique candidata-se à liderança e o Mário Covas também. A votação era uninominal. Os deputados e senadores votavam em conjunto na bancada em comum. Os senadores do PMDB votaram no Mário Covas e a parte "sarneyista" da câmara votou também no Mário Covas, que derrotou o Luís Henrique com os votos do Sarney. Mas surge uma consequência também nisso: o Mário Covas que, digamos, acabou se elegendo com os votos do Sarney, não estava vinculado com o Sarney, mas foi eleito com os votos do Sarney, então a imprensa repercutiu esse fato. Então o Mário, quando compôs as comissões e subcomissões para a elaboração da Constituinte, privilegiou a esquerda do partido.

Na partilha dos cargos, dos 132 cargos existentes coube ao PMDB 15 das 24 presidências e 21 das 32 relatorias. Nas disputas internas partidárias e ideológicas foi um longo caminho. Como se deu a regra do jogo? A questão partidária exercia influencia na definição da agenda?

A questão partidária era a disputa de Sarney. Ou melhor: a disputa entre progressistas e conservadores, porque o PMDB era um conjunto de liberais, esquerda e gente de direita. O Mário Covas, que era o líder e que tinha o poder de indicação dos presidentes das subcomissões, dos subrelatores, dos relatores das comissões e dos presidentes das comissões, de acordo com o regimento interno feito por Fernando Henrique com a minha ajuda, o Mário privilegiou a esquerda do partido. Tanto é que a Comissão de Sistematização – que nada mais era do que a reunião de 40 e poucos deputados e senadores que ficavam fora do processo inicial e eram escolhidos como formadores de opinião e que a eles se agregariam os relatores, vice-relatores e presidentes do período das comissões – este conjunto ficou à esquerda do plenário. E a condução do PMDB, a condução do processo constituinte na Comissão de Sistematização, é que provocou a criação do Centrão, porque o Centrão se opôs, junto com o governo, evidentemente, aos resultados finais da Comissão de Sistematização.

Nessa arquitetura, como se deu a negociação do regimento interno para a aprovação em meio às disputas partidárias e ideológicas?

O primeiro problema foi sobre como nós iriamos construir o regimento interno. Nós não podíamos copiar um modelo, porque o Brasil teve dois modelos: um que era o de 1946, a criação de uma grande comissão, que havia sido queimado na disputa entre Ulysses e Fernando Lyra. Não se podia nem falar em criar uma comissão para elaborar um anteprojeto. E o outro modelo era um projeto executivo. Também não se podia falar nisso porque o presidente Sarney não tinha condições políticas naquele momento de mandar um projeto.

Então nós tivemos que inventar. E nós rigorosamente inventamos um modelo que começou do zero. Criou-se oito comissões compostas de 21 subcomissões. Cada subcomissão com uma tarefa. Terminados os trabalhos das subcomissões, reunia-se tudo num conjunto e a comissão votava naquele conjunto de trabalhos. Num momento você tinha de início 24 textos correspondentes às 24 subcomissões e, em seguida, esses 24 textos viravam oito textos, porque cada texto cumpria uma comissão. Depois desses oito textos virou um texto só que foi para a Comissão de Sistematização. E tudo isso foi uma negociação complicadíssima, porque havia um fato político.

Era mais fácil você aprovar um texto na Constituição do que você votar na lei. Então todos os setores que tinham interesse de preservar, e pretensões de espaço constitucional, eles procuravam colocar dentro da Constituição.

A Comissão de Sistematização, integrada por 93 dos 559 constituintes, teve o poder de definir o texto que seria submetido ao plenário. Quais os momentos de maior agonia, perplexidade e agravamento?

Um momento grave foi o final. Primeiro houve as disputas, a questão do petróleo, da reforma agrária etc, que eram temas dentro da Comissão de Sistematização. Mas houve um grande problema que eu chamei de "crise do regimento". O regimento interno, do qual fora relator o Fernando Henrique, e eu trabalhei com ele nisso, nós previamos o regimento interno do seguinte modelo: primeiro não seriam admitidas emendas substitutivas globais; segundo não haveria a figura do destaque para votar separado. O que aconteceu?! Exemplifico e isso foi percebido pelo Centrão, principalmente pelo Gastone Righi (PTB-SP), que foi quem mais sustentou esse assunto: cada subcomissão possuía 21 membros. Apresentava-se um texto qualquer e, para ser aprovado, precisava de maioria simples: ter 11 votos. Aprovado um texto "x" com 11 votos, esse texto na subcomissão era reunido, na comissão de 63 membros, com os outros textos das subcomissões. E estava lá dentro do texto o "x". Mas para tirar o "x", se alguém quisesse suprimir aquele "x", precisava ter maioria. Maioria de 63 é 32. Alguém entrava com uma emenda supressiva daquele texto "x" que entrou com 11 votos. E se essa emenda ou destaque supressivo apresentado no seio da comissão tivesse 31 votos não era aprovado. Logo, 11 era maior que 31. Depois esse texto "x" sobrevive à comissão e vai para Comissão de Sistematização, composta por 93 deputados. Também nessa precisava-se da maioria, 47, para excluir o texto que foi aprovado por 11. Então 11 era maior que 47, porque os 41 não conseguiriam derrubar os 11. Por isso surgiu a crise do regimento.

E essa crise era apresentar emenda substitutiva global e apresentar "DVS" – Destaque para Votar em Separado. Ela analisava o texto "x" fora daquela comissão e o autor do texto teria o ônus de buscar a maioria para colocar o "x" de volta. Entendeu o jogo?

E um segundo momento grave foi relativo às emendas substitutivas globais. Terminada a Comissão de Sistematização houve a paralização dos trabalhos por conta da crise do regimento e houve a alteração do regimento interno. O Centrão conseguiu introduzir o destaque para votar em separado e as emendas substitutivas. O bloco fez oito emendas substitutivas dos oito capítulos da Constituição. E surgiu um problema político que foi discutido no seio da liderança do PMDB, com o Mário Covas: "Vamos aprovar o texto da Comissão de Sistematização ou vamos fazer uma guerra de guerrilha?".

Avaliamos politicamente o problema e resolvemos aprovar as oito emendas do Centrão e, depois, durante todo o processo constituinte, tentar recompor a emenda da Sistematização via destaques, emendas supressivas e emendas substitutivas para incluir no texto do Centrão. E foi isso que fizemos.

Na primeira sessão o Mário Covas encaminha para votação, para a aprovação como texto base, a emenda substitutiva do Centrão. E isso prejudicou a emenda da Sistematização, mas nós já havíamos feito na Assessoria e eu trabalhava muito nisso. Fizemos vários destaques que entendemos necessários para, tendo como base o texto do Centrão, trazermos de volta aquilo que havíamos aprovado na Comissão de Sistematização. Por isso que o processo constituinte levou tanto tempo. Foi uma guerra de guerrilha. E por que eu sustentava que tínhamos que ir para guerra de guerrilha? Porque quando o Centrão fez as emendas substitutivas dele, globais, ele chamava os constituintes que tinham votos para que botassem os seus textos ali dentro.

Houve um caso curioso envolvendo um deputado do Paraná que era pastor evangélico e tinha uma gravadora. Ele queria, na discussão durante todo o processo da Comissão de Sistematização, que o *copyright*, o direito da propriedade intelectual, não abrangesse composições religiosas, para que a gravadora dele pudesse lançar discos de músicas religiosas sem pagar direitos autorais para os compositores. E o Centrão botou essa coisa, excepcionou os direitos autorais para produções religiosas. Com isso conseguiram o voto desse deputado pastor. Repetiram isso com vários. Eu dizia "olha, nós vamos perder". Eles solidarizavam com uma série de mecanismos. E nós resolvemos votar. Votamos no texto básico do Centrão. Significava que o trabalho da Comissão de Sistematização não foi o texto básico do plenário. O texto básico foram as emendas substitutivas do Centrão. E durante todo o período até o final, nós fizemos destaques e emendas para tentar recuperar o texto aprovado na Comissão de Sistematização.

Na sistematização, após vários embates, várias frentes, sistema de governo, reforma agrária, definição de empresa nacional, o papel das Forças Armadas, estabilidade no emprego, questões de ordem econômica, entre outros, surgiram vários grupos. Grupo centrista com 32 parlamentares, José Lourenço; grupo do consenso, com Fernando Henrique. Como é que se dava essa articulação entre os grupos? Os partidos deixaram de ter proeminência?

Não. Não trabalhávamos por sigla de partido, mas por conjuntos. E as alianças eram diferentes e, em determinados temas, você se aliava por conjunto. Funcionava através de reuniões na liderança do PMDB, presidida pelo Mário Covas até que ele passou para o PSDB. Lá na liderança nós negociávamos toda a votação da tarde. Negociava com o PFL, PDT... E cada grupo, cada partido desses, viabilizava e era veículo de interesse de outros que estavam atrás da reforma agrária. Havia o PFL, o UDR veiculando suas pretensões via PFL... Também negociamos com gente do PMDB, que era o caso do Cardoso Alves (PMDB-SP), conhecido como Robertão. O Robertão, por exemplo, viabilizava nas discussões de votação. Nos acordos nós levávamos em conta essa situação toda. Havia grupos de interesse que veiculavam as suas pretensões via partidos e grupos. E não havia segurança de que a tua bancada votaria contigo. Um exemplo: o PMDB teve na Constituinte acho que 230 deputados e senadores de números redondos, mas 160 votavam junto com Mário Covas e os demais com o Centrão.

E o diálogo seguia desta forma?

Sim. O diálogo era feito com grupos e basicamente dentro da liderança do PMDB, comandada pelo Mário Covas. Então ali você fazia os debates, os acertos, as discussões. Tanto é que a gente inventou, dentro do processo, as chamadas emendas de fusão ou emendas de transação, porque às vezes você não conseguia fazer acordo nenhum. Quer com o texto da Sistematização, quer com o texto das emendas que existiam, quer com as emendas do Centrão. Então você tinha que criar uma forma de formar maioria. É você fazer um texto longo e aprová-lo na hora.

Sobre as emendas populares: o regimento interno, na elaboração junto com Fernando Henrique, acolheu o pedido da plenária nacional em prol da participação popular. Qual foi a importância das emendas populares?

Não houve. É mistificador dizer que elas tiveram relevância, porque elas se perderam no meio daquele conjunto todo. O fato de a emenda ser popular não lhe dá mais autoridade do que as outras emendas. Não dava a elas tratamento diferenciado. Quando fomos para a Constituinte se falava muito na sociedade civil organizada. Nos demos conta de que não possuíamos sociedade civil organizada, mas grupos de interesse organizado, que queriam pegar pedaços do Estado para si. A grande intenção era dos grupos de interesse muito organizados. Não possuíam representação popular propriamente dita, mas eram grupos de interesses muito organizados que queriam cravar na Constituição os seus interesses. E foi isso o que aconteceu. A gente viu isso muito bem no Poder Judiciário, no Ministério Público. Todo mundo queria colocar a sua autonomia ou um nicho de status para ficar com eles.

Qual o peso das emendas populares?

Quem viveu sabe perfeitamente que a emenda popular não teve tratamento diferenciado de outras emendas. Passava pelo processo de negociação e sabíamos que a emenda popular não fora produzida pelo povo, mas algo organizado por um grupo de interesses que colhia assinaturas na avenida Copacabana. Era a mesma coisa dos deputados que assinavam nos corredores. Não foi uma coisa que foi debatida pela população, mas apenas um grupo de interesses que colhia assinaturas. E tentavam com isso legitimar o que era legítimo. Mas na discussão dentro da Constituinte elas tinham o mesmo tratamento.

O presidente Sarney fez vários ataques ao Congresso Constituinte. A Comissão de Sistematização aprovou o parlamentarismo e a Constituinte estava demorando a definição da elaboração do mandato. Sarney ocu-

pou a cadeia de televisão e rádio dizendo que a Constituinte iria colocar o país na ingovernabilidade. Depois Ulysses rebateu as críticas. Isso no mês de julho de 1988. Como foi esse período de tensão?

Na verdade o pessoal que compôs as lideranças na Constituinte não possuía muita experiência executiva. Eram todos parlamentares, professores, profissionais liberais, mas nenhum de nós havia passado pelo Executivo. E também era um desaguar de esperanças da Constituinte, de promessas, de desejo. E não fazíamos conta de como pagar essa conta. E o governo também ficou silente disso durante um período.

O problema do governo naquele momento não era discutir isso, mas o tempo do mandato do presidente Sarney e também o presidencialismo e o parlamentarismo. Lembre-se bem que o Sarney teria seis anos de governo e ele queria reduzir para cinco, enquanto o PMDB queria reduzir para quatro. O Mário Covas e o PMDB queriam quatro.

Durante o período em que se discutiu esses assuntos o governo direcionou a sua atenção para os cinco anos do presidente Sarney e para a questão do presidencialismo. Eu lembro que haveria uma reunião na casa do doutor Ulysses, que era o presidente da Câmara, e houve uma negociação política para tentar resolver esse problema. Quem comandou isso foi o doutor Ulysses, evidentemente, mas quem viabilizou os diálogos foi o senador José Richa (PMDB-SP), que fora governador do Paraná e era muito amigo do Sarney. O José Richa foi conversar com o presidente Sarney para tentar fazer uma proposta de regimento com ele. O presidente fez a proposta que o Richa nos trouxe para submeter ao PMDB: ele aceitava o parlamentarismo no modelo que fora desenhado, um parlamentarismo com o Executivo mais forte, à la Constituição Francesa. Aceitava o parlamentarismo e, promulgada a Constituição, ele indicaria o primeiro-ministro e o ministério. E esse ministério só poderia ser suscetível de voto de confiança dentro de seis meses ou 12 meses, algo assim. Ele queria um período de estabilidade, mas também que o mandato do presidente fosse de cinco anos. Mas o líder o Mário Covas não aceitou. Disse que o mandato teria que ser de quatro anos.

Então nós acabamos indo para a votação, perdemos o parlamentarismo e perdemos os quatro anos. Ganhou os cinco anos e ganhou o presidencialismo. Lá o presidencialismo teve uma aliança que não teve nada de partidária. Tanto é que na emenda presidencialista os dois nomes maiores eram o senador Humberto Lucena (PMDB-PB) e o Vivaldo Barbosa (PDT-RJ).

De novembro de 1987 a janeiro de 1988, período de composição das comissões, subcomissões e relatorias, ficou nítida a composição progressista. O resultado foi um anteprojeto à esquerda do plenário. Quando houve a questão da virada regimental o senhor colocou que a vitória do Centrão na disputa do novo regimento, o congresso constituinte restaurou o processo democrático. E disse: se a esquerda não tem a maioria, o que vamos fazer?!

Numa coisa eles tinham razão: que 11 votos não poderia ser maior que 250. Com apenas 11 votos se aprovava um texto na subcomissão. Para ser excluído, esse texto precisaria de metade dos votos da comissão e, posteriormente, metade dos votos da Comissão de Sistematização e metade dos votos do plenário, de modo que 250 votos do plenário, por não constituírem mais da metade, teriam menos força que os 11 votos que colocaram o texto lá na subcomissão. Então eles tiveram razão em relação ao "DVS" – Destaque para Votar em Separado.

Mas a esquerda ficou perplexa, tomou um susto. Havíamos dominado todo o proceso inicial até a Comissão de Sistematização, onde fizemos um texto à esquerda do plenário. Isso deu origem ao Centrão e à crise. E tivemos que ceder porque não possuíamos a maioria: cedemos à emenda substitutiva e ao DVS. Votamos e aprovamos a emenda do Centrão e fizemos um árduo trabalho no texto da sistematização, apostando no fato de que no plenário havia mais condições de vencermos em guerra de guerrilha que numa batalha. E optamos pela guerrilha ao invés da batalha global.

Em 22 de março de 1988 o presidencialismo é aprovado com os 5 anos de mandato para Sarney. Sobre as disputas do mandato e do sistema de governo, o que foi feito para o governo garantir a vitória por 344 a 212?

Eu darei um exemplo. Durante o processo de levantamento dentro do PMDB para ver quem votava por 4 anos e quem votava por 5 anos, um colega do PMDB lá do Sul veio falar comigo. Ele exibiu uma série de cartas e manifestações do pessoal que havia eleito ele naquela região. E o grande interesse era o asfaltamento de uma estrada. Eram cartas de prefeitos de vários partidos, carta do diretório do PMDB local, carta do Clube dos Dirigentes Lojistas... E o Governo Federal garantiu o asfaltamento desde que ele votasse pelos 5 anos. Ele me disse que não tinha condições de votar pelos 5 anos porque o que o pessoal queria era a estrada. Ele votou pelos 5 e fizeram a estrada. A luta foi essa. Não vejo como corrupção. O governo ofereceu resultados para obter o voto pelos 5 anos.

E vamos deixar bem claro: a discussão sobre 5 ou 4 anos estava atrelada à sucessão presidencial. Se o mandato de Sarney fosse de 4 anos a eleição seria em 1988. E quem seriam os principais candidatos? Os personagens com mais disposição no processo Constituinte. Mas a eleição foi em 1989 e quem venceu foi o Collor (PRN), que não tinha nada a ver com a Constituinte.

Então sinto que na verdade o debate dos 4 ou 5 anos estava relacionado à virtualidade de ganhar uma eleição e à ideia de que quem tivesse uma exposição maior durante todo o processo teria mais chance na candidature à Presidência da República.

A disputa entre parlamentarismo e presidencialismo também foi influenciada pela temática da eleição?

Também. Tanto que houve a proposta real feita pelo Sarney a nós da maioria do PMDB: a de ser aprovado o parlamentarismo em troca dos 5 anos de mandato. E não aceitamos. Porque o que estava por trás era a eleição. E o que era o mais importante? O mais importante era o período do mandato.

Sobre a ordem econômica, como se deu o debate histórico da definição da empresa nacional?

Aquilo foi pura e simplesmente a reprodução da lei de reserva de informática. E algo precisa ficar claro: o PMDB era um partido que em seu bojo havia gente da esquerda, liberais e gente da direita. Então o PMDB nunca debatia muito a questão da ordem econômica, tanto é que a ordem econômica acabou sendo uma ordem econômica que vinha de trás e que depois foi reformada em 1995 e 1996 no governo Fernando Henrique, passando pelo grande debate emocional de 1993, que foi a revisão constitucional. Mas quando votamos na ordem econômica o fizemos olhando para trás. Não estávamos vendo que o mundo estava mudando. Fechávamos a economia, estatizávamos as coisas, criávamos as figuras de privilegiamento das indústrias brasileiras – e as indústrias queriam, as empresas queriam... porque as empresas brasileiras de capital nacional possuíam uma variável econômica de competitividade maior que as empresas brasileiras de capital estrangeiro. Esse debate é curioso. Mas acabamos aprovando e enfiando na Constituição o que havia da antiga Lei de Reserva de Mercado da Informática. No governo Fernando Henrique, em 1995, derrubamos a diferença de empresa brasileira de capital nacional para não ter um conceito de empresa brasileira.

Com a fundação do PSDB o senhor assumiu a liderança do PMDB. Como foi esse processo?

Sou advogado e participei da Constituinte, conhecia o debate constitucional e possuía certa formação no tema. Também possuía formação em lógica matemática. Naquela época não existia laptop. Controlávamos os votos com base em fichas, no papel. Eu era um trabalhador, gostava disso. E essas foram as minhas tarefas. Eu produzia textos. Ao surgir um problema, discutia-se – mas eu não participava ativamento do processo decisório do conteúdo. Quem discutia eram o doutor Ulysses Guimarães, o Mário Covas, Nelson Carneiro, o Richa, o Celso Furtado e alguns governadores que às vezes participavam, como o Pedro Simon e o Miguel Arraes. Eram o núcleo decisório do PMDB. E havia os executores. Então eu não estava no nível da definição, mas no da estratégia e da operação.

Houve um problema na Constituinte sobre o texto do repouso semanal, uma regra antiga que existia desde a Consolidação das Leis do Trabalho (CLT) de Getúlio Vargas. O pessoal da esquerda, o Plínio de Arruda Sampaio (PT-SP), que viabilizava as pretensões e os interesses dos sindicatos, queriam um texto dizendo: "Repouso seminal remunerado, obrigatoriamente aos domingos". Mas o Centrão queria "repouso seminal remunerado na forma de convenção coletiva", argumentando que determinadas empresas não podiam parar no domingo, como as de siderurgia. Acontece que nem a esquerda e nem o Centrão possuíam votos suficiente para aprovarem seus textos, então precisavam encontrar uma saída. E essa era a mnha tarefa. Eu apresentava os textos ao doutor Ulysses e a conversa era: "Com esse texto como está, conseguiremos quantos votos?", "ah, a gente consegue 100 votos". E a gente buscava uma redação em que começava a ganhar espaço para ambiguidades, para conseguir aprovar ele com maioria. O texto ambíguo era o texto que formava maioria.

Havia duas forma de não enfrentar o problema: transformar o texto em ambíguo ou jogar a discussão do problema para uma discussão adiante. Todo mundo enviava para lei ordinária e para lei complementar aquilo em que não coneguiu fazer acordo. E a Constituição teve muito disso, se não a gente não aprovaria nada. No caso citado eu usei outra técnica. Fomos negociar com o Centrão com o pessoal da esquerda. Mas a esquerda nao abriu mão e o Centrão disse "de jeito nenhum". Não tínhamos condições de aprovar coisa alguma, mas precisávamos colocar alguma coisa sobre o repouso seminal. E inventei a seguinte frase: "Repouso semanal remunerado, preferencialmente aos domingos". Manteve o domingo que a esquerda queria, com o "preferencialmente" reduzindo a obrigação. Atendeu parcialmente aos dois. Esta era a minha participação. Eles decidiam a solução política e eu ia construindo junto com os outros para esse troço ser aprovado. Estava no nível operacional e tático para produzir.

O Mário Covas tinha como vice-líder o Euclides Scalco (PMDB-PR). E o PSDB surgiu por três pontos: a disputa por São Paulo, com Covas, Fernando Henrique e José Serra de um lado; a briga do Richa com o Álvaro Dias no Paraná; e o problema em Minas entre o Pimenta da Veiga e o Nildo Cardoso. O PSDB nasceu das divergências nesses três estados, não havia nada de ideologia. O Mário Covas saiu para o PSDB e eu me tornei líder do PMDB no final da Constituinte. Sobrou para mim. Quem deveria ser o líder era o Antônio Brito (PMDB-RS), mas ele saiu para disputar a prefeitura de Porto Alegre em 1988, que ele perdeu. E eu não possuía autoridade política para ser líder, tanto é que pedi para ter como vice o Nelson Carneiro, para me dar uma estatura, porque eu ainda era um deputado de primeiro mandato. O meu único diferencial é que eu sabia de tudo relativo aos problemas, onde estavam as urgências, quais as dificuldades. Mas tudo isso o Brito também sabia.

Quais foram as maiores ambiguidades da Constituinte?

Não dá pra definir muito bem. Aquilo foi o que se deu para produzir nas circunstâncias do momento. As críticas que fazem os autores de Direito, sobre a Constituição ter 40 ou 50 emendas, é porque depois o processo real foi ajustando a Constituição a uma situação real. Foram a mudança na ordem econômica, que se deu em 1995, no governo Fernando Henrique, em que trabalhei conduzindo e redigindo aqueles textos de mexer na ordem econômica; depois vieram as alterações de ordem social, os ajustes na Previdência Social e os problemas das reduções do plano de aposentadoria, que na época da Constituinte todo mundo queria dar tudo.

Se pegarmos a definição do papel das Forças Armadas na Constituição anterior, a de 1969, e colocarmos ante a Constituição de 1988, ficou inalterada?

Não. Houve uma mudança importante. As Forças Armadas foram eleitas, na tradição constitucional brasileira, como preservadoras da Lei e da ordem. Então as Forças Armadas tinham como tarefa e função a preservação da soberania. Acontece que, com isso, interpretou-se que os militares tinham recebido diretamente da Constituição uma tarefa, sem intermediários, que é a preservação da lei e da ordem. E com isso se sentiram legitimados a intervir por vontade deles, porque supostamente a Constituição autorizava. Em 1988 nós alteramos. É função militar a garantia da lei e da ordem, mas quando determinada por algum chefe dos poderes. Uma coisa é a ação militar fora do território, a defesa da soberania contra o ataque externo. E outra coisa é a ação dos militares dentro do território por questões de desordem interna.

Maurílio Ferreira Lima[1]

CLEONILDO CRUZ: *A instalação da Assembleia Nacional Constituinte se deu em que contexto político?*

MAURÍLIO FERREIRA LIMA: É preciso entender o contexto dentro do qual a Assembleia Nacional Constituinte se iniciou. Em 1964 houve um golpe militar que deveria ser temporário. A partir de 1969, com o Ato Institucional número 5, o país foi completamente amordaçado. Durante esses anos de amordaçamento até a anistia e a luta pela Assembleia Nacional Constituinte, a gente vivia um mundo de sonhos e de utopia. O mundo se dividia em duas facções absolutamente antagônicas que não eram apenas adversárias, mas se consideravam inimigas, esquerda e direita.

A sociedade não se divide dessa forma. A sociedade tem vários matizes e a área maior é a área cinzenta onde as pessoas pensam como querem. A Assembleia Nacional Constituinte, nesse clima, se dividiu com uma esquerda que queria fazer nas leis aquilo que não existia na sociedade. Não tem lei que mude a sociedade, a sociedade muda a partir da sua população, da sociedade civil organizada, dos sindicatos, da igreja, dos capitalistas, dos banqueiros, dos bancários, dos padres, dos ateus e, hoje, das lésbicas, dos homossexuais, dos casais bissexuais. Se você não tem a sociedade querendo mudar não adianta fazer uma lei. Mas na Constituinte nós imaginávamos que bastava botar na lei "acabou a fome" e teria comida para todo mundo.

---

1. Advogado, foi deputado federal pelo PMDB por cinco legislaturas (1967–1971, 1983–1995 e 1999–2003). Na Assembleia Nacional Constituinte integrou a Subcomissão dos Direitos Políticos, dos Direitos Coletivos e Garantias, dentro da Comissão da Soberania e dos Direitos e Garantias do Homem e da Mulher; presidiu a Subcomissão dos Negros, Populações Indígenas, Pessoas Deficientes e Minorias, dentro da Comissão da Ordem Social; e foi suplente na Comissão de Sistematização.

O discurso do ministro Moreira Alves. Por que ele seria oportuno apenas no Chile?

O Chile é um país diferenciado na América Latina. A América Latina praticamente se divide em alguns blocos muito estanques. Você tem o Brasil, que foi preservado na sua grandiosidade pela colonização portuguesa, e você tem uma mistura, porque o português gostava muito das crioulas, dormia muito com as crioulas e com isso ficou um país miscigenado. E hoje você tem um Brasil onde tem mais pessoas de cor, pessoas mais próximas da senzala, do que da casa grande, mas um país sem grandes conflitos sociais. Se você vai na América Latina e na Andina, é diferente.

Você vai à Bolívia, Equador, Peru e o povo não fala língua de branco. Quem fala espanhol é o branco, é o rico, é o poderoso, é elite. O povo fala ketchua, o aramaico, o povo fala as línguas que há milênios existem naquela região. E o índio tem uma cara diferente daquele que é descendente do espanhol. Então se você botar num quarto um índio e um branco você já sabe distinguir. No Brasil é muito difícil você distinguir as pessoas, nem mais pela roupa, porque roupa no Brasil hoje se tornou tão barato que até as empregadas domésticas saem de casa hoje mais elegantes do que as patroas.

Mas na Assembleia Constituinte havia essa disposição: vamos botar na lei. Por isso que a Assembleia Constituinte votou uma constituição que é uma das mais extensas do mundo. E as pessoas dizem: como é que os Estados Unidos têm poucos artigos e, no Brasil, você passa quatro ou cinco noites lendo a Constituição e não termina de ler, muito menos de entender? É consequência disso, de cada um querer botar um pontinho lá. A escolha dos constituintes já foi um processo que mobilizou muito o país. Os bancários se reuniam, indicavam um candidato, os metalúrgicos se reuniam, indicavam um candidato.

Quando você foi candidato em 1986, sabia que seria candidato a constituinte?

Sabia, mas não era ligado a nenhum sindicato. E fui para a Constituinte dentro desse clima que falei. Eu achava como toda esquerda achávamos que salvaríamos o mundo. Porque eu teria o direito de botar no papel tudo aquilo que eu queria: que o salário mínimo tinha que ser suficiente para pagar o aluguel, para botar os meninos na escola, para comprar tênis, para comprar jeans, para comer três vezes por dia, para viajar de férias. Eu achava que tudo isso existia. Como meu amigo, por exemplo, Fernando Gasparian (PMDB-SP), um dos homens mais dignos desse país, achava que bastava botar na lei que os juros tinham que ser tabelados em 12% – "fora disso seria usura". Ora, isso não existe. Mas naquela época a gente acreditou nisso e fez uma Constituinte que eu digo que foi um "porre cívico". O que é um porre cívico? É a gente imaginar que mudava tudo no papel. Papel não muda nada.

Maurílio, pensava-se que o regimento interno estaria elaborado logo em fevereiro, primeira semana seguinte, ele só veio ficar pronto em março. Por que essa demora dos 559 constituintes? Assim que Ulysses Guimarães assumiu a presidência, falou que tinha um projeto de resolução provisório num regimento. Esse regimento provisório foi descartado pelos constituintes. Então levou varias reuniões e negociações. Por que a demora da elaboração do regimento?

É porque as pessoas entendem que uma casa legislativa é como uma máquina, um liquidificador. Você chega, bota laranja no liquidificador, aperta um botão e sai o suco. E questionam: por que é que o congresso não vota tal lei? Porque é complicado. Complicado por quê? Uma lei de greve é complicada, porque: bombeiro pode fazer greve? A polícia pode fazer greve? O médico no plantão pode fazer greve? O exército pode fazer greve? Há toda essa confusão. Demora a juntar todas as opiniões e, numa casa política, qualquer coisa só acontece quando tem uma maioria para votar. Então eu quero ressaltar a posição do doutor Ulysses (PMDB-SP). Se não fosse Ulysses Guimarães não teríamos feito a Constituição. Porque ele sentava naquela cadeira e a gente ficava impressionado: será que ele não faz pipi?! Porque ele sentava às duas da tarde e levantava às dez da noite. A gente ia ao banheiro umas dez vezes ele ficava lá. Ou usa fralda descartável, não sei. Era um negócio realmente impressionante. Se o doutor Ulysses tinha um artigo para votar, fazia o seguinte: "Quem está a favor fique do jeito que está". E você diz: "Doutor Ulysses, não ouvi". "Você não ouvindo faz confusão, avalie se ouvisse. Passa ao artigo seguinte".

Ele fazia as votações dessa maneira, porque se não fizesse assim, não havia votação. Há um deputado que faleceu, Amaury Muller (PDT-RS), do Rio Grande do Sul, que levantou essa questão curiosa. "Presidente, eu estou aqui sentado na sua frente, não entendo o que o senhor diz". Ele disse: "Meu filho, o senhor sem entender faz uma confusão desgraçada, avalie se entendesse. Não é para entender não. Tá aprovado!". E assim as coisas foram caminhando. E se ele não fizesse desse jeito a gente não avançava para canto nenhum. Porque a gente sentava ali no plenário e, em cima, onde ficam as galerias, que hoje é cercado de vidro para impedir a esculhambação – porque era uma esculhambação, nós fazendo escolhas para o país e um sujeito jogando cigarro, dinheiro, esculhambando. Isso não existe em parlamento nenhum do mundo. Uma democracia é baseada na representatividade, da proporcionalidade.

Mas nós ainda não éramos uma "democracia".

Não. Estávamos saindo de uma ditadura e queríamos fazer o melhor dos mundos. Nessa época ainda não havia essa história de terceirização, inventada pela globalização. Nessa época havia os contratados pela CLT (Consolidação das Leis do Trabalho) e os contratados pelo regime jurídico do funcionalismo federal. Então, lógico, eram dois tratamentos diferentes. Quem era contratado pela CLT era regido pela lei trabalhista. Na lei trabalhista você só se aposenta com trinta e cinco anos de contribuição e naquele salário maior do INSS (Instituto Nacional de Seguro Social). No serviço publico você se aposenta com o salário integral. E lá estava e se aproximou um sujeito: "Como é que pode o país viver nessa esculhambação? Eu estou trabalhando ao lado de alguém, mas ele tem direito a uma aposentadoria integral e eu tenho direito só à aposentadoria do INSS".

E inventaram a palavra mais indecente e mais imoral que conheci na vida, essa tal de isonomia. Sala igual para quem trabalha igual. Isso não pode. É uma esculhambação. Imagine um professor – não quero esculhambar com Porto Velho – de Porto Velho, lá no interior do Brasil, lá nos confins do Brasil, e um professor de Campinas e da Universidade de São Carlos. O sujeito que está estudando em Campinas e na Universidade de São Carlos geralmente tem mestrado, tem doutorado, fala inglês, passa o dia na internet, lê a revistas, se informa. O ser que está lá em Roraima, em Porto Velho, não tem acesso a esses meios. Ele é professor, então tem que ganhar igual ao outro. Não, meu amigo. Os professores exercem as suas atividades em locais diferenciados. Então, essa palavra isonomia é a maior indignidade contra o país, porque é aquela que diz igualdade. Igualdade é história da Revolução Francesa. Tratar igual as pessoas é fazer a maior injustiça, porque as pessoas são desiguais. Se as pessoas são desiguais eu tenho que tratá-las desigualmente. Se não eu estou praticando uma grande injustiça. Eu posso tratar um deficiente físico igual a um sujeito que está se preparando para as Olimpíadas? Não posso. Eu posso atribuir a alguém que é deficiente mental os mesmos direitos de quem tem a cuca em ordem? Não pode. Então se criou algumas palavras que só servem para perpetuar a injustiça e a sacanagem. Isonomia, igualdade, isso não existe. Você tem que tratar as pessoas desigualmente porque elas são desiguais.

Está na Constituição que todos são iguais perante a lei.

Isso é relativo. Isso é relativo porque colocaram na Constituição e havia exceção. Está caindo. Um sujeito se forma numa faculdade safada, tem um título de advogado e não passa em nenhum exame da OAB do Brasil. Só porque tem um título dá um tiro em alguém e quer ficar num quartel folgado, com televisão de plasma ou LCD, entendeu? Recebendo a namorada, transando a hora que quer. E o sujeito que rouba uma galinha vai embora levar porrada no (Presídio) Aníbal Bruno. Por que o outro tem prisão especial? Porque conseguiu fazer um curso fajuto. O doutor é tão bandido quanto o bandido que assalta. Então são essas igualdades que eram atenuadas também por exceções legais e, felizmente, estamos caminhando para um país. Eu sou muito otimista. O Brasil de hoje é muito melhor que o Brasil de dez anos atrás.

Daqui a dez anos o Brasil será muito melhor que o de hoje. As pessoas pensam que será pior. Não. Será melhor, porque as pessoas participarão mais, exigirão maior transparência. Você não viu o Sarney? Foi para a televisão pedir desculpas porque disse que não sabia que recebia o auxílio-moradia. Eu acredito na história dele porque Sarney é um homem muito rico e o salário de senador é ridículo. É grande para quem ganha salário mínimo. Senador ganha dezesseis mil e quinhentos reais. Recebe líquido doze mil. Ninguém em Brasília que ganha doze mil reais mora no Plano Piloto. É de Taguatinga para dentro, para o meio dos bandidos. Sarney, por ser um homem muito rico – não sei como ele enriqueceu – ele não vai olhar o cheque dele, ele nem olha aquilo.

É como o Henrique Meireles. Achas que Henrique Meireles quer saber do salário dele de Banco Central, um salário de menos de dez mil reais? Isso não existe para ele. Ele quer nem saber. Dois ou três anos depois diz: "Vê aí meu saldo se tem algum dinheiro", enquanto o pobre aqui tem que pagar aluguel, tem que pagar a escola do menino, cortaram a luz porque não tem dinheiro para pagar. O Sarney quando diz: "Eu não sabia", ele não sabe porque não olha o contracheque dele, pois ele não precisa olhar. O trabalhador, não: "Descontaram dois reais aqui do café, eu não tomei o café", e vai atrás para receber.

Fernando Lyra[1]

CLEONILDO CRUZ: *Em julho de 1985, em pleno processo de transição democrática, o presidente José Sarney convocou uma comissão provisória de estudos constitucionais. O grupo ficou conhecido como Comissão Affonso Arinos, "os notáveis". Meses depois a* Folha de S. Paulo *publica artigo de vossa autoria entitulado "Constituinte: um primeiro passo". O senhor colocou que "a comissão desempenha uma missão das mais patrióticas e cuja importância é tão grande quanto a qualidade do seu produto". Em dezembro o jurista Miguel Reale, integrante da comissão, se queixava das crtíticas, que diziam que o grupo fazia reuniões e discutia por horas, mas não se chegava a qualquer conclusão. Qual foi a importância da Comissão Affonso Arinos para o processo de transição democrática?*

FERNANDO LYRA: A ideia da Comissão foi do doutor Tancredo Neves (PMDB-MG). Ele ainda candidato, nós conversamos muito, inclusive chegamos a convidar o ex-ministro Affonso Arinos (PFL-RJ) para ser o presidente da Comissão. E convidamos algumas personalidades importantíssimas no contexto. Mas, em função do desaparecimento de Tancredo, somente em junho é que foi instalada a Comissão.

E essa comissão teve um trabalho muito bom. Mas poderia ter sido melhor se ela fosse mais enxuta, no termo popular – com menos componentes e mais ideias para o processo. Acontece que com o de-

1. O advogado iniciou sua vida pública como deputado estadual pelo MDB (1967–1970) e, em seguida, deputado federal (1970–1990), havendo se licenciado para assumir o Ministério da Justiça (1985–1986). Integrou o grupo dos "autênticos" do PMDB, partido do qual se desfiliou para ingressar no PDT, pelo qual disputou, em 1989, a Vice-Presidência da República na chapa de Leonel Brizola. Já filiado ao PSB, voltou à Câmara Federal em 1993, permanecendo até 1998. Presidiu a Fundação Joaquim Nabuco (2003–2011). Faleceu em 2013.

senrolar da Constituinte houve alguns problemas políticos sérios. E esses problemas políticos fizeram com que a comissão não tivesse a participação que deveria ter.

Na minha opinião deveríamos ter uma Constituinte na qual os deputados e vereadores fossem eleitos para a Constituição. Mas não foi assim. Os deputados que participaram das eleições de 1986, eles não tinham como meta a Constituinte. Dos deputados federais eleitos em 1986, eu não me lembro de algum que se elegeu como deputado Constituinte. Elegeu-se como deputado federal. E mais grave foi o Senado da República: um terço do Senado Constituinte era biônico. Foram nomeados biônicos. Consequentemente não possuíam qualquer legitimidade para fazer uma Constituinte na nova etapa do processo político que abarcou uma democracia em curso. Então começaram também os problemas internos dentro da Constituinte.

Nós conseguimos uma coisa excepcional. Eu lembro bem que convidei o senador Mário Covas para ser o candidato a líder. Ele resistiu e eu disse "você tem que ser o candidato a líder". E conseguimos que ele aceitasse e ele se elegeu. E a grande contribuição do PMDB naquela oportunidade, na Constituinte, foi a liderança de Mário Covas, um homem da melhor categoria, do melhor passado.

Houve resistência?

Havia resistência, mas resistências sem maiores importâncias. Porque cada liderança queria ser o líder da Constituinte, cada personalidade política importante queria ser o líder. Mas nós conseguimos eleger Mário Covas, que foi um avanço extraordinário. Mas, na briga à qual eu me referia há pouco, a Constituinte teve um problema gravíssimo, que teve consequências muito sérias, que foi o mandato do presidente Sarney. O presidente Sarney teria, por direito, seis anos de mandato. Por quê? Porque ele foi vice de Tancredo Neves e Tancredo não conseguiu se empossar – faleceu antes. E o Sarney assumiu. Então ele tinha direito a seis anos. Mas começou o movimento, principalmente quando reformou-se o governo todo. E o ministério de Tancredo, do qual eu fiz parte, saiu em fevereiro de 1986.

Aconteceu que a maioria ou a quase maioria do PMDB queria quatro anos para Sarney, em vez de seis. E foram para as ruas por Diretas Já. Foi o inicio das Diretas, na Constituinte, quando fomos às ruas pregando eleições diretas para a Constituinte, que a Constituinte decretasse a eleição direta dos quatro anos do presidente Sarney, que seria em 1988. Conclusão: vai para lá, vem para cá, chegou-se ao acordo de cinco anos para o presidente Sarney. A primeira eleição de presidente da República após a ditadura – eleição direta – foi realizada isolada de tudo. Foi só candidato a presidente da República. Ninguém sabe, hoje – eu não sei e eu participei presidente da Constituinte, participei de eleição posterior, inclusive como candidato a vice-presidente de Brizola (PDT-RJ) – e não sei o nome do partido que elegeu Pedro Collor e Fernando Collor. Para ver como a coisa foi totalmente distorcida.

Com a eleição do Collor, toda aquela nossa luta da Constituinte viveu um problema sério. Porque teve que abrir o impeachment e teve que assumir um vice. Houve muitas consequências para o processo político brasileiro.

Em setembro a comissão entregou ao Sarney o anteprojeto de constituição. O senhor participou da cerimônia e questionou o Affonso Arinos se ele sugeriria ao presidente que enviasse o projeto ao Congresso. Por que o Sarney decidiu não enviar o anteprojeto para a Constituinte?

Vem um problema sério. Quando o doutor Tancredo pensou na Comissão Constituinte, pensou exatamente em como a sociedade brasileira como um todo, através de pessoas escolhidas e qualificadas, de todos os seus setores, tivesse condições de contribuir para a Constituinte. Como o presidente Sarney não enviou o relatório ou o anteprojeto da Comissão e o presidente da Câmara e da Constituinte, Ulysses Guimarães, também rejeitou aquele trabalho extraordinário feito pela Comissão da Constituição. Rejeitou porque ele não foi ouvido, muito pelo contrário. Criou-se um problema sério. Quase deram um golpe na Constituinte, criando o Centrão. Por que o Centrão? Porque a esquerda, da qual nós fazíamos parte, crescera e tinha dado uma contribuição muito forte à Constituinte. Conclusão: não tivemos o trabalho elaborado pelos juristas e pelos componentes da Comissão aproveitado. Não tivemos o trabalho aproveitado e tivemos um retrocesso com a formação do Centrão. O objetivo era só anular os avanços. A tentativa foi anular os avanços na área social e econômica da esquerda brasileira.

O senhor defendia que a Assembleia Constituinte fosse exclusiva, não congressual. Por que ela não foi exclusiva?

Ela não foi exclusiva por circunstâncias políticas. A eleição do doutor Tancredo, da qual eu participei ativamente, foi uma eleição consensual. Apesar de haver a oposição do Paulo Maluf, a eleição de Tancredo foi consensual. Várias pessoas que antes eram PDS criaram outros partidos, como a Frente Liberal, para, exatamente, participar do governo de Tancredo. Então ficaria muito difícil para o presidente Tancredo lançar aquilo que nós pregávamos, que era a Constituinte livre e soberana, exclusiva, para que os eleitos fizessem a constituinte. Porque no mundo todo foi assim. Quando abriu o processo democrático eu fui para Portugal. Porque quando abriram o processo democrático, a primeira coisa que se fazia era exatamente convocar uma nova Constituinte para fazer uma nova Constituição. Aqui não. Foi aproveitado o Congresso Nacional. E o Congresso Nacional, em que pese ter a obrigação de acompanhar o processo como um todo, não estava preparado para ser um Congresso Constituinte. Eu volto a afirmar: ninguém defendeu essa ou aquela questão, na eleição, em função da Constituinte.

Em 1987 houve duas disputas. A da Presidência da Assembleia Constituinte foi vencida por Ulysses ante o deputado Lisâneas Maciel (PDT-RJ): 425 votos a 69. Mas a sua disputa foi para a Presidência da Câmara Federal, vencida novamente por Ulysses Guimarães: 299 a 155 votos. Embora tenha perdido, você foi bem votado. O que representou a candidatura de Fernando Lyra para a Presidência da Câmara Federal?

Eu fui ministro até janeiro, fevereiro de 1986 e me elegi como deputado federal – inclusive com uma excelente votação em Pernambuco – e quando eu cheguei na Câmara, de volta a um mandato eletivo, procurei verificar quem seriam os candidatos do PMDB, que era o voto majoritário no Congresso, que teriam condições de ser candidatos a presidente da Câmara. E analisei líder a líder, pessoas a pessoas. Examinei bem. E cheguei à conclusão que eu possuía condições de concorrer bem ao processo. E começou um movimento para a reeleição do presidente Ulysses Guimarães à Câmara. E houve uma consulta à Comissão de Justiça da Câmara, que se pronunciou textualmente. Isso inclusive está no livro do Raimundo Faoro, editado há pouco, o *Democracia traída*. Ele ratifica o que eu estou falando.

Estou dizendo que Ulysses Guimarães não poderia ser candidato à reeleição porque era proibido àquela época pelo regimento e pela Constituição. Não podia ser candidato. Ele poderia ser candidato a presidente da Constituinte, mas jamais a presidente da Câmara dos Deputados. E por isso eu fui candidato. Mas Ulysses manteve a candidatura dele, violando a Constituição. Para mim é imperdoável, em que pese eu ter uma admiração grande por doutor Ulysses, que foi um homem, um líder, que deu a maior contribuição à abertura política. Mas esse fato em si é um fato sobre o qual, quando falo, fico constrangido. Mas é verdadeiro: doutor Ulysses violou a Constituição para se eleger. E por que ele fez isso? Porque ele reeleito, não era apenas presidente da Câmara, presidente da Constituinte e presidente do PMDB. Ele era o vice-presidente. De fato e de direito. Porque era o presidente da Câmara.

Essa minha derrota da Câmara não foi uma derrota normal. Vou dar um exemplo a você. Eu teria entre os 25 deputados federais de Pernambuco daquela época, se não me engano, 19 ou 20 votos. Eu fiquei com quatro ou cinco votos. Por quê? Porque havia toda a pressão de um governo novo, onde havia vários interesses. Foi não para me derrotar, mas para eleger Ulysses. E teve votações incríveis que eu vi. Pessoas que não poderiam votar jamais em alguém que violou a Constituinte, mas votaram. Eu confesso que eu não me sinto derrotado da eleição. O grande problema foi que a eleição de Doutor Ulysses não foi uma eleição autêntica. Ela violou a Constituição daquela oportunidade.

O jornalista Carlos Chagas colocou em sua coluna: "Lyra não faz concessões e acusa a sua direção, isto é, Ulysses Guimarães: não escuta com-

panheiros, não abre debate, não elabora qualquer estratégia para remover o lixo autoritário incrustado na atual Constituição". Pergunto-lhe: era muito poder nas mãos de Ulysses Guimarães? Após a disputa houve retaliação por parte do Ulysses para/com a sua atuação na Assembleia Nacional Constituinte?

Não houve retaliação porque não tinha motivo algum. Pelo contrário. Ele venceu as eleições, me derrotou fragorosamente, por 140 votos. O problema todo não foi a eleição, foi a forma de ele se eleger. Confesso a você que eu não tenho mágoa, não. Apenas relato porque tenho a obrigação, inclusive título do livro que eu lancei há pouco, de dizer o que eu sei. Disso eu sei exatamente o que aconteceu. Em função disso é que eu fiquei com o pé atrás e muito preocupado, porque o doutor Ulysses teve uma influência muito grande no governo Sarney, porque ele era tudo isso que a gente falou. Por exemplo, o ministério da Fazenda. Doutor Tancredo dizia e disse a mim: "Ministério da Fazenda é onde o presidente da República tem que colocar alguém que é como se fosse ele lá dentro". E botou Francisco Dornelles (PFL-RJ), que era, além de sobrinho, político, como sendo o ministro da Fazenda. E ele me escolheu ministro da Justiça porque ele me dizia que o ministro da Justiça é como ele foi no governo de Vargas. No governo de Getúlio Vargas e no governo de João Goulart, ele foi um coordenador político. Consequentemente eu seria também um coordenador político. O que houve foi que Ulysses trouxe Funaro de São Paulo, porque São Paulo não poderia ficar sem o ministério da Fazenda.

Quem indicou o Funaro foi o presidente Ulysses Guimarães. Quem tinha influência absoluta no governo era Ulysses Guimarães. Eu me lembro bem: eu estava concedendo uma entrevista ao Ricardo Sette para a *Playboy*, no final de 1985, mais ou menos no início de dezembro e, na hora que nós estávamos falando, saiu uma reportagem de Pedro Simões saindo da casa do presidente Ulysses Guimarães em Brasília e dizendo que era importante a renovação e a mudança do ministério a partir de fevereiro. Mas não era isso, porque sairíamos de qualquer maneira até maio para sermos candidatos a deputados, senadores etc. Foi Ulysses quem fez com que nós nos antecipássemos, porque o plano econômico era de Funaro, que Ulysses colocou lá: o Plano Cruzado. Então a coisa era toda engrenada para que Ulysses continuasse a ser exatamente o que foi: o grande operador do Governo Sarney.

Na Assembleia Nacional Constituinte, após a instalação das comissões e subcomissões, o Ulysses e o Bernardo Cabral (PMDB-AM) rejeitaram a proposta do senador José Richa (PMDB-PR) de suspender os trabalhos da Constituinte para que se discutisse demandas conjunturais referentes à crise econômica e política. A crise do governo Sarney atrapalhou o progresso da Assembleia Nacional Constituinte?

Não digo que a crise atrapalhou. O grande problema é que nós teríamos que ter um governo para que seu objetivo fundamental fosse uma nova Constituição, para que através dela nós pudéssemos fazer aquilo que doutor Tancredo sonhou em fazer. Eu me lembro bem: "Não se paga a dívida com a fome do povo brasileiro". Doutor Tancredo disse muito isso, enfaticamente, e outras coisas mais. Mas a verdade é que o Governo do presidente Sarney, do qual eu fiz parte durante 12 meses, foi como se não tivesse acontecido nada antes. E foi o governo que fez a transição democrática. Então a Constituinte era fundamental. Quando o nosso grande companheiro José Richa pediu exatamente isso, é porque ele viu que a Constituinte ao invés de dar, estava tirando condições de o governo, àquela época, fazer alguma coisa. Então ficou muito confuso o quadro daquela oportunidade. Entre o que era Congresso, o que era Constituinte, se era legítimo, se não era legítimo. Foi uma discussão muit séria e profunda.

Sobre a formação dos grupos, progressistas, conservadores, Centrão, como ficaram os partidos? Como se deram os acordos nos momentos de votação?

Sobre o problema partidário eu tenho uma teoria, que sempre foi a minha opinião: é a de que nunca existiu um partido no Brasil e nem existirão jamais. Para mim é um faz de contas. E já na Constituinte várias pessoas liberais votavam conosco nas teses de esquerda e companheiros nossos conservadores votavam com o Centrão na votação de teses conservadoras. Então os partidos não funcionavam como expressões da Constituinte. Os partidos funcionavam, sim, na questão das eleições das lideranças, na eleição da mesa da Constituinte. Mas jamais na ação de cada deputado. Isso não existiu.

Durante os 20 meses de Assembleia Nacional Constituinte o PMDB viveu a dúvida de "ser ou não ser governo". A questão partidária exercia ou não influência nas votações em plenário?

O PMDB sempre foi dividido. Quando eu cheguei lá, em 1971, formamos eu, Francisco Pinto e Alencar Furtado, o grupo dos autênticos, que depois cresceu muito. Em Pernambuco entrou Marcos Freire e outros companheiros. Fizemos um grupo tido como radical, mas era um radical dentro da constitucionalidade da época. Desde aquela época estamos lutando. Tivemos candidato contra Ulysses, internamente. Nós lutávamos sempre e essa coisa não parou. Até que hoje, 2009, o PMDB é uma capitania hereditária. O que é capitania hereditária? Cada estado tem o seu dono. O PMDB daqui não tem nada a ver com o PMDB de lá e nem de acolá. Não existe partido nacional. Quem é o líder do partido do PMDB? Eu não conheço.

O senhor lembra de alguma disputa entre grupos envolvendo diretamente você?

Eu lembro bem do episódio sobre o qual me referi há pouco, sobre o mandato do presidente Sarney. Foi uma luta interna muito forte. Porque estava em jogo se haveria mais um ano de Governo ou dois anos. Foi uma disputa seríssima e cada um votou de acordo com a sua opinião. Não houve nenhuma posição partidária. Cada um tinha a sua forma de pensar e votou com o seu pensamento.

O mandato presidencial foi uma derrota do campo progressista?

Foi. À época foi. Porque nós queríamos eleição após 4 anos de mandato. Tanto que fizemos a campanha das Diretas Já. Realizamos um comício em Caruaru pedindo realização de eleições diretas após quatro anos de Sarney, que seria em 1988.

Durante o primeiro turno no plenário o Centrão obteve a vitória da reforma regimental e das procrastinações, que permitiram que eles reunissem assinaturas. Como foi a movimentação do Centrão para a coleta de assinaturas? A Folha de S. Paulo *noticiou que a estrutura governamental amplamente foi utilizada para a coleta de assinaturas em favor do Centrão. O senhor lembra desses fatos?*

Eu lembro que houve um movimento muito grande de procrastinação, porque havia algumas teorias que eram naturais que viessem para a votação na Constituinte. E o Centrão, a direita, não queriam. Então restou procrastinar. Hoje eu não sei exatamente quantos têm, mas vejamos quantos artigos ainda hoje não foram devidamente atualizados, regimentados. Há centenas de artigos aí que nunca tomaram conhecimento dessa situação. Enquanto nós imaginávamos para o futuro, o pessoal pensava na permanência da questão. A maioria do Centrão não pensava no Brasil, numa nova era, em mudar. Não. Queriam que continuasse mais ou menos a mesma coisa, contanto que eles fossem governo.

Como foram as discussões em torno dos temas de recursos minerais, reforma econômica e mandato presidencial?

As discussões do setor técnico eram discussões que, eu confesso a você, eu não participava ativamente, porque eu não possuía conhecimento. Eu participei firmemente da questão política. E há algo muito interessante e incrível na Constituinte: é que toda a formação em política da Constituição foi destinada para ser um regime parlamentarista. Quando chegou na "hora H" do voto, o presidencialismo ganhou. A medida provisória é uma medida de regime parlamentarista, jamais do presidencialismo. É visível como a coisa foi difícil na Constituinte. Tanto que colocou-se depois em plebiscito e o parlamentarismo perdeu, já em função do novo presidente, da questão que estava em jogo, que era o poder.

As vitórias progressistas na Constituinte só começaram a acontecer quando o relator e o líder do PMDB *adotaram posições coincidentes. Como isso repercutiu entre os conservadores?*

Aconteceu da mesma forma quando do problema do Centrão. Em algumas circunstâncias se uniram a nós alguns liberais e pessoas que são "do outro lado", mas votaram conosco em algumas questões que eram muito avançadas no processo político brasileiro. Mas há coisas incríveis. Não da Constituição, mas faz parte do processo: a Lei de Segurança Nacional de hoje é a mesma da ditadura. E nós como ministros – e José Paulo Cavalcanti Filho como Secretário Geral – fizemos uma lei em defesa, uma lei democrática. E está na gaveta do presidente há exatamente 22 anos. E ninguém sabe onde está. E era exatamente uma lei democrática, não uma lei como a que ainda está em vigor.

A nossa Constituição foi a possível de ser feita ou a ideal?

O que nós fizemos foi o possível naquela oportunidade. Como nós estávamos ansiosos demais por várias questões sociais e econômicas, houve um exagero na Constituinte de detalhar determinadas coisas, que tiveram que ser reformuladas depois. A Constituinte deveria estar, caso ela fosse livre e soberana como nós imaginávamos, acima das questões menores. Porque as questões menores não se resolvem pela Constituição, mas pelos decretos, pela continuidade do regimento administrativo. Lembro muito bem de um companheiro nosso, Fernando Gasparian (PMDB-SP), uma figura extraordinária, que criou um artigo estabelecendo em 12% os juros anuais. Como é que você pode numa constituinte determinar os juros? Como? Mas era o sonho dele de evitar a inflação. Isso é impossível de fazer. Então entramos em muitos campos que não teríamos que entrar, em função daquela ansiedade de mudar as coisas.

Como foi a participação do estado de Pernambuco, dos movimentos sociais e terceiro setor local no processo da Assembleia Nacional Constituinte?

Pernambuco é um estado privilegiado porque sempre teve bancadas muito participantes, muito boas. E comparandos a outros estados nós somos privilegiados pela qualidade dos nossos representantes. Na Constituinte, por exemplo, foi uma participação muito grande, muito boa, efetiva, que resultou em coisas muito importantes. Eu acho que Pernambuco sempre foi e continuará sendo um líder nos avanços democráticos brasileiros.

Em meio às discussões sobre os 30 anos da Lei da Anistia, qual a sua opinião sobre essa lei que foi tão debatida na Assembleia Nacional Constituinte?

A anistia decorreu daquilo que eu sempre falei. Como houve um governo de consenso, não um governo de oposição absoluta assumindo em 1985, a questão da anistia foi tratada de forma absoluta. Anistiou todo mundo. Tá certo? Tenho minhas dúvidas até hoje. Mas à época não havia outra condição. A anistia ampla beneficiou muitas pessoas que não deveriam ser perdoadas jamais. Mas foi assim em função das circunstâncias.

Roberto Freire[1]

CLEONILDO CRUZ: *Dr. Roberto Freire, no final de 1985 travou-se um grande debate em torno das duas espécies de Assembleia Nacional Constituinte: exclusiva ou congressual. Quando se instalou a Constituinte, o senhor e o deputado Plínio de Arruda Sampaio (PT-SP) levantaram, durante a sessão, a questão da impugnação dos 23 senadores eleitos em 1982, durante a ditadura. Contraditaram o senador eleito em 1982 Fábio Lucena (PMDB-AM) e o deputado Gastone Righi (PTB-SP). Eles alegaram que os senadores tinham poderes constituintes derivativos. Por que o entendimento do PCB e dos partidos de esquerda na época era que esses senadores não deveriam participar da ANC?*

ROBERTO FREIRE: A ideia de Constituinte exclusiva ou congressual não foi grande polêmica. Havia a ideia de que fossem eleitos os constituintes, elaborada a Constituição, promulgada e depois dissolvido o Congresso e eleito outro. Isso seria a chamada Constituinte exclusiva, mas não foi feito. Houve a convocação da Constituinte e, ao mesmo tempo, a eleição do Congresso ordinário.

Como Congresso ordinário, um terço do Senado permaneceu, porque o Senado não renova de quatro em quatro anos, mas um terço e posteriormente dois terços. Ocorre que 23 senadores foram eleitos no pleito anterior. Entre esses senadores havia figuras que ajudaram e muito o que chamamos de campo democrático progressista, a esquerda. Um deles depois foi presidente, o Itamar Franco (PMDB). Eu

1. Advogado oriundo do movimento estudantil, Freire tenta sorte na política pela primeira vez em 1972, sendo derrotado na disputa pela Prefeitura de Olinda. Por Pernambuco foi deputado estadual (1975–1979) e federal (1979–1995), além de senador (1995–2002). Mudou-se para São Paulo, estado pelo qual se elegeu deputado federal (2011–2018). Iniciou sua carreira política no MDB, posteriormente PMDB, se desfiliando em 1985 para ingressar no PCB, onde permaneceu até 1992, ano em que fundou seu atual partido, o PPS.

sempre tive uma ligação muito forte com ele do ponto de vista político e ele ficou um pouco sentido. Eu disse: "Não é nada pessoal, mas uma colocação do ponto de vista político". Eu e o Plínio de Arruda Sampaio levantamos essa questão de ordem, mas sabíamos que seríamos derrotados. Era apenas para constar que havia senadores que iriam participar do Congresso Constituinte mas não foram eleitos como constituintes.

No primeiro momento o PCB, o PT e o PCdoB formaram um bloco de esquerda. Essa medida foi importante para a coesão no processo decisório da Assembleia Nacional Constituinte?

Não foi só esse bloco. Foi bem mais amplo do que os partidos referenciados de esquerda. Houve o PSB e o PDT, que eram também parte da esquerda, e um amplo setor no PMDB que foi de fundamental importância, inclusive para que a esquerda tivesse um peso muito grande na Assembleia Nacional Constituinte. Um dos aspectos fundamentais para que você tivesse uma Constituição bem mais avançada foi o setor de esquerda do PMDB, liderado por Mário Covas e Fernando Henrique Cardoso. Inclusive foi ele o autor do regimento que criou uma forma de elaboração que fugia a uma tradição do Brasil, das elaborações constitucionais a partir de um projeto inicial.

Quais foram as vantagens e as desvantagens deste novo modelo de Constituinte?

Ao escolher esse mecanismo de articulação com a sociedade civil para a elaboração constitucional, se rompeu com uma tradição brasileira em que o projeto foi feito muitas vezes por força externa ao Congresso. O Tancredo, ainda nas eleições, quando eleito indiretamente pelo colégio, idealizou a comissão Affonso Arinos com alguns juristas que elaborariam o texto constitucional. Isso eu sei porque conversei com ele sobre a legalização do Partido Comunista Brasileiro e ele disse "Roberto, aguarde uma Assembleia Nacional Constituinte". O Tancredo era muito prudente, um democrata firme, mas achava que nós não deveríamos ser legais antes da convocação da ANC e pretendia convocar entregando o projeto da Affonso Arinos. Com a morte de Tancredo, nós conseguimos a legalização em maio, antes de convocação da Constituinte. Com o Sarney a ideia da Comissão Affonso Arinos perdeu força, então veio essa proposta de começarmos com comissões gerais subdivididas por temas. Com isso houve uma presença a cada dia maior da sociedade civil. Diariamente, no Congresso, era uma avalanche de manifestações, de grupos, de sindicatos, organizações. Uma sociedade em ebulição, presente nos trabalhos, trazendo as suas contribuições. Isto foi a base fundamental para que no final dos trabalhos se tivesse uma constituição bem mais avançada. A Constituição começou com as reivindicações mais radicais, vindas da sociedade, que cada dia trazia a sua contribuição, com afirmação total daquilo que representava. Com as várias comissões temáticas houve um corte no radicalismo próprio da sociedade civil, mas, ainda assim, o avanço foi tamanho na sistematização que foi criado o Centrão. Nossas derrotas não foram suficiente para fazer uma Constituição conservadora e atrasada. Pelo contrario: nós temos uma constituição muito avançada.

Em março a liderança do PFL ficou com José Lourenço. No PDS Amaral Neto, no PDT Brandão Monteiro, no PTB Gastone Righi, no PT Luiz Inácio, no PL Adolfo Oliveira. A única alteração foi no PMDB: Luiz Henrique por Mário Covas. O Dr. Ulysses apoiava Luiz Henrique e Mário Covas era apoiado pelo conjunto progressista do PMDB. Esta foi uma primeira disputa entre Ulysses Guimarães e Mário Covas?

Não houve muito essa disputa. Ulysses pairava um pouco acima. Acho que ele entrou mal nessa disputa. Eu não participava do PMDB, mas tinha uma relação muito estreita. Foi uma disputa entre setores mais avançados do PMDB, não uma disputa entre um setor mais à esquerda e outro mais à direita. Foi uma disputa de influência dentro do PMDB, porque Luiz Henrique tem uma trajetória no PMDB desde o grupo autêntico, também vinculado ao setor mais progressista, mas ele era mais ligado a Ulysses do que a Covas. Houve uma disputa meio paulista. De fora, nós torcemos por Covas.

Na partilha dos cargos, ocorreu um grande acordo entre PMDB e PFL, orquestrado pelo líder do PMDB, Mário Covas. Os partidos pequenos, tanto de direita como de esquerda, reagiram. O senhor afirmou, na época, que o PMDB e o PFL pretendiam usar o critério da proporcionalidade para esmagar os partidos pequenos. Como ficou o PCB na partilha?

Ficou ótimo. O que eu disse depois foi atendido plenamente. Acabou se dando um "desequilíbrio ao contrário". Como os partidos de esquerda eram pequenos e em número muito maior, quando se quebrou a proporcionalidade nós saímos em vantagem. Nas comissões temáticas não houve proporcionalidade. Os pequenos partidos tiveram presença em todas. Nós vencemos essa questão porque Covas e o PMDB garantiram a nossa presença, a ponto de você ter na Comissão de Sistematização pequenos partidos que não teriam acesso pela proporcionalidade. Nós (PCB), o PCdoB e o PSB fizemos parte da Comissão de Sistematização. Tanto é que vencemos quase tudo. E se fizer o levantamento dos membros do PMDB na Comissão de Sistematização, em sua grande maioria foram, depois, formar o PSDB, que era a ala à esquerda no PMDB. No final dos trabalhos da Comissão de Sistematização – isso é um dado importante – a direita foi toda embora, ficando apenas José Lourenço (PFL-BA), Luiz Eduardo Magalhães (PFL-BA) e Ricardo Fiúza (PFL-PE), só para votar e dizer que estavam discordando do que a maioria decidia. Eles começaram a perceber que perdiam todas. Tudo isso deixou de existir quando foi para o plenário. Veio o Centrão e começou a desbastar, como a gente dizia. Começamos a perder em algumas propostas. Talvez o mais significativo tenha sido a perda do parlamentarismo, que havíamos ganho na Sistematização e foi derrotado no plenário pelo sistema presidencialista. Essa foi talvez a grande derrota da Assembleia Constituinte.

Após esse acordo de Mário Covas e José Lourenço, o PFL se deu conta da vantagem dos progressistas. A revista Veja *publicou uma matéria dizendo "esquerda ganha os cargos das comissões". Foi uma grande estratégia de Covas que, no primeiro momento, algumas pessoas não entenderam. E a maioria dos relatores que o PMDB indicou eram progressistas. Na sua opinião o poder de agenda na mão dos progressistas foi maior?*

Era o normal. O líder do PMDB era o Mário Covas e o PMDB possuía mais de dois terços da Assembleia Nacional Constituinte e, como maioria, coube a ele indicar. E não era o uso da proporcionalidade. Como possuía o maior partido, que era o PMDB, e um líder progressista, evidentemente haveria essa configuração nas indicações.

O Movimento de Participação Popular garantiu as emendas populares. Vários segmentos sociais de diversos setores estiveram presentes. A Folha de S. Paulo *publicou, no dia 21 de fevereiro de 1987, que dois mil lobistas tentavam persuadir os constituintes. Nessa reportagem o senhor afirma que a sua crítica era à ação dos lobistas, que não antecipava o seu voto e que os grupos econômicos sabiam de tudo o que sairia da Constituinte. Como foi combater esses grupos empresariais? O senhor considerava ilegítima a atuação dessas corporações?*

Claro. Eu não estou querendo desqualificar o lobby. Havia lobby de todos os lados: o dos poderes econômicos tem um *know-how* muito maior do que os outros, porque já estava presente antes da Assembleia Nacional Constituinte, ao passo que muitos dos movimentos sociais surgiram no processo de democratização, como forma organizada de pressão no Congresso e na Assembleia Nacional Constituinte. Então o trabalho destes muitas vezes não era tão eficiente quanto o daqueles que possuíam uma experiência maior. Mas o lobby mais forte que tivemos foi o do Poder Judiciário. Foi o mais forte porque era o mais estabelecido. Foram poucas as mudanças no Judiciário. Eu lembro do papel desempenhado por Plínio de Arruda Sampaio (PT-SP) e Egídio Ferreira Lima (PMDB-PE), que trabalharam muito nessa questão para tentar aprofundar, ampliar, democratizar o debate. Eu apresentei emenda para o ministro do Supremo Tribunal Federal ter mandato, para a corte ter melhor definida a sua competência, diminuir aquilo que vem para o Supremo de todas as formas, com recursos extraordinários, e deixá-los cuidando mais da questão constitucional.

A ANC aprovou o fortalecimento do Congresso, visto que ele perdera suas prerrogativas constitucionais durante a ditadura. Com a ANC ele passou a aprovar projetos de lei e convocar ministros. Foi fácil aprovar o fortalecimento do Congresso Nacional?

Foi e acho que exacerbamos. Colocamos na Constituição coisas que ficariam melhor na legislação ordinária. Mas foram postas para impedir uma presença maior do Executivo através do seu veto. Inclusive algumas questões trabalhistas, engessando aquilo que poderia avançar. Uma delas é a questão da jornada de 44 horas. Quem sabe não estivesse em 40 horas ou menos. Mas 44 horas parecia um avanço naquele momento. Hoje começa a ser utilizado pelos setores que querem manter um maior nível de exploração. Naquele momento era a ideia de você trazer para o Congresso aquilo que fora usurpado durante o período ditatorial. Mas houve uma ironia: aquilo que parecia ser um avanço, a chamada Medida Provisória, que é um instrumento próprio do parlamentarismo, gerou uma distorção que existe até hoje porque perdemos o parlamentarismo. E não é só a medida provisória. Existem muitas disposições que eram apropriadas ao parlamentarismo, mas o presidencialismo venceu no plenário.

A Comissão de Sistematização teve 93 membros dos 559 e definiu o texto base a ser submetido ao plenário. Dentro dela houve alguns momentos de agravamento das tensões políticas e ideológicas. Quais foram os principais impasses?

Aquele foi um momento em que vários fatores foram importantes, como a presença de Mário Covas na liderança do PMDB, a indicação dos membros da comissão e a quebra da proporcionalidade com a presença de todos os pequenos partidos. Isso deu ampla maioria para os chamados setores progressistas, com as indicações do PMDB. Apesar de haver certo recuo em relação a algumas das propostas radicalizadas do movimento social, no geral ela manteve os avanços e gerou grandes embates. Talvez o maior impasse tenha sido com a UDR no capítulo da reforma agrária. O impasse foi de tal ordem que não houve nem emenda para colocar no texto constitucional. E surgiu – e tive uma participação nisso – a chamada emenda aglutinativa, que aproveitava todas as emendas e construía uma nova, com o apoio daqueles que tinham assinado a emenda original. A emenda aglutinativa foi a saída para preencher aquilo que era uma lacuna. E isso foi algo fundamental para dar mais dinamismo aos trabalhos. O momento de mais choque e impasse na Comissão de Sistematização foi o da reforma agrária, mas houve outros, como na discussão do parlamentarismo ou presidencialismo.

Como se deu o surgimento dos grupos suprapartidários e, quando eles surgiram, foi possível o diálogo entre opostos?

Só foi possível se elaborar a Constituição porque havia diálogo. Não se elabora uma constituição, mesmo com maioria qualificada, sem ter o mínimo de consenso. Poderia até fazer se houvesse um PMDB homogêneo, porque o PMDB tinha dois terços do Congresso, mas não foi o caso. As eleições de 1986, em cima do chamado "êxito" do Plano Cruzado, deram ao PMDB uma ampla maioria no Brasil. Mas o PMDB era uma frente, não um partido. Tanto é que você tinha o Roberto Cardoso Alves (PMDB-SP), representante do setor bem mais conservador, e os setores de esquerda, que foram a formar o atual PSDB. Era preciso ter capacidade de articular as várias forças políticas. Contarei um fato interessante: o Virgílio Távora (PDS-CE) era chamado de um dos coronéis do Ceará, mas tinha na questão da reforma agrária a posição mais avançada. Não da sua concepção, mas do ponto de vista do texto constitucional. A esquerda queria fazer desse capítulo uma declaração de intenções. E eu disse que aquilo era perigoso, porque declarar o que é uma propriedade produtiva ensejaria uma regulamentação e poderia paralisar. Portanto deveria deixar aquilo para a lei ordinária. Colocar na Constituição apenas o instrumento fundamental da desapropriação por interesse social. E eu dizia: "Talvez o texto mais interessante seja o texto da própria ditadura", que era mais enxuto. E quem apresentou uma emenda dessa foi o Virgílio Távora. E eu dizia: "Essa emenda é a melhor, porque a gente não cria nenhum problema e temos um instrumento fundamental que é a desapropriação por interesse social e pagamento de títulos da dívida agrária. Não precisa fazer declaração de intenção". Mas fui derrotado na reunião das esquerdas, na CNBB (Confederação Nacional de Bispos do Brasil), porque eu defendi que o capítulo deveria ser o mais enxuto possível. A partir daí criou-se tanto problema sobre o que é propriedade produtiva, se a propriedade pode ou não ser desapropriada. Gerou-se o famoso buraco negro e não chegamos a acordo nenhum, porque o

Ronaldo Caiado, líder da UDR, desempenhou um papel muito forte articulando os ruralistas.

Como foram os embates entre os grupos contra e a favor da reforma agrária?

Naquele momento houve choques inclusive de manifestantes nos corredores e salões do Congresso Nacional. Não houve capacidade para conversar com setores que não eram da esquerda, mas que poderiam nos ajudar numa concepção de constituição melhor. E isso se repetiu no capítulo da reforma urbana: pessoas que não eram de nenhum partido de esquerda, como Lúcio Alcântara (PFL-CE), que foi prefeito de Fortaleza, possuía uma boa visão da questão urbana e ajudou muito nesse capítulo. Era necessário romper certas barreiras, formar alianças que fariam avançar o projeto, mesmo fora das estruturas partidárias. Se eu fosse falar para a direita sobre reforma agrária, por exemplo, ela iria entrar em choque. Mas se eu fosse através do Virgílio, eu poderia ter uma capacidade maior de diálogo. Se não tivéssemos feito isso nós teríamos perdido muito tempo, energia e teríamos confrontos maiores. Mas foi uma preparação para os dois grandes blocos que surgiram no plenário: o Centrão e o bloco progressista.

A anistia se deu em 1979 e a Constituição legitimou e ampliou a lei. Como foi a discussão e qual o papel das Forças Armadas?

Na questão da anistia nós fomos derrotados. Na anistia de 1979, e dessa eu participei como membro da Comissão de Anistia, houve uma briga muito grande também no campo da esquerda. Defendíamos que a anistia fosse ampla, geral e irrestrita, mas a proposta do governo Figueiredo excluía quem havia participado do que eles chamavam de "crimes de sangue", da luta armada. Em 1979 só havia MDB e Arena. Mas dentro do MDB já havia os vinculados ao PCdoB e à formação do PT. Cristina Tavares (MDB-PE), por exemplo, foi muito atuante e só aceitava a anistia ampla, geral e irrestrita, assim como Teotônio Vilela (MDB-AL). Eu lembro de um debate em que disse que iriamos votar em qualquer que fosse a anistia. Como é que eu poderia justificar votar contra uma anistia que traria Luiz Carlos Prestes, Francisco Julião,

Miguel Arraes e Brizola?! Não seriam todos. Mas anistiando esses, eles voltam para ajudar na anistia dos outros. Este foi o meu discurso. E ganhamos.

Fui para a penitenciária de Itamaracá, onde vários amigos estavam presos. Era dramático porque a anistia que nós votaríamos não os atendia. Eu lembrava que na Espanha as anistias foram extremamente mitigadas. Alguns votaram contra e têm dificuldade de justificar hoje. Logo depois de aprovado, eles encontraram uma forma meio brasileira para soltar todos os presos: por diminuição de pena do Superior Tribunal Militar. Foi um "jeitinho brasileiro". Eles diminuíram as penas e soltaram todos, mas não estavam anistiados. Na Constituinte avançamos até os comunistas de 1935, que não eram anistiados no Brasil. E só perdemos numa, que era a anistia dos fuzileiros navais. A Marinha fez um drama, argumentou que era a aplicação do regimento disciplinar e não havia perseguição política nesse caso. Mas é claro que havia. Fomos derrotados no voto, e foi a única derrota.

A Constituinte não foi fácil. Foram dois meses para aprovar o regimento interno e, depois, no dia 10 de novembro, o Centrão apresenta a sua proposta de mudança regimental, aprovada no dia 5 de janeiro. Por que o Centrão decidiu propor a mudança regimental?

Na Assembleia Nacional Constituinte havia um setor que não era de esquerda, mas era democrático e havia lutado conosco na resistência contra a ditadura. Devíamos ter diálogo com eles porque só seríamos maioria se contássemos com eles nesse processo. Por isso surge o grupo do consenso, numa tentativa de articular algo suprapartidário para formar maioria e enfrentar o Estado e os setores mais conservadores e mais à direita. Precisávamos ter abertura suficiente para trazer aqueles que não pensam como você, mas podem se aliar à sua luta. Às vezes se perdia o foco por uma certa radicalização nossa. E num desses momentos houve a formação do Centrão. Quando veio da Sistematização um texto constitucional tremendamente de esquerda, avançado e incrível, eles alegaram que a esquerda havia tomado conta da Assembleia Nacional Constituinte e conseguiram atrair alguns setores. Isto a direita viu, mas alguns setores da esquerda não conseguiram perceber nem ao final dos trabalhos. Não vamos esquecer que o PT, através de Lula, votou contra o texto constitucional.

O PCB e os outros partidos que votaram pela aprovação da Constituição o que pensaram sobre o posicionamento do PT, que votou contra?

Foi completamente equivocado. Tão equivocado que conseguimos criar a revisão constitucional após cinco anos, para vermos se poderíamos fazer uma revisão, tentando alguns avanços que não conseguimos inicialmente. O projeto das disposições transitórias da revisão constitucional era um instituto da Constituição portuguesa de 1975 que a gente adotou por uma única vez, cinco anos após a promulgação. Isso foi uma conquista nossa. Grande parte da esquerda foi contra a revisão. É essa a contradição que eles não conseguiam perceber. Nós avançamos.

O PCdoB fez um discurso dizendo que era um discurso "frankenstein". Haroldo Lima (PCdoB-BA) afirmou que era "uma loucura", porque era uma constituição cidadã, do povo, democrática e avançada e eles não admitiam a revisão, porque imaginavam que perderiam. O pensamento de esquerda na Constituinte era minoritário, mas avançava e conseguiu articular, através da política, com o PMDB. Houve incompreensão de alguns setores da esquerda sobre os avanços que estávamos fazendo. Depois, na questão do impeachment de Collor (PRN-AL), de que participamos todos juntos, o PT não participou quando formamos o governo que surgiu.

O PT teve dificuldade de dialogar com os vários grupos?

Alguns membros sim. Mas o Plínio de Arruda Sampaio era uma pessoa de diálogo. O José Genoíno ainda estava na transição, afinal, um ex-guerrilheiro convivendo no parlamento – depois veio a se transformar num grande parlamentar, com capacidade de diálogo. Mas não naquele momento. O PT possuía pessoas ótimas, mas, como um todo, era meio contraditório. Exemplo foi na comissão temática sobre educação. Houve até briga, cenas de pugilato, na discussão sobre o ensino religioso. Foi um debate em que se viu a força da Igreja Católica. Eu chamei os evangélicos e disse "vamos nos aliar contra o ensino religioso nas escolas, pois vocês são minoria e, se aprovarem o ensino religioso, será da religião hegemônica. A escola tem que ser laica". Mas não conseguimos convencê-los. E o drama é que o PT era dividido. Nessa disputa você tinha uma grande líder do ensino religioso, a Sandra Cavalcanti (PFL-RJ), membro dessa comissão. Eu no debate contava com Florestan Fernandes (PT-SP). Mas havia um setor do PT que se aliava com a Sandra. O PT é um pouco isso. E na questão do parlamentarismo, por exemplo, nós perdemos por o PT imaginar que Lula chegaria à Presidência da República. E ele trabalhava só para isso. Era como se eles imaginassem que o parlamentarismo era um golpe contra Lula, porque ele ganharia a eleição em 1989 ou depois do impeachment, em 1994. E sempre com a ideia fixa de não participar de nenhuma aliança.

Todos os partidos de esquerda apoiavam o parlamentarismo?

Com exceção do PDT. Leonel Brizola era presidente do partido e tinha mesma visão de que isso iria lhe retirar a possibilidade de ser presidente em 1989. E juntou com a discussão sobre o mandato de Sarney, que era de seis anos e ficou em cinco. O PT e o PDT queriam quatro e embarcamos nessa. Eu me arrependo. Seria melhor a gente ter fechado com o Ulysses, que admitia e discutia com Sarney os cinco anos de mandato. Com o parlamentarismo talvez nós tivéssemos um país diferente do que temos hoje.

Voltando a essa discussão, o Ulysses aceitava os cinco anos e o parlamentarismo?

Não admitimos fazê-lo, mas existia essa possibilidade. Sarney não é presidencialista, tendia ao parlamentarismo. Ulysses também não era presidencialista e estava como um árbitro naquilo. O PT e o PDT, no campo da esquerda, defendiam o presidencialismo e quatro anos para Sarney. Queriam tirar dois anos do mandato. Sarney usou e abusou da articulação política. Ao final ficou não com seis anos de mandato, mas com cinco. Nós não tivemos essa capacidade de diálogo ou de buscar o consenso, que seria os cinco anos e parlamentarismo. Essa grande negociação nós não fizemos. Eu e Covas lamentamos não haver iniciado um debate desses, que poderia ser vitorioso e para o país seria evidentemente o melhor encaminhamento.

O PT e o PDT não votaram no parlamentarismo e nem defendiam a tese porque vislumbravam a presidência?

Claro! O erro foi nosso, não deles. Eles estavam lá com a ideia fixa. E nós falhamos, presos à ideia dos quatro anos do mandato de Sarney. Se tivéssemos aberto discussão com um setor ligado a Sarney, sobre os cinco anos com o parlamentarismo, era capaz de havermos vencido, mas não o fizemos. Não sei se iria funcionar, mas lamento que não tive, naquele momento, a capacidade de romper com os quatro anos, que não era importante. Um ano a mais para a conquista do parlamentarismo talvez valesse a pena. Mas ficamos com o PT e o PDT nos quatro anos, embora eles não tivessem ficado conosco no parlamentarismo. Perdemos o parlamentarismo e os quatro anos. E os presidencialistas afirmaram esse sistema que causa esse grande mal a toda a América Latina, que é uma consequência direta do absolutismo, dos monarcas, dos reis. Todos os países mais democráticos e desenvolvidos são parlamentaristas. A única exceção são os Estados Unidos, mas o presidente norte-americano não tem nem um terço do poder que tem um presidente brasileiro, porque lá é um poder da federação. O Brasil é um país unitário com um presidente imperial.

No dia 22 de março o presidencialismo foi aprovado e saiu uma reportagem dizendo "Ulysses soube antes que o presidencialismo venceria". A pergunta é: houve compra de votos, oferta de cargos no governo, barganhas? O que foi necessário para obter a vitória por 344 votos a 212?

Pelo placar se vê que não houve compra desbragada. O que houve foi uma articulação do governo para garantir os cinco anos. E ele perdeu um ano. Tiramos um ano, queríamos tirar dois. É claro que ele articulou e consolidou a sua maioria para garantir os cinco anos.

Como foi essa articulação? Na época foi publicada uma matéria no jornal dizendo que os "quatroanistas" iriam perder os seus cargos.

Não foi bem assim. Houve uma articulação, como se tem dentro do sistema presidencialista a toda hora e em qualquer votação que o Executivo tenha interesse. Então houve a liberação de emendas – porque o Congresso não era só Constituinte, mas também ordinário. Naquele ano votamos o Orçamento. As pessoas estavam liberando suas emendas tal como fazem agora. O presidencialismo no Brasil sempre usou a liberação de emendas e, naquela época, havia a concessão de rádio e televisão dada pelo Executivo. Houve uma distribuição razoável de rádio e emissoras para políticos.

Esta articulação foi legítima?

Infelizmente é o mecanismo que o presidencialismo tem para influenciar naquilo que é de interesse do Executivo. Eu não posso dizer se é legítimo, pois não tenho conhecimento. Distribuição de rádio havia antes e talvez tenha aumentado. Naquela época havia o Ministério do Interior, que sempre teve muita verba para distribuir e possibilidades de convênios com prefeituras próximas aos parlamentares. Deve ter acontecido isso, mas eu não sei dizer quem se beneficiou diretamente. Mas a justiça vai saber. O "mensalão" está aí: alguns dizem que não existia, mas existiu e foi algo profundamente desmoralizante do Congresso Nacional.

Em abril de 1988 ocorre a votação sobre a ordem econômica. Como se deu o histórico debate da definição da empresa nacional, recursos naturais, função e monopólio da propriedade privada, nas quais o senhor teve uma participação efetiva?

Isso deve ser bem contextualizado. Nós, os comunistas do PCB e do PCdoB, e também outros setores de esquerda, ainda vivíamos num mundo bipolar. A União Soviética ainda existia e, naquele momento, o PCB era um dos partidos do movimento comunista internacional – embora tenha avançado na opção pela democracia como uma questão central, reconhecendo que algumas distorções e graves equívocos cometidos pelo socialismo real foram fruto da ausência da democracia. Mas mesmo eles, o PT, tinham como o referencial da esquerda aquilo que era o tipo de organização social da União Soviética, a estatização como transição socialista, tanto que reclamam muito da privatização. Todos nós da esquerda tínhamos como referencial na discussão, na questão econômica, um modelo de Estado e certa conotação imperialista, nacionalista na questão das empresas nacionais e nos monopólios estatais. Mas promulgamos a Constituição e fomos para a eleição presidencial já com o fim – ou com o início do fim – daquela experiência histórica do socialismo real. Veio em seguida um mundo que derrotou o socialismo real do ponto de vista da economia, pela grande revolução do conhecimento cientifico e das inovações tecnológicas. O próprio capitalismo está enfrentando as derrotas de algumas conformações da sociedade industrial. A crise que estamos vivendo agora é fruto da revolução tecnológica, da integração e do processo de globalização.

David Fleischer[1]

CLEONILDO CRUZ: *A Assembleia Nacional Constituinte foi instalada no dia 1º de fevereiro, quando havia uma crise econômica e social muito forte. Como era a relação, naquele período, do governo Sarney com a assembleia que foi instalada?*

DAVID FLEISCHER: A Constituinte eleita em 1986 foi uma grande vitória do PMDB. Naquela eleição o partido elegeu os governadores de todos os Estados, exceto o de Sergipe, e a maioria absoluta dos senadores e deputados. O PMDB foi majoritário na Constituinte. Sendo José Sarney o presidente da República em 1987 e também presidente do partido e com o PMDB no comando da Câmara dos Deputados, do Senado e ocupando a presidência da Constituinte, era de se esperar uma boa relação entre a Constituinte e o presidente. Mas não foi bem assim.

A Constituinte seguiu um rito, ou regimento interno, muito descentralizado, diferente da Constituinte de 1946. Em 1946 uma comissão elaborou vários projetos enquanto o resto da Constituinte ficou à toa e depois votaram no que a comissão elaborara. Em 1987 a Constituinte se dividiu em (24) subcomissões, nas quais todos os constituintes participaram. Depois os relatórios de cada três subcomissões eram levados para uma das oito comissões temáticas.

1. Cientista Político norte-americano com mestrado em Estudos Latino-Americanos. Doutor em Ciência Política pela Universidade da Flórida, é professor emérito da Universidade de Brasília, onde iniciou como docente em 1972. Seus estudos têm ênfase em Estado e Governo, tendo como temas o Brasil, sistemas eleitorais, partidos políticos, legislativo e transparência. É naturalizado brasileiro.

Oito comissões viraram oito capítulos da nova Constituição. Houve debates e redações para juntar as três partes das subcomissões para fazer o relatório da comissão. E os oito relatórios foram para a Comissão de Sistematização, que foi relatada pelo deputado Bernardo Cabral (PMDB-AM). Foi produzida no final de 1987 a primeira versão do projeto da Constituição, que foi chamado de "monstrengo" e juntou essas oito partes. No fim de 1987 os setores mais conservadores da Constituinte resolveram se rebelar contra a liderança do PMDB e constituíram o que era chamado de Centrão. E eles obrigaram a uma mudança no regimento interno: em vez de votar inicialmente na versão da Comissão de Sistematização, seria votada a versão do capítulo aprovado por essa maioria dos constituintes. Isso mudou o ritmo de votação em 1989.

Essa virada regimental, entre novembro e janeiro, foi uma vitória dos conservadores frente aos progressistas, visto que o anteprojeto que a Comissão de Sistematização elaborou continha aspectos progressistas e de desenvolvimento?

Sim. Isso foi trabalhado através de um lobby feito pelo governo Sarney e também pelo Conselho de Segurança Nacional, os militares, que também tinham um lobby muito forte dentro da Constituinte. O lobby militar era reconhecido por todos os que trabalhavam na Constituinte como um lobby muito eficiente e muito bem feito. Os dois pontos principais neste momento eram o sistema parlamentarista e o mandato do presidente Sarney. O Conselho de Sistematização ofereceu a reeleição para Sarney e um mandato de quatro anos. Isso significaria que teríamos uma nova eleição presidencial em novembro de 1988. Mas o Centrão obrigou a manter o sistema presidencialista e também colocou um mandato de cinco anos para o Sarney, provocando uma eleição presidencial em novembro de 1989.

No processo da Assembleia Nacional Constituinte a tese do parlamentarismo venceu, mas na votação em plenário deu o presidencialismo e os cinco anos para Sarney. O senhor mencionou que houve um lobby muito forte por parte do governo. Houve barganhas, cargos, liberação de rádios? Como foi o poder de fogo do governo Sarney?

O poder de fogo do governo Sarney, as fichas que eles tinham na mesa para jogar, eram justamente essas: emendas no orçamento para implementar, cargos para nomear e, principalmente, concessões de rádios e televisões. Quase todos os constituintes do Centrão receberam concessões de rádios e televisões, ao ponto de o próprio líder do governo Sarney admitir para as televisões e para os jornais que "o saco de bondades" estava vazio, havia acabado, e que não havia mais nada para oferecer.

Esses constituintes estavam exigindo cada vez mais. O governo esgotou todas as fichas que tinha para jogar na mesa, para incentivar as votações em favor das posições do governo. Aconteceu algo muito interessante, aliás: àquela época havia muitos deputados eleitos pelas igrejas evangélicas. Em vez de registrar a concessão que foi ganha em nome da igreja, alguns deputados registraram em seu próprio nome. Muitas das igrejas ficaram com raiva e expulsaram essas pessoas, que eram bispos e pastores. Muitos deles não conseguiram se reeleger em 1990 porque foram desligados da igreja e estavam sem apoio para a reeleição.

Durante a ANC houve um momento tenso. Terminados os trabalhos da Comissão de Sistematização, o presidente Sarney foi em rede de televisão colocar que, caso a Constituição fosse aprovada do jeito que estava, o país ficaria ingovernável. E, no dia seguinte, Ulysses foi em rede de televisão e rádio fazer a defesa da Constituinte. O senhor lembra desse período?

Essa questão foi resolvida pela Medida Provisória, que deu um poder extraordinário, um poder legislativo ao presidente. Supostamente deu maior governabilidade. Ela foi amplamente utilizada pelo presidente Collor a partir de 1990, porque ele não possuía maioria no Senado e nem na Câmara. Outro momento muito tenso foi o início dos trabalhos da Constituinte, quando se estava elaborando o regimento interno. Havia uma pressão muito forte, principalmente por parte dos que chamamos de "deputados xiitas", os deputados novatos que queriam começar os trabalhos antes da Constituinte, para remover o chamado "entulho autoritário". Diziam que a Constituinte não poderia começar a trabalhar livremente se esse "entulho autoritário" não fosse eliminado completamente.

Houve uma rebelião desses deputados e o próprio deputado Ulysses Guimarães, presidente da Câmara, conversou com esses jovens deputados e explicou que, se feito assim, talvez os militares intervissem e fechassem a Constituinte. Isso porque, antes de morrer, o presidente Tancredo Neves se comprometera com os militares de que esse entulho autoritário não seria removido antes da nova Constituição, mas que seria removido dentro da Constituição. Após todo o ocorrido Ulysses fez um *mea culpa* e afirmou que errou ao convencer esses jovens deputados sobre essa questão e que seria muito melhor remover esse entulho autoritário, que tinha chegado à conclusão de que os militares não iriam reagir como suspeitara. O regimento interno ficou nas mãos do senador Fernando Henrique Cardoso, que era o relator.

A Constituinte foi precedida por uma comissão chamada Affonso Arinos. O senhor pode falar mais a respeito dela?

Esta foi outra promessa de Tancredo Neves com o objetivo de colher opiniões sobre a nova Constituição. A comissão foi instituída pelo presidente Sarney em 1985 e funcionou até 1986. Ela produziu um anteprojeto que seria distribuído para todos os constituintes. Mas o presidente Sarney decidiu colocar na gaveta e não distribuir. E nós, na Universidade de Brasília, sob o comando do então reitor Cristovam Buarque, organizamos o CEAC (Centro de Estudos e Acompanhamento da Constituinte) e a editora da universidade publicou este relatório Affonso Arinos. Uma cópia desse livro foi distribuído para todos os constituintes, gente do governo, gente que trabalhava com a Constituinte.

Também convidamos renomados juristas para fazer comentários sobre esse anteprojeto da comissão Affonso Arinos. O anteprojeto foi organizado em oito capítulos e vinte e quatro subcapítulos. E foi justamente essa organização que a comissão pôs em seu relatório, que Fernando Henrique acolheu para o regimento interno.

O CEAC reuniu alunos, professores e funcionários da UnB. Contou também com a participação de várias pessoas da sociedade civil.

Acompanhávamos todo o processo da Constituinte e publicávamos alguns boletins e livros.

Como o senhor avalia a atuação dos partidos de esquerda? Como eles se agrupavam, como eram feitas as alianças no processo da Assembleia Nacional Constituinte?

Fiz um perfil da Constituinte e apresentei no Recife num seminário organizado na Universidade Federal de Pernambuco. Nele mostrei que o maior partido da Constituinte não era o PMDB, mas a Arena. Pesquisei as origens de muitos deputados e muitos deles passaram pela a Arena, PDS e, depois, entraram no PMDB por conveniência, para se elegerem em 1986.

Os progressistas conseguiram eleger o Mário Covas como líder do PMDB na Constituinte, líder da maioria, contrariando o desejo de Ulysses Guimarães de eleger Luiz Henrique Silveira. O Mário Covas, com um discurso muito contundente, reverteu a bancada do PMDB em favor de sua eleição.

Ao longo da Constituinte se organizou um grupo que era chamado MUP (Movimento de Unidade Progressista), que reuniu uns cem deputados progressistas de vários partidos para tentar organizar uma ação em comum na Constituinte. Uma boa parte desse MUP, em junho de 1988, se transformou no PSDB, como uma reação contra o PMDB no Centrão.

Havia vários grupos: MUP, centrinho e outros. Como eles se articulavam para fazer frente às propostas de defesa do status quo, do establishment? Como eles se agrupavam e negociavam entre si? Era fácil chegar num consenso?

Não. Não era muito fácil. O consenso foi costurado na Comissão de Sistematização. Mas a sistematização era um trabalho mais burocrático, de costurar e de tirar as inconsistências de um relatório e outro das comissões, para apresentar um relatório final, juntando todos os relatórios das oito comissões. Houve negociações, sim, em nível de subcomissões e comissões. Mas os conservadores eram maioria nelas, então as articulações dos progressistas não tiveram muito efeito. Por exemplo: a reforma política praticamente não foi aprovada. Só admitiram três novos estados: Tocantins, Amapá e Roraima e também baixaram a idade eleitoral para dezesseis anos. O número de deputados do estado de São Paulo foi ampliado de 60 para 70, mas, quando os paulistas puderam utilizar a nova cota de deputados nas eleições de 1990, o TSE (Tribunal Superior Eleitoral) respondeu "não", porque não fora regulamentado. Na área de reforma política, reforma eleitoral e normas sobre os partidos praticamente não houve modificações.

Entre os vários temas debatidos nas subcomissões, comissões e audiências públicas, como a reforma agrária, questões do capital, empresas nacionais, direitos das minorias e direitos coletivos, quais foram os mais tensos?

A questão da reforma agrária foi muito tensa e também a questão das empresas nacionais. A Constituição deu uma conotação bastante nacionalista e teve que ser reformulada em 1995 pelo então presidente Fernando Henrique Cardoso (PSDB-SP), para permitir um pouco mais de participação de capital estrangeiro no Brasil e, principalmente, para aprovar a possibilidade de privatizar empresas estatais, que foram praticamente "amarradas" dentro da Constituição de 1988. Para o Brasil sair das amarras de um estado falido, sem poder de fato desenvolver o país, foi necessário modificar a Constituição para permitir privatizações. Mas em todas as negociações durante a Constituinte e depois de 1995 a Petrobras foi ressalvada. A grande jóia da coroa não foi tocada.

Essa Constituição é cidadã ou não é cidadã?

Foi apelidada de Constituição Cidadã pelo Ulysses Guimarães, que saiu mostrando, erguendo-a no alto. Ele achou que incrementaria muito à sua candidatura a presidente da República, mas em 1989 não foi bem assim.

Como ficou a situação das Forças Armadas dentro da nova Constituição?

O papel das Forças Armadas foi preservado com autonomia. Em todas as repúblicas democráticas o comandante chefe das Forças Armadas é o presidente da República, que é o comandante supremo, e as Forças Armadas são subjugadas ao poder Civil. Mas na Constituição não aconteceu bem assim, porque eles tinham o direito de intervir para "proteger a democracia". E após a promulgação levou onze anos até que, em 1999, Fernando Henrique Cardoso teve coragem e condições de impor o Ministério da Defesa com ministros civis. E os ministérios militares foram reduzidos a níveis de comando. O Brasil foi um dos pouquíssimos países que àquela época não possuía um Ministério da Defesa.

Sobre a questão das emendas populares, qual foi a importância dos movimentos populares, da sociedade civil na Constituinte?

Os Correios abriram uma coisa muito interessante. Em cada agência o cidadão poderia pegar um formulário e mandar suas sugestões para entrar na nova constituição. E houve mais de 100 mil sugestões. Mas elas não tiveram condições de ser organizadas e sistematizadas para serem encaixadas na Constituição. Acabaram arquivadas no serviço de armazenamentos de dados do Senado. O caminho de sugestões e opiniões populares existiu, mas elas não foram bem aproveitadas. Muitos representantes da sociedade civil foram convidados para oferecer testemunhos e depoimentos nas subcomissões e nas comissões. Eu, como professor de Ciência Política, fui chamado para falar na subcomissão sobre reforma eleitoral e partidária.

Quais foram as grandes conquistas da Constituição de 1988?

Grandes conquistas foram os artigos garantidores de direitos fundamentais do cidadão brasileiro. Infelizmente muitos dos direitos presentes na Constituição têm sido difíceis de efetivar. Os direitos à habitação e à saúde, por exemplo, pois dependem de políticas públicas.

José Genoíno[1]

CLEONILDO CRUZ: *Antes da Constituinte o senhor já era deputado. O foi de 1983 a 1987 e foi eleito também deputado constituinte. Na época o senhor era membro do Diretório Nacional do PT. O senhor fez parte da Comissão de Sistematização?*

JOSÉ GENOÍNO: Fiz parte da Comissão de Sistematização e fui vice--líder da bancada do PT com o outro vice-líder, Plínio Arruda Sampaio (PT-SP), e com o líder e companheiro Lula (PT-SP). Integrei a Subcomissão de Defesa do Estado, Sociedade e Segurança e a Comissão de Organização eleitoral partidária. Eram as duas Comissões em que eu atuava prioritariamente, mas na Constituinte atuamos em várias comissões. Atuei em todas essas Comissões, apresentei emendas sobre todos os temas e, além dessas duas Comissões, atuei fortemente na Comissão de Direitos Individuais, Cidadania e Garantias dos Direitos Civis e Corretivos.

Atuei com a deputada Cristina Tavares (PMDB-PE) na Comissão de Comunicação e fizemos grandes enfrentamentos. Foi a única Comissão que não teve relatório, pois houve uma queda de braço e derrotaram o relatório dela. Nós participamos da obstrução para não haver relatório algum. E participei de outras comissões, como da reforma agrária. Foi uma luta dura de plenário, que tinha um pernambucano também relator, Osvaldinho, que era o Osvaldinho, né?! E várias outras comissões, porque um deputado constituinte podia participar de

1. Cearense de Quixeramobim, iniciou sua militância na União Nacional dos Estudantes (UNE). Ingressa no Partido Comunista do Brasil (PCdoB), fazendo oposição ao regime ditatorial do Brasil. Com o Ato Institucional número 5, muda-se para São Paulo e inicia a militância clandestina. Em 1970 passa a integrar a Guerrilha do Araguaia e, em seguida, é capturado e preso pela ditadura. Solto após cinco anos, passa a lecionar História. Fundador do PT (1981), partido pelo qual foi deputado federal (1982–2002 e 2006–2013).

todas as Comissões. Participei da Constituinte de maneira integral. Muitas vezes eu dormi na própria Câmara dos Deputados para entregar as emendas mais cedo, porque as propostas eram analisadas por ordem de entrada. Eu gostava daquela atuação. Ficava direto até a última reunião das Subcomissões e das Subseções Temáticas, depois na Comissão de Sistematização. E no próprio enfrentamento que nós fizemos ao Centrão. Participava das negociações do Colégio dos Líderes Partidários, que discutia os impasses, as alternativas e as soluções para a Constituinte.

Em 1985 travou-se um grande debate em torno da escolha entre duas espécies de Constituintes: a Exclusiva e a Congressual. E esse foi o debate inicial, quando se instalou a Assembleia Nacional Constituinte, após a abertura do ministro José Carlos Moreira Alves. O senhor, juntamente com Plínio Arruda Sampaio, levantaram a questão da impugnação de 23 senadores eleitos indiretamente em 1982. Qual foi o entendimento da época? Estes senadores de 1982 não tinham poderes derivados da mesma natureza da Assembleia Nacional Constituinte?

Em primeiro lugar, eu participei da Comissão Especial, que era uma Comissão do Congresso de deputados e senadores. Mesmo o PT não tendo direito à representação formal, eu participei da Comissão. O primeiro relatório do Flávio Bierrenbach (deputado federal de 1983 a 1986, pelo PMDB-SP), que previu uma Constituinte Exclusiva tendo apoio do PT, foi derrotado; aprovou-se outro relatório, que foi do Congresso Constituinte do Jovani Masini (PMDB-PR). E participei, depois, da obstrução no plenário do Congresso Nacional, portando deputados e senadores na aprovação da Emenda Constitucional que convocou o Congresso Constituinte. Portanto o PT defendeu uma Constituinte Exclusiva.

Na instalação da Constituinte tivemos três grandes enfrentamentos. O primeiro: quando a Constituinte foi instalada pelo ministro Moreira Alves, presidente do Supremo, eu, sem microfone, questionei que um presidente do Supremo oriundo da ditadura militar não possuía poderes para instalar a Constituinte. Que a palavra fosse concedida aos Partidos.

Depois questionamos a ideia do Congresso Constituinte, para que a Constituinte fosse soberana. A soberania da Constituinte significa que ela é um poder acima dos demais poderes, tanto em relação ao Executivo, que era o enfrentamento com o Governo de Sarney; como em relação ao Judiciário; como em relação aos resquícios do autoritarismo do Congresso Nacional, que eram os senadores eleitos em 1982 e que não foram eleitos no processo da Emenda Constitucional que convocou o Congresso.

O terceiro enfrentamento foi o do regimento interno. O regimento interno da Constituinte é o mais democrático, porque estávamos tensionando no sentido da soberania da Constituinte, apesar de ser um Congresso Constituinte. Esse fato foi parte da estratégia que exigiu esse tensionamento. E com esse tensionamento nós construímos uma tática para fortalecer as Comissões e as Subcomissões, as comissões temáticas que produziam maioria na Comissão de Sistematização. Depois veio o Centrão para se contrapor àquela maioria que era articulada pelo Mário Covas e houve enfrentamento.

A Constituinte, desde a convocação até o final, foi um grande momento de enfrentamento político. E houve dois fatos interligados à Constituinte: foram a campanha das Diretas, derrotadas pelo Congresso Nacional, e a participação da oposição no Colégio Eleitoral – como é sabido, o PT não participou do Colégio Eleitoral, mas denunciou o Colégio Eleitoral. A Campanha das Diretas, o Colégio Eleitoral e a Constituinte foram grandes momentos de tensionamento pela radicalização da tensão democrática, diferente do caminho que predominou, que foi a pactuação de uma transição negociada.

Esse foi o primeiro embate político dos partidos de esquerda PCB, PT, PCdoB e o PSB. Foi nesse processo de embate que demonstrou-se uma coesão do processo decisório para formação do bloco de esquerda?

Nós formamos um bloco de esquerda que eles chamavam, no PMDB, a "tendência popular": o PT, o PCdoB, o PSB. E esse bloco fez uma articulação com o PMDB liderado por Mário Covas (PMDB-SP), Fernando Henrique Cardoso (PMDB-SP), Pimenta da Veiga (PMDB-MG), Nelson Jobim (PMDB-RS). E nós fizemos maioria na Comissão de Sistematização. A esquerda teve uma articulação muito eficaz, muito ofensiva, mesmo sem ter maioria. Mas a articulação foi uma aliança com o centro, representado pelo PMDB, e foi o que possibilitou aprovarmos muitas conquistas na Constituinte para essa Constituição, que é uma das mais avançadas da história do Brasil.

Mesmo quando o Centrão veio nós fizemos uma contra-tática, um contra-caminho para, por dentro do Centrão, garantir aquelas conquistas que a gente já havia colocado nos diversos anteprojetos. Foram quatro ou cinco ao todo. Eram feitos, desfeitos, negociados. E foi um processo político muito rico.

Em fevereiro houve um debate crucial sobre os procedimentos regimentais que o senhor comentou. Houve um acordo entre o líder do PFL, José Lourenço (PFL-BA), e Mário Covas (PMDB-SP) na questão das relatorias, para que a maioria das relatorias ficassem com o bloco progressista do PMDB. A Presidência coube ao bloco mais conservador: PFL, partidos da obra. E os partidos de esquerda eram uma frente pequena. O poder de agenda e decisão esteve nas mãos dos relatores, nas mãos do PMDB. O papel dos partidos de esquerda foi irrelevante nesse aspecto?

Vivíamos um processo democrático em construção. A esquerda possuía um número pequeno de constituintes, mas com muita legitimidade e, principalmente, com alianças com os setores populares através da participação popular na Constituinte. Muitos temas que a esquerda defendia eram respaldados nas chamadas Emendas Populares. Éramos respaldados do setor mobilizador da sociedade, através das entidades, das aliança com a Igreja, com a CUT (Central Única dos Trabalhadores), com os movimentos sociais, com a intelectualidade.

E a esquerda percebeu que não poderia ficar na Constituinte só marcando sala. Precisávamos de uma aliança política com o PMDB. E essa aliança foi responsável pelos avanços, que são uma conquista do trecho constitucional em todos os capítulos. Mesmo diante da reação nós garantimos as conquistas. Na aliança com o PMDB, toda a estratégia de enfrentar o Centrão foi feita com a minha participação, com o Jobim, o conhecimento do Mário Covas, o conhecimento do Lula e discussão.

No regimento, que vem após a escolha do relator, tudo foi disputado. É importante que a disputa foi permanente, diária e teve um condutor, que foi o Ulysses Guimarães. Ele conduzia aquilo muito bem para que a corda não partisse – em vários momentos a Constituinte correu o risco de não produzir uma constituição, mas, graças à habilidade e à maneira com que ele atuou nos momentos de maior tensão, nós produzimos um texto constitucional que é um dos mais avançados da história do Brasil.

Não foi fácil a Assembleia Nacional Constituinte aprovar o fortalecimento do Congresso Nacional, visto que este perdera as suas prerrogativas constitucionais desde o golpe militar de 1964. Na Subcomissão de Defesa do Estado houve o debate sobre o conceito de Estado Brasileiro. Como se deu esse debate, visto que saíamos do regime militar e a Comissão era de caráter fortemente conservador?

Foi positivo. Esse ponto nós trabalhamos com o retrovisor, porque a referência era expurgar, derrotar o período autoritário da ditadura dos militares. Isso era muito forte, muito presente, porque a Constituinte era resultado de um processo político de enfrentamento à ditadura militar.

Agimos corretamente em não aceitar um texto constitucional prévio. Sabe-se que a comissão tentou articular vários textos preliminares. Nós começamos do zero e isso foi um avanço, porque possibilitou, por exemplo, as prerrogativas do Congresso, a liberdade partidária e os direitos e garantias individuais. Avançamos porque partimos de uma situação nova e com a participação popular. Isso foi muito positivo para se concretizar as prerrogativas do Congresso Nacional.

É claro que uma questão permeou a discussão das prerrogativas: o debate sobre os cinco anos ou quatro anos do Sarney, a relação com o governo Sarney. Acho que muitas questões avançariam se o debate dos cinco anos, que era um debate conjuntural, não tivesse contaminado o debate mais institucional e político do capítulo sobre as instituições políticas. Tanto é que um dos pontos débeis da Constituição é exatamente o ponto que trata das instituições políticas, sistema eleitoral, partido e papel da Câmara do Senado.

Os temas: a natureza e finalidade do Estado, Conselho de Segurança Nacional, Estado, estado de sítio e o papel das Forças Armadas, qual desses temas foi o mais forte, o mais difícil de se discutir na Subcomissão?

O papel das Forças Armadas, o famoso Artigo 142, que trata da missão das Forças Armadas. Tentamos uma formulação que retirava a expressão "a lei e a ordem" e ficava "as Forças Armadas são responsáveis pela defesa do território, pela soberania nacional e pelos poderes constitucionais". Conseguimos inclusive que o relator, Bernardo Cabral (PMDB-AM) adotasse essa formulação do pré-projeto que foi para a Comissão de Sistematização. Isso gerou uma crise militar. Os ministros militares se manifestaram. Foi em decorrência dessa manifestação que surgiu aquela frase de Ulysses Guimarães, de que "Junta militar era a junta de três patetas". Foi um episódio interessante porque terminamos a Constituinte na sexta-feira com o Ulysses Guimarães vaiado pela esquerda. Ele fez essa declaração no final de semana e, na segunda-feira, ele entra na Constituinte ovacionado pela esquerda. Ulysses tinha essa característica.

Esse foi o ponto mais forte. Esse ponto foi muito tensionado. Acho que acabamos produzindo uma formulação que, olhando hoje, após 20 anos, julgo ser a mais correta. Na verdade o que estava embutido no debate era a subordinação das Forças Armadas ao Poder Civil. Em relação ao Estado de emergência, o Estado de sítio e ao Conselho de Defesa Nacional: não foram tão decisivos na polêmica. O decisivo foi a questão que dizia respeito à tutela do Poder Civil sobre o Poder Militar.

O senhor apresentou a emenda da criação do Ministério da Defesa, visto que as Forças Armadas iniciaram sua participação dentro do governo.

Acho que esse tema é importante como outros que vamos abordar na Constituinte. Como o Brasil muda processualmente – e temos que confiar no processo sem perder jamais a firmeza em relação a onde queremos chegar. Nós apresentamos a proposta e não foi muito difícil, porque estávamos discutindo a subordinação do Poder Militar ao Poder Civil – e perdemos. Depois o Ministério da Defesa foi criado no governo de Fernando Henrique Cardoso (PSDB-SP), mas não foi consolidado. E agora o Ministério da Defesa está sendo consolidado com a Estratégia Nacional de Defesa e com o ministro Nelson Jobim, um dos constituintes.

Na Constituinte eu e Pimenta da Veiga apresentamos uma emenda sobre o acesso a assuntos sigilosos e ultra-secretos. Advogávamos um prazo de 25 anos. E 20 anos depois o governo Lula (PT-SP) manda para o Congresso Nacional uma lei sobre acesso a informação prevendo os 25 anos como período de durabilidade do sigilo para assuntos ultra-secretos – e propõe mais 25. Estamos propondo um sigilo eterno. E eu sou um militante que confia nesse processo político que o Brasil vive. O país vive um processo político desigual mas, ao mesmo tempo, avançado. E cito esse dois exemplos porque hoje viraram realidade, mas na Constituinte parecia uma grande utopia quando entrei com a emenda sobre o Ministério da Defesa.

Quando abrimos o debate sobre o aborto na Constituinte foi algo que parecia esdrúxulo. Quando abri o tema sobre a orientação sexual, a discussão da união estável entre pessoas do mesmo sexo, foi um terremoto. E hoje a Parada do Orgulho Gay é uma das maiores manifestações que acontecem no Brasil e no mundo. Quando discutimos a tutela dos direitos como prerrogativa do Estado, parecia uma revolução. Quando apresentei a proposta de trabalhar com a ideia da soberania popular... Eu fazia emendas assim. Uma mais radical, uma para marcar posição e uma para negociar.

Quando apresentei o direito à rebelião da Constituinte – eu apresentei uma emenda que era o direito à rebelião! – lógico que perdi. Mas passou a emenda de participação popular. E o preâmbulo diz "todo poder emana do povo e pode ser exercido diretamente pelos seus representantes", "diretamente na forma da Constituição". Um debate muito radicalizado. É claro que perdi outros debates como, por exemplo, um sobre retirar a expressão sobre a proteção de Deus. Também foi uma discussão radical.

Acho que o importante é que o Brasil foi discutido na Constituinte, o Brasil inteiro: de temas como esse até meio ambiente, cultura, quilombolas, reservas indígenas, o conceito de família – que foi outro debate radicalizado. Essa ideia de que a união estável é uma base para a constituição da família, não apenas o casamento, também foi um debate muito radicalizado na Assembleia Constituinte. Todos os temas eram objetos que estávamos desenhando. Uma espécie de programa político para o futuro. É um documento político, não pode virar uma petrificação de interpretação constituinte. É um documento político dos mais avançados da história do Brasil. E acho que isso mostra como a constituinte conduziu e foi produto desse debate, desse enfrentamento político. Havia de tudo: da UDR ao MST, das mulheres à igreja, do movimento gay às religiões. Havia de tudo e o Brasil se identificou com aquele processo Constituinte.

O movimento nacional pró-participação popular na Constituinte garantiu a iniciativa das emendas populares e não se limitou apenas às emendas. Além do povo, vários segmentos sociais se fizeram presentes. A Folha de S. Paulo *publicou em 21 de junho de 1987: "Dois mil lobistas procuram persuadir os constituintes". Que lobby foi mais eficaz na Assembleia Nacional Constituinte: o dos movimentos sociais ou dos grupos empresariais?*

Todas as pressões foram legítimas e ainda bem que vieram. O governo Sarney estava esvaziado com a crise, com o fracasso do Plano Cruzado. O Judiciário vindo da sustentação constitucional à ditadura militar e nós acumulando várias derrotas: a derrota das Diretas, derrota do Plano Cruzado, morte do Tancredo (PMDB). Três frustrações. Foi muito importante que a sociedade viesse para dentro (da Constituinte). Toda a sociedade tinha seus grupos de pressão, dos mais fracos aos mais fortes. Mas os mais ostensivos e os mais fortes foram os da UDR e os do Poder Judiciário. Mesmos os militares, que pressionaram, possuíam um lobby menor que o do Poder Judiciário e o da UDR.

Comissão de Sistematização e a formação do bloco suprapartidário: comissão integrada por 93 dos 559 constituintes e com o poder de definir o texto de base a ser submetido ao plenário da Assembleia Nacional Constituinte. Momentos de agonia, perplexidade e agravamento dos embates políticos e ideológicos. Quais foram os principais impasses na Comissão de Sistematização antes da criação do Centrão?

Os principais impasses foram no sentido de construir textos, porque nós partimos do zero. Os textos vieram da Subcomissão e da Comissão. Chegava na Sistematização – e o próprio nome dizia: era preciso dar sistemática, dar coerência, ter começo, meio e fim. Algumas vezes eram "mostrengos". Fizemos vários "monstrengos". E a denominação usada foi "Frankenstein". Depois veio o "Bebê de Rosemary", veio "Mostrengo", "Buraco Negro"... E o processo foi muito rico, porque foi se articulando. Como possuíamos maioria na Comissão de Sistematização.

Após vários embates entre progressistas e conservadores, no dia 10 de novembro o Centrão apresentou sua emenda de mudança do regimento. No dia 5 de janeiro foi aprovado. O que de fato aconteceu? Os argumentos do Centrão foram: a maioria ficará à mercê das decisões dos 93 membros, dos líderes; a composição da Comissão de Sistematização foi manipulada pelo líder do PMDB; o resultado não é compatível com a composição ideológica do plenário; e é necessário voltar à soberania do plenário. O que de fato aconteceu para criação do Centrão?

Houve uma questão que foi decisiva: a maioria da Comissão de Sistematização não refletia a maioria do plenário. Era isso. Havia uma maioria do plenário que derrotaria o texto da Sistematização e, ao derrotar o texto da Sistematização, não teríamos Constituição. Foi um momento muito delicado eu acho que Ulysses teve um grande papel quando o Centrão quis mudar o regimento interno para apresentarem um projeto – porque houve um regimento interno o qual não nos permitia apresentar projeto de capítulo e projeto de Constituição.

Fomos para o enfrentamento. Ulysses nos chamou e disse: "Primeiro: a Constituinte tem que formar uma Comissão. Segundo: temos que construir uma Comissão que tenha a maioria. Terceiro: a melhor coisa é a direita se comprometer com a Constituição, porque se ela não se compromete com a Constituição, isso pode levar a uma crise institucional logo após o fim da ditadura militar" – e possuíamos um governo fraco, que era o governo Sarney.

O Centrão tinha a maioria do plenário, mas possuiam uma maioria para se opor àquele movimento da centro-esquerda. Nós tivemos a habilidade de perceber que aquela maioria (do plenário) não era maioria em todos os artigos e capítulos. Após aprovarem o projeto deles, fizemos o contrário: fizemos o que eles fizeram conosco. Como o Centrão não tinha maioria em todos os itens – na ordem econômica eles se dividiam, nos direitos sociais eles se dividiam, nos direitos individuais eles se dividiam – nós dividimos o Centrão. E o Centrão estava fraco politicamente por virmos de uma crise da ditadura militar, crise do governo Sarney, crise do Plano Cruzado, crise econômica brutal.

Invés de a esquerda ficar só na marcação, fomos operar com uma tática ampla de acabar com a unidade do Centrão dividindo por temas. Fizemos isso discutindo aposentadoria por tempo de serviço, jornada de trabalho, direitos e garantias individuais. A Direita veio com o tema de criminalizar o aborto e nós – no caso fui eu – viemos com o tema e legalizar o aborto e ficou a expressão genérica de "direito à vida". Vários temas criaram enfrentamentos políticos. Alguns ficaram no meio do caminho e outros foram remetidos para lei. Acho que foi um exercício dialético da verdadeira política, pura. Por isso me revolto quando alguns constitucionalistas olham essa Constituição como se ela fosse uma pedra, petrificada, de uma visão constitucionalista de que não houve gente, não houve enfrentamento, que não houve risco, ameaça de tiros, chinela Havaiana sendo jogada no plenário, dinheiro sendo jogado no plenário, quebra de vidro... A expressão é "toma lá e dá cá", "é dando que se recebe". Foi a política que produziu esse belo texto Constitucional. Foi produto desse consenso progressivo em cima do enfrentamento. E acho que a tática que a esquerda e o centro usaram contra o Centrão foi correta. Um exemplo foi a Anistia: queríamos ampliar a Lei da Anistia – esse tema que é discutido até hoje, que é o direito à memória e à verdade. Nós perdemos essa votação. Tentamos colocar o Estatuto da Terra na Constituinte e perdemos para UDR. Vários itens.

O tema da reforma agrária foi uma derrota da esquerda?

A principal derrota foi a da reforma agrária. Também perdemos no tema do crime de tortura, tema que nos era imprescindível. E perdemos no tema da comunicação, que não conseguimos colocar o sistema tripartite – para ser público, privado e estatal. Foi uma guerra no sentido literal, de bater porta, quebrar microfone, jogar sandália, jogar sapato. Se o observador puritano visse aquilo diria que é uma bagunça geral. Mas foi isso que produziu esse texto constitucional. Muitas vezes houve interpretação preconceituosa em relação à política, em relação ao Congresso. Àquela época houve muitas criticas: "Isso não vai dar em nada", "a Constituinte tinha que ser feita por sábios, por pessoas preparadas, por pessoas puras". Essa Constituição foi produto da luta política e de tática.

Em janeiro de 1988 o clima entre o governo Sarney e a Assembleia não era nada bom. O jornal Folha de S. Paulo *explicitou posição contrária ao Centrão e denunciou que o governo desenvolvia negociações escusas em torno do mandato de Sarney e da forma de governo. Em 30 de janeiro de 1988 a* CNBB *critica o quadro socioeconômico e a operação regimental. No dia 22 de março o presidencialismo foi aprovado por cinco anos em favor de Sarney. Houve compra de votos para obtenção de cargos no governo, barganhas? O que houve para garantir a vitória, por 344 a 212, do governo e de quem o estava defendendo?*

Eu não reduzo o enfrentamento político a uma política de barganha. Isso não responde as questões. Houve troca de favores, principalmente com a concessão de rádios e televisões. Isso houve. Em relação à compra de votos eu não tenho nenhum fato concreto. E vivi no Congresso 24 horas por dia, sendo o primeiro a chegar e era o último a sair, às vezes até dormia lá para apresentar as emendas. Participava de tudo. O que houve foi disputa política e ideológica entre a centro-esquerda e a direita. Essa disputa envolveu uma discussão sobre o sistema de governo, entendo como um equívoco havermos aprovado o presidencialismo. Seria melhor aprovar o parlamentarismo como sistema de reforma das instituições, mas perdemos. Havia divergências sobre parlamentarismo e presidencialismo e essa divergência acabou contaminada pela disputa dos cinco anos de Sarney.

Mas o parlamentarismo venceu em todas as comissões e perdeu no plenário. Por quê?

Perdeu no plenário porque a maioria do plenário aderiu ao governo, ao status quo. E o presidencialismo se adequava mais ao status quo. O PT se posicionou pelo presidencialismo porque estávamos diante da possibilidade de lançar a primeira campanha do Lula para presidente da República. Mas acho que foi um erro. A Constituição estava avançando em vários termos. O parlamentarismo era uma interrogação. Como funcionará nas condições do Brasil? O erro foi vincular a duração do mandato ao sistema de governo. Ao vincularmos nós nos prejudicamos, porque foi um assunto conjuntural que contaminou um outro assunto que não é conjuntural, que é o sistema de governo. Foi um encadeamento equivocado. Poderíamos ter isolado o tema da duração do mandato do tema do sistema de governo. Deveríamos ter discutido a duração do mandato nas discussões transitórias, mas nós colocamos dentro do texto permanente. Votamos pelos quatro anos, mas passou cinco anos e com o presidencialismo. Poderíamos ter negociado os cinco anos pelo parlamentarismo. O próprio Sarney toparia negociar.

Cristovam Buarque[1]

CLEONILDO CRUZ: *Senador, já na instalação da ANC, em 1° de Fevereiro de 1987, travou-se um grande debate em torno da escolha entre duas espécies de Constituinte: a Exclusiva e a Congressual. A discussão teve importância?*

CRISTOVAM BUARQUE: Total. Absoluta. Grande parte das falhas que a nossa Constituição carrega é porque nossos constituintes foram também congressuais, parlamentares. Eles estavam com um olho na história, no futuro da Constituição, e o outro na eleição. Por isso a Constituição é tão grande e tentou-se colocar tantos interesses corporativos lá dentro. É uma pena. A Constituinte deveria ser apenas Constituinte. E vou mais longe: acho que quem fosse Constituinte deveria ser impedido de candidatura a qualquer cargo 10 anos seguintes à promulgação da Constituição. Só assim teríamos uma Constituição produzida pensando no futuro e não na próxima eleição.

Como o senhor avalia a participação da sociedade civil organizada, que começava a ter acesso ao Congresso Nacional?

---

1. Engenheiro pela UFPE, inicia a militância no movimento estudantil Ação Popular, grupo de esquerda ligado à Igreja. Frente as perseguições feitas pelo regime militar (1964–1985), foi estudar na França, onde se tornou Doutor em Economia pela Universidade Panthéon-Sorbonne. De volta ao Brasil, foi reitor da Universidade de Brasília (1985–1989). Pelo PT, Buarque foi eleito governador do Distrito Federal (1995–1998) e senador (2003–2010), havendo se licenciado do mandato para assumir o Ministério da Educação (2003–2004). Migrou para o PDT em 2004, partido pelo qual se candidatou sem sucesso à Presidência da República (2006) e se elegeu mais uma vez para o Senado (2010–2018).

Lembro que a sociedade civil trouxe sugestões antes mesmo de receber as propostas dos constituintes. Muitos constituintes, com franqueza, nem possuíam propostas. Recebemos da sociedade civil e até da Comissão Affonso Arinos, da qual eu fiz parte – comissão que elaborou uma Constituição toda. O projeto foi entregue ao presidente da República, o presidente Sarney (PMDB), que teve a gentileza de dizer "eu não vou enviar isso à Constituinte, porque parece uma intervenção do Poder Executivo". Mas os constituintes tinham acesso àquilo. Acho que alguns leram. Levamos muitas propostas para os constituintes.

Em vários momentos da Constituinte, o senhor participou de algumas mesas, defendendo mais autonomia para as universidades. Como foi esse momento?

Senti uma boa receptividade. A discussão era sobre o grau da independência que a universidade teria em relação às políticas sociais, em relação às estratégias de segurança, do ponto de vista social, em relação à soberania nacional. À época eu dizia: "Nós temos que ter autonomia sem ser autistas". A discussão foi em torno daqueles que defendiam a autonomia e aqueles que discutiam a questão do autismo. A universidade é nossa – dos professores, dos alunos. A universidade deve ser administrada com base na sua comunidade, o governo não tem que se meter no dia a dia das políticas pedagógicas, dos conteúdos.

Acho que o Governo, representando a população através do Congresso, também tem direito de dizer qual é o número de profissionais que a universidade tem que formar. Acho um absurdo a universidade pensar que não tem nada a ver com a educação de base e não formar professores. Creio que o Estado Brasileiro deve dizer quantos professores quer, anualmente, formados em matemática, em química ou biologia. Mas no conteúdo não nos metemos. Sobre o conteúdo é a universidade quem decide. A liberdade acadêmica com uma ligação com a sociedade.

Hoje há um grande distanciamento, resultando na falta de professores de química, matemática, física, português... Porque as universidades não estão preocupadas em formar esses profissionais e, por outro lado, porque esses profissionais ganham tão pouco que os estudantes não escolhem essa carreira. Em parte é também porque a universidade se sente independente – não autônoma, mas independente da sociedade. Ela não pode ser independente. Ela pode ter autonomia na gestão pedagógica – e eu digo que defendo a autonomia da gestão financeira, mas prestando contas com muito rigor. Você pode até gastar o dinheiro conforme a comunidade acha melhor, mas tem que prestar contas, já que o dinheiro não é seu, mas do povo.

Das propostas que as universidades defenderam, o que foi garantido de fato na Assembleia Nacional Constituinte?

Praticamente tudo. As universidades foram vitoriosas na Assembleia Nacional Constituinte. Acho que todos os grupos organizados foram vitoriosos. O Ulysses dizia que a Constituição é cidadã. Mas acho que ela está mais para uma constituição corporativa. Os que tiveram força de se aproximar, conseguiram. Mas os analfabetos não conseguiram. As crianças não conseguiram. Os universitários conseguiam. A Constituição não deu um salto no envolvimento do poder público na educação de base.

Um exemplo é que não foi possível federalizar a educação de base. A Constituição deveria dizer: "A responsabilidade da educação das crianças está nas mãos da União". Foi o contrário: colocou com a União as universidades, porque elas tiveram força. Colocou na União as escolas técnicas, porque as indústrias precisavam das escolas técnicas. Mas o ensino fundamental não entrou, a pré-escola não entrou – ficaram entregues aos municípios e estes não têm dinheiro.

Qual a importância das audiências públicas no processo da elaboração?

Foi muito bom. É uma Constituição para a qual os constituintes ouviam a opinião pública. Pensei em dizer que ouviram o povo, mas não foi o povo. O povo não entra no Congresso. Os constituintes ouviram a opinião pública. A diferença é que o povo é o conjunto de todos, enquanto a opinião pública é uma parte do povo, aqueles que fazem opinião, que têm a opinião, são os sindicatos, são as organizações empresariais, são os jornais. Todos esses participaram das audiências. Mas o povo descalço, o povo excluído, esses não participavam. Alguns representavam eles, mas eram poucos. Na verdade a Constituição ficou muito a favor dos grupos corporativos organizados, os que puderam entrar e subir às galerias para aplaudir ou vaiar. O povão ficou de fora.

Foi discutido na Comissão de Educação que esses grupos todos não estavam defendendo a educação pública. Houve setores defendendo que o Estado financiasse também as escolas confessionais. Como o senhor viu a discussão?

Eu, a Constituição e nós todos cometemos o erro de confundir Estado com Público. São duas coisas diferentes. Sempre que o dicionário tem duas palavras é porque ele tem dois conceitos diferentes para elas. Raríssimas palavras são sinônimos absolutos. Toda palavra traz uma nuance que a diferencia de outra. Público é o que serve ao público e estatal é o que pertence ao Estado.

Nós, da educação, nos acostumamos a dizer que o que é estatal é público, mas isso é falso. Nos acostumamos a dizer que o que é particular não é público, mas também é falso. Acho que o Estado tem que bancar a educação de todos aqueles cursos cujos profissionais são de interesse público, mesmo que numa universidade particular. Mas não pode fazer diferença da confessional para a que é puramente particular.

Numa faculdade em que formam professores de química, física, matemática, biologia, português... Se for de qualidade, ela é pública. Mas ela é pública e quem paga é o aluno. O Estado deveria pagar para que a universidade forme professores. E alguns dizem: "Mas por que não paga às estatais?". Porque as estatais não são capazes de absorver a todos. Temos 600 mil alunos hoje nas públicas – ou, melhor, nas estatais – e temos 3 milhões e 900 mil nas outras. Não dá para pegar os 3 milhões e colocar dentro das estatais. Precisamos do setor particular. O problema é que o setor particular está formando pessoas para atender ao interesse privado dele, não o da empresa que vai contratar. E as estatais também fazem isso: formam médicos e quantos vão para o SUS (Sistema Único de Saúde)? Uma universidade estatal que forma um médico cirurgião plástico de rejuvenescimento para velhos ricos, essa universidade está trabalhando para o interesse privado.

Mas uma escola particular, convecional ou não, que forme o médico para o SUS está prestando um serviço público. A Constituição deveria ter diferenciado o público do estatal. Estatal e particular é conforme a propriedade, mas público e privado é conforme o produto do aluno. Esquecemos disso. Foi uma falha. Deveria diferenciar, dizendo: "O ensino que cria o profissional de interesse público, esse ensino é público, portanto será gratuito, bancado pelo estado, seja diretamente, pagando aos professores na sua folha de pagamento, como as universidades estatais; seja ofertando bolsas para que o aluno estude na particular". Esse deveria ser o conceito, mas não fizemos isso. Tomamos público como estatal e tomamos particular como privado.

Durante todas as etapas nas comissões, subcomissões, depois no primeiro projeto, foram garantidas algumas vitórias de pautas que o Fórum defendeu: recursos destinados à educação, salário-educação com fonte adicional de recursos a serem aplicados apenas no ensino público fundamental e outras várias conquistas. Isso foi votado em novembro, mês em que também aconteceu uma virada regimental, com a criação do Centrão. Isso se deu após várias entidades apresentarem propostas aos deputados constituintes, que – como o senhor disse – não tinham propostas e passaram a defender as propostas das entidades ligadas à educação. Com a criação do Centrão as pessoas envolvidas com a questão da educação ficaram receosas?

Não só as pessoas que defendiam o ensino, mas todas as pessoas progressistas do país se assustaram. O Centrão significa "direitização". O Centrão deu nome ao que na verdade é a direita conservadora. Preciso dizer: o perfil dos constituintes já era conservador, mas estávamos tão entusiasmados com a democracia que considerávamos que todo democrata era de esquerda. Mas há muitos democratas de direita. Ficamos deslumbrados como se a democracia fosse sinônimo de progressimo. E quando surge o Centrão dentro de um grupo que já é conservador, significa que é um grupo à direita da sociedade e dos interesses da nação. E o Centrão amarrou a Constituição. Mas, para não parecer que estavam contra o avanço da democracia, fizeram concessões corporativas, mas sem permitir reformas sociais. Não há reforma social de fato na Constituição. Não há reforma agrária verdadeira na Constituição.

Nem mesmo por parte da comunidade de educação houve propostas revolucionárias. Foram propostas corporativas. Quem teve força foram as universidades, não a educação de base. Esta foi relegada na Constituição, salvo a Emenda Calmon, que garante 18% da União, 25% do estado e município para a educação. Mas é uma a visão financista: porcentagem de dinheiro, não uma visão estrutural de como deve ser a educação. Não houve cobrança sobre os professores na Constituição, mas a gente não pode ter uma boa educação se o professor não se dedica. Não houve piso nacional do salário do professor na Constituição – deveria ter um piso bom, não um piso qualquer. A Constituição não foi um instrumento de transformação social, mas um instrumento de regularização da democracia conservadora que o Brasil tem até hoje.

Na Constituição foi elaborada uma proposta conjunta chamada de "emendão". Nesse acordo a questão da destinação dos recursos públicos exclusivamente às escolas públicas foi deixado de lado pelos parlamentares progressistas, pois a partir da criação do Centrão não havia forças favoráveis para negociar essa questão.

O problema não é colocar o dinheiro nas estatais. O problema é colocar o dinheiro com o destino de interesse público. A gente confundiu o estado com público. Existe uma privatização do estatal. O Estado foi apropriado. O Estado Brasileiro sempre foi apropriado pelas classes dominantes: os empresários, os latifundiários. A diferença é que, com a democracia, as corporações sindicais passaram a ser também classes dominantes. Os sindicatos dos trabalhadores do Estado são classes dominantes no país. A Constituição foi a favor das classes dominantes, sejam empresariais ou sejam trabalhistas. Não foi a favor das classes oprimidas, excluídas. Tanto que faz 20 anos (da promulgação da Constituição) e a gente continua com a concentração de renda muito parecida à daquela época.

Não mudamos muito desde então. A ideia de não permitir dinheiro público para a educação privada considerava que todo o dinheiro que fosse para a estatal era público. E nem todo dinheiro que vai para a estatal é público. E considerava que todo dinheiro que fosse para a universidade privada era de interesse privado, mas nem sempre é. Pode haver interesse público numa educação mantida em instituição particular.

O que a Constituição de 1988 mudou na prática?

A democracia, o direito pleno à liberdade e a garantia de alguns direitos corporativos para os grupos sociais organizados. Isso é o que mudou na prática.

Ulysses Guimarães disse em seu discurso que "a Constituição não é perfeita, mas ao menos desbravadora". Em que áreas ela mais avançou?

Nos direitos civis. Mas não avançou nas obrigações dos indivíduos para/com o Brasil. Por isso digo que não é uma constituição patriótica. É uma Constituição cidadã, mas não patriótica ainda. Para ser patriótica temos que ter regras para que haja o mesmo direito de oportunidade para todos. Não foi colocado na Constituição um projeto de lei que eu defendo: "Todo filho de parlamentar e políticos eleitos tem que estudar em escola pública". Isso poderia estar na Constituição. Também não está na Constituição outro projeto meu que é "criar uma carreira nacional do professor". Há uma porção de carreiras profissionais na Constituição, mas não há a carreira do professor. No fundo eu acho que a Constituição desbravou e consolidou a liberdade democrática e os direitos civis, mas não consolidou uma nação. Ainda não é essa Constituição a argamassa da nação brasileira.

Essa é uma das razões para o fato de que existem muitas matérias da Constituição que ainda não foram regulamentadas?

Uma das coisas é essa. Para atender a um grupo corporativo, colocou-se o artigo, que depois não se regularizou. Um exemplo é o artigo que diz que teríamos que "abolir o analfabetismo em 10 anos", mas não se regulamentou dizendo "será cassado o Prefeito que não conseguir erradicar o analfabetismo na sua cidade". Começaríamos a cumprir o artigo, mas não regularizamos exatamente para poder fazer de conta que havia resolvido o problema.

Após 20 anos de promulgação da Constituinte ainda temos muito o que fazer pela educação do país?

Temos tudo para fazer. Fizemos pouquíssimo, quase nada. Alguns dizem "a gente fez muito". Em 20 anos passamos de 80% de matriculados no ensino fundamental para 95%. Já deveríamos ter chegado nos 100%. E matriculamos mas o aluno não frequenta, alguns frequentam mas não assistem e outros assistem mas não permanecem até o fim do ensino médio. Então é falso. Não universalizamos a educação de base do Brasil. Mentimos que universalizamos a educação de base só porque quase universalizamos a matrícula no ensino fundamental. Estamos muito longe de fazer com que o aluno se matricule, fique o dia inteiro, assista as aulas, aprenda e permaneça até o final do ensino médio. Falta quase tudo para isso. Só um terço conclui o ensino médio e, desses, metade tem um ensino médio de péssima qualidade. Faz 20 anos e não chegamos a 18% dos nossos jovens terminando um bom ensino médio.

Jair Meneguelli[1]

CLEONILDO CRUZ: *O governo de José Sarney, primeiro presidente civil após o regime militar, implementou vários planos econômicos e todos fracassaram. Quem mais sofreu com os fracassos foi a classe trabalhadora. Como se deu esse processo?*

JAIR MENEGUELLI: Todos os planos e diga-se planos econômicos fracassados... porque já existia uma tese desde os idos da ditadura – e o ministro da Fazenda era o Delfim Neto – de que era preciso o país crescer, o "bolo" crescer para, depois, dividi-lo. E esse bolo era sempre feito roubando o salário dos trabalhadores. Tanto que nós fizemos greve contra um roubo de 34,1% dos nossos salários e, depois, os planos confirmaram essa tese: é preciso primeiro resolver o problema da economia, resolver o problema da indústria, resolver o problema dos bancos para, depois, resolver o problema dos trabalhadores. E nós éramos sempre sacrificados. Tanto que, após alguns anos, ganhávamos na Justiça o que for a aviltado dos nossos salários durante a execução de cada plano. Todos os planos acabaram, na verdade, prejudicando enormemente os trabalhadores. Fomos as maiores vítimas desses planos.

Foi justamente nesse aspecto de crise econômica e política que se instalou a Assembleia Nacional Constituinte. Como foi mobilizar, através da Central Única dos Trabalhadores – CUT e das outras centrais, os trabalhadores para se fazerem presentes no processo da ANC? Como se deu a articulação?

---

1. Ferramenteiro, foi eleito presidente do Sindicato dos Metalúrgicos de São Bernardo do Campo e Diadema em 1981. Fundou a CUT (1983), sendo o primeiro presidente da entidade (1983–1993). Foi deputado federal pelo PT (1995–2002) e presidente do Conselho Nacional do SESI (2003–2014).

O movimento sindical trabalhou. Participamos de abaixo-assinados. Lembro-me que entregamos, no salão negro da Câmara, um grande abaixo-assinado ao Ulysses Guimarães (PMDB-SP), que presidia a Assembleia Nacional Constituinte. Mas obviamente esperávamos ser mais contemplados na Constituinte. Evidentemente nós não possuíamos ainda uma força de esquerda muito grande na ANC. Discutimos, apresentamos propostas e tivemos alguns pequenos avanços, uma pequena redução da jornada de trabalho, o direito de associação e o direito de greve dos funcionários públicos – com algumas regras para ser estabelecidas numa lei complementar. Houve alguns avanços. Na reforma agrária não considero que houve avanço, embora tenha surgido a ideia da desapropriação de terras improdutivas. Mas foi insuficiente para a ideia que se tem sobre reforma agrária. Hoje tenho a convicção de que a reforma agrária não significa distribuir terras e dar propriedade. Acho que as terras devem ser doadas em comodato: aqueles que quiserem trabalhar continuam na terra indefinidamente e aqueles que não quiserem trabalhar não podem vender a terra doada pelo estado, mas devolver. É o conceito que tenho do plano da reforma agrária, mas acho que ainda estamos longe de conquistar esse sonho.

Em fevereiro organizou-se o regimento interno e estabeleceu-se as regras do jogo. Os partidos de esquerda tiveram pouca influência, cabendo ao PMDB, sob a liderança de Mário Covas (PMDB-SP), encaminhar as propostas progressistas. Foi bastante ideológico o embate entre progressistas e conservadores. Como foi sentar, como presidente da CUT, com os parlamentares do PMDB, com o PT e os demais parlamentares para convencê-los de que era necessário levar conquistas para a classe trabalhadora, que fora estava bastante aviltada com os planos econômicos?

Foi um momento muito difícil. Tive oportunidade de frequentar algumas reuniões da preparação do regimento da Constituinte, com um grupo menor, que trabalhou no próprio plenário da Câmara. Tive acesso diário a tais reuniões – na verdade por equívoco da Segurança, que imaginava que eu fosse deputado. Até que um dia o Ulysses Guimarães percebeu que eu frequentava aquelas reuniões e me proibiu, porque eu não era parlamentar. Embora tenhamos conversado com tantos deputados, tivemos algumas reuniões enquanto Centrão com o relator, o Bernardo Cabral (PMDB-AM). Não só o Bernardo Cabral, mas como outros parlamentares que nos ouviam e não diziam "sim" ou "não". Saíamos das reuniões sem saber se seria "sim" ou "não". Mas, invariavelmente, todas a nossas propostas levadas foram respondidas com um não.

A Emenda Popular elaborada pelo DIAP (Departamento Intersindical de Assessoria Parlamentar) foi subscrita por todos os movimentos sindicais, centrais e confederações, ultrapassando 1 milhão de assinaturas. Como se deu o processo das Emendas Populares na busca do respaldo da sociedade – não só dos trabalhadores, mas de toda a sociedade brasileira – nas bandeiras de lutas do movimento sindical?

Usamos de uma grande mobilização. Era uma possibilidade dentro da Carta Constitucional e nós a usamos. Conseguimos esse abaixo-assinado, mas que também não teve efeito, porque possuíamos uma representação minoritária dentro da Assembleia Nacional Constituinte. As emendas não eram automáticas por terem obtido um milhão de assinaturas. Elas ainda tinham de passsar pelo crivo da ANC – e não passaram. Não sei dizer se àquela época já existia o PROCON (Programa de Orientação e Proteção ao Consumidor), mas se existisse nós deveríamos ter reclamado, porque nós fomos enganados. Houve uma falsa ideia de que automaticamente incluiríamos as emendas na Carta Magna.

O movimento sindical usou de várias estratégias para publicizar fotos de parlamentares que não estavam votando de acordo com a classe trabalhadora. Como se deu isso?

Fizermos a denúncia e fomos chamados até de fascistas porque estávamos divulgando isso. Lembro, por exemplo, de um grande painel que montamos na Praça da Sé, em São Paulo, mostrando voto por voto dos parlamentares, principalmente sobre as reinvindicações e emendas que nos interessavam. Fomos xingados de fascistas. Fizemos a denúncia, mas isso não tinha poder de fazer com que os parlamentares mudassem as suas opiniões. Fazíamos as denúncias para que, talvez numa próxima eleição, esses deputados constituintes fossem cobrados. Naquele momento, na verdade, o efeito foi muito pouco.

No âmbito da ANC, quais disputas foram as mais ferrenhas, que tomaram os corredores da Assembleia?

Lembro perfeitamente de uma frase do Almir Pasianoto, que foi ministro do Trabalho e, depois, Juíz do Tribunal Superior do Trabalho, que dizia: "O reajuste salarial é algo pelo qual devemos brigar anualmente", porque havia o reajuste salarial, mas depois, durante o ano, a inflação corroía aquele reajuste e éramos obrigados a pedir novo reajuste salarial no ano seguinte. A reivindicação mais importante para o movimento sindical, entre reivindicações as quais não perderíamos nunca mais caso saíssemos vitoriosos naquele momento, foi a redução da jornada de trabalho. Essa foi a nossa principal reivindicação: a redução da jornada de trabalho para 40 horas semanais, porque sabíamos que seria definitivo, que o fato de nós trabalharmos reduzindo a jornada nos abriria mais campo para outros empregos, porque o quão menos trabalhássemos, mais trabalhadores estariam produzindo. Não conseguimos a redução para 40 horas, mas conseguimos para 44 horas e foi um avanço. Até hoje continuamos lutando pela jornada de 40 horas semanais. Acho que esse foi o ponto máximo, prioritário, o mais interessante para o movimento sindical.

Com as idas e vindas, as dificuldades em travar a luta com os parlamentares, rejeição de propostas, houve momentos de desânimo no movimento sindical?

Eu não diria desânimo. Evidentemente, quando apresentamos uma reivindicação e não obtemos sucesso, felizes não ficamos. Mas sabíamos que a batalha era dura. Sabíamos que a maioria da Assembleia Nacional Constituinte não morria de amores pelos trabalhadores ou pelo movimento sindical. Mas sabíamos que seria difícil, que teríamos alguns pequenos avanços, mas que a luta continuaria. Naquela ocasião reivindicamos as 40 horas semanais. Passou-se a ANC, passaram-se vários governos e até hoje estamos falando sobre a redução da jornada de trabalho para 40 horas semanais.

Como se comportou o movimento sindical com o sistema de governo e o mandato de Sarney? Qual era a visão do movimento sindical?

O Sarney foi o tampão. O movimento sindical teve uma reunião com o Sarney na Igreja do Torto. Fomos 8 ou 10 sindicalistas para reivindicar 13 pontos. Tivemos um almoço oferecido pelo Sarney, uma feijoada. O que posso dizer desse encontro é que o único resultado foi que comemos a melhor feijoada do mundo, a melhor feijoada que eu já comi na vida. Mas, das 13 reinvindicações que apresentamos, não conseguimos aprovação de absolutamente nada. Então nós queríamos ver o Sarney bem distante, se possível a volta dele para o Maranhão e, se possível, para fora do país. É claro que foi um péssimo presidente para a classe trabalhadora.

A Comissão de Sistematização analisa os trabalhos, consegue-se manter algumas conquistas e, depois, houve a virada regimental do Centrão – que foi um golpe para o movimento sindical. Como se deu a movimentação do movimento sindical junto aos parlamentares de esquerda, alguns do PMDB, para manter as conquistas de então?

A força era pouca e chegara o momento em que contabilizávamos os votos. Sabíamos que perderíamos. Nos restava discutir a possibilidade de não assinarmos a Constituição, o que não significaria absolutamente nada. Assinasse ou não, a Constituição prevaleceria. O que sobra é posterior à ANC: emendar e reformar a Constituição, que continua até hoje. Lamentavelmente temos a maior constituição do mundo, a mais detalhista. Farei uma comparação: sou defensor de que nós deixemos de lado a CLT e apresentemos um código nacional do trabalho, muito mais resumido, mais sintético, porque para um trabalhador entender a CLT, para um humano normal entender a Constituição Brasileira, ele precisa carregar um advogado debaixo do braço. É algo esdrúxulo, mas com a qual continuaremos por mais alguns anos. E, quem sabe, daqui um tempo haja outra Assembleia Nacional Constituinte?!

O que ficou de exemplo para o movimento sindical brasileiro?

O que ficou de exemplo é que temos que nos organizar. E não aprendemos. O movimento sindical brasileiro é dividido. Temos diversas centrais, mas todo movimento sindical falava de uma central única de trabalhadores. Acaba que hoje temos mais de 10 centrais, uma infinidade – milhares e milhares – de sindicatos, todos divididos. E a cada mês o Ministério do Trabalho recebe de 80 a 100 novos pedidos para a formação de novos sindicatos. Não aprendemos o que é preciso para que o movimento sindical possa tratar da sua unificação. Na verdade aprendemos bastante, mas não colocamos em prática aquilo que aprendemos.

E sua experiência pessoal?

Fui sindicalista, depois deputado federal e acho que consegui menos como deputado do que como sindicalista para os trabalhadores. Se eu pudesse voltar ao tempo eu voltaria. E se pudesse optar onde eu queria parar, seria obviamente na época em que fui dirigente sindical. Foi um momento gratificante na minha vida. Era dura a luta. Foi dura. Comecei como dirigente sindical em plena ditadura militar e fazíamos sindicato escondidos nos porões das igrejas, porque poderíamos ser presos. Mas acho que essa luta foi parte da conquista da democracia em nosso país.

Egídio Ferreira Lima[1]

CLEONILDO CRUZ: *Na semana em que foi instalada a Assembleia Nacional Constituinte, em 1° de fevereiro de 1987, o jornal* Folha de S. Paulo *estampou na sua primeira página: "Crise marca a abertura da Constituinte". A cobertura afirmou que "o Congresso Constituinte elaboraria a nova constituição em meio a um quadro de crises de indefinição econômica e política". As crises atrapalharam a Assembleia Nacional Constituinte?*

EGÍDIO FERREIRA LIMA: Quero destacar inicialmente que essa Constituinte não foi legítima, absolutamente pura, para se fazer a Constituição. E concordo que a crise econômica estava séria, sim. A inflação era grande. A cada dia sua remuneração perdia valor e isso repercutia muito negativamente no emocional de toda a população do país. Nesse período houve uma sucessão de projetos econômicos, começando pelo Cruzado até que se acertou com o Real.

Mas a crise política havia sido superada através da eleição de Tancredo Neves (PMDB-MG) e pela união do MDB em torno de Tancredo – houve apenas um voto discrepante, que foi a abstenção de Jarbas Vasconcelos (PMDB-PE), que foi governador. Todos os demais votaram pela a eleição de Tancredo. Houve uma grande disputa entre Tancredo e Ulysses. Houve reunião partidária onde se discutiu isso, mas quando a Constituinte se instaurou a crise política estava fundamentalmente superada, porque o próprio sistema admitiu que se convocasse a Constituinte e o próprio sistema elegera Tancredo Neves pre-

1. Advogado e juíz, começou a carreira política como vereador da cidade de Vicência (1951–1954), sendo eleito posteriormente deputado estadual e federal por Pernambuco, sendo um dos representantes do estado na Assembleia Nacional Constituinte. Foi relator da Comissão de Organização de Poderes. Está à frente do Instituto Egídio Ferreira Lima, com sede no Recife.

sidente da República. Não havia uma crise política, havia uma crise normal do embate político, do conflito, das sobras do conflito, mas a essa altura já uma parte do governo, da Arena, já tinha aderido à eleição de Tancredo... então a crise política estava praticamente superada, ela tinha só como objetivo superar a fala da constituinte e promulgar a constituição. Politicamente o país estava posto, seguindo o caminho da democracia, em busca dela. E qual era esse caminho? O que faria a democracia? A reorganização do Estado e a legitimação do Estado pela vontade popular: por isso houve a convocação da Constituinte para decidir, gerando uma grande expectativa em toda a nação.

Outro fator de crise foi a disputa dos dois candidatos à Presidência da Câmara, que foram o Ulysses Guimarães (PMDB-SP) e o Fernando Lyra (PMDB-PE). Fernando Lyra colocava que era muito poder nas mão de Ulysses Guimarães, que este era presidente da Câmara, presidente da Assembleia Nacional Constituinte, presidente do PMDB e, ainda, na ausência de Sarney, vice-presidente do país. Trinta de janeiro, véspera da abertura, houve uma reunião da bancada do PMDB – que possuía 306 deputados – e a maioria decidiu pelo apoio ao Ulysses Guimarães. O senhor votou no Ulysses Guimarães. Como eram vistas as críticas do deputado Fernando Lyra a Ulysses Guimarães e ao conjunto do PMDB?

Respondo a você com uma pergunta: como Ulysses não poderia ou deveria ser deixado de lado na disputa pela Presidência da Constituinte? Ulysses organizou o MDB no seu começo, constituído, criado pela própria ditadura. O Ulysses conseguiu transformar o partido com o apoio sobretudo dos "autênticos". Em 1974 o país surpreendeu o sistema elegendo 16 senadores pelo voto de maioria. E depois Ulysses candidato – eu diria que foi candidato à Presidência da República, não para um colégio eleitoral – como maneira de fazer despertar a sociedade. E hoje isso está claro. Ele candidato à Presidência e teve como vice Barbosa Lima, presidente da Associação Brasileira de Imprensa e que foi governador de Pernambuco. Foi útil para mobilizar a sociedade. Não é que Ulysses quisesse disputar.

Sobre as críticas de Lyra a Ulysses, digo que sou um democrata e, como tal, acho que o debate dentro do partido é livre. Acho que o

Fernando Lyra tinha o direito de discordar do Ulysses e disputar. Ele se movimentou, participou ativamente da escolha de Tancredo e do processo de chegada dele ao governo. Fernando Lyra teve um papel importante durante todo o combate à ditadura, isso ninguém pode negar. Essa luta, essa disposição e esse mérito ele os tem. Mas as críticas ao Ulysses eram infundadas e injustas. Disse que o Ulysses queria se aproveitar do cargo, que tinha tal ou qual defeito. Ele tinha os defeitos de qualquer humano.

Na Constituinte nos colocamos em termos de ideias, sem nenhuma mágoa para o relacionamento político. Ficamos em posições diferentes. Não se pode imaginar a Constituinte sem a presidência de Ulysses com todo o papel que ele teve. Não se pode imaginar a Constituinte sem o Ulysses pegando o primeiro exemplar, chamando-a de Constituinte Cidadã e gritando as virtudes, a beleza, a liberdade, a estabilidade do Estado democrático, de representar a promulgação da Constituinte. Acho que o Fernando teve o direito de disputar, mas dificilmente ganharia para Ulysses. E Fernando disputou após sair do Ministério, visto que foi ministro de Sarney. Acho que não foi justa a posição que Fernando assumiu. Ele poderia disputar sem aquelas criticas a Ulysses.

Instalada a Assembleia Nacional Constituinte em 1º de fevereiro, na sessão do dia seguinte, ainda presidia pelo ministro José Carlos Moreira Alves (STF), o deputado Plínio Arruda Sampaio (PT-SP) levantou a questão da impugnação dos 23 senadores oriundos de 1982. "Eles não receberam a delegação do povo para elaborar a nova Constituição. Sendo assim, eles não devem participar da Assembleia Nacional Constituinte". Roberto Freire (PCB-PE) também se insurgiu e colocou. Mas no processo de votação as lideranças partidárias do PMDB, do PFL, do PDS, do PTB, do PL, do PDC e do PDT votaram pela participação dos senadores de 1982. O placar foi de 394 a favor e 124 contra, com 17 abstenções. Por que o entendimento da maioria desses partidos pela participação desses senadores?

A Constituinte não foi convocada para ser apenas Constituinte, querendo uma maior pureza. Deveria ser assim, mas no Brasil só fez isso em 1946. E a própria convocação já admitia que o Congresso seria Constituinte e, terminada a Constituição, ele prosseguia como Congresso: Câmara e Senado. Àquela altura, quando caminhávamos em busca do Estado de direito, do término do período autoritário, havia sentido você abrir uma discussão para excluir os senadores? Não fazia o menor sentido. Seria pegar um fato menor e tumultuar a Constituinte e seu papel.

A Constituinte e a Constituição dela resultante são tidas como o melhor trabalho e a melhor constituição que o país já possuiu. Graças à Constituição vivemos desde o dia 5 de outubro de 1988, sua data de promulgação, no regime democrático, livre. Nunca a imprensa foi tão livre. Nunca a cidadania foi tão livre como agora. Se olharmos todo o período republicano e pós-revolução de 1930, incluindo a redemocratização de 1946, percebemos que a história foi tumultuada, com intervenções, com tentativas de insurreição o tempo todo. Não tinha sentido abrirmos um conflito com o próprio regime, com o próprio governo.

Sobre a composição do quadro partidário. Com a Constituinte funcionando, o xadrez político das decisões começava e as regras do jogo sendo delineadas. Definiu-se de início a importância dos líderes partidários, que começaram a ter participação efetiva no processo da Assembleia Nacional Constituinte. A questão partidária exercia influência de fato na hora das votações em plenário?

A parte mais objetiva, em relação à elaboração do Estado e o retorno ao Estado de direito, estavam substancialmente com o PMDB: Affonso Arinos (PFL-RJ), Ulysses Guimarães (PMDB-SP)... Eu fui um vice-líder com atuação constante mesmo quando o líder estava presente.

O PMDB possuía 306 deputados. Se o PMDB quisesse fazer uma Constituição, ele a faria. O PFL possuía 132, o PDS 38, o PDT 26 e os outros partidos com menos. O PMDB possuía a maior bancada na Assembleia Nacional Constituinte, com 306 deputados. Na questão da coesão dos blocos de esquerda, dos partidos, das disputas, alianças e traições... O PT e o PCdoB apresentavam mais coesão e disciplina partidária nas horas das votações. E o PMDB, como se comportava?

O PMDB teve uma postura social e democrática em termos ideológicos, defendendo a democracia, uma economia que atendesse à amplitude da população, a atenuação dos níveis sociais entre ricos, classe média e pobres. Essa foi a linha do PMDB. Durante a Constituinte a luta, a discussão e o debate foram ideológicos. Nunca no Brasil o debate foi tão ideológico como na votação da Constituinte, durante os anos de 1987 e 1988. Ideológico por quê? Porque se organizaria um novo Estado, uma nova economia, um novo Poder Judiciário, um novo Poder Legislativo. De um lado ficou a esquerda, que às vezes divergia do grosso do grupo, mas ficava à esquerda do centro-esquerda social-democrático; e de outro ficava a direita, cujo representante maior foi o Robertão (Roberto Cardoso Alves, do PMDB-SP).

Voltando ao PMDB, fale um pouco sobre as tendências do partido.

Antes da Constituinte essas tendências eram muito mais nítidas e muito mais claras. Se traduziam pelos autênticos e os moderados. O Ulysses teve o mérito de saber conduzir os autênticos, que eram os mais inquietos: Fernando Lyra, Jarbas Vasconcelos, Alencar Furtado, Lisânia Maciel, Francisco Pinto... Todo esse pessoal era mais exacerbado e Ulysses teve o grande mérito de conter isso.

Mas na Constituinte a distinção se desfez: aqueles mais voltados para a direita e exacerbados ficaram do outro lado, no Centrão, ao lado de Roberto Cardoso; os outros ficaram com Ulysses e com uma posição mais avançada. O PT possuía uma posição voltada para o pensamento sindical, para as entidades de base, que era a luta deles, e queriam democracia. Havia também os comunistas, que eram um grupo pequeno e que depois ficaram no Partido Progressista, presidido pelo Roberto Freire (PCB-PE). Mas a luta se deu mesmo entre os democratas e a direita. Eram dois grupos de liberais: os mais para a esquerda, como o Marco Maciel (PFL-PE) e todo o grupo da Arena, que se juntou à votação de Tancredo. Nota-se três linhas principais dentro da Constituinte: moderados e autênticos formando um só grupo; a direita que se transformou no Centrão, conduzida por Roberto Cardoso; e os liberais como Marco Maciel, que queriam a democracia, lutavam por ela e que se uniram ao PMDB, formando o grupo mais voltado para a democracia.

Foram duas fases muito importantes: a primeira foi a das comissões, com 24 comissões básicas, 8 temáticas e a Comissão de Sistematização. Três episódios foram muito importantes. Vale dizer que a Constituinte foi muito hábil ao redigir os estatutos e o regimento interno da Assembleia Constituinte, porque o regimento elegeu 24 comissões básicas e essas comissões possuíam uma matéria cada. Após elas vieram as comissões temáticas, que foram muito importantes, como a de Organização dos Poderes. Cada comissão temática trabalhou em cima de três comissões básicas, resultando o trabalho em oito "fatias" do projeto. E essas "fatias" foram reunidas pelo Relator Geral, o Bernardo Cabral (PMDB-AM), e o primeiro anteprojeto foi submetido à Comissão de Sistematização. A Comissão de Sistematização foi uma comissão muito bem pensada, correta e muito importante. Ela limpou e deu harmonia às frações que surgiram das demais comissões.

Sobre a questão das 24 subcomissões, oito comissões e que cada subcomissão teve três questões básicas: o bloco conservador – PFL, PDS, PL –, que estava defendendo as suas ideias e seus princípios no processo da Constituinte, como aconteceram as disputas, as coalisões de aprovação, as coalisões de veto, as atuações regimentais, as discussões, as procrastinações... Como aconteceu o jogo nos bastidores?

Foi curioso observar que praticamente não se viu retardamento ou obstrução das votações. Houve articulações nos bastidores – depois coloco um fato muito importante que explica o que estou dizendo agora. A votação evoluiu com certa rapidez. A Constituição estava prevista para ser votada em dois anos, mas em setembro já estava terminada e em 5 de outubro foi promulgada. O que houve de importante: a Comissão de Sistematização era a "elite", eram as lideranças da Constituinte. A Constituinte possuía quase 600 membros. A Comissão votou o primeiro anteprojeto vindo da Relatoria Geral de Cabral. Coisas curiosas: avançou-se muito no poder Judiciário, no Poder Executivo, na área econômica e social e até o sistema parlamentar –

que passou por mim na comissão temática e foi aprovada e com folga na Comissão de Sistematização. Ela teve 93 membros e estavam todos: Fernando Henrique (PMDB-SP), Robertão, Affonso Arinos (PFL-RJ), as lideranças todas. Era um pessoal capaz, a elite mesmo!

Mas nas subcomissões e nas comissões base havia divisões e disputas nos bastidores?

Havia. Mas as disputas não eram tão grandes. Sabia-se que estava no caminho, lutava-se para conquistar posições. Mas essa luta não era tão acirrada porque olhávamos para frente e havia um longo caminho a percorrer. Votada a matéria das oito comissões temáticas, que foi o primeiro anteprojeto geral, ela ficou muito avançada – no bom sentido, sem radicalismo. Foi quando a ideologia se pôs: o pessoal mais à direita, Robertão e seus liderados, eles se insurgiram contra o projeto aprovado com folga pela Comissão de Sistematização. Decidiram criar o Centrão, que apresentou um substitutivo a todo o projeto da Constituição, de tal maneira que nós apresentamos emendas para nos contrapor às posições do Centrão, visto que resultou no Centrão estabelecendo livres debates sobre tudo. Mas houve algo curioso: não havia aquela distinção que havia antes e que há hoje entre o pequeno clero e o clero. E o baixo clero, que vem da Revolução Francesa, aquele deputado que só defendia interesses e que nem ideologia possuía. O que ele queria era obter vantagens. Robertão era uma figura que representava isso. Ele era o pequeno clero, mas tinha ideologia, já que era de direita. Não se pode negar ao direitista o direito de participar de um projeto político, não é democrático. Ele pensava politicamente, era mais pelo capitalismo e via com restrições as conquistas dos trabalhadores.

Dois temas recorrentes tomaram conta dos bastidores: a questão do mandato de Sarney e a soberania do Congresso Constituinte paralelo ao funcionamento do Senado e da Câmara. O deputado José Lourenço (PFL-BA) afirmava que o funcionamento da Câmara e Senado equivalia a fazer da Constituinte uma comissão mista. Como foi esse debate da soberania?

Inicialmente admintiu-se nos termos que eu contei: não se viu maior importância ou prejuízo, inclusive em virtude do modo como foi convocada a Constituinte. Esse debate morreu logo, porque sabia-se que aquilo nunca se quietava. Algo muito importante, talvez o fato mais importante da Constituinte e do seu mérito, do seu papel, da sua praticabilidade, foi a legitimação dela. Como uma constituinte convocada depois de um regime autoritário, sem que tenha havido de verdade uma revolução, como ela se legitima com o regime autoritário resvalando nela, entrando nela como fez a Arena ao se transformar em PDS? E ainda assim ela se tornou legítima, aceita pelo povo, reestabeleceu o Estado de direito e criou tranquilidade institucional de lá até aqui. Por que? Porque houve grande participação popular, constante, efetiva, rica durante todo o processo da Constituinte. O edifício do Congresso Nacional com as duas Casas permeadas pela presença de pessoas de todos os níveis da população brasileira. Havia o operário, o empresário, os intelectuais, os pensadores. Esse pessoal andava e passava por nós por dentro dos prédios. O Ulysses mandou apurar o que era essa presença. E eram 13 mil pessoas passando diariamente dentro da Constituinte, se reunindo em comissões, visitando lideranças e atuando dentro. Toda a sociedade. Então legitimou clara e nitidamente. Foi como se fosse o povo todo lá dentro. Nunca houve isso no Brasil ou em parte alguma do mundo. Então isso fez com que a Constituição que votada tenha sido feita pela população e absolvida por toda a sociedade brasileira.

Sobre o tempo de mandato para a Presidência da República: houve reações no Palácio e deputados que defendiam cinco anos. O Jornal do Commercio, *em junho, na coluna de Inaldo Sampaio, publicou uma crítica de um líder de governo na Constituinte, o deputado Carlos Sant'anna (PFL-BA), que disse: "Egídio quer se tornar um novo Rui Barbosa e escrever a Constituição Brasileira sozinho?"*

(Risos) O problema dos cinco anos é que não fazia sentido. O mandato nunca foi de cinco anos, mas de quatro – até na ditadura. Por que ampliar o mandato de Sarney? Mas essa luta foi uma luta menor. Aguentar Sarney quatro anos ou cinco, desde que o país estivesse redemocratizado, não fazia muita diferença. Votamos contra os 5 anos, mas passou – sobretudo por força dos ministros, notadamente por Jurandir Pires, ministro da Guerra, que foi para a televisão e tudo. Mas isso não foi um fato importante. Mas o fato de Egídio crescer, acho que isso revela que eu cumpri com meu dever. Eu estava atento a tudo o que ocorria, porque eu participei intensamente da Constituinte – e nunca quis ser Rui Barbosa! (Risos). Seria uma injúria ao Rui e a mim também (risos).

Ainda sobre a questão do mandato de Sarney, que perdurou durante a Assembleia Constituinte toda. Num sábado 13 de junho a comissão aprovou por 43 votos a 19 o mandato de cinco anos para Sarney. Em 15 de novembro, na Comissão de Sistematização, vitória dos que defendiam os 4 anos.

Até a decisão final o governo não apareceu ostensivamente. Leônidas Pires não se pronunciou e o governo só veio a se pronunciar pelos seus ministros. O Pires fazia ameaças claras. E havia o líder Carlos Sant'anna e sobretudo o Robertão, que teve um papel político nos bastidores maior do que o de Carlos Sant'anna. Houve isso, mas pessoalmente não acho isso, se cinco ou quatro anos, um problema fundamental. Acho que cometi um erro: eu poderia ter negociado com Sarney, porque estive com ele várias vezes. Cheguei a fechar um acordo com Paulo, o líder dele, sobre o sistema parlamentar. Deveríamos ter negociado com o Sarney.

Lembro, pelos recortes de jornais, que Sarney disse várias vezes: "Essa questão do meu mandato de governo já está definido. Inclusive o Egídio sentou comigo e discutimos isso".

Mas ele furou tudo. Ele chegou a fazer um acordo da opção de sistema parlamentar. O acordo era optar pelo sistema parlamentar e não se falou em mandato. Provavelmente estávamos autorizados a renunciar o problema do mandato, aceitar os 5 anos, desde que o sistema fosse parlamentarista e não presidencialista.

Marcos Terena[1]

CLEONILDO CRUZ: *Nos reportemos a 1987 e 1988. O que foi o período pré--Constituinte? Como é que os povos indígenas começaram a lidar com a ideia de uma nova constituição a ser construída a partir de fevereiro de 1987?*

MARCOS TERENA: Como estávamos em processo de organizar os movimentos indígenas como fundadores, criadores do pensamento e do movimento político do índio no Brasil, trabalhamos com duas possibilidades de levar os direitos dos índios para dentro do Congresso. Uma delas seria a eleição. Eu fui candidato constituinte em Brasília e outros indígenas também se candidataram noutros estados, no sentido de a gente ter uma representação de no mínimo 3 indígenas. Mas essa ideia não foi exitosa. Passamos pelos critérios partidários e políticos, mas os votos não apareceram e não pudemos ter por esse processo a representação no Congresso Nacional. Para os povos indígenas, especialmente as primeiras Nações, foi muito grave essa não participação na Constituinte, não termos a representação. Foi um erro nosso, porque muitos setores sociais também não puderam se representar. Mas achamos que todos os outros setores sociais haviam eleito seus representantes.

O outro processo para levar os direitos dos índios para a Constituinte foi o cuidado de fazer aliados e nos aproximarmos de represen-

1. Nascido no distrito indígena de Taunay e pertencente à etnia Xané, tornou-se aviador da Força Aérea Brasileira e se graduou em Administração. Líder indígena e escritor, tomou à frente das articulações políticas dos povos e nações indígenas brasileiras para lutar pelo reconhecimento dos seus direitos na Assembleia Nacional Constituinte. É membro da Comissão Brasileira de Justiça e Paz e coordenador do Fórum Indígena Internacional sobre Biodiversidade.

tações políticas e partidárias, principalmente o pessoal da esquerda, que foi o grande canal que acreditamos ser importante para esse processo.

Muitos indígenas, muitos movimentos, muitos artistas vieram apoiar a caminhada dos povos indígenas. Foi um momento muito bonito, uma verdadeira celebração política para nós. Não possuíamos votos. A quantidade de eleitores indígenas era e continua sendo muito pequena e o processo eleitoral é muito massacrante, conduzido de forma que viola o voto e o direito de ser votado. Não tínhamos chance, mas tivemos apoio do Chico Buarque – que só fez dois shows no Brasil: um para o Marcos Terena em Brasília e outro para o Miguel Arraes lá no Recife.

Carregar essa missão junto com os povos indígenas foi fortalecedor, muito importante. Nós realmente não tínhamos como participar da Constituinte e precisávamos realmente mobilizar a sociedade para que também conseguíssemos chegar dentro do Congresso Nacional, onde havia muitos representantes conservadores e anti-indígenas eleitos e com legitimidade para defender os seus pontos de vista diante da nossa luta, da nossa pretensão também.

Os povos indígenas não conseguiram eleger representantes. Mas os povos se fizeram presentes, tiveram suas vozes ecoadas dentro da Assembleia Nacional Constituinte. Como foi a chegada dos primeiros povos, das primeiras tribos, as mais variadas etnias indígenas do Brasil no Congresso? Como se deu esse primeiro contato com essa estrutura de poder?

É importante salientar que tivemos aliados, dentro dos debates e das articulações no Congresso Nacional, descobrimos aliados. Deputados e senadores que defendiam os Direitos Humanos, aliados da causa indígena e da questão ambiental. Foram oportunidades que esses setores encontraram.

Quando chegamos com os pajés, os caciques, as mulheres, começamos a dar uma noção para o Constituinte que o índio não é algo único, como era apregoado até então, e que não havia apenas uma língua indígena brasileira. Na época tínhamos conhecimento de mais de 100 línguas indígenas. Hoje sabemos da existência de cerca de 240 línguas vivas, faladas.

E houve todo o processo de orientar as lideranças indígenas sobre a importância de um documento como a Carta Magna, porque para o indígena que mora na aldeia não tem importância alguma os papéis construídos pelos setores da sociedade brasileira. Mas a Constituinte, para nós articuladores, era um marco também para mudar essa relação com o Poder Constituinte, com o constituído e também com a sociedade como um todo: quebrar preconceitos, quebrar o racismo e mostrar o direito do índio quando ele luta pela terra. Era também o direito de bem viver e de qualidade de vida. E hoje não só o Brasil, mas o mundo todo reconhece que as terras indígenas é um ponto de equilíbrio na relação ambiental e é um ponto sagrado da qualidade da vida.

Entretanto, no primeiro contato das Nações e povos indígenas com os parlamentares não havia uma compreensão do que era essa grande nação indígena. Os parlamentares tinham uma visão distorcida, uma incompreensão do que eram os povos indígenas. Vocês tiveram que falar para eles o que era a nação indígena brasileira.

Montamos uma outra estratégia: os índios políticos, os que não ganharam a eleição. Possuíamos representações indígenas desde a cidade. Alguns de centro, outros de esquerda, outros de direita. Na verdade foi uma oportunidade de ter representações indígenas em partidos para se fazer representar. Tivemos representantes em partidos como o PT, o PDT, o PCdoB e tivemos indígenas também do PFL. E pedimos audiência com o presidente da Assembleia Nacional Constituinte, que foi um aliado forte nosso, o Ulysses Guimarães (PMDB-SP).

Nós preparamos os indígenas políticos para que tivéssemos uma linguagem política com o chefe maior político da Constituinte. Costurar essa conversa não era fácil, porque todos os setores queriam falar com o Ulysses Guimarães. Mas os assessores do deputado abriram uma brecha para que nós fôssemos recebidos e foi uma surpresa, porque o Ulysses Guimarães pensou que encontraria os índios de cocar, pintados, mas na verdade lá estavam sete indígenas vestidos iguais a ele: com paletó e gravata e falando questões políticas e partidárias igual a ele. Esse primeiro encontro estabeleceu uma linha de ação para mostrar para os deputados constituintes que não estamos brincando de ser índios, mas que somos indígenas nativos, primeiras nações e que sabemos o que é o direito indígena dentro de uma articulação política do Congresso e exigimos esse capítulo na Carta Magna.

Fazer esse trabalho junto aos partidos foi importante para que nós, através do partido, trouxéssemos votos dos deputados para garantir esse nossos direitos. Foi um trabalho muito difícil. Os outros setores perceberam a nossa articulação. Os conservadores, os latifundiários e os anti-indígenas perceberam a nossa forma de atuar. Por isso foi importante conseguirmos apoios de deputados do Movimento Negro, como a Benedita da Silva (PT-RJ); o apoio dos movimentos de trabalhadores, como a Central Única de Trabalhadores – CUT; o apoio dos professores, que possuíam representação no Congresso Nacional; e das representações religiosas, evangélicas e católicas.

Foi um trabalho árduo e importante, mas não apenas para mostrar um discurso. E então passamos à outra fase, que é a da articulação indígena, que era não ter que explicar muita coisa, mas mostrar para as pessoas o que é ser um Terena, o que é ser um Caiapó, o que significa ser um Xavante – todo aquele aglomerado de sociedades indígenas íntegras e vivas e que todo mundo pensava que éramos "os índios". Mas já não éramos índios, éramos as etnias, éramos os povos. A gente ainda não tinha nome adequado para colocar e muita gente dizia que esse movimento poderia violentar, violar a soberania do país.

Esse é um outro conceito que começamos a desmontar na relação com os militares. Durante a Segunda Guerra Mundial muitos indígenas foram defender a paz na Itália. Nós, índios, não tínhamos nada a ver com a guerra, mas fomos ajudar o Brasil a levantar a sua bandeira, para mostrar também a soberania brasileira, que estava sendo agredida e nós tínhamos que ser parte e defender também. A questão da Guerra do Paraguai, a guerra contra os franceses, holandeses... Sempre defendemos – não vou dizer "a soberania do país", até porque isso é um conceito geopolítico – mas o território brasileiro, a terra do Brasil, o Pantanal, as águas do Atlântico. Em todos os processos de guerra os indígenas participaram para defender esse patrimônio. Disseram que as terras indígenas demarcadas seriam, posteriormente, entregues para as multinacionais. Disseram que os indígenas demarcariam seus territórios na fronteira e virariam países independentes. Nós nunca pensamos nisso. Todas essas armadilhas tivemos que desmontar pouco a pouco, porque dentro das Forças Armadas nós também começamos a obter setores que apoiavam a causa indígena contra esse conceito conservador de soberania nacional.

Como foi o encontro com o Ulysses? Indígenas trajados iguais a homens urbanos, homens políticos. Como foi a antessala, esse momento de antes do Ulysses chegar? E como foi a conversa com o Ulysses na defesa dos direitos indígenas?

É claro que o deputado Ulysses Guimarães nunca havia visto um indígena na frente dele. Ele esperava ver o índio pintado, que é um índio que está padronizado na cabeça da sociedade brasileira, o índio "selvagem", "fortão", pintado de vermelho etc. E nós entramos como agentes políticos e partidários. A discussão com ele foi de igual para igual.

A questão pela qual nós não conseguimos ter representação foi porque uns estavam no PFL, outros no PT e porque outros estavam se articulando com seus partidos para somar votos, para ajudar a cidadania indígena a ser aprovada nos debates e, claro, o Ulysses Guimarães compreendeu tudo isso. Mas ele não esperava que os indígenas chegassem dessa forma. Na relação com o Ulysses Guimarães nós tivemos duas fases de articulação. Essa foi a primeira, que foi o trabalho político e partidário não com os partidos, mas com os indígenas desses partidos.

A questão dos povos indígenas já havia começado a ser analisada. Textos afirmando que o Brasil tem uma série de sociedades indígenas e que era importante o Brasil reconhecer de forma escrita – "num outro nível", como sempre dizíamos – e garantir essa visibilidade aos povos indígenas como povos diferentes, com organizações sociais distintas, mas partícipes como primeiros povos do nosso país. E o Ulysses prometeu que, apesar de os indígenas não terem voz efetiva ou representação na Assembleia Nacional Constituinte, ele seria um aliado, um defensor dos direitos indígenas. Em 1988 é que o capítulo dos povos indígenas foi elaborado – e foi outra grande luta para não deixar em pedaços aquilo que construímos – e depois ficou caracterizado como capítulo dos Direitos Indígenas.

Foram dois anos de Assembleia Nacional Constituinte, em várias fases. Como se organizaram os povos indígenas para as emendas populares?

É como falei: entendíamos todo o processo, mas não tínhamos capacidade operacional para levantar essas emendas em tempo hábil. Mas tentamos costurar isso através dos setores sociais. Naquele tempo não havia a cara do movimento ecológico, o movimento verde, nossos principais aliados. Mas havia outros setores: as mulheres, o movimento que originou o Ministério Público – que na época não existia como órgão público – e juristas. Conseguimos trazer as emendas populares para dentro da relatoria, mas não tínhamos como entrar, como estar lá cuidando se tiraria ou se não tiraria. Por isso algumas vezes fizemos plantão no Congresso Nacional com as lideranças nacionais. Eu sempre considero a força do índio, a sua cultura e a sua espiritualidade.

Então o grande perigo era a ala conservadora, militar e latifundiária. E eles eram muito fortes e unidos dentro do Congresso Nacional. Pedimos aos sábios indígenas tradicionais, aos pajés, para que viessem para fazer uma oração em cima do Congresso Nacional. Houve um dia em que nós fizemos isso e, de repente, apareceram vários deputados querendo fazer parte da roda espiritual indígena, sem entender bem o que era aquilo, mas participar da celebração, porque a espiritualidade a gente não tem que entender. Isso é um grande mal das religiões: quererem interpretar Deus, quererem interpretar a espiritualidade. Temos que celebrar e exercitar, conviver com outro ser humano que está junto com a gente.

Quando os indígenas, os pajés como o Sapaim, como o Getúlio Kaiowá, como a Dona Quitéria Pankararu começaram a cantar as suas canções e acenderam o fogo sagrado em cima do Congresso Nacional foi para nós uma das principais chaves para romper com o preconceito que havia dentro do Congresso Nacional, do ponto de vista espiritual. E o canto dos povos indígenas, a força da canção pelo sol, pelo vento, pela natureza que o deputado e o senador não têm tempo para usufruir – a maioria deles são muito doentes, com problemas no coração, muitos com ponte de safena –, usufruir da força espiritual não só dos indígenas, mas da natureza. Nós mostramos esse lado, mostramos na prática. Por isso pouco a pouco a resistência foi desmontada e apareceram aliados populares de onde menos esperávamos, de onde não se supunha que fosse aparecer, apareceram esses valores.

Nos embates no primeiro turno houve várias conquistas dos povos indígenas. Mário Covas (PMDB-SP) foi uma liderança que conseguiu, junto com os grupos de esquerda, garantir várias conquistas. Em novembro houve a virada regimental, a questão do Centrão e várias conquistas sociais foram colocadas em xeque, tiveram que voltar tudo para a votação do plenário. Os povos indígenas ficaram receosos que as várias conquistas, garantidas pela Comissão de Sistematização, fossem relegadas a segundo plano?

É claro que havia esse risco. A ala conservadora, como eu falei, era muito mais unida que os setores de esquerda, os setores mais sociais. E nós, indígenas, percebemos que era preciso usar aquela força indígena partidária para articular votos do Centrão a favor dos Direitos Indígenas, mas de forma muito discreta para não expor aquele possível voto diante dos seus próprios grupos do Centrão. Uma das pessoas que foi muito importante foi a deputada Sandra Cavalcanti (PFL-RJ), ligada à Igreja Católica e professora. Ela tinha uma forma de pensar totalmente anti-indígena, mas liderava um grupo e, através do grupo dela, conseguimos os votos necessários para garantir que, da parte deles, ninguém mexeria no Direito Indígena. Dentro do Centrão eles seriam os nossos aliados.

Quero dizer que essa articulação não foi feita apenas pelos indígenas, mas também pelos setores da Igreja Católica, a CNBB, da Comissão Brasileira de Justiça e Paz. Como uma pajé disse: "Esses aí são deputados, então eles votam para garantir o nosso direito e, se eles votam, não precisamos saber se é de esquerda ou de direita" – essa pajé não entendia bem o que era esquerda ou direita – "e o voto deles tem o mesmo peso, então vamos buscar essas pessoas". Um dia entenderão que o indígena é parte da soberania brasileira, também é parte do mundo do futuro que precisamos garantir. É claro que nem todos do Centrão concordavam com isso – muito pelo contrário! Mas se não fosse o voto deles, através dessa articulação, certamente teríamos perdido aquilo que estávamos trabalhando.

Vencida essa etapa: os povos indígenas conseguiram na Constituição um capítulo belíssimo sobre a autodeterminação dos povos. Quais foram as grandes conquistas dos povos indígenas na Constituição de 1988?

Na última etapa dessa articulação – como falei, houve dois momentos com o Ulysses Guimarães –, após a articulação para que o capítulo dos povos indígenas fosse respeitado como estava, não tínhamos certeza na hora da votação geral. E quem era o comandante da votação geral era o Ulysses Guimarães. Eu voltei lá na assessoria dele para perguntar se era possível receber os índios novamente. A assessoria do Ulysses disse que poderíamos ir lá, mas que teríamos que esperar na porta do gabinete e, assim que houvesse uma brecha, entraríamos. Marcar com ele estava impossível, pois todo mundo queria falar com ele. Eu procurei os chefes indígenas que estavam em Brasília – e eram chefes que mandam mesmo, não mais os índios de gravata, mas os índios guerreiros, o que foi uma estratégia que usamos. No meio dos índios pintados para a guerra estavam os índios que, na primeira vez, estavam de gravata. E o Ulysses Guimarães nos deu um chá de cadeira e ficamos esperando na antessala de seu gabinete.

Paulo Paim[1]

CLEONILDO CRUZ: *Na Assembleia Nacional Constituinte o senhor fez parte da Subcomissão dos Direitos dos Trabalhadores e Servidores Públicos, da Comissão da Ordem Social e da Subcomissão dos Estados, dentro da Comissão da Organização do Estado, correto?*

PAULO PAIM: Eu tive duas indicações, mas depois o PT me deixou responsável pelo Capítulo da Ordem Social. Foi numa conversa que tivemos. O Lula disse: "Não, Paim, tu vai cuidar da Ordem Social".

Já no início dos trabalhos da Assembleia Nacional Constituinte, em fevereiro, houve o debate sobre os procedimentos regimentais. Decide-se que não haverá anteprojeto, mas textos construídos a partir dos trabalhos das vinte e quatro subcomissões, das Comissões Temáticas e da de Sistematização. Esta foi a melhor forma encontrada para que todos os constituintes participassem da elaboração da Constituição?

Com certeza. Na época se pensou numa grande minuta e que, a partir dela, faríamos o debate da construção da nova Constituição. Essa ideia não prevaleceu. Eu não defendi essa tese e outros também não a aceitavam. Resolvemos que o trabalho deveria surgir efetivamente de baixo para cima. A Constituição fala que o poder emana do povo. Para efetivamente o poder emanar do povo nós entendíamos que devíamos formular um debate via emenda popular, via iniciativa dos senadores e dos deputados constituintes nas comissões... E foi o que fizemos.

---

1. Metalúrgico, foi eleito em 1981 presidente do sindicato da classe no município de Canoas. Passou pela Secretaria-Geral e Vice-Presidência da CUT (1983–1986). Filia-se ao PT em 1985, sendo eleito deputado federal em 1987, cargo que exerce até 1993, quando se elege senador (2003-2018).

Utilizou-se muita coisa do anteprojeto elaborado pela Comissão Affonso Arinos?

Parte dele veio como uma contribuição ao debate, mas o eixo do nosso anteprojeto foram as emendas populares e os debates feitos na sociedade, nos estados, em Brasília e nas próprias comissões. Na Comissão em que atuei durante quase todo o período, a da Ordem Social, o nosso eixo foi uma proposta apresentada pelo DIAP e assinada por todas as confederações, elencando o que nós, do Movimento Sindical, entendíamos que seria adequado para a Ordem Social.

Sendo as maiores bancadas na ANC as do PMDB e do PFL, os partidos de esquerda na Assembleia teriam pouco poder de agenda e de direção dos trabalhos, restando apenas estabelecer a aliança com a ala progressista do PMDB?

Não era bem assim, até porque o movimento social cumpriu papel fundamental na Assembleia Nacional Constituinte. Foi a maior mobilização que vi nos meus 23 anos de parlamento. A pressão popular foi muito grande e isso se refletiu nas comissões, na redação, nas propostas aprovadas, inclusive no plenário da Assembleia Nacional Constituinte. Fizemos uma parceria entre, principalmente, PMDB, PDT, PSB, PTB, PCdoB e, naturalmente, o PT. Esses setores tinham uma parceria com uma área muito expressiva dentro do PMDB. O Mário Covas (PMDB-SP) na época era nosso aliado direto, o Bernardo Cabral (PMDB-AM), o Ulysses Guimarães (PMDB-SP). E não eram dos chamados "partidos de esquerda".

Houve muitos momentos em que esses parlamentares defenderam posições nossas. Por exemplo, no direito de greve, conforme uma redação que eu construí.

O João Paulo de Moura Vades (PT-MG) e eu fomos ao interior de Minas, numa fazenda. Lá articulamos a negociação. Fomos e voltamos num "teco-teco" e, aqui, sentamos numa mesa com Lula (PT-SP), Olívio Dutra (PT-RS), João Paulo, Covas e chegamos ao entendimento de que quem defenderia o direito de greve não eram os sindicalistas, mas o Mário Covas. E veja a construção que fizemos: o Mário Covas defendeu por um lado e, depois, eu fui com uma comissão pedir para o Jarbas Passarinho (PDS-PA) e ele disse: "está bem, Paim, com essa redação eu defendo". E o direito de greve está aí. Foi uma conquista do movimento social defendida numa seção histórica pelo Jarbas Passarinho e pelo Mário Covas. Quero demonstrar, com isso, que não nos restava apenas seguir a orientação dos partidos maiores. O movimento social é muito forte, estava muito mobilizado e com certeza influenciou na redação da nossa Constituição – que na época era mais progressista do que o período que o país vivia.

E como os constituintes do campo mais conservador reagiram ao verem na tribuna o Jarbas Passarinho defendendo a emenda do Direito de Greve?

O senador Jarbas Passarinho, naturalmente, antes de ir à tribuna defender o direito de greve, estabeleceu uma conversa com o Centrão e mostrou que aquele texto era adequado para a época e que depois a lei seria regulamentada, como de fato foi – pelo menos para a área privada, porque na área pública até hoje não foi regulamentado o Direito de Greve. Então o Centrão aceitou sem muita resistência, por ter visto o Covas defendendo uma posição à esquerda e o Jarbas Passarinho, que tinha mais identidade com eles, também defendendo aquela posição por entender que era uma redação equilibrada. O Mário Covas era muito respeitado. Foi o grande líder da Assembleia Nacional Constituinte. Ele conseguia interagir com os setores conservadores de forma firme e, ao mesmo tempo, mostrando abertura ao diálogo.

No inicio dos trabalhos o deputado Fernando Lyra (PMDB-PE), que fora ministro da Justiça do governo Sarney, fez críticas ao doutor Ulysses, dizendo que seria muito poder nas mãos dele, que seria presidente do Congresso, da Assembleia Nacional Constituinte, do PMDB e, na ausência do Sarney, vice-presidente do país. Como eram vistas essas críticas a Ulysses Guimarães? Eram justas?

Na época nós entendíamos que essas críticas tinham procedência, porque não havia necessidade de o doutor Ulysses ser um superpresidente. Ele presidia praticamente tudo: o Congresso, a Câmara, o PMDB, a Constituinte... Mas ele cumpriu um papel histórico. Se eu tivesse que escolher hoje um presidente da Assembleia Nacional Constituinte, não teria nenhuma dúvida em escolher o Ulysses Guimarães.

A gestação da Constituinte não foi fácil. Foram dois meses para discutir o regimento interno. No dia 10 de novembro o Centrão apresenta sua proposta de mudança no regimento, aprovada no dia 5 de Janeiro. O anteprojeto que foi para Comissão de Sistematização e para o plenário, documento que afirmava várias conquistas para os trabalhadores e para os direitos sociais e coletivos, passa por novas negociações, tensões, articulações. Por que o Centrão conseguiu aprovar a mudança regimental?

Isso é natural num processo como aquele. Tínhamos clareza que não havia só a esquerda, só as centrais e as confederações sindicais e o movimento social. O Centrão era uma força articulada e com poder de criar obstáculos que trariam prejuízo para o texto maior. Por isso estabelecemos um processo de ampla negociação. O texto final foi uma ampla negociação que envolveu todos os setores da sociedade. Tudo no seu tempo. Dentro da realidade e da correlação de forças naquele momento, apesar de tudo, fizemos uma Carta Magna avançada para o seu tempo.

O jornalista Ricardo Noblat publicou na coluna dele no Jornal do Brasil *que uma das propostas do grupo suprapartidário do Centrão era retirar os direitos dos trabalhadores.*

Havia uma visão naquela época, foi onde mais atuei, de que a Constituição não deveria ser tão detalhista. Essa é a questão que o Centrão pegava. Queria que fosse como a Constituição dos Estados Unidos e que suprimisse esse debate das 40 horas, do direito de greve, da licença paternidade. Eu tinha uma visão clara de que uma lei é fácil de revogar, mas que tudo aquilo que eu colocasse na Constituição só seria retirado com uma Emenda Constitucional. No fim prevaleceu essa nossa posição. Por isso o título da Ordem Social e os artigos sobre os direitos do trabalhador, do 6° ao 11°, são uma vitória do bloco à esquerda, do qual fizemos parte.

No dia 23 de fevereiro de 1988 há o inicio das votações dos direitos sociais e trabalhistas. Como se deu a articulação para aprovar na Constituição garantias como salário mínimo, estabilidade de emprego, pagamento de horas extras, férias remuneradas, igualdade de direitos para trabalhadores rurais e urbanos, licença maternidade etc.?

Foi uma vitória do movimento social organizado, porque dentro do Congresso éramos minoria. A mobilização da sociedade brasileira, dos estudantes, dos sindicalistas e dos trabalhadores, fazendo paradas nas fábricas no momento da votação, graças à transparência no debate da Assembleia Nacional Constituinte fizemos esse capítulo, que, para mim, é um dos mais avançados da nossa Carta Magna: o dos direitos dos trabalhadores da área pública, da área rural e também o capítulo correspondente aos aposentados e pensionistas. De lá para cá só houve retrocesso com as emendas Constitucionais que vieram. Todas retiraram avanços importantes que havíamos assegurado. Naquele momento foi decisiva a grande mobilização popular que conseguimos fazer, inclusive com aquele cartaz "os traidores do povo". Nós tínhamos claro que quem votasse contra aquele texto seria denunciado como traidor do povo. Os cartazes foram multiplicados aos milhares por todo o Brasil. Ninguém queria ficar com a cara nos postes, nas paradas de ônibus, nas ruas com a faixa de "traidor do povo".

Houve forte tensão na discussão sobre a estabilidade de emprego. Os partidos de esquerda contestaram o Centrão, que era contra. E o senhor sobe à tribuna e afirma "o golpe militar e as multinacionais nos tiraram a estabilidade. Agora é o próprio plenário da Constituinte que tira da classe trabalhadora o princípio mínimo da estabilidade, em pleno processo democrático". Como foi essa subida à tribuna para dizer essas palavras?

Tínhamos muito clara a importância daquele momento histórico. Sabíamos que o golpe militar teve como eixo acabar com a estabilidade e a questão da reforma agrária como sempre defendíamos. Sabia que aquela defesa era uma defesa difícil – e de fato não passou e o trabalhador brasileiro hoje não tem estabilidade no emprego – mas fiz a defesa com muito coração, com muita consciência da importância daquele momento. No Brasil só quem tem estabilidade é o servidor público. O trabalhador da área privada não tem estabilidade. Conseguimos na Assembleia Nacional Constituinte que pelo menos os dirigentes sindicais tivessem estabilidade. Mas hoje, infelizmente, os conselheiros do sindicato e os suplentes da diretoria estão sendo demitidos.

Os direitos trabalhistas aprovados foram suficientes ou o senhor aprovaria outras mudanças?

Foi um avanço, mas claro que queríamos mais. Queríamos a estabilidade, o salário mínimo autoaplicável e turno de seis horas para todos. Queríamos que a jornada fosse de no máximo 40 horas semanais, não 44. Sabíamos que o aviso prévio proporcional, da forma que ficou, era mais uma carta de intenções. Desde a Constituinte, há mais de 20 anos, o aviso prévio ainda continua sendo de 30 dias e fala-se em aviso prévio proporcional. Mas mesmo assim o capítulo da ordem social, naquela correlação de forças, foi avançado para a época, uma vitória dos trabalhadores.

Um dos argumentos de quem se opôs à estabilidade é que aumentaria o desemprego no país.

Não é verdade. Sabemos que os países que acatam a Convenção da Organização Internacional do Trabalho, proibindo a demissão imotivada, têm muito menos desempregados que o Brasil. Temos uma luta até hoje para aprovar a Convenção da OIT que recomenda que todos os países do mundo adotem a política de demissão só com motivo justo. Esse argumento do aumento do desemprego é falacioso. Se isso fosse verdadeiro, não teríamos hoje mais de 70 países no mundo que adotam a convenção da OIT proibindo a demissão imotivada.

Sobre a questão da reforma agrária houve muitos confrontos entre os trabalhadores rurais e os representantes da UDR. Como foi a sua participação nas discussões?

Sem sombra de dúvida este foi um dos momentos mais difíceis da Assembleia Nacional Constituinte. Fui um daqueles que na madrugada da noite da votação me desloquei daqui para o aeroporto para proteger dois ou três senadores que estavam vindo de seus estados de origem num avião fretado. Havia todo um circo para que eles não pudessem vir votar. E fomos uns 20 da esquerda para dar essa segurança. Eles entraram no carro e trouxemos eles para que pudessem votar. Foi um debate duro, complicado, difícil e passou meio texto. Não era aquilo que os ruralistas queriam – o texto deles era muito mais radical contra a reforma agrária. Na discussão sobre a terra produtiva, se era suscetível de reforma agrária, passou um meio termo e depois de muito embate com microfone voando, empurrões, tapas... Eu estava lá a noite toda no plenário. O Juarez Antunes (PDT-RJ), um líder sindical, levou um soco no meio desse debate. Foi um momento de muita tensão e a redação não ficou o que nós queríamos, mas também não ficou o que o Centrão queria. Quando o embate vai para uma linha de confronto absoluto, a forma de evitar um prejuízo maior para os trabalhadores foi tentar amenizar a redação.

Por que houve uma visão tão maniqueísta no período da Constituinte, esta polarização de progressistas e conservadores?

É natural. Naquela época saíamos da ditadura. Havia um confronto estabelecido entre quem queria uma constituição avançadíssima e os outros que queriam deixar tudo como estava. Foi esse o embate que se deu. E nós só conseguimos fazer com que ela fosse progressista porque a população assumiu a pressão para que avançássemos nos pontos considerados polêmicos.

Por que o PT não assinou a Carta?

Essa é uma boa pergunta, que me permite esclarecer ao Brasil que isso não é verdade, mas uma mentira que a grande imprensa vendeu para sociedade brasileira. O PT assinou a Carta. Basta ler a Constituição. Está lá quem assinou e tem o meu nome, o do Lula, o do Genoíno... Nós assinamos a Constituição. Claro que houve o debate interno no PT se assinaríamos ou não. Prevaleceu por ampla maioria que deveríamos assinar. Eu tenho minha foto assinando a Constituição com meu filho ao lado. O que aconteceu é que o PT queria mais avanços na Carta Magna e votou contra em diversos momentos, mas nos submetemos naturalmente ao processo democrático da Assembleia Nacional Constituinte. Todos nós assinamos. Prevaleceu a visão que nós defendemos de assinar e lá no debate votar contra. Poderíamos dizer, aí sim seria verdadeiro, que o PT votou contra na Assembleia Nacional Constituinte. Mas votar e submeter é uma coisa, outra é assinar e reconhecer que o texto foi um avanço. O PT assinou a Constituição. É só olhar na última página: estão lá os nome dos que assinaram.

Todos os deputados do PT assinaram?

Assinaram. O que acontece é que a assinatura é silenciosa e o voto contra era público. Então dizíamos "não, a Constituição deveria ter avançado mais nisso e naquilo e por este motivo nós votamos contra isso, isso, isso, aquilo". Na hora de assinar todos assinamos.

Uma outra discussão: a Assembleia Nacional Constituinte legitimou a Anistia de 1979. Qual a sua opinião hoje sobre a punição aos torturadores do regime militar?

Minha posição é clara e é também a posição também do PT: a tortura não prescreve. Os torturadores deverão sempre responder pelo ato que cometeram. Não tem que dar anistia para torturador. Eu como o presidente durante dois anos da Comissão de Direitos Humanos fiz esse debate. Tortura é um crime hediondo e por isso não prescreve. Eu não posso concordar que alguém tortura outra pessoa até a morte e depois simplesmente está anistiado. Não! A legislação tem que ser firme e dura. Tortura nunca mais!

Quais foram os outros momentos mais tensos nas discussões da Constituinte?

O momento mais tenso foi o da reforma agrária. O pau comeu, foi guerra total. E os momentos... o mais bonito foi o do Alceni Guerra (PFL-PR), o da licença paternidade. Quando ele começou a falar, como licença paternidade lembra logo gravidez, as pessoas começaram a rir. Quando ele terminou de falar todos aplaudiram de pé e havia muita gente chorando. Isso foi bonito! E passou por unanimidade. Outro momento diferente foi aquele do Passarinho defendendo o direito de greve na tribuna e o Mário Covas falando pela esquerda.

O Jarbas Passarinho não fez restrições?

Não. O Covas fazia uma mediação correta – e tinha que fazer para que as propostas da esquerda avançassem. E o Passarinho foi, digamos, o mediador para o lado de lá. O Passarinho tinha muita credibilidade, como o Covas e o Ulysses.

De seu relacionamento com o Ulysses e o Covas, algo ficou bem marcado na sua memória?

No Covas o que mais me impressionava era a fala dele na tribuna. Ele era aquele cara que quando ia para a tribuna você não ouvia um barulho de uma mosca no ar. Ficava todo o plenário em silêncio. A direita, o Centrão, pelo respeito que tinha a ele; e nós, naturalmente, pois nos momentos mais polêmicos defendia as nossas posições. A força dos discursos, dos argumentos, foi o que mais me deixou numa posição de muito respeito ao Covas. E ele sabia disso. Acho que eu, o Lula, o Ulysses, o João Paulo, o Genoíno, cumprimos o papel de aglutinar os movimentos sociais, de articular, defender nas Comissões. Mas no plenário o Covas era o nosso porta-voz. E não havia problema algum para nós.

E o Ulysses foi um mestre. Quando as coisas todas embolavam ele trazia a frase que ficou na minha cabeça: "senhores e senhoras constituintes, votem! A decisão será no voto. Votem, votem e votem!". Ele tentava articular e, quando não havia entendimento, era hora de votar. Falava com aquela autoridade que ele possuía e com certeza muitos dos avanços que tivemos na Constituinte foi por ajuda dele na mediação, junto com esses nomes que eu citei. Claro que o Lula cumpria um papel na articulação. Lula sempre foi um grande articulador lá dentro.

Por que o PT *fechou na questão do presidencialismo e não do parlamentarismo?*

No PT não foi uma opção fechada. Eu, por exemplo, sempre fui parlamentarista e continuo sendo, tanto que nunca me candidatei em nenhum cargo para o Executivo. Quando cheguei (a Brasília) era sindicalista. Cheguei indicado não pelo PT, mas por um Congresso Estadual de Trabalhadores no Rio Grande do Sul. Queríamos um trabalhador na Constituinte e de lá saiu o meu nome. Eu me filiei ao PT e me candidatei a deputado federal. Sou parlamentarista convicto antes mesmo do Congresso. Mas na Assembleia Nacional Constituinte construiu-se uma Constituição parlamentarista. E houve o plebiscito, mas passou o presidencialismo.

E existe a questão da medida provisória.

É. Colocaram um entulho autoritário absurdo que faz com que o Executivo tenha mais força com o Legislativo. Na verdade é um instrumento do parlamentarismo que o Jobim (PMDB-RS) trouxe do exterior dizendo: "já que queremos o parlamentarismo, na medida provisória temos que substituir o decreto-lei." Nós achamos correto e a ideia teve nosso aval. Entendíamos que ganharíamos no plebiscito, mas fomos derrotados. Passou o presidencialismo.

Na Constituinte o parlamentarismo ganhou em todas as etapas, mas perdeu no plenário. Os jornais noticiavam que houve muita pressão do Executivo, do presidente Sarney.

Perdeu em parte porque aprovamos o plebiscito. Quando percebemos que não passaria o parlamentarismo, criou-se a ideia do plebiscito e ambos concordaram, tanto os presidencialistas quanto os parlamentaristas. Achávamos que ganharíamos nas ruas. Nós perdemos foi nas ruas, essa é a grande verdade.

Vinte anos após a Assembleia Nacional Constituinte ainda há muito o que fazer em termos constitucionais para o país?

Claro. Não existe legislação perfeita em lugar algum do mundo. Eu tenho uma Emenda Constitucional do FUNDEB (Fundo de Manutenção e Desenvolvimento da Educação Básica e de valorização dos profissionais da educação) para criar um fundo de investimento para o ensino técnico profissionalizante. Outra de suma importância: é um absurdo que, no Estado Democrático de Direito, tenhamos na Constituição o direito do voto secreto para os parlamentares. Como é que a população vai saber como age cada deputado e senador? O parlamentar pode ter um discurso bonito para fora e, ao votar, trair os interesses dos trabalhadores e da própria sociedade. Essa emenda, para mim, deveria ser a emenda número um, que a sociedade deveria se debruçar e cobrar, para acabar com toda e qualquer possibilidade de voto secreto, seja na Câmara dos Vereadores, na Assembleia Legislativa ou no Congresso Nacional. Sempre é momento de debater a Carta Magna ou lei complementar que vá aprimorar a legislação para buscar mais liberdade, justiça e igualdade e para melhorar a qualidade de vida do povo brasileiro.

Vicentinho[1]

CLEONILDO CRUZ: *A Assembleia Nacional Constituinte tem início no dia 1° de fevereiro de 1987. No mesmo dia, duas horas antes, o movimento sindical inaugurou, com um ato oficial, o lobby sindical. Como se deu a ação do movimento sindical na Constituinte?*

VICENTINHO: Já havia a Central Única dos Trabalhadores como a nossa grande referência nacional de mobilização. Nesse período realizamos algumas vigílias – da terra, da criança e do adolescente... – e participamos, em 1985, da grande greve, chamada "Operação Vaca Brava", que teve como objetivo a redução da jornada de trabalho. Trabalhávamos 48 horas semanais e queríamos 40 horas. Foi um movimento que durou 54 dias. Sofremos muito, mas conseguimos reduzir para 44. No período constitucional direcionamos as nossas baterias para a questão da terra, que tem grande simbolismo, e a grande campanha pela participação popular. Também arrecadamos assinaturas para as 40 horas semanais. Esse era o nosso objetivo. Fizemos muitas mobilizações, plenárias, assembleias, grandes passeatas, vindas à Brasília... De maneira que conseguimos avançar em algumas coisas. Por exemplo: o que nós já havíamos conquistado em 1985 para os metalúrgicos virou lei em 1988 para toda a classe trabalhadora: a jornada máxima de 44 horas semanais.

No mês de maio o movimento sindical encaminhou suas propostas para a Constituição. Como se estabeleceram os primeiros contatos com os constituintes e as entidades patronais representadas na Constituinte?

---

1. Metalúrgico, iniciou sua militância no sindicato da classe em São Bernardo do Campo e Diadema, através do qual coordenou a histórica greve de 1980. Presidiu o sindicato de 1987 a 1993. É fundador do PT (1981) e da CUT (1983), tendo presidido a Central de 1994 a 2000. É deputado federal pelo PT (2003–2018).

A Central Única dos Trabalhadores, liderada pelo nosso companheiro Jair Meneguelli, teve um papel decisivo nesse período. Meneguelli teve acesso ao plenário da Câmara para dialogar com os deputados. Mas quando introduzíamos uma concepção cidadã à Constituição havia várias contradições.

O jornal O Globo *noticia no dia 29 de maio de 1987 que o governo Sarney não pretende negociar a estabilidade para os trabalhadores. Como era a relação do movimento sindical e o governo Sarney?*

Era uma relação conflituosa. Nesse período fizemos manifestações e greves gerais. É bom lembrar que foi ainda no governo Sarney que ocorreram as últimas condenações com base na Lei de Segurança Nacional. Na época eu e Arrudo Escobar fomos condenados na Lei de Segurança Nacional na Nova República.

Quando o Centrão se articulou para tirar direitos dos trabalhadores o movimento sindical protestou com cartazes, outdoors. Como foi feita essa articulação?

Naquele período percebemos que o povo precisava saber quem era quem e percebemos que os meios de comunicação não informavam devidamente. Fizemos uma campanha nacional mostrando quem estava ao lado dos trabalhadores e quem estava contra. No período surgiu o DIAP (Departamento Intersindical de Assessoria Parlamentar), que teve um papel decisivo, inclusive dando nota sobre o comportamento dos parlamentares nas questões do nosso interesse.

Havia a CUT, a CGT, a CONTAG e vários sindicatos. Na defesa dos direitos dos trabalhadores havia unidade ou interesses conflitantes?

Havia unidade nos interesses, mas havia diferenças na prática. A Central Única dos Trabalhadores – CUT foi a grande baluarte nessa luta por uma Constituição cidadã para os trabalhadores. As diferenças se davam em torno da liberdade e autonomia sindical e do fim do imposto sindical. Havia uma estrutura corporativista, por vezes antidemocrática, que sobrevive até hoje e que não queria modificações.

O movimento sindical também lutou para que as eleições diretas acontecessem. Como foi essa atuação?

Foi um grande momento. Começamos a perceber que não podíamos ficar ligados à luta econômica, corporativa, à relação de capital e trabalho. Constatamos que muitas consequências boas ou más dependiam do voto do povo e de quem estaria governando. Nós sempre lutamos contra a ditadura militar e queríamos a eleição direta, por isso resolvemos sair do casulo, da visão corporativista, e partir para a sociedade, junto aos estudantes, trabalhadores rurais, intelectuais e partidos políticos em busca de mais democracia em nosso país.

A campanha que a CUT fez contra os deputados constituintes que estavam votando contra os direitos dos trabalhadores usou o slogan "traidores do povo".

Na época nós os considerávamos assim. Votavam contra nosso povo e a gente batia para valer.

Meneguelli era o presidente da CUT e você o presidente do Sindicato de São Bernardo do Campo e Diadema. Como o senhor trabalhava junto aos sindicalistas dessa região para repassar as informações e discussões travadas na Constituinte?

Tínhamos uma relação direta com a nossa Central, um observatório, o jornal da central e fazíamos plenárias. Nas votações decisivas nós acompanhávamos em telões. A gente acompanhava permanentemente.

Em 23 de fevereiro há o inicio das votações dos direitos sociais e trabalhistas: salário mínimo, estabilidade no emprego, pagamento de horas extras, etc. Todas essas conquistas não foram fáceis. Era possível ter avançado mais?

Foi o possível na época, dentro daquela correlação de forças. A situação se complicou tanto que houve deputados que nem concordaram com a própria Constituinte. Deputados do meu partido que queriam muito mais. Todos nós queríamos muito mais. Mas é evidente que comparando com a nossa história – e havíamos saído de uma ditadura – essa Constituição foi a mais avançada de todas.

O texto final da Constituição representou uma vitória do movimento sindical?

Não representou a vitória do movimento sindical. Representou a vitória da cidadania, que deu um grande salto de qualidade. É uma Constituição em que, pela primeira vez, se coloca os direitos sociais, assegura a soberania, o direito à individualidade, atua contra qualquer tipo de tortura, consolida o habeas corpus, avança na questão de gênero, na questão do preconceito racial. Houve um salto de qualidade – mas queríamos mais.

A Constituição é de fato cidadã, como falou o Ulysses Guimarães ao promulgar?

Sim. Nós consideramos que ela foi cidadã. Talvez na época, como a gente queria muito mais, a gente não considerasse assim, mas hoje eu reconheço que foi um salto de qualidade.

Vinte anos após a promulgação da Constituição, há muito pelo que lutar pela classe dos trabalhadores?

Sim. Após 20 anos estamos empenhados pela redução da jornada de trabalho de 44 para 40 horas semanais. E sou o relator do projeto. Já se passou 20 anos, o empresariado ganhou muito ao longo desse período, um crescimento da sua produtividade de 84% e é necessário gerarmos empregos. Será melhor para a família e é importante para a diminuição de acidentes. E a todo momento apresentamos Propostas de Emendas à Constituição, como a PEC da reforma sindical, da qual eu sou autor em parceria com meu colega Maurício Rands (PT-PE).

Cronologia da Assembleia Nacional Constituinte

-1985-

• 27 de novembro: Emenda constitucional nº 26, de 27 de novembro de 1985, determina que os membros da Câmara dos Deputados e do Senado Federal reunir-se-ão, unicameralmente, em Assembleia Nacional Constituinte, livre e soberana, no dia 1 º de fevereiro de 1987, na sede do Congresso Nacional.

• 7 e 8 de dezembro: Plenárias do Movimento Pró-Constiuinte.

-1986-

• 15 de novembro: Eleição dos deputados federais e de dois terços dos senadores que comporão a Assembleia Constituinte (primeira eleição do congresso Nacional em que o direito de sufrágio se estende aos analfabetos).

-1987-

• 1º de fevereiro: Instalação da Assembleia Nacional Constituinte.

• 2º de fevereiro: Eleição do Presidente da Assembleia Nacional Constituinte.

• Delegação do movimento Pró-participação Popular na Constituinte.

• 19 e 20 de fevereiro: Reunião, em Brasília, de plenários, comitês e movimentos pró-participação popular na Constituinte.

• Fevereiro: Em debate crucial sobre procedimentos, se decide que não haveria anteprojeto, mas texto construído a partir dos trabalhos das 24 subcomissões.

- 19 de março: Aprovação do Regimento da Assembleia, que determina, entre outras medidas, o recebimento de sugestões de órgãos legislativos subnacionais, de entidades associativas e de tribunais, além das de parlamentares (art. 13, 11); a realização de audiências públicas, pelas subcomissões, para ouvir a sociedade (art. 14); a apreciação de "emendas populares com 30 mil assinaturas" (art. 24); a obrigatoriedade do voto nominal e matéria constitucional.
- 27 de março: Eleição da mesa Diretora da ANC.
- 27 de março a 6 de maio: Milhares de sugestões apresentadas por constituintes e entidades externas são recebidas para a apreciação formal da Assembleia.
- 7 de abril a 25 de Maio: Subcomissões temáticas realizam quase duzentas audiências públicas, uma verdadeira radiografia no Brasil.
- 1º de abril a 12 de junho: Trabalho das comissões temáticas.
- 9 de abril: Instalação da Comissão de Sistematização. Relator e relatores adjuntos são definidos.
- 25 de maio: Conclusão dos trabalhos das Subcomissões com aprovação dos 24 relatórios parciais.
- 9 a 12 de junho: Seminário Nacional para avaliação dos Trabalhos da Constituinte, com a presença de várias entidades (CEAC da UnB, INESC, DIAP, IBASE, CEDAC, FASE, etc) e de centenas de pessoas.
- 15 de junho: Encaminhamento dos relatórios das Comissões Temáticas para a Comissão de Sistematização.
- 16 de junho: Lançamento da campanha nacional de apoio às emendas populares.
- 26 de junho: O relator entrega o anteprojeto com 501 artigos.
- 11 de julho: Marcha sobre o Congresso, organizada pela UDR.
- 12 de julho: Encaminhamento ao plenário do projeto de constituição da Comissão de Sistematização com 496 artigos.
- 15 de julho: Apresentação de 20.791 emendas ao anteprojeto de constituição, entre as quais 122 populares. Início da discussão do projeto em plenário.
- 17 de julho: Dia Nacional de Mobilização para coleta de assinaturas das emendas populares.

• 12 de agosto: Ato público, em Brasília, para a entrega das emendas populares.

• 13 de agosto: Fim do prazo para a apresentação das emendas.

• 23 de agosto: Fim da primeira discussão do anteprojeto em plenário, voltando à Comissão de Sistematização.

• 26 de agosto a 4 de setembro: Defesa das emendas populares no plenário da Comissão de Sistematização, por representantes da sociedade civil.

• 28 de agosto: Prazo de apresentação de emendas ao substitutivo, com o recebimento de 14.320 emendas.

• 18 de novembro: Término da votação na Comissão de Sistematização, com a consequente transferência de trabalhos para o plenário.

• 24 de novembro: O projeto de constituição com 355 artigos ,aprovado na Comissão de Sistematização, é entregue ao Presidente da Assembleia Nacional Constituinte.

• 26 de novembro: Início da discussão, em plenário do projeto, aprovado.

• 2 de dezembro: Mudança importante no regimento interno da Assembleia (defendida pelo grupo que ficou conhecido como "Centrão").

-1988-

• 5 de janeiro: Aprovação da resolução 03/88 (reforma regimental apresentada pelo "Centrão").

• 3 de fevereiro: Início de votação em primeiro turno.

• 30 de junho: Fim da votação em 1° turno.

• 11 de julho: Fim do prazo de recebimento de emendas.

• 22 de julho: Início da votação em segundo turno.

• 27 de julho: O presidente Ulysses Guimarães defende a Assembleia Constituinte em pronunciamento na televisão.

• 18 de agosto: Entrega, pelo relator, dos pareceres sobre a emenda.

• 2 de setembro: Término da votação em segundo turno.

• 22 de setembro: Plenário aprova, em votação global de turno único, a redação final.

• 5 de outubro: Promulgada a Constituição da República Federativa do Brasil.

COLEÇÃO HEDRA

1. *Iracema*, Alencar
2. *Don Juan*, Molière
3. *Contos indianos*, Mallarmé
4. *Auto da barca do Inferno*, Gil Vicente
5. *Poemas completos de Alberto Caeiro*, Pessoa
6. *Triunfos*, Petrarca
7. *A cidade e as serras*, Eça
8. *O retrato de Dorian Gray*, Wilde
9. *A história trágica do Doutor Fausto*, Marlowe
10. *Os sofrimentos do jovem Werther*, Goethe
11. *Dos novos sistemas na arte*, Maliévitch
12. *Mensagem*, Pessoa
13. *Metamorfoses*, Ovídio
14. *Micromegas e outros contos*, Voltaire
15. *O sobrinho de Rameau*, Diderot
16. *Carta sobre a tolerância*, Locke
17. *Discursos ímpios*, Sade
18. *O príncipe*, Maquiavel
19. *Dao De Jing*, Lao Zi
20. *O fim do ciúme e outros contos*, Proust
21. *Pequenos poemas em prosa*, Baudelaire
22. *Fé e saber*, Hegel
23. *Joana d'Arc*, Michelet
24. *Livro dos mandamentos: 248 preceitos positivos*, Maimônides
25. *O indivíduo, a sociedade e o Estado, e outros ensaios*, Emma Goldman
26. *Eu acuso!*, Zola | *O processo do capitão Dreyfus*, Rui Barbosa
27. *Apologia de Galileu*, Campanella
28. *Sobre verdade e mentira*, Nietzsche
29. *O princípio anarquista e outros ensaios*, Kropotkin
30. *Os sovietes traídos pelos bolcheviques*, Rocker
31. *Poemas*, Byron
32. *Sonetos*, Shakespeare
33. *A vida é sonho*, Calderón
34. *Escritos revolucionários*, Malatesta
35. *Sagas*, Strindberg
36. *O mundo ou tratado da luz*, Descartes
37. *O Ateneu*, Raul Pompeia
38. *Fábula de Polifemo e Galateia e outros poemas*, Góngora
39. *A vênus das peles*, Sacher-Masoch
40. *Escritos sobre arte*, Baudelaire
41. *Cântico dos cânticos*, [Salomão]
42. *Americanismo e fordismo*, Gramsci
43. *O princípio do Estado e outros ensaios*, Bakunin
44. *O gato preto e outros contos*, Poe
45. *História da província Santa Cruz*, Gandavo
46. *Balada dos enforcados e outros poemas*, Villon
47. *Sátiras, fábulas, aforismos e profecias*, Da Vinci
48. *O cego e outros contos*, D.H. Lawrence
49. *Rashômon e outros contos*, Akutagawa
50. *História da anarquia (vol. 1)*, Max Nettlau
51. *Imitação de Cristo*, Tomás de Kempis
52. *O casamento do Céu e do Inferno*, Blake
53. *Cartas a favor da escravidão*, Alencar
54. *Utopia Brasil*, Darcy Ribeiro
55. *Flossie, a Vênus de quinze anos*, [Swinburne]
56. *Teleny, ou o reverso da medalha*, [Wilde et al.]
57. *A filosofia na era trágica dos gregos*, Nietzsche
58. *No coração das trevas*, Conrad

59. *Viagem sentimental*, Sterne
60. *Arcana Cœlestia* e *Apocalipsis revelata*, Swedenborg
61. *Saga dos Volsungos*, Anônimo do séc. XIII
62. *Um anarquista e outros contos*, Conrad
63. *A monadologia e outros textos*, Leibniz
64. *Cultura estética e liberdade*, Schiller
65. *A pele do lobo e outras peças*, Artur Azevedo
66. *Poesia basca: das origens à Guerra Civil*
67. *Poesia catalã: das origens à Guerra Civil*
68. *Poesia espanhola: das origens à Guerra Civil*
69. *Poesia galega: das origens à Guerra Civil*
70. *O chamado de Cthulhu e outros contos*, H.P. Lovecraft
71. *O pequeno Zacarias, chamado Cinábrio*, E.T.A. Hoffmann
72. *Tratados da terra e gente do Brasil*, Fernão Cardim
73. *Entre camponeses*, Malatesta
74. *O Rabi de Bacherach*, Heine
75. *Bom Crioulo*, Adolfo Caminha
76. *Um gato indiscreto e outros contos*, Saki
77. *Viagem em volta do meu quarto*, Xavier de Maistre
78. *Hawthorne e seus musgos*, Melville
79. *A metamorfose*, Kafka
80. *Ode ao Vento Oeste e outros poemas*, Shelley
81. *Oração aos moços*, Rui Barbosa
82. *Feitiço de amor e outros contos*, Ludwig Tieck
83. *O corno de si próprio e outros contos*, Sade
84. *Investigação sobre o entendimento humano*, Hume
85. *Sobre os sonhos e outros diálogos*, Borges | Osvaldo Ferrari
86. *Sobre a filosofia e outros diálogos*, Borges | Osvaldo Ferrari
87. *Sobre a amizade e outros diálogos*, Borges | Osvaldo Ferrari
88. *A voz dos botequins e outros poemas*, Verlaine
89. *Gente de Hemsö*, Strindberg
90. *Senhorita Júlia e outras peças*, Strindberg
91. *Correspondência*, Goethe | Schiller
92. *Índice das coisas mais notáveis*, Vieira
93. *Tratado descritivo do Brasil em 1587*, Gabriel Soares de Sousa
94. *Poemas da cabana montanhesa*, Saigyō
95. *Autobiografia de uma pulga*, [Stanislas de Rhodes]
96. *A volta do parafuso*, Henry James
97. *Ode sobre a melancolia e outros poemas*, Keats
98. *Teatro de êxtase*, Pessoa
99. *Carmilla — A vampira de Karnstein*, Sheridan Le Fanu
100. *Pensamento político de Maquiavel*, Fichte
101. *Inferno*, Strindberg
102. *Contos clássicos de vampiro*, Byron, Stoker e outros
103. *O primeiro Hamlet*, Shakespeare
104. *Noites egípcias e outros contos*, Púchkin
105. *A carteira de meu tio*, Macedo
106. *O desertor*, Silva Alvarenga
107. *Jerusalém*, Blake
108. *As bacantes*, Eurípides
109. *Emília Galotti*, Lessing
110. *Contos húngaros*, Kosztolányi, Karinthy, Csáth e Krúdy
111. *A sombra de Innsmouth*, H.P. Lovecraft
112. *Viagem aos Estados Unidos*, Tocqueville
113. *Émile e Sophie ou os solitários*, Rousseau
114. *Manifesto comunista*, Marx e Engels
115. *A fábrica de robôs*, Karel Tchápek
116. *Sobre a filosofia e seu método — Parerga e paralipomena (v. II, t. I)*, Schopenhauer
117. *O novo Epicuro: as delícias do sexo*, Edward Sellon
118. *Revolução e liberdade: cartas de 1845 a 1875*, Bakunin

119. *Sobre a liberdade*, Mill
120. *A velha Izerguil e outros contos*, Górki
121. *Pequeno-burgueses*, Górki
122. *Um sussurro nas trevas*, H.P. Lovecraft
123. *Primeiro livro dos Amores*, Ovídio
124. *Educação e sociologia*, Durkheim
125. *Elixir do pajé — poemas de humor, sátira e escatologia*, Bernardo Guimarães
126. *A nostálgica e outros contos*, Papadiamántis
127. *Lisístrata*, Aristófanes
128. *A cruzada das crianças/ Vidas imaginárias*, Marcel Schwob
129. *O livro de Monelle*, Marcel Schwob
130. *A última folha e outros contos*, O. Henry
131. *Romanceiro cigano*, Lorca
132. *Sobre o riso e a loucura*, [Hipócrates]
133. *Hino a Afrodite e outros poemas*, Safo de Lesbos
134. *Anarquia pela educação*, Élisée Reclus
135. *Ernestine ou o nascimento do amor*, Stendhal
136. *A cor que caiu do espaço*, H.P. Lovecraft
137. *Odisseia*, Homero
138. *O estranho caso do Dr. Jekyll e Mr. Hyde*, Stevenson
139. *História da anarquia (vol. 2)*, Max Nettlau
140. *Eu*, Augusto dos Anjos
141. *Farsa de Inês Pereira*, Gil Vicente
142. *Sobre a ética — Parerga e paralipomena (v. II, t. II)*, Schopenhauer
143. *Contos de amor, de loucura e de morte*, Horacio Quiroga
144. *Memórias do subsolo*, Dostoiévski
145. *A arte da guerra*, Maquiavel
146. *O cortiço*, Aluísio Azevedo
147. *Elogio da loucura*, Erasmo de Rotterdam
148. *Oliver Twist*, Dickens
149. *O ladrão honesto e outros contos*, Dostoiévski
150. *O que eu vi, o que nós veremos*, Santos-Dumont
151. *Sobre a utilidade e a desvantagem da histório para a vida*, Nietzsche
152. *A conjuração de Catilina*, Salústio

«SÉRIE LARGEPOST»

1. *Dao De Jing*, Lao Zi
2. *Cadernos: Esperança do mundo*, Albert Camus
3. *Cadernos: A desmedida na medida*, Albert Camus
4. *Cadernos: A guerra começou...*, Albert Camus
5. *Escritos sobre literatura*, Sigmund Freud
6. *O destino do erudito*, Fichte
7. *Diários de Adão e Eva*, Mark Twain
8. *Diário de um escritor (1873)*, Dostoiévski

«SÉRIE SEXO»

1. *A vênus das peles*, Sacher-Masoch
2. *O outro lado da moeda*, Oscar Wilde
3. *Poesia Vaginal*, Glauco Mattoso
4. *Perversão: a forma erótica do ódio*, Stoller
5. *A vênus de quinze anos*, [Swinburne]

COLEÇÃO «QUE HORAS SÃO?»

1. *Lulismo, carisma pop e cultura anticrítica*, Tales Ab'Sáber
2. *Crédito à morte*, Anselm Jappe
3. *Universidade, cidade e cidadania*, Franklin Leopoldo e Silva
4. *O quarto poder: uma outra história*, Paulo Henrique Amorim
5. *Dilma Rousseff e o ódio político*, Tales Ab'Sáber
6. *Descobrindo o Islã no Brasil*, Karla Lima

Adverte-se aos curiosos que se imprimiu este livro em nossas oficinas, em 20 de março de 2019, em tipologia Libertine, com diversos sofwares livres, entre eles, LuaLaTeX, git & ruby.
(v. 6c700ed)